Oliver Hilmes
COSIMAS KINDER
Triumph und Tragödie der
Wagner-Dynastie

Pantheon

Der Verlag behält sich die Verwertung der urheberrechtlich
geschützten Inhalte dieses Werkes für Zwecke des Text- und
Data-Minings nach § 44 b UrhG ausdrücklich vor.
Jegliche unbefugte Nutzung ist hiermit ausgeschlossen.

Penguin Random House Verlagsgruppe FSC® N001967
Das für dieses Buch verwendete
FSC®-zertifizierte Papier *Lux Cream*
liefert Stora Enso, Finnland.

Der Pantheon Verlag ist ein Unternehmen der
Penguin Random House Verlagsgruppe GmbH.

Dritte Auflage
Pantheonausgabe November 2010

Copyright © 2009 by Siedler Verlag,
in der Penguin Random House Verlagsgruppe GmbH,
Neumarkter Straße 28, 81673 München
produktsicherheit@penguinrandomhouse.de

Umschlaggestaltung: Rothfos + Gabler, Hamburg
Lektorat: Hermann Gieselbusch, Wentdorf bei Hamburg
Bildredaktion und Satz: Ditta Ahmadi, Berlin
Druck und Bindung: CPI – Clausen & Bosse, Leck
Printed in the EU
ISBN 978-3-570-55132-5

www.pantheon-verlag.de

INHALT

7 **Prolog**

15 **Fünf Kinder, eine Mutter und zwei Väter**
Missverständnisse 15
Ménage à trois 20
Der Thronfolger 27

41 **»Es wäre besser, wenn sie nicht geboren wären!«**
Blandine und der »Graf Zero« 41
Eine Ehe ohne Liebe 56

85 **Die Rivalen**
Im Abseits: Isolde und Franz Beidler 86
Die Einflüsterer: Eva und Houston Stewart Chamberlain 96

111 **Der Prozess**

143 **Ehe wider Willen**
Der Gnadenlose 143
Im Zwielicht 151
Cherchez la femme 159
Bayreuther Allerlei 166

175 **Musik, Macht, Politik: Adolf Hitler und die Familie Wagner**
Frontverläufe 175
Neue Allianzen 184
Gründerzeit 195
Pompes funèbres 204

211 **Anni horribiles**
   »Wen die Götter lieben ...« 211
   Kammerflimmern 216
   Mycobacterium tuberculosis 228
   Capriccio italien 231
   Tod in Danzig 234

243 **Die Tanten im Abseits**
   Das Jahr 1933 243
   Parsifal und der Familienkrieg in Bayreuth 247
   Im Asyl 257
   Abschied 266

273 **Epilog**

281 **Anhang**
   Dank 282
   Anmerkungen 283
   Quellen 302
   Literatur 304
   Bildnachweis 309
   Zeittafel 310
   Personenregister 314

PROLOG

Eine Dynastie ist eine Herrscherfamilie, der es über mehrere Generationen hinweg gelungen ist, höchste Ämter zu besetzen. Es gibt die klassischen politischen Dynastien, denkt man etwa an die Hohenzollern oder die Habsburger, Wirtschaftsdynastien wie die Krupps oder die Quandts und natürlich auch kriminelle Dynastien. Die Grenzen sollen in der Vergangenheit gelegentlich fließend gewesen sein. Darüber hinaus machten im Laufe der Jahrhunderte auch einige wenige Künstlerdynastien von sich reden. Johann Sebastian Bachs kinderreiche Sippe mag man dazu zählen, ebenso die Familien der Brüder Heinrich und Thomas Mann sowie die Wagners aus Bayreuth.

Richard Wagner rief mit den Bayreuther Festspielen ein Familienunternehmen ins Leben, das einzig dem Zweck dient, seine Opern aufzuführen. Darin steckt etwas Geniales wie auch etwas Größenwahnsinniges. Im Gründungsjahr 1876 kam der *Ring des Nibelungen* auf die Bühne, sechs Jahre später erfolgte die Uraufführung des Spätwerks *Parsifal*. Als der Komponist im Februar 1883 starb, stand der Betrieb vor dem Aus. Nun griff die Witwe Cosima Wagner ein, sie übernahm die Leitung. Im Laufe der Jahre machten sie und ihre Kinder aus dem Bayreuther Experiment – mehr ist es zu Wagners Lebzeiten nicht gewesen – eine Institution. Das Festspielhaus wurde zu einer anerkannten künstlerischen Einrichtung, und der »Grüne Hügel« entwickelte sich zu einem gesellschaftlichen Tummelplatz. Damals wie heute lassen sich die Schönen und Reichen, Stars und Sternchen sowie der internationale Jetset gerne in der oberfränkischen Provinz blicken. Sehen und gesehen werden. All das funktioniert bis in die Gegenwart erstaunlich gut. Auch wenn die Belange des jährlichen Festivals längst von einer »Richard-Wagner-Stiftung« geregelt werden, hat die Familie nach wie vor ein gewichtiges Wort mitzureden. Dies betrifft insbesondere die Leitung des Unternehmens. Man muss sich einmal die dynastischen Dimensionen vor Augen führen: Der im vergangenen Jahr zurückgetretene Festspielleiter Wolfgang Wagner ist der Enkel eines 1813 geborenen und 1883 verstorbenen Mannes. Im Sommer 2009 treten die 1945 geborene Eva Wagner-Pasquier und die 1978 geborene Katharina Wagner die Nachfolge ihres 90-jährigen Vaters an. Wenn im Jahre 2013 Richard Wagners 200. Geburtstag gefeiert werden wird, werden mit dessen Urenkelinnen immer noch zwei direkte Familienmitglieder in Bayreuth das Sagen haben.

Eine derartige Thronfolge ist einzigartig und konnte nur durch die Ausbildung eines »dynastischen Prinzips« erreicht werden. Abstrakt formuliert: Der aktuelle Machthaber bestimmt frei und unabhängig innerhalb der eigenen Sippe seinen Nachfolger. So übernahm Siegfried die Festspielleitung von seiner Mutter Cosima, und so trat auch Winifred Wagner 1930 die Nachfolge ihres Mannes Siegfried an. Dass wiederum Winifred Jahre später das Zepter in die Hände ihrer Söhne Wieland und Wolfgang legte, ist bekannt. Ein Erfolgsrezept? Ja und nein. Einerseits wurden so der große Erfolg und auch der elitäre Reiz des Familienunternehmens begründet. Andererseits gab es zahlreiche Clanmitglieder, die schlicht untergingen. Ob Isolde und Franz Beidler, Gilbert Gravina, Friedelind oder auch Nike Wagner – sie alle fühlten sich berufen und waren nicht auserwählt. Wer die Machtfrage stellte, wurde ein Opfer des dynastischen Prinzips.

Die Gründung der Wagner-Dynastie ist die Geschichte von Cosimas Kindern. Es geht um das aufregende Epos von Triumph und Tragödie, Genie und Verfall, Kunst und Ideologie sowie Politik und eigennütziger Geschäftigkeit. Frau Wagner hatte aus erster Ehe mit dem Pianisten und Dirigenten Hans von Bülow zwei Töchter – Daniela und Blandine. Von Richard Wagner bekam sie drei weitere Kinder – Isolde, Eva und Siegfried. Richard, Cosima und die fünf Kinder bildeten die Keimzelle jener »Patchworkdynastie«. Die Familie war international vernetzt, man könnte von einer europäischen Dynastie sprechen: Cosima wuchs in Paris auf, ihre Tochter Blandine heiratete einen italienischen Grafen, Isolde ehelichte einen Musiker aus der Schweiz, Eva entschied sich für einen Schriftsteller mit halb englischer, halb französischer Herkunft, und der einzige Sohn Siegfried nahm schließlich ein englisches Waisenkind zur Frau. Bis heute gibt es eine italienische, eine französische sowie eine kleine eidgenössische Linie. Dabei erscheinen Cosimas Kinder trotz aller verwandtschaftlichen Internationalität mitunter erschreckend provinziell. Zwar wurden sie mehrsprachig erzogen und beherrschten das Französische und Englische ebenso gut wie ihre deutsche Muttersprache, sie bereisten seit frühester Kindheit halb Europa, sie stiegen stets in mondänen Hotels ab, sie verkehrten mit Künstlern aus aller Herren Länder – und dennoch wehte der Hauch der großen weiten Welt allenfalls als laues Lüftchen durch diese Familie. Warum? Das Schlüsselwort lautet: Selbstverleugnung.

Die Nachkommen der Cosima Wagner trugen schwer an der Last ihrer Herkunft. Anders als Thomas Manns Kindern Klaus, Erika und Golo gelang es den Wagners nicht, sich »einen Vornamen zu machen«. Daniela und Blandine sowie Isolde, Eva und Siegfried lebten nach Richard Wagners Tod in einem »von Weihrauch geschwängerten Frauenstift«, wie der Journalist Maximilian Harden ätzte, in einer Atmosphäre, in der es erheblicher Anstrengungen bedurfte, eigene Lebensentwürfe zu definieren. Denn Cosima hatte ihren toten Mann zum übermächtigen Gott erhoben, der nun auf seiner Familie lastete. Die einst so lebendige Künstlerresidenz Villa Wahnfried wurde zur Krypta eines bizarren Wagner-Kults, die Festspiele gerieten zur pseudoreligiösen Lebensaufgabe. Von den Verpflichtungen des Erbes bis zur Selbstverleugnung war nur ein kurzer Schritt. Die von den Kindern betriebene Wagner-Vergötterung erscheint heute bizarr, um nicht zu sagen: verrückt. Aber auch die Kleidung, die Sprache, die Art des Sichausdrückens, des Sichgebens, das Pathos – alles wirkt wie aus einer anderen Zeit. Dabei darf man nicht vergessen, dass die Wagners im Wortsinn aus einem anderen Jahrhundert stammten. Es war der Stil des 19. Jahrhunderts, der sie geprägt hatte und der uns heute oftmals so fremd erscheint. Cosimas Kinder waren zweifellos keine Heiligen, ja, sie sind uns möglicherweise nicht immer sympathisch. Doch muss man bedenken, mit welch schwerer Hypothek die fünf ihr Leben meistern mussten. Es war wohl nicht immer leicht, so exzentrische Persönlichkeiten wie Franz Liszt, Marie d'Agoult, Hans von Bülow sowie Richard und Cosima Wagner zum engsten Verwandtenkreis zählen zu dürfen.

Wie im Fall eines jeden wirtschaftlich arbeitenden Unternehmens ging es auch bei der Firma Wagner um Geld, Macht und Einfluss. Diese goldglänzende Seite der Medaille zeigte man aber nur ungern der Öffentlichkeit. Man verbrämte das Diesseitige des Bayreuther Betriebs lieber mit patriotischen Appellen an das »deutsche Volk« – und meinte letztlich doch das eigene Portemonnaie. Bereits der Seniorchef Richard Wagner pflegte enge wie einträgliche Beziehungen zu König Ludwig II. von Bayern, wodurch die Festspiele erst möglich wurden. In späteren Jahren suchte Cosima die finanzielle Nähe zu den Hohenzollern. Das wäre nicht weiter schlimm gewesen, hätten die Wagners nicht auch politisch mitgemischt. Cosimas Kinder hatten einen wesentlichen Anteil daran, dass Richard Wagners Werk zum Inbegriff »deutscher Kultur« und zu einer Weltanschauung avancieren konnte. Prominente Mitglieder des Clans engagierten sich vor dem Ersten Weltkrieg in völkisch-nationalistischen Vereinen wie dem »Werdandi-Bund«, man trat 1917 der ultrarechten »Deutschen Vaterlandspartei« bei und öffnete sich 1923 freiwillig und ohne Not einem dahergelaufenen Österreicher namens Adolf Hitler. Die Geschichte vom Aufstieg Hitlers und der NSDAP ist auch die Geschichte vom Sündenfall der Wagner-Dynastie, vom moralischen Niedergang einer deutschen Familie.

Die Literatur über Richard Wagner ist nahezu unüberschaubar. Allein der Katalog der Berliner Staatsbibliothek verzeichnet über 540 Titel, die nur dem berühmten Komponisten gewidmet sind. Zur totalen Reizüberflutung gerät der Blick ins Internet. Die Stichworte »Richard Wagner Bayreuth« liefern Anfang April 2009 bei Google 344 000 Treffer, sucht man nach »Richard Wagner« und »Operas« findet man sogar 1 660 000 Ergebnisse. Die Wortfolge »Richard Wagner Familie« bringt es immerhin auf 162 000 Einträge – Tendenz steigend. Wagner und die Seinen sind ein kleiner Kosmos für sich. In jenem Wagner-Universum erblicken wir in Cosima und Richard zwei Fixsterne, die scheinbar unverrückbar am Himmel stehen, fünf kleinere Sterne (die Kinder) und – um bei dem Bild zu bleiben – eine ganze Reihe von eingeheirateten Familienmitgliedern, die als Trabanten und Satelliten vorbeiziehen. Was bis heute fehlt, ist so etwas wie eine »Sternkarte« –

ein biographisches Verzeichnis, das die Familienmitglieder in das richtige Verhältnis zueinander setzt. Diese Lücke will das Buch *Cosimas Kinder* schließen. Es stellt die logische Fortsetzung meiner Cosima-Wagner-Biographie *Herrin des Hügels* dar, ohne deren Lektüre vorauszusetzen. Anders als bei der Mutter schien eine streng chronologische Darstellung »von der Wiege bis zur Bahre« bei den fünf Kindern nicht sinnvoll. Will man sich nicht im ereignisgeschichtlichen Dickicht verheddern, ist eine Konzentration auf die zentralen dynastischen Lebensfragen ratsam. Welchen Beitrag leisteten die fünf zum Aufstieg der Dynastie? Wie war das Verhältnis der Geschwister zueinander? Warum ließ der Clan sich so eng mit Adolf Hitler und den Nazis ein? Welche Rolle spielte dabei Cosimas Schwiegersohn Houston Stewart Chamberlain? Es ist mir aber auch wichtig, den bislang kaum bekannten Mitgliedern der Familie Wagner ein Gesicht zu geben. Wer war Franz Beidler? Und warum endete dessen Ehe mit Wagners Lieblingstochter Isolde so tragisch wie folgenschwer? Hier gibt es viel zu entdecken.

»The Making of ...« nennt man im Englischen das, was die deutsche Sprache etwas spröde einen Arbeitsbericht nennt. Darin geht es um die Hochs und Tiefs, die vielen schönen und weniger schönen Erlebnisse, die sich im Verlauf der Beschäftigung mit einem Thema einstellen. Manches ist sogar amüsant und kurios. Bei meinen Vorarbeiten zur Biographie Alma Mahler-Werfels *(Witwe im Wahn)* lernte ich beispielsweise eine amerikanische Archivarin kennen, die sich tagein tagaus mit Almas schriftlichem Nachlass beschäftigt – und kein Wort Deutsch versteht. Auch im Fall der Kinder Cosima Wagners konnte ich merkwürdige Erfahrungen machen. Da ist beispielsweise die Geschichte des bereits erwähnten Franz Beidler. Ohne zu viel verraten zu wollen: Isoldes Gatte war ein Hallodri mit einer Vorliebe für außereheliche Affären samt unehelichen Kindern. Mit einer Berliner Opernsängerin zeugte er eine Tochter namens Eva, die Jahre später den Sänger Ernst Busch heiraten sollte. Und während Isolde eine schwere Tuberkuloseerkrankung in Davos kurierte, entdeckte Beidler die Reize seiner Hausangestellten Walburga Rass. Aus dieser Affäre gingen zwei weitere Kinder hervor: im September 1915 der Sohn Franz Walther und im Mai 1917 die Tochter Elsa Hildegard. Entsprechend verwirrend ist die Geschichte seines Nachlasses. Dass dieser in Teilen überhaupt noch existiert, war für mich eine Sensation. Nach mehrmonatigen Recherchen gelang es mir, die Erbin der Elsa Hildegard Beidler ausfindig zu machen. Diese Dame stellte mir freundlicherweise die Sammlung ihrer Schwiegermutter zur Verfügung. In den Kuverts und Schachteln fand ich manche Preziosen: Franz Beidlers Reisepass, Konzertprogramme, unbekannte Fotografien und anderes mehr. In einem unscheinbaren Schnellhefter hatte Elsa Hildegard ihren Schriftwechsel mit einem kanadischen »Forscher« abgelegt – nennen wir ihn Herrn W. Der erste Brief datiert vom Dezember 1992, der letzte vom November 1996; Frau Elsa starb einige Monate später im Oktober 1997. Herr W. behauptet in seinen Episteln, ein Buch über die Frauen der Wagner-Familie schreiben zu wollen. Ein lohnenswertes Unterfangen, dachte wohl Elsa, die ihrem Brieffreund daraufhin Dokumente überließ – darunter Franz Beidlers Tagebücher sowie die Korrespondenz der Eheleute Beidler. Als Elsa aber danach monatelang nichts von W. hörte, erkundigte sie sich nach den Gründen für sein Schweigen. Die Antwort entbehrt nicht einer gewissen Komik: »Ich schreibe ständig (am Buch) und es ist mir dann schwer Briefe zu schreiben. Ich muss immer ein Stapel von fünf zusammen haben, die nach Europa müssen, dann bekomme ich eine Preisbegünstigung bei der Post. Nur ich habe nie die Zeit 5 Briefe auf einmal nach Europa zu schreiben. Heute, hoffe ich, schaffe ich das.« Elsa erfuhr in jener Mitteilung vom Februar 1995 auch Details über W.s ungewöhnliche Arbeitsweise: »Ich habe immer gut in der U-Bahn gearbeitet. Als ich in Wien lebte, kaufte ich mir eine Tageskarte und ging stundenlang in der U-Bahn mit meiner Arbeit. In Luxembourg spazierte ich stundenlang damit durch die Landschaft mit einer Art Bauchladen.« Die Monate vergingen. Im November 1996 hakte Elsa erneut nach: »Ich wüsste so gerne, ob es Ihnen hoffentlich gut geht und ob der erste Band Ihres Werks schon erschienen ist und ob ich ein Exemplar bekommen kann – Sie wissen, ich lese auch in Englisch.«

Unnötig zu betonen: Herr W. hat bis heute weder einen ersten noch einen zweiten Band geschweige denn irgendetwas über die Wagner-Frauen veröffentlicht. Ist Elsa einem Hochstapler aufgesessen? In der Kladde befindet sich auch ein Foto des Herrn W. Der freundlich lächelnde Mann schwer bestimmbaren Alters gleicht mit Strohhut und Rucksack eher einem Wanderprediger denn einem Schwindler. Aber wer weiß?

Ich machte mich nun auf die Suche nach Herrn W., hoffend, dass er mir Kopien der seinerzeit von Elsa ausgehändigten Dokumente überlassen würde. Ein Blick in die kanadischen Telefonbücher führte zu keinem Ergebnis. Die Adresse, unter der er in den 1990er Jahren zu erreichen war, stimmte nicht mehr. Dann erfuhr ich über einige Umwege, dass Herr W. seinen Namen geändert habe; er führe nun einen wohlklingenden Doppelnamen. Doch auch diese Spur führte nicht weiter. Ich wandte mich an einen bekannten kanadischen Publizisten, der W. in der Danksagung eines Buches erwähnte. Keine Antwort. In meiner Ratlosigkeit durchforstete ich das Internet und tippte alle möglichen Schreibweisen seiner Namen ein. Aussichtslos. Ein Phantom? Je länger mich die leidige Angelegenheit beschäftigte, desto trauriger stimmte mich die schwere menschliche Enttäuschung, die Herr W. seiner Brieffreundin bereitet haben muss. Der Kanadier ist jedenfalls wie vom Erdboden verschluckt; von den Dokumenten fehlt jede Spur. Musste ich diese Quelle schweren Herzens abschreiben, wurde ich an anderen Stellen reichlich fündig. In der Berliner Staatsbibliothek konnte ich etwa den umfangreichen Nachlass Hans von Bülows und seiner zweiten Frau Marie auswerten. Wichtige Briefe aus dem Besitz von Cosimas Töchtern Blandine Gravina und Isolde Beidler sind in der Bayerischen Staatsbibliothek in München überliefert. Der Nachlass des Hausarztes der Familie Wagner, Ernst Schweninger, wird im Bundesarchiv Berlin aufbewahrt. Dort kamen Papiere ans Tageslicht, mit deren Hilfe die Entwicklung des großen Familienzwistes rund um die so genannte »Beidler-Affäre« detailliert rekonstruiert werden kann. Den mit Abstand umfangreichsten Quellenbestand konnte ich in Bayreuth ausheben. Im dortigen Nationalarchiv der Richard-Wagner-Stiftung werden die schriftlichen Hinterlassenschaften der Familie Wagner aufbewahrt. Neben vielen tausend Briefen, Manuskripten, Notizen und Fotografien birgt die Sammlung auch die wichtigen Nachlässe von Cosima Wagners Schwiegersöhnen Henry Thode und Houston Stewart Chamberlain. Hier fühlt man sich als Biograph im übertragenden Sinne wie ein Ölprinz in der texanischen Wüste: Man stochert im Sand, und schon sprudeln die Quellen.

Diese Trouvaillen erzählen die Geschichte eines streitbaren und umstrittenen Clans. Dabei gehört es zu den Besonderheiten der Wagner-Dynastie, dass selbst intime Details des Familienlebens auf die Bühne der großen Öffentlichkeit gezogen wurden. So war es zu Richard Wagners Lebzeiten, und so ist es bis heute der Fall. Cosima von Bülows Ehebruch, die spektakuläre »Beidler-Affäre«, Wolfgang Wagners Zerwürfnis mit seiner Tochter Eva und deren spätere Versöhnung, Nike Wagners Angriffe auf ihren Onkel Wolfgang und ihre Cousine Katharina – all das fand im Scheinwerferlicht eines sensationshungrigen Publikums statt. Die Wagners haben zweifellos ein großes Gespür für Theatralik und dramatische Inszenierungen. Selbst glühende Verehrer der Musik Richard Wagners sehen sich angesichts jener spannenden Familiensaga an populäre Seifenopern des amerikanischen Fernsehens erinnert. »Dynasty« hieß ein Straßenfeger, der auch Millionen Deutsche mit dem »Denver-Clan« zittern ließ. Eine andere Endlosserie flimmerte im Juni 1981 erstmals über deutsche Mattscheiben: »Dallas«. In beiden Erzählungen geht es um viel Geld, Macht, Intrigen, Liebe, Leidenschaft, Sex und Öl. Ersetzt man das schwarze Gold durch die hohe Kunst, nähern wir uns den Wagners. Cosima Wagner als »Miss Ellie« oder Houston Stewart Chamberlain als »J.R. Ewing«, als Larry Hagman Oberfrankens? Vielleicht wird die Geschichte des »Bayreuth-Clans« ja einmal verfilmt – es gäbe jedenfalls genug zu erzählen. Aber lesen Sie selbst.

Oliver Hilmes
Berlin, im April 2009

FÜNF KINDER, EINE MUTTER
UND ZWEI VÄTER

Missverständnisse

Die Situation konnte delikater kaum sein. Eine junge Frau heiratet den Lieblingsschüler ihres Vaters. Sie führt einen großen und geselligen Haushalt, es mangelt an nichts. Im Laufe der Jahre bekommt sie zwei Töchter – doch die Ehe ist unglücklich. Auf einer Reise lernt sie den besten Freund ihres Mannes kennen. Die beiden verlieben sich ineinander und beginnen eine heimliche Affäre. Der betrogene Gatte ist arglos, doch als die junge Frau von ihrem Liebhaber schwanger wird, droht der Schwindel aufzufliegen. Sie gibt das Baby als ehelich aus, sie schiebt es ihrem Gatten gewissermaßen als Kuckucksei unter. Was an ein Schicksal aus einer nachmittäglichen Talkshow des deutschen Privatfernsehens erinnert, spielte sich Mitte der 1860er Jahre in München ab. Die Hauptfiguren: das Ehepaar Cosima und Hans von Bülow sowie der Komponist Richard Wagner. Wie kam es zu diesem Charivari?

Cosima war die Tochter des berühmten Komponisten und Jahrhundertpianisten Franz Liszt und der französischen Schriftstellerin Marie d'Agoult. Die Eltern wussten mit der kleinen Cosima und ihren Geschwistern Blandine und Daniel nichts anzufangen. Die Kinder wurden umhergereicht: Zunächst wuchsen sie bei Liszts Mutter Anna in Paris auf, später kamen sie in die Obhut einer strengen Gouvernante. Im Herbst 1855 zogen die 17-jährige Cosima und ihre 19-jährige Schwester Blandine nach Berlin. Dort lebten Franziska von Bülow und ihr Sohn Hans, der bei Franz Liszt studiert hatte und seither als Lieblingsschüler des Maestros galt. Liszts Plan war: In absehbarer Zeit würden Cosima und Blandine heiraten. Bis dahin sollte Frau von Bülow die beiden jungen Damen unter ihre Fittiche nehmen und in die Berliner Gesellschaft einführen. Hans war derweil für die musikalische Ausbildung der Schwestern zuständig, schließlich erwartete man von Franz Liszts Töchtern nun einmal ein gewisses musikalisches Geschick. So weit, so gut. Was sich aber dann am Abend des 19. Oktober 1855 in Berlin ereignete, gehörte sicherlich kaum zu Liszts Plan.

An jenem Freitag dirigierte Hans von Bülow ein Orchesterkonzert, dessen Programm auch die Ouvertüre zu Richard Wagners Oper *Tannhäuser* umfasste. Franziska von Bülow sowie Cosima und Blandine saßen natürlich im Parkett, um Hans zu unterstützen. Das Publikum reagierte allerdings barsch: Es wurde heftig gezischt und gepfiffen. Damit hatte niemand gerechnet. Den 25-jährigen Dirigenten nahm dieser Zwischenfall so sehr mit, dass er im Künstlerzimmer einen Nervenzusammenbruch erlitt und kurzzeitig in Ohnmacht fiel. Mit Mühe und Not kutschierte man Hans später nach Hause, wo Cosima alleine – Frau Franziska und Blandine lagen bereits in ihren Betten – auf ihn wartete. Die beiden jungen Leute waren von dem Erlebten tief bewegt. Cosima tröstete ihren Lehrer, sie sprach ihm Mut zu, baute ihn auf. Im emotionalen Überschwang jener nächtlichen Stunden verlobten sie sich. Viele Jahre später hieß es in ihrem Tagebuch: »Ich gedenke meiner Verlobung vor 15 Jahren, unter den Auspicien der Tannhäuser-Ouvertüre in Berlin.«[1]

Als Franz Liszt von der Liebelei erfuhr, zuckte er mit den Schultern. Er nahm die Sache offensichtlich nicht sonderlich ernst, zumal er glaubte, dass Hans an einer Vermählung doch gar kein Interesse habe. »Und wenn er sich wirklich später dazu entschließt«, beruhigte er Hans' Mutter, »so wird es ihm nicht schwerfallen, weit vorteilhaftere Partien zu finden, als meine Töchter sind.«[2] Seiner eigenen Lebensgefährtin versicherte er, »dass meine Töchter genug gesunden Menschenverstand besitzen, sich Überflüssiges zu ersparen …«[3] Das sollte sich jedoch als krasse Fehleinschätzung erweisen. Überhaupt schien Franz Liszt seine Tochter Cosima und seinen Eleven Hans nicht gut genug zu kennen, denn die beiden waren fest entschlossen, das Gelübde jener Oktobernacht zu erfüllen. Hans hielt erfolgreich um Cosimas Hand an. Nach langem Hin und Her fand die Trauung von Cosima Liszt und Hans von Bülow am Morgen des 18. August 1857 in der Berliner Sankt Hedwigskirche statt. Viele Jahrzehnte später erklärte die greise Cosima ihrer Schwiegertochter Winifred: »Herr von Bülow hätte nie heiraten sollen.«[4] Das war allenfalls die halbe Wahrheit, zutreffender wäre gewesen: »Herr von Bülow hätte mich nie heiraten sollen.«

Die Verbindung erscheint rückblickend als ein folgenschwerer Irrtum, sie entwickelte sich für beide Ehepartner zur Mesalliance. Warum? Bereits die Verlobung beruhte auf einem Missverständnis. Hans fühlte sich zu Cosima hingezogen, weil er in ihr die Tochter des hochverehrten Lehrmeisters sah. In seinem Werbebrief an Liszt hatte er über seine Zukünftige geschrieben: »Es ist mehr als Liebe, die ich für sie empfinde; der Gedanke, mich Ihnen, den ich als hauptsächlichen Stifter und Beweger meines gegenwärtigen und zukünftigen Daseins betrachte, noch mehr zu nähern, faßt alles Glück zusammen, das ich hienieden erwarte. Cosima Liszt überragt für mich nicht nur als Trägerin Ihres Namens alle Frauen, sondern auch, weil sie Ihnen so gleicht, weil sie durch so viele Eigenschaften ein treuer Spiegel Ihrer Persönlichkeit ist.«[5] Wen umwarb er eigentlich? Die Braut oder den Schwiegervater? Am Vorabend der Trauung gestand Bülow einem Freund: »Meine Frau ist mir so vollkommen Freundin, wie sich's fast nicht idealer vorstellen läßt.«[6] Damit brachte er seinen Lebensirrtum auf den Punkt.

Aber auch Cosima wurde – pointiert formuliert – das Opfer einer Projektion. Hans von Bülow litt seit frühester Kindheit unter schlimmen Kopfschmerzattacken, die mit hypernervösen Beschwerden und verschiedenen anderen Unpässlichkeiten einhergingen. Er lebte unter Hochdruck und in einem Dauerzustand von Überreiztheit. Im Laufe der Jahre flüchtete er sich in den Zynismus. Bülow legte sich eine beißende und verletzende Attitüde zu, mit der er die Kraft und Männlichkeit vortäuschte, die sein verletzlicher Körper so gar nicht ausstrahlte. Cosima litt mit ihm. Sie wollte sich ihm hingeben, ihn pflegen und für ihn da sein. Auch sie verwechselte einträchtige Freundschaft mit echter Liebe. »Es war ein großes Mißverständnis, das uns ehelich verband«, notierte sie Jahre später, »das Gefühl, das ich für ihn damals vor 12 Jahren empfand, ich empfinde es noch, große Teilnahme für sein Schicksal, Freude an seinen Geistes- und Herzensgaben, wirkliche Achtung für seinen Charakter, bei vollständigstem Auseinandergehen der Anlagen.«[7] Das wechselseitige Verlangen nach emotionalem Halt und Verständnis, Hans' Verehrung für Franz Liszt sowie Cosimas Mitleid gingen eine ungute Verbindung ein.

Zu Beginn des Jahres 1860 wurde Cosima schwanger. Wenige Wochen zuvor – am 13. Dezember 1859 – war Cosimas Bruder Daniel im Alter von nur zwanzig Jahren in Berlin gestorben. Die Stimmung im Hause Bülow war gedrückt. Hans konnte seiner Frau in der Folgezeit kaum beistehen, befand er sich doch auf einer mehrmonatigen Konzertreise, die ihn nach Paris, Karlsruhe und Wien führte. Die anderen Umstände lösten keine Freude aus, ganz im Gegenteil. Cosima hatte bezeichnenderweise Angst, ihrem Mann die frohe Botschaft zu überbringen. Jahre später gestand sie ihm: »Und, Du erinnerst Dich, als ich mit Loulou schwanger war, wagte ich nicht, es Dir zu sagen, als ob meine Schwangerschaft illegitim gewesen wäre, und ich brachte es Dir als Traum bei.«[8] Am 12. Oktober 1860 um vier Uhr früh erblickte Cosima und Hans von Bülows erste Tochter mit einem lauten Schrei das Licht der Welt. Als Erinnerung an den toten Bruder erhielt das Mädchen den Namen Daniela (im Geburtenregister steht Daniella[9]) und als Hommage an die Heldin aus Richard Wagners Oper *Der fliegende Holländer* den Zweitnamen Senta; zeitlebens wurde sie aber auch »Loulou«, »Lulu« oder »Lusch« genannt. Bülow an einen Freund: »Vorläufig schweigt nun das Piano, welches dem ›chant‹ Platz gemacht hat. Doch ich will die kaum sechzig Stunden alte Daniella-Senta nicht verläumden: sie macht von ihrer Stimme nicht im Geringsten indiscreten Gebrauch. Desto mehr ist es unser Wunsch, daß sie es später thue; wir wünschten lebhaft, sie könnte eine ordentliche dramatische Sängerin werden, und meine Freunde eine künstlerische Freude an ihr erleben.«[10]

Die Mutter erholte sich nach der Entbindung nur sehr langsam – bis Januar 1861 war sie auf medizinische Hilfe angewiesen. In diesen Monaten zeigte es sich, dass den Bülows ein ungezwungenes und vertrauensvolles Miteinander offensichtlich nicht möglich war. Aus Rücksicht auf ihren immer irgendwie kränkelnden Mann wagte Cosima es nicht, ein offenes Wort über ihren Zustand oder ihre Bedürfnisse zu sprechen. »Bülow ist selbst leidend«, ließ ihre Schwester Blandine Vater Franz Liszt wissen, »er wird sich wohl einen Moment lang

Sorgen machen, aber Cosima wird ihm entgegnen, dass ihr nichts fehle, und das wird ihn beruhigen.«[11] Hans schien das Dilemma seiner Ehe zumindest zu erahnen. »Cosima leistet ein bewundernswertes Kunststück, das Leben mit mir auszuhalten«, schrieb er seiner Schwester, »aber ich bin eine ins Weibliche hinüberstreifende Natur, meine Frau hat einen starken Geist, und bedarf leider so wenig meiner Beschützung, daß sie vielmehr mir dieselbe bietet.«[12]

Gut zwei Jahre nach Danielas Geburt wurde Cosima erneut schwanger. Auch im Herbst 1862 konnte von glückseliger Vorfreude keine Rede sein, da kurz zuvor ein weiteres Unglück die Familie heimgesucht hatte. Am 11. September war Cosimas ältere Schwester Blandine auf ihrem Landgut in Südfrankreich gestorben. »Wie öde, wie leer, wie innerlich gestört war damals mein Leben!«, erinnerte sie sich Jahre später an jene Zeit. Die Geburt der zweiten Tochter am 20. März 1863 verlief herzlos und gefühlskalt: »Wie stumpf und dumpf brachte ich ohne jeden Beistand das Kind zur Welt; wie gleichgiltig wurde es vom Vater empfangen!« Allem Anschein nach kümmerte sich niemand um die Hochschwangere: »So elend fühlte ich mich damals, daß ich keinem sagte, daß die Geburtswehen über mich kamen und daß das Kind bereits da war, als man die Hebamme rief. Die Schwiegermutter wohnte im Haus, Hans war anwesend, Bedienung war genügend da, und ich wanderte einsam im Salon und wand mich wie ein Wurm und winselte; ein unaufhaltsamer Schrei weckte das Haus, und sie trugen mich auf mein Bett, wo Boni denn auch herauskroch. In jedem Hause ist die Erwartung eines Kindes eine Freude, ich wagte es Hans kaum zu sagen, daß ich schwanger sei, so unfreundlich nahm er es auf, gleichsam wie eine Störung seines Behagens.«[13]

Das Baby erhielt als Reminiszenz an Cosimas verstorbene Schwester die Namen Blandina Elisabeth Veronica Theresia (genannt »Boni« oder auch »Ponsch«). Während die Mutter nach der Entbindung langsam wieder zu Kräften kam, kehrte der Vater schnell zur Tagesordnung zurück. Das klang in seinen Worten so: »Vor 14 Tagen neue Vaterfreuden – dann eine Masse zeitraubender sogenannter Berufsbeschäftigungen. Endlich kommen die 8 Tage Osterferien. Da falle ich zusammen, muß zu Bett liegen, rheumatisch-katarrhalische Zustände pflegen: und auch das kann ich nicht mit Seelenruhe abmachen. Ich bin gewohnt, Wort zu halten – ich gehe trotz Fieber in Emil Naumann's Concert, dasselbe durch Bach's chromatische Fantasie zu illustriren – erkälte mich selbstverständlich wiederum und suche mich von dieser Erkältung jetzt zu erholen, um am Donnerstag einen Collegen am Conservatorium durch Mitwirkung in Bach's Tripelconcert zu unterstützen.«[14] Für eine Ehefrau und zwei kleine Kinder gab es in diesem gehetzten Leben offenkundig gar keinen Platz.

Ménage à trois

Wenige Monate später – im Herbst 1863 – stand das Leben der Eheleute von Bülow an einer Wegscheide. Und das kam so. Am 28. November traf Bülows Freund Richard Wagner auf der Durchreise in Berlin ein. Der hoch verschuldete Komponist hatte sich von seiner Frau Minna getrennt und lebte seit kurzem mit seiner Muse Friederike Meyer in Penzing bei Wien. Eigentlich wollte er nicht bleiben. Da aber an jenem Samstagabend in der Singakademie Bülows Orchesterballade *Des Sängers Fluch* auf dem Programm stand, ließ sich Wagner überreden, das Konzert zu besuchen und erst am nächsten Tag weiterzureisen. Cosima kannte den 50-jährigen Wagner seit einigen Jahren. Sie war ihm bereits als junges Mädchen in Paris kurz begegnet, später traf sie ihn auf ihrer Hochzeitsreise sowie bei anderen Gelegenheiten wieder. Das Verhältnis der beiden blieb in all der Zeit jedoch beiläufig und förmlich. Nun änderte sich die Situation. Während Bülow am Nachmittag sein Werk probte, unternahmen seine Frau und sein Freund eine Wagenfahrt durch Berlin. »Diesmal ging uns schweigend der Scherz aus«, schrieb Wagner Jahre später, »wir blickten uns stumm in die Augen, und ein heftiges Verlangen nach eingestandener Wahrheit übermannte uns zu dem keiner Worte bedürfenden Bekenntnisse eines grenzenlosen Unglückes, das uns belastete.« Den nun folgenden Satz ließ Cosima Jahre später in den ersten Ausgaben von Wagners Autobiographie kurzerhand streichen: »Unter Tränen und Schluchzen besiegelten wir das Bekenntnis, uns einzig gegenseitig anzugehören.« Und als ob nichts gewesen wäre, gingen sie abends in die Aufführung: »Uns war Erleichterung geworden. Eine tiefe Beruhigung gab uns die Heiterkeit, ohne Beklemmung dem Konzerte beizuwohnen [...].«[15]

Wagner schrieb seine Memoiren mit einer zeitlichen Distanz von einigen Jahren. Man darf also nicht den Fehler machen und das Bekenntnis, »uns einzig gegenseitig anzugehören«, wortwörtlich nehmen. Jener Schwur greift vielmehr dem Lauf der Dinge vor. Ende 1863 konnten Cosima von Bülow und Richard Wagner noch keinen Weg zueinander finden. Erst ein politisches Ereignis sollte die Lage unverhofft ändern: Im März 1864 bestieg König Ludwig II. den bayerischen Thron. Der junge Monarch verehrte Richard Wagner, er war ihm schwärmerisch ergeben. Ludwig hatte sich entschlossen, für den Komponisten zu sorgen und ihn aller Alltagssorgen zu entledigen. Am Nachmittag des 4. Mai 1864 standen sie sich in der Münchener Residenz erstmals gegenüber. Der Wittelsbacher gewährte Wagner beispielsweise ein Jahresgehalt, hinzu kamen die Umzugskosten von Wien nach Bayern, Geldgeschenke sowie Kompositionshonorare. Kurzum: König Ludwig befreite sein Idol mit einem Schlag aus seiner völlig verfahrenen Lebenssituation. Mitte Mai bezog Wagner eine schicke Villa in Kempfenhausen am Ufer des Starnberger Sees. Zu seinem Glück fehlte nun noch die passende Herzensdame. Ob er dabei ausgerechnet an Cosima von Bülow dachte? Die Vermutung liegt nahe, zumal Wagner die Berliner Freunde mit charmanten Briefen nach Bayern zu locken versuchte. Er schlug ihnen vor, Hans möge seine Tätigkeit am Stern'schen Konservatorium aufgeben – er war ihrer ohnehin überdrüssig – und sich als König Ludwigs »Vorspieler« in München niederlassen. Der hohe Herr sei von dieser Idee begeistert, frohlockte Wagner, überdies zahle er gut. Die Bülows nahmen das Angebot an.

Da Hans noch in Berlin gebunden war, reisten Cosima und die Töchter Daniela und Blandine zunächst alleine zu Wagner an den See. Am 29. Juni 1864 trafen sie in Starnberg ein. In den nun folgenden acht Tagen – Bülow stieß erst am 7. Juli zu seiner Familie – nahm das Schicksal seinen Lauf. Was immer in jener Zeit geschehen sein mag – Richard und Cosima hatten in dem Dienerehepaar Franz und Anna Mrazek aufmerksame Zeugen. Frau Anna konnte sich noch fünfzig Jahre später – im Mai 1914 – ganz genau erinnern: »Daß Frau Cosima sich damals an Richard Wagner hingegeben hat, davon bin ich

Vater Nummer eins: Hans von Bülow. Die Ehe mit Cosima Liszt war unglücklich. »Herr von Bülow hätte nie heiraten sollen.« (Cosima Wagner)

Die Mutter: Cosima Wagner, geborene Liszt, geschiedene von Bülow, um 1870.

Vater Nummer zwei: Richard Wagner. Im August 1870 heirateten Richard Wagner und Cosima von Bülow. Zu diesem Zeitpunkt waren bereits die drei gemeinsamen Kinder auf der Welt.

überzeugt. Im allgemeinen konnte man damals in Starnberg unschwer merken, daß zwischen Frau Cosima und Richard Wagner sich etwas angesponnen habe. Die Beiden waren immer beisammen, gingen immer Arm in Arm im Park spazieren.«[16] Cosima wurde von ihrem Liebhaber schwanger; neun Monate später brachte sie Wagners erste Tochter Isolde zur Welt.

Und Hans? Er tappte im Dunkeln, so Anna Mrazek: »Bülow schien sich, soweit er davon Wahrnehmungen machte, nichts besonderes daraus zu machen. Mir kam es damals so vor, als ob Bülow das Verhältnis für ein freundschaftliches hielt, ich selbst aber habe das Verhältnis schon für ein Liebesverhältnis gehalten.« Cosima und Richard fühlten sich allem Anschein nach sicher – zu sicher, denn sie wurden nun leichtsinnig und machten Fehler. Franz Mrazek hatte im Haus zu tun und wurde zum Augenzeugen: »Bülow habe soeben in das Schlafzimmer Richard Wagners eintreten wollen. Dieses Schlafzimmer sei versperrt gewesen, die Frau Bülow sei bei Richard Wagner drinnen gewesen. (Das wußte nämlich mein Mann, daß die Frau Bülow bei Wagner drinnen sei.) Mein Mann erzählte weiter: Bülow sei in sein Wohnzimmer gegangen, habe sich auf den Boden niedergeworfen, habe mit Händen und Füßen geschlagen wie ein Wahnsinniger und habe geschrieen, ja gebrüllt.« Und nun geschah das eigentlich

Unerklärbare: Weder zwischen den Bülows noch zwischen Hans und Richard kam es zu einer Aussprache. Auch eine emotionale Szene, die man wohl erwartet hätte, blieb aus. Bülow schrie seinen Nebenbuhler nicht an – auch das wäre ja menschlich verständlich gewesen –, er brüllte seinen Kummer förmlich in den Teppich. Danach kehrten die Hauptakteure zur Tagesordnung zurück. »Aber man hat gar nichts gemerkt«, so die Haushälterin, »nicht ein Wort habe ich darüber gehört.« Die arme Anna Mrazek wurde fortan von Hans geschnitten, vermutete er doch, sie stecke mit seiner Gattin unter einer Decke. Einmal putzte er sie öffentlich herunter: »Die Frau Cosima stellte sich hinter ihren Mann und legte warnend den Zeigefinger auf den Mund. Ich sagte nichts mehr und ließ mich abkanzeln und wußte nicht warum.«[17] Cosima wusste wohl warum.

Wenige Monate später – Ende November 1864 – finden wir das Trio an der Isar wieder. Wagner hatte mittlerweile den Starnberger See verlassen und sich in der Stadt niedergelassen, auch das Ehepaar von Bülow wohnte nun in München. Dort brachte Cosima am 10. April 1865 um 8 Uhr 40 ihre dritte Tochter zur Welt: Isolde Josepha Ludovika. Obschon die Kleine Richard Wagners Sprössling war, wird sie im Taufregister der Pfarrei St. Bonifaz als »eheliche Tochter« von Hans und Cosima von Bülow geführt. Doch damit nicht genug: Bei der katholischen Taufe am 24. April in Bülows Wohnung in der Luitpoldstraße 15 fungierte neben der Malergattin Josephine von Kaulbach ausgerechnet Richard Wagner als Taufzeuge.[18] Das setzte dem Versteckspiel und der Täuschung die Krone auf. Wie mag Wagner sich gefühlt haben, als sein leibliches Kind unter Bülows Namen in das Taufregister eingetragen wurde? Und war Hans wirklich so ahnungslos, dass er sich immer noch für den Vater des Babys hielt?

Die Ereignisse am Starnberger See konnte man eigentlich nicht missverstehen. Oder war das alles nur ein Irrtum? Wenige Tage nach der Entbindung schrieb Bülow an einen Freund, er sei »zum dritten Male ›Mutter‹ geworden […], wie die Berliner sagen, wenn sich – Töchter einstellen. Das Kind (vermuthlich ›Isolde‹ zu nennen) ist sehr kräftig.«[19] Wenn er absolut an seine Vaterschaft glaubte, dann konnte dies nur eines bedeuten: Cosima von Bülow war während der so genannten »Empfängniszeit« mit zwei Männern – Richard und Hans – intim. Möglicherweise machte Bülow aber auch nur gute Miene zum bösen Spiel. Denn hätte er eingestanden, dass Isolde nicht seiner Lendenkraft entsprossen war, hätte dies einen gesellschaftlichen Skandal provoziert. Er handelte wohl aus reinem Selbstschutz, wenn er es vorzog, wohl oder übel ein Kuckucksei auszubrüten. Das wird für immer sein Geheimnis bleiben. Andere Zeitgenossen hegten an Wagners Erzeugerschaft jedenfalls keine Zweifel. So etwa Cosimas Hebamme: »Sie erzählte mir damals«, erinnerte sich Anna Mrazek, »daß immer, wenn sie zur Frau Cosima komme, um sie als Wöchnerin zu pflegen, Richard Wagner am Bette der Frau sitze.«[20]

Cosimas Verhältnis zu Hans glich derweil mehr einem Nebeneinander denn einem ehelichen Miteinander. Wenn er nicht gerade im Theater war – Bülow leitete am 10. Juni 1865 sogar die Premiere von Wagners Oper *Tristan und Isolde* – oder sich auf einer Konzertreise befand, herrschte in der Luitpoldstraße eine gereizte bis aggressive Stimmung. Die Nerven lagen blank. Bülow beging nicht nur einmal den unverzeihlichen Fehler und vergaß sich. Dann schlug er seine Frau. Jahre später notierte Cosima in ihr Tagebuch: »Er [Wagner] gedenkt der Scenen, denen er beigewohnt, wo Hans mich geschlagen, und sagt, er sei entsetzt gewesen über die gleichgültige Ruhe, mit welcher ich dies ertragen hätte.«[21]

Ein halbes Jahr nach Isoldes Geburt nahm die Dreiecksbeziehung ein vorläufiges Ende. Wagner hatte es sich mit Ludwigs Hofstaat verscherzt – immer neue Geldforderungen und politische Intrigen waren die Stichworte. Am 6. Dezember 1865 forderte ihn der König notgedrungen auf, Bayern zu verlassen. Vier Tage später reiste er samt Diener und Hund ab. Der Komponist Peter Cornelius schaute dem abfahrenden Zug nach: »Zwischen Wagner und Cosima besteht ein völliges Verhältnis. Es ist sogar zu vermuten, daß sie ihm mit den Kindern folgt. Sie ging, nachdem wir von Wagner Abschied genommen, nicht in ihr Haus, sondern in das seinige zurück.« Und weiter: »Aber was das mit Bülow wird? Ob er überhaupt Wagner seine Frau gänzlich überlassen hat in einem hochromantischen Einverständnis?«[22]

Die Bülows setzten ihre Scheinehe wie gehabt fort. Als Cosima Anfang März 1866 in Begleitung der kleinen Daniela zu Wagner nach Genf reiste, tat Hans dies als Gefälligkeitsbesuch ab, »um dem armen großen Einsamen ein wenig Gesellschaft zu leisten«.[23] Ende des Monats war sie wieder in München, um Mitte Mai erneut zu ihrem Geliebten zu ziehen. Richard Wagner hatte inzwischen mit königlichem Geld in Tribschen am Vierwaldstätter See ein stattliches Anwesen gemietet. In dieser Zeit wurde Cosima erneut schwanger. Die Ereignisse überstürzten sich: Am 6. Juni bat Hans den König um seine Entlassung, die ihm gewährt wurde. Er fuhr nach Zürich, Cosima folgte ihm via München. Am 10. Juni trafen beide bei Wagner ein. »Nun, heute ist der bange Entscheidungstag in Luzern«, berichtete Peter Cornelius seiner Braut Bertha. »Ich weiß wie es ausfallen wird: Cosima wird bei Wagner bleiben, denn so muß es kommen, damit sich das Geschick an ihr vollziehe! Und an Wagner.«[24]

Cornelius sollte sich irren, denn eine wie auch immer geartete Entscheidung stand gar nicht auf der Tagesordnung. Hans und Cosima blieben vielmehr bis Anfang September 1866 in Tribschen. Es ist nur schwer vorstellbar, dass diese merkwürdige Ménage à trois irgendwie funktionierte. Das volle Ausmaß des Betrugs wird deutlich, wenn man bedenkt, dass Cosima zu dieser Zeit ja erneut von Wagner schwanger war. Wie auch immer: Man machte regelmäßig gemeinsam längere Spaziergänge und unternahm Bootsfahrten auf dem malerischen See. Vorerst kehrten die Eheleute Bülow nach München zurück.

Kurze Zeit später übersiedelte Hans nach Basel, während es Cosima wieder zu Wagner zog. In der Villa Tribschen brachte Cosima von Bülow am 17. Februar 1867 Richard Wagners zweites Kind zur Welt: Eva Maria. Es war ein Sonntagnachmittag, als Hans aus Basel kommend an das Bett seiner Frau trat. Sie hielt die Kleine bereits in ihren Armen. Hans setzte sich zu ihr und sagte: »Je pardonne«, worauf Cosima vielsagend geantwortet haben soll: »Il ne faut pas pardonner, il faut comprendre.« Auf gut Deutsch: Nicht verzeihen – verstehen!

Was nun folgte, war ein Stück aus dem Tollhaus: Wagner reiste Anfang März 1867 nach München, um mit König Ludwig über Hans von Bülows Rückberufung nach München zu verhandeln. Die Vollendung seiner neuen Oper *Die Meistersinger von Nürnberg* stand in absehbarer Zeit bevor, und der Komponist wünschte die Uraufführung durch den genialen Dirigenten Hans von Bülow. Nein, selbstlos war dieser Richard Wagner nicht. Es kam, wie es kommen musste: Bülow erhielt die Ernennung zum Hofkapellmeister und ließ sich Mitte April 1867 wieder in der Isarstadt nieder. Hans' exponierte Stellung verlangte aber ein untadeliges Privatleben – zumindest nach außen. Cosima zog also nicht ganz freiwillig zu ihrem Mann zurück. Das war der Preis, den Frau von Bülow und ihr Liebhaber zahlen mussten.

Im Laufe des Jahres 1868 wuchs insbesondere bei Wagner die Unzufriedenheit über die privaten Verhältnisse. Er war mehr denn je davon überzeugt, dass Hans und Cosima sich in aller Form trennen mussten. Mitte September brachen Cosima und Richard zu einer Italienreise auf. In jenen Wochen schliefen sie miteinander und zeugten ihr drittes Kind: Siegfried. Auf der Rückreise durch das Tessin fiel der Entschluss: Am 3. Oktober 1868 schrieb sie aus Faido den entscheidenden Brief an Hans, worin sie vermutlich erklärte, dass sie ihn verlassen und ganz zu Wagner ziehen werde. Mitte Oktober finden wir Cosima wieder in München. Es folgten vier traurige Wochen, in deren Verlauf sie und Hans ihre elfjährige Ehe begruben. Am 16. November nahmen sie Abschied. Aus Rücksicht auf Bülow blieben die Töchter Daniela und Blandine vorerst in München. Man kann aber auch sagen: Cosima ließ die Vergangenheit zurück. Sie fuhr daraufhin in die Schweiz – zu ihrem Richard, zu den gemeinsamen Kindern.

Der Thronfolger

Es war ganz still am frühen Morgen des 6. Juni 1869. Die Bewohner der Villa Tribschen schliefen. Um 1 Uhr stand Cosima von Bülow auf und weckte Richard Wagner – die Wehen hatten eingesetzt. Sie bat Wagner, ruhig zu bleiben und sich nicht aufzuregen. Dann legte sie sich wieder hin. Cosima: »R. am Bett in großer Sorge. Nach 3 Uhr kommt die Hebamme, um im Nebenzimmer zu warten, da ich niemand sprechen will. Es scheint etwas Ruhe einzutreten. R. will dies benutzen, um durch einige Stunden Schlaf sich für den bevorstehenden Tag zu stärken. Er geht hinab, legt sich zu Bett, wird aber von Unruhe gepeinigt, kleidet sich wieder an u. kommt herauf; er stürzt herein und findet mich bereits unter der Behandlung der Amme in den wütendsten Schmerzen. Ich erschrak, da ich ihn plötzlich vor mir stehen sah und ein Gespenst zu erblicken wähnte, wendete mich entsetzt ab und trieb ihn somit aus der Kammer in den offenen Salon daneben; als er von neuem mich jammern hört, stürzt er abermals herein, da die Amme mich für einen Augenblick verlassen hatte; ich faßte seinen Arm, wand mich krampfhaft daran, bedeutete ihm aber, nicht zu sprechen. Die Amme kam zurück, R. entfernte sich wieder in das Nebenzimmer; dort blieb er Ohrenzeuge des Entbindungsvorganges u. hörte den Jammer der gebärenden Mutter an.«[25]

An jenem Sonntag brachte Cosima ihr fünftes und letztes Kind zur Welt: Siegfried Helferich Richard. Dieses Ereignis stellte eine Zäsur dar. Cosima sprach bereits zwei Tage später von einer »bedeutenden Wende, welche durch ihn in unser Schicksal getreten ist«.[26] Die glückliche Entbindung des einzigen Sohnes beförderte den Entschluss, ihren Mann Hans endgültig um die Scheidung zu bitten. Er willigte ein und überließ ihr auch die Erziehung der beiden gemeinsamen Kinder Daniela und Blandine. Doch das war nicht alles: Siegfrieds Geburt geriet für die Mutter zu einer Art Ostererlebnis, gewissermaßen zu einer Heilsoffenbarung. An Bülow schrieb sie: »Und doch, das gebe ich zu, hätte ich Dich niemals verlassen, wenn ich nicht dem Leben begegnet wäre, mit dem das meinige so absolut verschmolz, daß ich nicht mehr weiß, wie ich davon loskommen soll.«[27] Damit meinte sie ihre Liebe für Richard Wagner – und das kleine Baby erschien ihr als Kronzeuge dieser Hingabe. In ihr Tagebuch notierte sie: »Mein Siegfried, Krone meines Lebens, zeige du, wie ich deinen Vater geliebt!«[28] Da war der Sohnemann gerade eine Woche alt. Fortan richtete sie ihr gesamtes Sinnen auf zwei Menschen aus: Richard Wagner und Sohn Siegfried.

Cosima hatte ein gutes halbes Jahr zuvor mit der Führung eines Tagebuches begonnen. »Ihr sollt jede Stunde meines Lebens kennen«, hieß es am 1. Januar 1869, »damit ihr mich dereinst erkennen könnt, denn sterbe ich früh, so werden die anderen gar wenig über mich euch sagen können, sterbe ich alt, so werde ich wohl nur noch zu schweigen wissen. Ihr sollt mir so helfen meine Pflicht erfüllen – ja meine Kinder, meine Pflicht. Was ich damit meine, werdet ihr später erfahren. Alles will euch die Mutter von ihrem jetzigen Leben sagen, denn sie glaubt, daß sie dies kann.«[29] Die letzte Notiz datiert vom 12. Februar 1883, einen Tag später starb Wagner, und Cosima beendete ihr »journal intime«. Das Tagebuch hat ein Grundthema, das in Variationen durchgeführt wird: Richard Wagner. In den gut vierzehn Jahren berichtet sie minutiös über Wagners Alltag – über seine Stimmungen und Launen, seine Ansichten und Arbeiten, seine vielen Unpässlichkeiten und Krankheiten und überhaupt über das Leben an der Seite eines Genies. Alles in allem füllte Cosima einundzwanzig Hefte mit über 5000 Seiten Umfang. Dabei führte sie keine streng geheimen Selbstgespräche, die ein Tagebuch normalerweise auszeichnen.

Cosimas Aufzeichnungen waren von Anfang an für Dritte bestimmt: »Ihr sollt jede Stunde meines Lebens kennen«, hatte sie in die erste Kladde geschrieben. »Ihr« – das waren die fünf Kinder, allen voran das Nesthäkchen Siegfried. Ihm wollte sie Rechenschaft ablegen. Dass der Widmungsträger diese Aufzeichnungen nie zu Gesicht bekam, war in späteren Jahren den Machenschaften seiner Schwester Eva geschuldet. Angeblich schenkte Cosima ihrer Tochter die Hefte als »Mitgift« zu deren Hochzeit – Zweifel scheinen hier angebracht. Die Tagebücher verschwanden jedenfalls für viele Jahrzehnte in einem Banktresor. Denn Eva bestimmte in ihrem Testament, dass die Dia-

Cosimas Kinder, um 1873: Isolde, Eva, Siegfried, Blandine und Daniela. Der einzige Sohn war der ganze Stolz der Mutter. »Sorgt für Siegfried, dies mein erstes und letztes; Euer erstes Erwachen am Tage sei für ihn, Euere erste Tätigkeit, Euere schönste Sorge.« (Cosima Wagner an ihre Töchter)

rien erst 30 Jahre nach ihrem Tod veröffentlicht werden durften – sie starb 1942.

Doch zurück in das Schicksalsjahr 1869. Mit Cosimas endgültiger Entscheidung für Richard Wagner begann ein Prozess, der im Laufe der Zeit pseudoreligiöse Züge annahm. Wagner erschien in ihrer Diktion nicht mehr als Mensch unter Menschen, sondern als Halbgott. Wenn er zu ihr sprach, dann vernahm Cosima eine Predigt – »immer göttlich und einzig«.[30] Sie verehrte ihn bis zum Niederknien: »Jedes Wort von ihm ist mir ein Glaubenssatz.«[31] Richard Wagners Entmenschlichung hatte für Cosima eine psychologische Entlastungsfunktion. Sie litt unter schlimmen Schuldgefühlen gegenüber Hans, die sich in schweren Selbstvorwürfen ausdrückten. Immer wieder beklagte sie ihre »Schuld« und ihr »Versagen«: »Wie leide ich stets um Hans!«, notierte sie in das Tagebuch. »Vor ihm möchte ich sterben, damit er erführe, daß ich zu jeder Stunde mit ihm gelitten habe, durch alles Glück und allen Segen.«[32] Sie kompensierte diese Komplexe mit der Suggestion, dass sie Hans nicht für einen »normalen Menschen« sondern für einen Halbgott verlassen hatte. Je stärker sie Wagner verehrte und je göttlicher er ihr erschien, desto eher konnte sie ihre »Schuld« rechtfertigen. Sie konnte nicht anders, so die innere Logik, es war ja göttliche Fügung. Jene Vergötterung drückte sich bereits sprachlich aus: Da sie vor dem Gesetz noch Frau von Bülow hieß, konnte sie Wagner ja schlecht als ihren »Mann« oder gar »Ehemann« bezeichnen. Sie sprach fortan vom »Meister«. In dieser Abstraktion steckte auch ein hierarchisches Ordnungsprinzip: Der »Meister« lebte mit der »Meisterin« – also Cosima – zusammen, und der Sohn des Meisters avancierte kurzerhand zum »Meistersohn«. Wo es einen »Meister« gibt, gibt es aber auch Subalterne, was, wie wir sehen werden, die anderen Familienmitglieder einschloss.

An dieser Stelle können wir einen Sprung machen und die weiteren Ereignisse stichwortartig anführen. Mitte Juli 1870 wurde die Ehe der Bülows geschieden, einige Wochen später heirateten Cosima und Richard Wagner in der evangelischen Kirche von Luzern. Der Tribschener Verhältnisse überdrüssig, suchte Wagner einen Ort, wo er seine »Festspiel-Idee« – die Zusammenfassung von Musik, Drama und Theater zu einem musikdramatischen Gesamtkunstwerk – in

Die Wagners im Kreise von Freunden auf der Treppe der Villa Wahnfried, August 1881. Oben: Blandine, Siegfrieds Hauslehrer Heinrich von Stein, Cosima und Richard Wagner, der Maler Paul von Joukowsky. Unten: Isolde, Daniela, Eva und das Nesthäkchen Siegfried.

einem eigenen Theater verwirklichen konnte. Die Wahl fiel bekanntlich auf Bayreuth. Im Mai 1872 erfolgte die Grundsteinlegung des Festspielhauses, im August des folgenden Jahres feierte man Richtfest. Ende April 1874 bezogen die Wagners ihr privates Domizil – die Villa Wahnfried.

Die Wagners? Die auf den ersten Blick triviale Nachfrage ist berechtigt, denn vor dem Gesetz spielen Gefühle und emotionale Zugehörigkeiten keine Rolle. »Pater est, quem nuptiae demonstrant«, lautet der entscheidende Rechtsgrundsatz. Soll heißen: Die Kinder einer verheirateten Frau haben in den Augen des Gesetzes keinen anderen Vater als den Ehemann der Mutter. Daniela und Blandine waren zweifellos leibliche Kinder Hans von Bülows, sie galten natürlich auch vor Justitia als dessen Nachwuchs. Richard Wagner war zwar Isoldes und Evas Vater, die Mädchen wurden aber während der Bülow-Ehe geboren und nicht von ihm anerkannt. Daher galten sie als Nachkommen Hans von Bülows. Verwirrend genug, führte Isolde später den Namen von Bülow, während sich Eva als eine Wagner ausgab. Nur für den Sohn Siegfried hatte Richard die Vaterschaft beansprucht; durch die Hochzeit mit Cosima wurde der Junge legitimiert. Zwar wurden alle vier Töchter auf Lebenszeit mit üppigen Apanagen aus dem sich stetig füllenden Tantiementopf abgefunden, gleichwohl kam jene feine Unterscheidung einer Enterbung Isoldes und Evas gleich. Jahrzehnte später sollte das eine wichtige Rolle spielen.

Heute würde man bei den Wagners von einer »Patchworkfamilie« sprechen. Mutter Cosima besaß zwar das Sorgerecht für Daniela und Blandine, gleichwohl besprach sie mit ihrem geschiedenen Gatten alle wichtigen Entscheidungen hinsichtlich der gemeinsamen Kinder. Das tat sie schriftlich, in Französisch und »per Sie«. Dabei war sie peinlich darauf bedacht, Bülow ausnehmend höflich und zuvorkommend zu begegnen. Ihre Nachrichten an den Ex-Mann sind stilistische Meisterwerke. Zum Beispiel: »Wenn ich Ihnen mitteile, dass ich mich mit dem Gedanken trage, gemeinsam mit den Kindern zum Protestantismus überzutreten, um auch diesen Teil meiner Aufgabe gewissenhaft erfüllen zu können, würde dieser Gedanke dann Ihre Zustimmung finden? Selbstverständlich wird dies nicht ohne Ihre Einwilligung erfolgen.«[33] Der Kontakt zwischen Hans und seinen Mädchen fand ebenfalls größtenteils in Briefform statt. So gut es eben ging, nahm er Anteil an deren Leben. »Wie geht's mit dem Französischen? Habt Ihr Vergnügen an der Sprache und sprecht Ihr sie hübsch fließend, besser als die andern jungen Mädchen?«, schrieb er einmal an Daniela. »Doch die Mama versteht sich besser auf Eure Erziehung als ich und wird schon Alles mit Euch in gute Ordnung bringen. Folgt Ihr nur stets auf das Willigste und bleibt gut von Herzen!«[34]

Daniela und Blandine besuchten zunächst die Bayreuther »Höhere Töchterschule«. Aus dem Schuljahr 1873/74 sind zwei Zeugnisse erhalten geblieben. Daniela war offensichtlich eine hervorragende Schülerin – bis auf ein »gut« in Religion hatte sie nur »Einsen«.[35] Blandine war weniger erfolgreich: Ihre Leistungen in Geschichte sowie Naturgeschichte wurden sogar mit »nicht befriedigend« bewertet.[36] In Französisch erhielten die Schwestern jeweils ein sehr gutes Prädikat, was kaum verwundert, wurden sie doch von der gebürtigen Französin Cosima zweisprachig erzogen. Im Schuljahr 1875/76 wechselten Daniela und Blandine in das vornehme Luisenstift in Radebeul bei Dresden.[37] Als Internatsschülerinnen verbrachten sie den größeren Teil des Jahres nicht in Bayreuth und kamen allenfalls am Wochenende oder in den Ferien nach Hause. Das gefiel den jungen Damen verständlicherweise nicht. »Ich bin mit dem Luisenstift zufrieden«, schrieb Cosima an ihren Freund Friedrich Nietzsche, »meine guten Kinder aber wenig!«[38]

Für die drei anderen – Isolde, Eva und Siegfried – wurde mit Susanne Weinert eine Erzieherin engagiert. Zwar ließ sich die »Prinzipalität«, wie Cosima von dem Fräulein genannt wurde, regelmäßig den Stundenplan vorlegen, mischte sich aber in der Regel in den Unterricht nicht ein. Susanne Weinert erinnerte sich, dass die Kinder aufstanden, wenn die gnädige Frau das Zimmer betrat, »und ihr die Hand küssten. Die Kinder sind so an diesen Beweis kindlicher Ehrerbietung gegen ihre Eltern gewöhnt, daß sie dies niemals unterlassen.«[39] Auch sonst legte Cosima viel Wert auf vollendete Umgangsformen. Die Hausangestellten – im damaligen Sprachgebrauch »Domestiken« genannt – mussten die fünf Kinder mit »kleine Herrschaften« anreden. Der gerade sechsjährige Knirps Siegfried wurde sogar »Herr Siegfried« genannt. Überhaupt drehte sich alles um den

kleinen »Fidi«, wie Cosima den Junior nannte, mit ihm betrieb sie einen wahren Kult. Bereits Mitte der 1870er Jahre wurde das »dynastische Prinzip« sichtbar: Der »Meistersohn« war der Thronfolger, auf ihn lief alles hinaus, er sollte dereinst das Erbe seines berühmten Vaters antreten und die Dynastie fortführen. Die vier Schwestern gehörten dabei zu den Subalternen – ihnen fielen dienende Funktionen zu. Selbstverständlich mangelte es an nichts. Die Mädchen erhielten eine gute Schulausbildung, irgendwann sollten sie einmal für das Familienunternehmen gewinnbringend heiraten und sonst ihrem Bruder zur Seite stehen. Daniela, Blandine, Isolde und Eva mussten verzichten, damit der Stern des Bruders umso heller leuchten konnte. Jene Fixierung auf den Stammhalter nahm nach Wagners Tod weiter zu. »Lebt nun für Siegfried«, appellierte Cosima im April 1883 an ihre Tochter Daniela. »Alle Eure Gedanken seien hierauf gerichtet.« Und weiter: »Sorgt für Siegfried, dies mein erstes und letztes; Euer erstes Erwachen am Tage sei für ihn, Euere erste Tätigkeit, Euere schönste Sorge.«[40]

Eine künstlerische Karriere, die bei den Wagners ja nahegelegen hätte, konnte sich Cosima für ihre Mädchen nicht vorstellen: »Ich halte es nicht für möglich für eine Frau, der Öffentlichkeit anzugehören und zugleich ihren weiblichen Beruf zu erfüllen.«[41] Dieses Rol-

Cosimas Töchter liebten Kostümfeste: Daniela, Blandine, Isolde und Eva bei einem Maienfestspiel.

lenbild war damals zweifellos weit verbreitet. Für eine Demoiselle am Ende des 19. Jahrhunderts war das Erwachsenwerden mit ganz anderen Problemen verbunden, als sie heutzutage erlebt werden. Eine mit dem Abitur abgeschlossene Schulbildung oder gar ein Studium an der Universität war für junge Frauen damals praktisch undenkbar. Das erste deutsche Lyzeum wurde 1893 in Karlsruhe eingerichtet. Gleichwohl darf man nicht vergessen, dass wir es bei den Bayreuthern nicht mit »einfachen Leuten«, sondern mit einer Künstlerfamilie zu tun haben. Daniela war beispielsweise wie ihre Mutter eine hervorragende Pianistin, doch blieb beiden eine musikalische Karriere verwehrt.

Bei Mädchen kam es in erster Linie auf feine Manieren und häusliche Tugenden an. Dieser »fraulichen« Dressur wurden auch Cosimas Töchter unterworfen. »Wiederhole mir solche Dinge nicht wie dass man sage der König sei verrückt«, ermahnte sie einmal ihre Älteste, »als Regel nimm an, dass alles, was peinlich den Andren berühren könnte, zu verschweigen sei.«[42] Cosima erzog ihre Töchter im Stil der Zeit. Unauffälligkeit hieß das Stichwort – nicht hervortreten, nicht anecken, immer einfach, bescheiden und taktvoll sein. »Nimm Dich recht in Acht nicht wahr, Herzchen – merke wenn zu verschwinden ist, und zwar ohne dass die Andren merken, dass Du diskret sein willst. Die Gabe des Taktes ist die seltenste und in der Welt beinahe die allerbeste, sie erleichtert, ermöglicht alles.«[43]

Der impulsiven Daniela fiel es wohl nicht immer leicht, den ambitionierten Vorstellungen der Mutter zu entsprechen. »Suche doch, mein Kind, Dir eine hübschere feinere Handschrift anzueignen, die Deinige ist gar klobig und dabei ausdruckslos.«[44] Schönschrift war damals übrigens ein Unterrichtsfach! An anderer Stelle kritisierte Cosima bei ihrer »Lulu« eine gewisse »Vulgarität« und forderte sie auf, tiefer zu sprechen: »Du hast zum Beispiel von Deiner Lebhaftigkeit eine gewisse Kürze und von Deiner Heftigkeit eine Beimischung von Vulgarität wenn Du die Stimme sehr erhebst (während Dein Organ sehr angenehm ist wenn Du gemässigt sprichst), ich führe diess als Beispiel an für Manches, was durchaus nicht zu Deinem wahren Ich gehört, sondern wie der Auswuchs davon ist, den Du als guter Gärtner ausreissen musst.«[45] Das, was man heute »sexuelle Aufklärung« nennt, gab es damals nicht. Doch wie sollte, wie konnte man als junge Frau einen passenden Mann finden? Die 20-jährige Daniela war ratlos. Cosima bemühte in ihrer Erklärung Fauna und Flora: »das Hofmachen und Hofmachenlassen« sei zwar albern und töricht, »allein es ist diess nun einmal die Form, durch welche ein Mann einer Frau zu erkennen giebt, dass er sie vor den Anderen auszeichnet. Ein Anfang; nun kommt der Spechtische Mensch, der untersucht den Baum in dessen Nähe er gerathen, findet er ihn hohl so bleibt er nicht wie der Vogel, der seinen Wurm holt, sondern er geht, oder besser lässt laufen (so man das von einem Baum sagen darf!).«[46]

Richard Wagner war – nach allem, was wir wissen – ein liebevoller und nachsichtiger Chef de famille. Wann immer er Zeit und Muße hatte, spielte und alberte er mit seinen Trabanten. Susanne Weinert: »Siegfried kollert sich auf den Teppichboden vor Lust umher und schlägt Purzelbäume, die ihm aber gewöhnlich noch mißraten. Oft kommt dann der Papa herzu, faßt den Jungen an den Füßen und unter den Neckereien der Mädchen und seiner Lehrerin läßt er ihm ein Rad schlagen ›comme il faut‹.«[47] Nicht selten lag auch Wagner auf

Siegfried und Richard Wagner 1880 in Neapel. Siegfrieds Erfolglosigkeit als Komponist und die große Ähnlichkeit mit dem berühmten Vater forderten in späteren Jahren zum Spott heraus.

dem Boden, und der Sohnemann kletterte auf ihm herum. »Sobald eines oder das andre der Kinder auf der Bildfläche erschien«, erinnerte sich die Sängerin Lilli Lehmann, »frug er sie ein bißchen sarkastisch, wie die Lampe, die Tasse, das Buch usw. auf französisch hieße, und neckte sie, weil ihm das Französisch-parlieren im eignen Hause absolut unangenehm war.«[48]

Daniela und Blandine nannten Hans von Bülow »Vater« und Richard Wagner »Papa«. Er selbst machte im täglichen Umgang zwischen den beiden Bülow-Töchtern und seinen drei eigenen Kindern offenbar keinen Unterschied. Und doch stimmte etwas nicht in der Villa Wahnfried. Der schöne Schein trog, denn Wagner sagte über Daniela und Blandine einmal zu seiner Frau: »Es wäre besser, wenn sie nicht geboren wären!« Es war – drastisch formuliert – so etwas wie ein nachträgliches Todesurteil, das er über seine Stieftöchter sprach. Sie erinnerten ihn tagein, tagaus an das Bülow-Drama – an das Zerbrechen seiner Freundschaft mit Hans, an Cosimas Ehebruch, an das quälende Versteckspiel der Münchner Jahre. In Daniela und Blandine erblickte er die Repräsentantinnen einer Vergangenheit, die er lieber vergessen würde. Cosima hätte gut daran getan, wenn sie jenes furchtbare Verdikt für sich behalten hätte. Doch sie besaß die Taktlosigkeit und wiederholte es gegenüber Isolde, Eva und Siegfried, wie Isolde schriftlich bezeugte.[49] Natürlich versuchte man, sich nichts anmerken zu lassen, man sprach es nicht aus – gleichwohl: Daniela und Blandine galten als Kinder zweiter Klasse, während sich die drei anderen als die »richtigen Kinder« fühlen durften. In einem Brief an Isolde beklagte Daniela die vielen Jahre, »die ich trüb und ungerecht verbrachte, ich verstand die Mutter nicht mehr, fühlte mich ganz ihr entfernt und fasste nicht warum sie eine Scheidewand zwischen euch und mir errichtete. Ihr ward zu jung um zu begreifen und mitzufühlen wie ich litt, ich wurde ungerecht im Empfinden gegen euch.«[50] Eine »Scheidewand«? Wagners Schuldspruch war allgegenwärtig, und offensichtlich konnte Cosima die damit verbundenen unterschwelligen Gefühlsströme nicht gut verbergen.

Cosimas Kinder wuchsen in Wohlstand auf. Ob der Luxus nun von König Ludwigs Geld oder von den sich stetig mehrenden Tantiemen bezahlt wurde – man lebte auf großem Fuß. Alle fünf mussten sich zeitlebens um Geld keine Sorgen machen. Allfällige Rechnungen wurden von Adolf von Groß, dem Finanzverwalter des Clans, stillschweigend beglichen. »Fidi möge mir melden, wie es mit seiner Kassa aussieht«, bat von Groß einmal Cosima, »damit ich sie rechtzeitig ergänzen kann.«[51] So einfach war das.

Bei aller finanziellen Unabhängigkeit entwickelten sie sich sehr unterschiedlich. Während Daniela und Blandine schwer unter ihrer angeblichen Minderwertigkeit zu leiden hatten – davon handelt das nächste Kapitel –, strotzten Isolde, Eva und Siegfried vor Selbstbewusstsein und Überheblichkeit. Als Wagners »richtige Kinder« zeigten sie eine vermeintliche Superiorität, die oft kaum von Dünkelhaftigkeit und Arroganz zu unterscheiden war. Harry Graf Kessler, Literat, Mäzen, Diplomat und nicht zuletzt ein feinsinniger Beobachter, war im Juli 1897 in Wahnfried zu Gast. Beim abendlichen Souper verfolgte er ein Gespräch zwischen der 32-jährigen Isolde und dem Grafen Hans Harrach: »Isolde fragte ihn, was er von den Kostümen halte; er meinte, er fände sie zum grössten Teil sehr gut. Hierauf Isolde: ›Nur zum grössten Teil!? Welche finden Sie denn nicht gut.‹ ›Das der Fricka z.B.‹ ›Das beweist eben, dass Sie garnichts davon verstehen; ob man das Kostüm der Fricka gut oder schlecht findet, ist eben das Kriterium dafür, ob Einer Geschmack oder überhaupt künstlerische Anlagen hat.‹ Schluss. Es giebt in Wahnfried einen regelrechten Codex, eine Art von künstlerischem, litterarischem und religiös philosophischem Credo, das man unterschreiben muss um nicht in Bann gethan zu werden.« Kessler war schockiert, wie kaltschnäuzig und eingebildet Fräulein Isolde einem fremden Besucher über den Mund fuhr. Er vermutete hinter dieser Hybris ein Prinzip: »Cosima ist die Einzige, die diesen Glaubensterrorismus noch in geistreiche Formen zu kleiden weiss; bei den Kindern wirkt er direkt plump und papageienhaft. Für den, der Wahnfried kennt ist im Falle Wagner-Nietzsche das Problem nicht, warum Nietzsche mit Wagner gebrochen, sondern wie er so lange bei ihm hat aushalten können. – Das Leben der Cosima ist Nietzschesche Moral in Action.«[52]

Wie sehr er damit Recht hatte, lässt sich an den Lebensgeschichten von Cosimas Kindern ablesen.

»ES WÄRE BESSER, WENN SIE NICHT GEBOREN WÄREN!«

Blandine und der »Graf Zero«

Sizilien, Herbst 1881: Familie Wagner macht Urlaub. Anfang November waren Richard, Cosima und die Kinder via München, Bozen, Verona und Neapel nach Palermo aufgebrochen. Cosimas Tagebuch: »Ankunft in Hôtel des Palmes, Stuben 24, 25, 26 mit Treibhaus-Terrasse auf dem Garten, die Kinder im Parterre uns gegenüber. Hübsch traulich und grün alles.«[1] Der Aufenthalt begann mit allerlei Widrigkeiten. Wagner empfand die Stadt im Vergleich zu Neapel langweilig und wenig inspirierend. Die Betten waren unbequem, obwohl es sich beim Hôtel des Palmes um ein mondänes Haus handelte. Beging er dann noch einen abendlichen »Diät-Fehler«, wie Cosima die ungesunden Ess- und Trinkgewohnheiten ihres Mannes nannte (»Bier, Tee, Grog, Champagner hintereinander«[2]), dann fühlte er sich am nächsten Morgen elend und verkatert. Es brauchte etwas Zeit – aber nachdem sie sich eingelebt hatten, arbeitete Wagner nahezu jeden Tag am dritten Akt seiner neuen Oper *Parsifal*. Die Kinder machten derweil Ausflüge oder vertrieben sich die Zeit im Park des Hotels. Abends spielte man Whist (eine Art Bridge), oder Wagner las seiner Familie aus William Shakespeares Dramen *Heinrich VI.* und *Richard III.* vor. Darüber hinaus entstanden freundliche Kontakte zum Landadel, die die eine oder andere Einladung mit sich brachten. So vergingen die Wochen. »Von uns kann ich nichts weiteres erzählen als dass es uns unter Palmen ganz erträglich geht, mein Mann wird seine Partitur bald vollendet haben«, schrieb Cosima Wagner Anfang Januar 1882 an den Dirigenten Hans Richter. »Wie lange wir uns noch hier aufhalten ist unbestimmt; dass wir nicht zu heizen brauchten und es auch wahrscheinlich nicht brauchen werden ist ein grosser Segen für meinen Mann.«[3] Am 14. Januar vollendete Wagner die *Parsifal-*

Partitur. Nun war Zeit für andere Dinge. Bereits am nächsten Tag saß er dem französischen Maler Auguste Renoir Porträt. Die beiden Künstler hatten sich aber nicht viel zu sagen. Bereits nach etwas mehr als einer halben Stunde beendete Wagner die Sitzung. Cosima: »Von dem sehr wunderlichen, blau-rosigen Ergebnis meint R., es sähe aus wie der Embryo eines Engels, als Auster von einem Epikuräer verschluckt.«[4]

In jenen sizilianischen Wochen lernte die knapp 19-jährige Blandine (genannt »Boni«) den Grafen Biagio Gravina kennen und offensichtlich schnell lieben. Mutter Cosima war ahnungslos: »Ich werde heute durch die mir durch den G^{fen} Tasca überbrachte Nachricht, Graf Gravina halte um Boni's Hand an, sehr eingenommen. Erste Mitteilung an R., dann gemeinschaftlich an Boni, welche sich sehr überrascht zeigt.«[5] Der 1850 geborene Conte entstammte dem alten sizilianischen Adelsgeschlecht derer »Principe di Ramacca«, das seit dem 17. Jahrhundert in eben jenem Dorf Ramacca (45 Kilometer westlich der Hafenstadt Catania) ansässig war. Der klangvolle Familienname konnte nicht verschleiern, dass die Gravinas schon bessere Zeiten gesehen hatten. Cosima stellte umgehend Nachforschungen an, deren Ergebnis augenscheinlich besorgniserregend war: »Die Nachrichten über den Vermögensstand des Grafen sind immer bedenklicher, während die beiderseitige Neigung eine große zu sein scheint!«[6] Die Ländereien befanden sich in einem schlechten Zustand und konnten kaum bewirtschaftet werden, manche Gebäude waren sogar baufällig. Es wurde schnell klar, dass jene Besitztümer eine sizilianische Großfamilie (Biagio hatte einen älteren Bruder) nicht ernähren konnten. »Es wird schwerhalten, dem zukünftigen Schwiegersohn eine Anstellung zuzuweisen«, befürchtete Cosima, »und die Erziehung, die er genossen, hat ihn nicht genügend ausgerüstet!«[7] Wenige Tage später heißt es: »Advokat Gilio aus Palermo kommt, um mir Berichte über die Vermögens-Umstände zu geben. Sie sind umständlich, unerfreulich, und meine Sorge wächst!«[8] Trotz der durchaus zweifelhaften Zukunftsaussichten versuchten Richard und Cosima nicht, Blandine die Hochzeit mit Biagio auszureden oder gar zu verbieten. Der Antrag wurde angenommen, und die Trauung sollte im August in Bayreuth stattfinden. Nun galt es, Blandines Vater Hans von Bülow in die Pläne einzuweihen. Es fiel Cosima schwer, an ihren einstigen Ehemann zu schreiben. Dies tat sie am 28. März – wie immer seit der Scheidung »per Sie« und in Französisch. »Zunächst einmal scheint mir die Zuneigung auf beiden Seiten ernsthaft und tief zu sein«, begann sie den Brief. »Die Art und Weise, wie der Graf unserer Tochter dies zeigte, hat mir bewiesen, dass er die zärtlichen Gefühle empfindet, die für das Leben einer reinen, anständigen Frau unerlässlich sind. Das ist der Eindruck, den ich mir vom Charakter des Freiers machen konnte und der mein Verhältnis zu ihm bestimmte.« Gleichwohl verschwieg sie nicht, dass Gravina ohne Anstellung war und dass die finanzielle Lage der Familie kompliziert schien. Cosima: »Er war in der Marine, aber infolge eines Streites mit seinem Vorgesetzten, bei dem er sich erregte, musste er aus dem Dienst ausscheiden. Er bezieht eine Rente in Höhe von 4000 bis 5000 Francs, zusammen mit dem, was Blandine beisteuert, hätten sie etwa 10 000 Francs pro Jahr. Seine Familie, eine der ältesten in Italien, wurde durch die Unbesonnenheit eines Großvaters in den Ruin gestürzt. Der Vater, Fürst von Ramacca, lebt von 10 000 Livres Rente, die eines Tages an seinen Sohn Biagio, von dem ich Ihnen hier spreche, fallen wird. Was das Milieu anbelangt, in das Blandine durch diesen Bund versetzt wird, so ist es ganz nach meinem Geschmack, ich könnte mir nichts Angemesseneres vorstellen. Die Gesellschaft von Palermo, in der sie in die besten Kreise einheiraten wird, hat bei mir den besten Eindruck hinterlassen, insbesondere die Frauen und ihre Sitten.«[9]

Bülow hatte genug gelesen. Seine Antwort kam telegraphisch: Er erteilte seiner vormaligen Gattin die Vollmacht, das Richtige zu tun. Cosima: »Die Depesche von Hans ist in ihrem Lakonismus vielsagend!«[10] Dabei ließ er es aber nicht bewenden. Bülow ärgerte sich über Cosimas Mitteilung, es missfiel ihm, dass sie ihn – wie er es empfand – vor vollendete Tatsachen stellte. An Daniela schrieb er – bezeichnenderweise in kunstvollem Französisch, der Sprache der Diplomatie: »Da ich befürchte, mit einer Antwort, in der ich mein Missfallen nicht hätte verbergen können, die Pläne Ihrer Schwester (ich hoffe von Herzen, dass sie dabei eine aktive Rolle spielt) zu gefährden, werde ich dem Rat der Weisen folgen, dass es im Zweifelsfall besser ist, sich zu enthalten.« Das war pure Sprachakrobatik, denn seiner Meinung enthielt er sich keinesfalls. Bülow glaubte offenbar, wie der Halbsatz in Klammern vermuten lässt, dass Blandine nicht Herrin des Geschehens war, dass sie von ihrer Mutter in die Ehe gedrängt werde. »Passen Sie auf Ihre Schwester auf!«, fuhr er fort. »Beurteilen Sie die Umstände, die Personen: Sprechen Sie die Empfehlung aus, das kleinere Übel zu wählen, falls es angebracht sein sollte, das Ritornell des Marquis aus ›La satira e Parini‹ (Paolo Ferrari) – einer reizenden Komödie – zu zitieren: ›Bin ich unentschlossen, sage ich lieber Nein.‹« Bülow schrieb sich in Rage. Er ging sogar so weit, Erbschleicherei zu wittern: »Und was die Aussichten auf eine Erbschaft anbelangen, so ist damit nicht zu frühzeitig zu rechnen: Ich bin einigermaßen sicher, noch recht lange zu leben.« Der Brief endete im Tonfall bester Bülowscher Ironie. »Ich habe mit Madame Cosima Wagner kein Glück. Ihre Mitteilungen – so selten, zutreffend und formvollendet sie auch sein mögen – platzen bei mir stets ungelegen mitten in ein Tohuwabohu von musikalischen und gesellschaftlichen Beanspruchungen.«[11]

Die arme Daniela stand zwischen ihren Eltern, denn jene Abrechnung war zwar an die Tochter adressiert, aber an die Ex-Frau gerichtet. Wie zu erwarten, las Cosima den Brief, »der alles bis jetzt Erfahrene an Kränkung übersteigt.« Auch Richard Wagner war verärgert. Er wollte Cosima sofort eine Antwort diktieren, »daß ich im Namen der Kinder auf alles verzichte, was er für sie bei Seite gelegt, und mir jede weitere Einmischung verbiete. Ich zögre, verspreche, es morgen zu tun, und wir erwägen weiter. Lange, lange! R. ist heftig in dem Ausdruck seines verachtungsvollen Widerwillens, ich sage ihm und mir, daß, wenn ich die Schuld einer solchen Ausartung trage, Gott mir beistehen möge!«[12] Am nächsten Tag sah die Welt bereits anders aus, und Wagner plädierte dafür, die Dinge laufen zu lassen.

Es war schließlich Daniela, die mit diplomatischem Geschick zwischen Vater und Mutter vermittelte. Bülow zeigte sich besänftigt, er sandte einen herzlichen Brief an seine Tochter und sprach sogar davon, an den Bayreuther Hochzeitsfeierlichkeiten wie an der Uraufführung des *Parsifal* teilnehmen zu wollen. »Bete zum Himmel für mich, wie ich für Euch Beide! Ja! Ja! Ja! Vielleicht werden mit seiner Hilfe noch in diesem Sommer alle Hauptdissonanzen unserer Lebensschicksale harmonisch gelöst werden. Vielleicht – wenn viribus unitis gehandelt, vor Allem gedacht wird.« Am Ende fügte er hinzu: »Auf Dich, meine geliebte Daniella baut hierbei in allererster (einziger) Linie Dein treuer Vater Hans von Bülow.«[13] Jener Nachsatz kam aus dem Herzen, denn Daniela war in der Tat Bülows alleinige Ansprechpartnerin in allen familiären Dingen. Mit seiner ehemaligen Gattin, der nunmehrigen Frau Wagner, konnte er – wie sollte es bei der gemeinsamen Lebensgeschichte anders sein – nur befangen kommunizieren. Aber auch der Kontakt zu Blandine blieb kühl und förmlich, was im Grunde auch nicht verwundern kann, hatte er sie doch – anders als Daniela – seit gut dreizehn Jahren nicht mehr gesehen. Mit einem Wort: Blandine bedeutete ihm nicht viel – und auch sie schien sich nichts aus ihrem Vater zu machen. Die älteste Tochter war ihm indes eine Vermittlerin und gewissermaßen ein Sprachrohr. Was Bülow seiner vormaligen besseren Hälfte nicht direkt mitteilen konnte oder wollte, schrieb er an Daniela. So ging es im Vorfeld der Vermählung beispielsweise um Blandines Mitgift, hatte er doch für jedes Kind eine stattliche Summe in Form von Wertpapieren zurückgelegt. »Frage Deine verehrte Mutter«, bat er Daniela, »wie sie wünscht, daß ich Blandinen ihre Mitgift von 50 000 RM […] ausgehändigt erhalte, auch wann.«[14]

Hatte Hans von Bülow gehofft, dass seine geplante Teilnahme an der bevorstehenden Familienfeier zu einer Wiederannäherung an das Haus Wagner führen würde, sollte er bitter enttäuscht werden. Der Ärger begann Anfang Mai 1882. Daniela hatte ihrem Vater versprochen, ihn Ende des Monats anlässlich eines Konzertes in Aachen zu besuchen. Cosima wandte nun plötzlich ein, dass Bülow seiner 21-jährigen Tochter für den Aufenthalt eine Art Gouvernante zur Seite stellen müsse. Hans' Antwort entbehrt nicht einer gewissen Komik: »Da ich in Aachen keine Dame kenne, ›sehr alte Jungfer‹ oder ›ältliche Ehefrau‹ – woher sollte ich? so bleibt nur übrig, daß Du mit mir im Hotel wohnst oder … Da ich Deiner Mutter stets ›plein pouvoir‹ gegeben habe, so mag sie das auch ferner behalten und Dir eventuell den Urlaub verweigern.«[15] Eine in die Jahre gekommene, jungfräuliche Aufpasserin für die erwachsene Tochter …? Derartige gesellschaftliche Konventionen und Usancen waren Bülow ein Graus. »Denke Dir, mir graut vor der Begegnung mit Daniela!«, klagte er seiner Verlobten Marie Schanzer. »Sie ist so furchtbar verwöhnt durch das luxuriöse Leben im Hause ihres – Stiefvaters, wird große Ansprüche machen und allerlei Unbequemlichkeiten.« Er nahm es einstweilen mit Humor: »Doch – nach Aachen wird's noch schlimmer! Meine Mutter!«[16]

Worüber er allerdings nicht mehr lachen konnte, war der Verdacht, dass er in Bayreuth nicht willkommen schien. Daniela machte vage Andeutungen, »betreffs deines Vorhabens, nach B. zur Trauung zu kommen, welches Mama Schwierigkeiten zu bieten scheint.«[17] Bülow reagierte gereizt. Er bat seine Tochter, ihm »die zu insinuierenden Ukase mitzuteilen, so weit sie für mich in meinem Verhältnisse zu Dir und Blandinen (resp. Nichtverhältnis) in Betracht zu kommen haben. Es ist im Grunde durchaus nicht nötig, daß ich mich unter den Zuhörern des Parsifal befinde: meine beigesteuerten 50 000 frcs. haben ja keinen Wert, da sie von einem selbstständigen Nicht-Echo kommen. Habe die Güte mir reinen Wein einzuschenken, aber gleich.«[18] Cosima fürchtete sich vor einem Wiedersehen mit Hans. Nicht so sehr ihretwegen, bleibt zu vermuten, sondern aus »Rücksicht« auf Richard Wagner. Glaubt man ihrem Tagebuch, dann hatte sich Wagner wiederholt sehr abschätzig über den einstigen Freund geäußert. »Wir sprechen von Hans' Wesen, von dem R. mir gesteht, daß es von jeher immer etwas sehr Fremdartiges, ja beinahe bis zur Widerwärtigkeit für ihn gehabt«,[19] hieß es beispielsweise am 13. März 1882. Die mit einem Beisammensein verbundenen emotionalen Komplikationen wollte Cosima ihrem Richard ersparen.

Bülow zog sich gekränkt zurück und gab seine Bayreuther Reisepläne auf. Der Traum von einer Normalisierung der komplizierten Familienverhältnisse war geplatzt. Blandines Hochzeit musste ohne ihren Vater stattfinden. Nichtsdestoweniger hatte Cosima die Chuzpe, ihren Ex-Mann um eine öffentliche Vermählungsanzeige zu bitten. »Es tut mir più di ogni dire herzlich leid, daß Du in der übernommenen Dolmetsch- oder Vermittlerrolle bei mir auf so viele Hindernisse stößest«, schrieb er an Daniela. Er zeigte ihr die kalte Schulter: »Zu einer Vermählungsanzeige für Blandine habe ich nicht die geringste Berechtigung, ni dans la forme, ni dans le fond. Blandinens Heim ist des Stiefvaters, weil der Mutter Haus u.s.w. Eine Begegnung mit ihr und ihrem

Gemahle bin ich ebenfalls genötigt, auf bessere Zeiten, wenn solche für mich überhaupt noch möglich, zu verschieben!«[20]

Für die zukünftige Gräfin Gravina begann nun das Abschiednehmen von der Familie und von Freunden. Die Braut und der Bräutigam waren in Bayreuth, als Wagner am 22. Mai seinen 69. Geburtstag feierte. »Boni, noch in ihrem Gewande, schluchzt in dem Gedanken, es sei das letzte Fest«,[21] notierte Cosima in ihr Tagebuch. Überhaupt ging es in jenen Wochen hoch her. Nicht nur die Hochzeit galt es zu planen, auch die Uraufführung des *Parsifal* verlangte intensive Vorbereitungen und Proben. Darüber hinaus machten zahlreiche Besucher ihre Aufwartung. Alle Familienmitglieder mussten ran, wie Daniela ihrem Vater schilderte: »Denn alle zwei Tage bewirthen wir zum Mittagessen der Reihe nach die Sänger, dann erst die Haupt-Orchester-Mitglieder, schliesslich arrangieren wir ein grosses Fest für Alles Streichende, Blasende, Singende. Abends sind wir allein; nach den täglichen 7 – 8 Stunden Arbeit herrscht grosse Abspannung – niemals doch – Gott sei Dank – irgend welche Verstimmung. Und doch giebt es Noth genug: die Glocken, die Chöre, die Ungeschicklichkeit in der szenischen Draperie, die Hitze, die Bemerkungen Einzelner, was soll ich es aufzählen?«[22] Insbesondere Cosima war gefragt, an ihr blieb ein Großteil der Verpflichtungen hängen. Nicht zuletzt musste sie sich auch noch um ihren Mann kümmern, dessen ständig wechselnde Launen es auszuhalten galt. So überrascht es kaum, dass die junge Braut wohl zu kurz kam, wie Cosima indirekt zugeben musste: »Sehr rührend wirkt es auf uns, wie Blandine am Schluß des Abends klagt, daß sie mich kaum sähe.«[23]

Je näher die Hochzeit rückte, desto mehr Hindernisse stellten sich den Brautleuten in den Weg. Plötzlich rächte es sich, dass man die Hochzeitsvorbereitungen vernachlässigt hatte. Die streng katholischen Gravinas bestanden auf eine katholische Trauung. Woran offensichtlich niemand gedacht hatte: Blandine war, obschon als Baby in Berlin katholisch getauft, später mit ihrer Mutter zum Protestantismus konvertiert. Um eine gemischte Ehe einzugehen, musste nun eine Erlaubnis – die so genannte »Dispensa ab impedimento mixtae religionis« – eingeholt werden. Der örtliche katholische Geistliche war ein sittenstrenger Herr und behauptete, dass diese Genehmigung nur der Papst höchstpersönlich ausstellen könne. Als Cosima und Richard den Gottesmann zufällig vor dem Bayreuther Rathaus trafen, wollte Wagner ihn energisch zur Rede stellen. Dann hieß es auf einmal, der Erzbischof von Bamberg könne ebenfalls die Dispens erteilen. Aber auch Biagios Familie legte den jungen Leuten Steine in den Weg. Cosima: »Zu Hause hat Biag. eine Depesche seines Bruders, welche die Nullität der Heirat erklärt, wenn nicht in Palermo angezeigt, was, wie es scheint, absichtlich versäumt wurde.«[24] Erst zwei Tage vor der geplanten Hochzeit konnte sie den erlösenden Satz vermelden: »Von Palermo kommt die Nachricht, daß die Trauung stattfinden kann.«[25]

Am 25. August 1882 – Richard und Cosima Wagners eigenem Hochzeitstag – war es dann so weit: »Vorkehrungen! Um halb 12 Zivil-Trauung in Wahnfried; gegen elf bringen die Stadträte Blandine einen hübschen Tafelaufsatz. Die Rede des Bürgermeisters sehr würdig; um halb eins das Mittagessen, wir sind 27 bei Tisch.« Richard Wagner hielt als Blandines Stiefvater und Chef de famille die erste Rede, in der er Braut und Bräutigam sowie König Ludwig II. (»den guten, schützenden Engel unseres Lebens!«) pries. Und weiter: »Dann läßt G^f Schleinitz in einer liebenswürdigsten Rede [...] die Familie Gravina leben. Worauf der Bürgermeister Graf und G^{fin} Schleinitz leben läßt und dann der Minister sich noch erhebt, um die Genien des Hauses in der anmutigsten und zugleich rührendsten Weise leben zu lassen.«[26] Im Anschluss daran fuhr die gesamte Festgesellschaft auf den Grünen Hügel und besuchte eine Aufführung des *Parsifal*.

Der nächste Tag begann mit »gar viele Unruhe. Das bräutliche Kind sehr ergriffen und rührend. Um 11 Uhr die Trauung in der Kirche, der Pfarrer, wie es scheint, nicht sehr günstig gestimmt, hat kaum die nötigen Vorkehrungen des persönlichen Anstandes getroffen, und seine mit allen Sakristei-Blüten und allen Unziemlichkeiten der Indiskretion versehene Rede wirkt peinlich. Vortrefflich ist die Haltung Biagio's, und wie er feierlich mit einem ernsten Blick auf Blandine den Ring ihr ansteckt, empfinden wir es, daß hierin der Weiheakt bestand!« Die Eisenbahndirektion hatte für die Frischvermählten eigens einen Salonwagen bereitgestellt, mit dem es unmittelbar danach in die Flitterwochen nach Italien ging. Cosima: »Der Abschied für mich mehr wie ernst!«[27]

Blandine und Conte Biagio Gravina. »Die Nachrichten über den Vermögensstand des Grafen sind immer bedenklicher, während die beiderseitige Neigung eine große zu sein scheint!« (Cosima Wagner)

Blandine und Biagio Gravina ließen sich in Palermo nieder. Die Desillusionierung der jungen Gräfin setzte offenbar früh ein. Blandine war, wie so viele ihrer Generation, praktisch unvorbereitet in die Ehe gegangen. Hatte es in der Villa Wahnfried an nichts gemangelt, musste sie nun lernen, mit knappen Mitteln einen Haushalt zu führen. Blandine fühlte sich häufig einsam, sie hatte Heimweh. Freunde und Familienmitglieder lebten über tausend Kilometer Luftlinie von Palermo entfernt. Man musste eine mehrtägige Reise auf sich nehmen, um diese Distanz zu überwinden; selbst der Postverkehr brauchte mindestens fünf Tage. Blandine schien – salopp formuliert – weit weg vom Schuss. Blickt man auf ihr abwechslungsreiches und kultiviertes Leben, das sie in Bayreuth genossen hat, so wird verständlich, wie schwer ihr der Umzug nach Italien gefallen ist. Es wird so etwas wie ein Kulturschock gewesen sein. Sizilien war im wörtlichen Sinne zurückgeblieben. Die Insel – seit 1861 ein Teil des neuen Königreichs Italien – galt als das Armenhaus des Landes. Bereits damals gab es so etwas wie ein Nord-Süd-Gefälle: Norditalien industrialisiert und wirtschaftlich erfolgreich, der Süden strukturschwach und agrarisch geprägt. Hinzu kam die alles dominierende Stellung der katholischen Kirche. Die Volksbildung war bis 1860 vollständig in den Händen des Klerus, der wenig Anstalten machte, seine Schäfchen zu bilden. Archaische Gesellschaftsstrukturen sowie eine tiefe Frömmigkeit bis hin zum Aberglauben prägten den Alltag der Menschen; 1901 betrug die Analphabetenquote noch 75,23 Prozent.[28] Hunderttausende Sizilianer verließen zum Ende des 19. Jahrhunderts ihre Heimat, wanderten nach Nordamerika (vornehmlich in die Vereinigten Staaten) aus und suchten dort den Aufstieg.

Biagio Gravina begann seine Ehe als ein Absteiger. Da sein älterer Bruder Francesco nach altem Brauch die familiären Ländereien geerbt hatte, war Blandines Gatte formal ohne Besitz. Cosima Wagner ließ ihre Beziehungen spielen, um für ihren Schwiegersohn eine Anstellung zu finden. Sie wandte sich sogar an König Ludwig II. von Bayern, der seinen Minister Christoph Krafft von Crailsheim mit der Angelegenheit betraute. Die Sache habe oberste Priorität, schrieb der Politiker dem bayerischen Gesandten in Neapel: »Der Schwiegersohn des Componisten Richard Wagner, Graf Biagino Gravina, bewirbt sich bei der kgl. Italienischen Regierung um die Stelle eines Inspektors oder Magazinverwalters der Tabakregie in Palermo und es haben Seine Majestät der König Allerhoechst angeordnet, daß bei der kgl. Italienischen Regierung und speziell bei dem Minister Magliano alle Schritte zur Empfehlung des Grafen Gravina gethan werden sollten.«[29] Trotz aller Fürsprache, die Biagio seitens der deutschen Diplomaten erfuhr, ging der Plan nicht auf. Das Tabakkonsortium wollte von seinem Landsmann nichts wissen, wie Freiherr von Crailsheim durch seinen Kontaktmann erfuhr. Die italienischen Stellen seien »zu ihrem Bedauern nicht in der Lage, die Ernennung des Grafen Biagino Gravina auf den von ihm gewünschten Posten in Vorschlag bringen zu können.« Man führte formale Gründe an: der Herr Minister enthalte sich »principiell in Verwaltungsangelegenheiten jedes Eingriffs in die Sachen der Generaldirektoren [...]«,[30] was eine Ausrede gewesen sein mag. Wie auch immer: Biagios kleine Rente sowie das schmale Salär, das er als Angestellter des eigenen Bruders erhielt, reichten kaum zum Leben. Blandines Mitgift sicherte in den ersten Jahren den Unterhalt, als das Kapital jedoch aufgebraucht war, machte Biagio immer häufiger Schulden. Cosima schickte mehr als einmal ihren Finanzverwalter Adolf von Groß nach Palermo, um nach dem Rechten zu schauen und die Konten auszugleichen. Natürlich sagte man es ihm nicht ins Gesicht – gleichwohl spürte Gravina, dass seine deutschen Verwandten ihn für einen Versager hielten. Für Hans von Bülow war er nur der »Graf Zero«: eine Null, ein Nichts.

Die finanzielle Abhängigkeit von der Schwiegermutter muss für einen stolzen sizilianischen Conte etwas Demütigendes gehabt haben, das offensichtlich auch das Eheglück der Gravinas trübte. Unstimmigkeiten prägten den Alltag. »Es ist wenig erquicklich u. erschwert das Dasein gar sehr«, klagte Blandine dem Arzt Ernst Schweninger, »wenn zwei Menschen miteinander leben müssen, die im Geringsten ebenso wie im Grössten verschiedener Meinung sind.«[31] Auch Blandines Schwester Isolde machte gegenüber Malwida von Meysenbug, einer Freundin der Familie, vage Andeutungen: »Biagino hat sie aus Neigung geheirathet, u. wenn auch die Ehe ihr nicht leicht fällt, so glauben wir doch, dass sie sie erträglich durchführen wird u. dass diese zur Ausbildung ihrer besten Anlagen beigetragen hat.«[32] Eine Hochzeit

»aus Neigung« und eine »erträglich durchgeführte« Ehe? Das klang nicht nach glücklicher Liebe. Es ist bezeichnend, dass sich Blandine in ihrer Not an jene Malwida von Meysenbug und nicht an die eigene Mutter wandte. Die Schriftstellerin lebte seit 1874 in Italien, sie kannte das Land und die Mentalität der Menschen. Mit viel Verständnis ging sie auf Blandines Sorgen ein: »Sei still klug mit Deinem Mann, liebevoll nachgebend in kleinen Dingen und fest ohne Heftigkeit in den grossen. Verletze ihn nicht durch Tadel oder Geringschätzung seiner Verwandten und Landsleute (er schien mir empfindlich auf diesem Punkt) suche ihm zu gefallen ohne Dich wegzuwerfen, erwiedere wo möglich nichts in Augenblicken der Gereiztheit und suche nachher in der Ruhe durch Vernunft und Liebe zu überzeugen.« Als Blandine jene Zeilen erreichten, lebte sie bereits seit knapp fünf Jahren in Italien. Sie hatte sich immer noch nicht eingefunden, denn Malwida redete ihr ins Gewissen, sie möge sich »nicht noch mehr gegen Deine jetzige Heimath erbittern [...].«[33]

Die Jahre vergingen. Nach Bayreuth kamen die Gravinas nur selten. Die beschwerliche Reise sowie die ständigen Geldprobleme verhinderten wohl häufigere Besuche. Im Mai 1892 kaufte Biagio in seiner Heimatstadt Ramacca von seinem Bruder Francesco einen ehemaligen Kapuzinerkonvent, den er in ein Wohnhaus umbauen ließ. Das heruntergekommene Anwesen trug fortan den Namen »Villa Blandine«. Die Ankunft der Gravinas wurde von den Einwohnern und dem Klerus des Städtchens groß gefeiert, wie Cosima Wagner sichtlich amüsiert einem Bekannten berichtete. Als die neuen Eigentümer »in die kleine halbverfallene Kapelle eintraten, stieg der eine Geistliche auf die Leiter, um ein wundertätiges Madonnenbild zu enthüllen, wobei die Gemeinde Evviva la Madonna rief, während der zweite Geistliche an dem Nebenaltar Lotterie für die Madonna hielt, und zwar auch unter Jubel und Tanzaufspielen auf der Orgel.«[34]

Blandine und Biagio Gravina hatten vier Kinder: im Juni 1883 kam Manfredi zur Welt, im September 1886 die einzige Tochter Maria und im Oktober 1890 wurde Gilberto geboren. Als im Februar 1896 Nesthäkchen Guido das Licht der Welt erblickte, stand die Beziehung der Eltern vor dem Aus, besser gesagt: vor der Katastrophe. Biagio litt unter schweren Depressionen, und allem Anschein nach machte er

Blandine Gravina und ihr Sohn Manfredi, 10. Dezember 1883. Der Erstgeborene war Blandines ganzer Stolz.

seiner Frau das Leben zur Hölle. Blandine und die Kinder verließen Ramacca und fanden in Palermo Unterschlupf. Im Sommer 1896 flüchtete sie nach Bayreuth. Jetzt griff Mutter Cosima in die Ehekrise ein. Sie schrieb an ihren Schwiegersohn, »wie gegen Blandine u. mich gefehlt worden wäre u. dass ich es festgesetzt hätte, dass von nun ab Blandine ihre u. der Kinder Existenz bestritte«.[35] Gravina terrorisierte derweil seine Frau mit immer neuen Briefen. Er forderte von Blandine, dass sie Bayreuth verlassen, das Asyl in Palermo sofort aufgeben und zu ihm nach Ramacca zurückkehren solle. Frau Wagner hatte im Grunde mit Biagio abgeschlossen. Gegenüber ihrem Vertrauten Adolf von Groß skizzierte sie zwei Möglichkeiten: »die Heimkehr nach Palermo, unter den Umständen wie wir sie festgesetzt haben, oder, hier bleiben, Manfred zu Schleyer geben (dieser Punkt sehr wichtig, da Boni verblendet über den Kleinen, unfähig ist ihn zu erziehen), die Wohnung in Palermo aufgeben, die Möbel gegen Miethe irgendwo unterbringen, u. den Kleinsten vorläufig bei seiner Tante lassen.«[36] Von einer dauerhaften Rückkehr zu Biagio war keine Rede mehr. Doch es kam alles ganz anders.

Dem Grafen gehe es sehr schlecht, schreibt Adolf von Groß im September 1897 an Cosima, »es ist fürchte ich keine Hoffnung mehr – auch die Ärzte halten den Zustand für verzweifelt nur können sie nicht sagen wann das Ende eintreten wird – es kann plötzlich sein und auch Wochen dauern.«[37] Finanziell am Ende und tief deprimiert, schoss sich Biagio Gravina am 14. September 1897 eine Kugel in den Kopf. Cosima und Isolde reisten umgehend nach Italien, um Blandine beizustehen. Auf der Insel angekommen, bot sich ihnen ein Bild des Schreckens: »Ich traf sie elend an, denn die Trauer ist ihr durch die Umstände, unter welchen sie vor sich ging (Schwiegermutter und Schwägerinnen mit laut erregten abergläubischen Gewohnheiten, 5 Ärzte, von denen jeder schlecht behandelt wurde; wenn der Kranke genest, so ist es das Werk der Madonna, wenn nicht, so hat der Arzt dort die Schuld) ungemein erschwert worden. Ich hatte die Genugthuung sie bei weitem wohler zurückzulassen, als ich sie antraf.«[38] In der Folgezeit wurde die »Villa Blandine« in Ramacca versteigert und mit dem Erlös ein Teil der Schulden beglichen; den Rest zahlte das Haus Wahnfried. Cosima hätte es gerne gesehen, wenn sich Blandine und die Kinder in Bayreuth niedergelassen hätten. Die 34-jährige Witwe legte aber Wert auf eine gewisse Distanz zu ihrer Familie; sie übersiedelten schließlich nach Florenz. Blandine kam nur noch sporadisch nach Deutschland, sie hielt sich fern und spielte innerhalb der vielen Streitereien, Skandale und Zerwürfnisse der folgenden Jahrzehnte keine aktive Rolle.

»Für die armen lieben Kinder ist's freilich sehr sehr grausam«, gestand Blandine einer Freundin, »und mein einziger Lebenszweck ist nur der, ihnen nach besten Kräften Alles zu sein, und ihnen die Entbehrung des geliebten Vaters weniger fühlbar zu machen.«[39] Die kleine Familie Gravina lebte fortan von der Apanage, die Cosima ihr gewährte. Jenes Florentiner Dasein war für Blandine sehr einsam, ihr Sinnen war einzig auf die Kinder ausgerichtet. Manfred, Maria, Gilbert und Guido erhielten eine gute Schulbildung, wobei die Mutter den Ältesten deutlich bevorzugte. Eigene Interessen oder Bedürfnisse schien Blandine nicht zu haben. Im Februar 1908 klagte sie: »Aber meine Existenz ist so ganz den zumeist höchst uninteressanten ›Forderungen des Tages‹ gewidmet, welche Kinder u. Haushalt umfassen,

Blandine Gravina und ihr Sohn Guido, um 1906. Guido studierte später Rechtswissenschaften an den Universitäten in Pisa und Bologna und arbeitete in einer Bank. Wie so viele Mitglieder der Familie Gravina starb er in jungen Jahren.

u. keinen Raum für eigene Wünsche übrig lassen … dass nichts darüber zu erzählen ist.«[40] Einige Jahre später hieß es: »Aber mein Leben ist zu uninteressant, als dass ich davon erzählen könnte, u. Dir über gelesene Bücher u. sonstige Eindrücke sprechen – – dazu stehst Du kulturell viel zu hoch über mir.«[41] Die zunehmende Isolation ging mit deutlichen Minderwertigkeitsgefühlen einher. Anfang Februar 1919: »Von mir kann ich kaum sprechen – es ist mir mitunter, als sei ich abgestorben u. lebte eine Art Schattenexistenz; mit Mühe suche ich mir mein seelisches Gleichgewicht zu bewahren, indem ich mir vorhalte, wie unendlich mich das Schicksal bevorzugt hat, in dem es mir die drei Söhne durch alle Gefahren hindurch erhielt.«[42]

Bereits im Frühjahr 1887 hatte Blandine gegenüber Malwida von Meysenbug über Selbstzweifel geklagt. »Nein Du gutes Kind Du musst nicht denken, dass die Deine une existence manquée ist«,[43] redete die Freundin ihr damals gut zu. »Une existence manquée«: ein verfehltes

Leben, ein sinnloses Dasein – ein Mensch, den niemand braucht. Es war jener grausame Satz Richard Wagners, der gleichsam wie ein Fluch auf Blandine und ihrer Schwester Daniela lastete: »Es wäre besser, wenn sie nicht geboren wären!« Während das Gefühl der Nutzlosigkeit Blandine in die Vereinsamung trieb, reagierte Daniela ganz anders. Sie flüchtete sich in einen aggressiven Wagnerkult, mit dem sie der Familie ihre Existenzberechtigung beweisen wollte. Danielas Leben ist nicht zuletzt auch die tieftraurige Geschichte einer »Ehe ohne Liebe«.

Eine Ehe ohne Liebe

Henry Thode wurde am 13. Januar 1857 mit dem sprichwörtlichen goldenen Löffel im Mund geboren. Seine Vorfahren gehörten bereits im 15. Jahrhundert zum Establishment: Unter ihnen befanden sich Hamburger Ratsherren und Bürgermeister, evangelische Pfarrer, Kaufleute und Bankiers. Henrys Großvater gründete 1832 das Dresdner Bankhaus »Thode & Co.« und legte damit den Grundstein für den wirtschaftlichen Aufstieg des Clans. Im Laufe der Jahre kamen weitere Firmenbeteiligungen hinzu; so besaß die Familie beispielsweise eine große Papierfabrik außerhalb der Elbmetropole. Die Thodes waren zweifellos überaus wohlhabend: Im Sommer lebte die Familie auf Schloss Schoosdorf in Schlesien, in den Wintermonaten in einem feudalen Palais im Dresdner Schweizerviertel. Robert Thode, Henrys Vater, wollte zunächst, dass sein einziger Sohn in das Familienunternehmen einsteigt. Doch der Junior hatte andere Pläne. Er studierte Kunstgeschichte in Berlin, München und Wien, wo er 1880 promoviert wurde.[44]

Vier Jahre zuvor – im Sommer 1876 – hatte der junge Thode an den ersten Bayreuther Festspielen teilgenommen. Henrys Schwärmen für den »Meister« war den Eltern allerdings nicht ganz geheuer. Kunst galt dem kaufmännisch-nüchternen Robert Thode allenfalls als Luxus, den man an die Wand hängen konnte. Doch Richard Wagner war fortan Henrys Gott, allein in Wien hörte er fünfundzwanzig Mal die *Walküre*. Henry nahm auch 1882 an den *Parsifal*-Festspielen teil und besuchte die Wagners im Oktober des Jahres in Venedig. Der »Meister« war damals allerdings krank und klagte über Herzbeschwerden. Das schlechte Wetter in Form von Scirocco-Stürmen und Dauerregen tat ein Übriges. Wagner befand sich infolgedessen in einer ausgesprochen missmutigen Stimmung, die er mit Sarkasmus konterkarierte. So hielt er seinem Gast beispielsweise vor: »Ja, da liege ich nun den ganzen Tag in den heftigsten Krämpfen und erhole mich erst am Abend und dann kommt diese meine herzlose Familie und sagt, es ist doch eine Freude wie gut es dem Vater hier geht.« Als Henry ankündigte, sich habilitieren zu wollen, platzte es aus Wagner heraus: »Wieder Einer! [...] Und Sie haben Besitzungen in Schlesien, sind vermögend, und so ein Mensch hat nichts Besseres zu thun, als sich zu habilitieren.« Typisch Wagner! Es darf vermutet werden, dass der Besucher reichlich irritiert war.

Im Palazzo Vendramin nutzte Thode die Gelegenheit, sich ausgiebig mit der 22-jährigen Daniela zu unterhalten. In seinem Tagebuch sprach er von »einem sehr anziehenden, feinen und liebenswürdigen Mädchen«.[45] Das klang nicht so, als ob es zwischen den jungen Leuten etwa »gefunkt« hätte. Henry schwärmte vielmehr für Danielas Schwester Blandine, die freilich an den Grafen Gravina vergeben war. Offensichtlich änderte Thode im Laufe der folgenden Monate sein Verlangen, wie aus einem Brief des Finanzverwalters der Wagners an ihn hervorgeht. In diesem merkwürdigen Schriftstück vom 4. März 1884 schilderte Adolf von Groß mit der Leidenschaft eines Bankangestellten die rechtliche Stellung und die Vermögensverhältnisse der Cosima-Töchter. Am Ende heißt es: »Daß mir und meiner Frau eine glückliche Zukunft Fräulein Danielas sehr am Herzen liegt, habe ich Ihnen nicht zu versichern und wünschen wir sehr, daß ihr ihre Wahl eine solche allseitig verbringen möge.«[46] Wenn Henry nach diesen Zeilen entschlossen gewesen sein sollte, um Daniela zu werben, hatte er die Rechnung aber ohne Cosima gemacht. Frau Wagner hatte ihre Älteste nämlich einem anderen Kandidaten versprochen: Fritz Brandt. Es sollte eine nützliche Verbindung sein – der 1854 geborene Brandt war der Cheftechniker der Festspiele. Cosima sprach in einem Brief an König Ludwig II. von einem »Zeichen des Himmels [...], dass sie unserer Bayreuther Sache zu dienen berufen sei. Ich schätzte sie darum glücklich, und glaubte eine Kraft gefunden zu haben, welcher ich vertrauensvoll die Leitung der Spiele übergeben könne, bis Siegfried dieselbe antrete.«[47] Ausnahmsweise war auch Danielas Vater Hans von Bülow von dieser Entscheidung seiner Ex-Frau begeistert. Brandt und Bülow waren eng befreundet und sprachen sich in ihren Briefen wechselseitig mit »mein Vater« beziehungsweise »mein Sohn« an. Im Februar 1884 bat Brandt seinen Nennvater um Danielas Hand: »Zürnen Sie mir nicht, wenn ich im Uebermass des Glücks unfähig bin Ihnen heute etwas anderes zu sagen als dass ich mich für den seligsten Menschen halte, seit mir die Erkenntniss ward von dem, was ihre edle Tochter für mich empfindet. Wir sind glücklich, glücklich!«[48] Bülow war außer sich vor Freude, postwendend schrieb er seiner Frau Marie: »Liebste! Nimm Theil an meinem Glücke. Lies! Gratulire sofort nach Bayreuth per Draht! [...] Ich habe Fritz u. Daniela auf Freitag in B. [Berlin] bestellt. Du musst dabei sein. Addio, cara Marietta. Dein eiligseliger Hans v. Bülow« Am Rand notierte er noch hastig: »Darft's Allen, Allen melden!«[49]

Doch das ging zu schnell, zumal es fraglich erscheint, ob die »edle Tochter« überhaupt etwas für ihren Zukünftigen empfand. Daniela war hin- und hergerissen. Einerseits dürften ihr Henrys Avancen nicht unbekannt geblieben sein, andererseits spürte sie den starken Druck, der von ihrer Mutter ausging. Mitte April gestand sie Marie von Bülow ihre Zweifel: »Fritz ist in München, und wir werden uns voraussichtlich erst im Sommer wiedersehen; in den letzten Tagen wurde es mir – oft zur erschreckenden – Gewissheit, dass ich es hier mit einem namenlos schweren Charakter zu thun habe, und mein Wesen brechen müsse um ihm und mir zu helfen – eine Operation, die manchmal gefährlich, immer aber langwierig und schmerzhaft ist. Allein sein tiefes, feuriges reines Wesen darf jedes Opfer verlangen!«[50] Das klang nicht nach großer Liebe.

Als Brandt von Danielas Skepsis erfuhr, als er gewahr wurde, dass die Verlobung nur dank Cosimas Drängen zustande gekommen war, reagierte er verständlicherweise verletzt und empört und bat Hans von Bülow um Rat. Bülow war wütend: »Sie verdient Dich nicht«, polterte er am 3. August 1884, »gerade so wenig, als ihre Schwester des sizilianischen Tagediebs des Grafen Zero bei ihrer herz- u. kopflosen

Frivolität vollkommen würdig ist.« Sein Schimpfen kannte keine Grenzen mehr: »Welche Wirthschaft! Ganz das großväterliche System! [...] Wie mich diese hochadelige hohle Gesellschaft anwidert! Sie erweckt in mir alle 48er Gefühle – bevor Du nämlich geboren, war ich schon Sozialdemokrat.« Bülow hielt von seiner Tochter so wenig, dass er glaubte, Daniela treibe nach dem »Beispiel und Vorbild der eigenen Mutter« (gemeint war natürlich Cosima) ein grausames Spiel mit Brandt, um ihn – Bülow – zu treffen. »Sie weiß es, wie lieb ich Dich persönlich gewonnen und straft mich nun in Dir dafür, daß ich von den Parsifal-Hebräern und den literarischen Vegetarianern nichts wissen will. Sehr leicht möglich.« Sein Rat war eindeutig: »Fritz – wenn es Dir irgend möglich, tritt zurück! Du begäbst Dich in eine nach beiden Zweigen verfluchte Familie. Meine Urelternn taugten nicht viel – die Immoralität und Genialität der Ahnen von D.'s Mutter hat mehr als Ein Bedenkliches.«[51]

Fritz Brandt folgte dieser Empfehlung und gab Daniela den Laufpass. »Ich bin selbst trostlos«, versuchte Hans von Bülow seinen Freund daraufhin aufzurichten. »Ich habe keine Tochter mehr. Wahnwitz – oder – Verruchtheit!« Und schließlich: »Du warst die letzte, die einzige Verbindungsbrücke zwischen Bayreuth und mir. Jetzt ist – Alles aus.«[52] Bülow erklärte daraufhin die Verlobung für aufgehoben, was nach den damaligen gesellschaftlichen Vorstellungen von Ehre und Ansehen einem weit reichenden Schritt entsprach. Hier waren insbesondere die Frauen die Leidtragenden, denn Fräuleins, deren Verlobung annulliert wurde, galten nicht selten als mit einem Makel behaftet. Entsprechend groß war der Katzenjammer. Fritz Brandt fiel bei Cosima in Ungnade und wurde vom Grünen Hügel verbannt, Mademoiselle von Bülow zog sich in das Berliner Haus ihrer mütterlichen Freundin Marie von Schleinitz zurück. Die Gräfin »Mimi«, wie die Schleinitz von ihren Freunden liebevoll genannt wurde, führte den Salon, wo tout Berlin sich traf. Zu den regelmäßigen Besuchern gehörte auch Henry Thode, der mittlerweile seine Habilitationsarbeit abgeschlossen und die Schriftleitung einer neuen Kunstzeitschrift übernommen hatte. »Dr. Thode sehe ich manchmal«, berichtete Daniela ihrer Schwester Blandine, »er führt mich in's Museum, kommt wohl auch hier und da einen Abend zu Mimi Schl. und ist jedesmal sehr anregend, amüsant und geistreich.« Gleichwohl erschien er ihr auch etwas suspekt. »Ich habe ihm nur Eines vorzuwerfen: ein gewisses: ›Überall-sich-beliebt-machen‹, ein Intim-sein in den heterogensten Häusern, was ich ein klein wenig ›snob‹ finde – aber wer weiss, vielleicht täusche ich mich!«[53]

Daniela war verunsichert, zumal Henry ihr nun unmissverständlich den Hof machte. Er schrieb seiner Angebeteten romantische Gedichte und zärtliche Briefe. In ihrer Ratlosigkeit wandte sich Daniela an ihre Mutter. Cosimas Antwort: »Ist Dir Dr. Thode angenehm, fühlst Du Uebereinstimmung der Gefühle in den Hauptdingen, und ist seine Neigung zu Dir ernsthaft, so glaube ich kannst Du diese Verbindung eingehen, wenn die Verhältnisse – Familie, Umstände, Dir entsprechen und Dir ein sorgenfreies Leben versprechen. (Fidi, den ich eben befrug, antwortete nach einer Pause, mit einem schwachen langen Ja. Und: ›ist Herr Thode reich?‹, frug er nach einer Weile.)«[54] Dieser mütterliche Brief traf zwei Tage später in Berlin ein – und das war der Tag von Danielas Abreise. Augenblicklich entstand ein unglücklicher Automatismus: Daniela, die sich über ihre Gefühle für Henry weniger denn je im Klaren war, glaubte, sich umgehend entscheiden zu müssen. Förmlich in letzter Minute gab sie seinem Liebeswerben nach und sagte »ja«. Damit nicht genug: Marie von Schleinitz freute sich so sehr über jene Wendung, dass sie klammheimlich entsprechende Pressenotizen lancierte. Wenige Tage später stand die Nachricht von der Verlobung im »Berliner Börsen Courier«. Nun gab es keinen Weg mehr zurück. Die beiden jungen Leute wurden ein Paar, ohne dass Daniela es wirklich mit dem Herzen gewollt hätte. Es war diese übereilte Entscheidung, die eine jahrzehntelange Ehetragödie einleitete.

Das vermeintliche Liebesglück erhielt einen ersten Dämpfer, als die Jungverlobten zu Henrys Eltern nach Schlesien fuhren. »Allein die Eltern!!!«, klagte Daniela ihrer Schwester Blandine. »Weisst Du, sehr brave, ordentliche, nüchterne, ernste, fromme, sehr bürgerliche Leute, aber eiskalt gegen mich, die allein zu ihnen eintretende Fremde; ich wurde ›mein liebes Fräulein‹ genannt, man war sehr höflich, aber ich merkte doch, dass ihnen die Wahl, die scheinbare Übereilung ihres Sohnes höchst unangenehm war.«[55] Herr und Frau Thode zeigten sich von der Wahl ihres Sohnes alles andere als begeistert. Mit allen mög-

Eine Ehe ohne Liebe: Daniela und Henry Thode, um 1886. »Nur dass Du an der Kraft und Treue meiner Gefühle zweifelst, dazu hast Du keine Berechtigung.« (Henry Thode)

lichen und unmöglichen Argumenten versuchten sie, die bevorstehende Hochzeit zu verhindern. Mal behaupteten sie, dass Henry mit 28 Jahren zu jung für den Bund des Lebens sei, ein anderes Mal bezweifelten sie die »finanzielle Parität« der Verlobten. Das waren indes nur Vorwände – wahrscheinlich mochten sie ihre zukünftige Schwiegertochter instinktiv nicht. Daniela reagierte verständlicherweise tief gekränkt. Dass sie aber nun ausgerechnet ihrem Verlobten schwere Vorwürfe machte – Henry konnte ja wirklich nichts dafür –, musste diesen wiederum verbittern. »Nur dass Du an der Kraft und Treue meiner Gefühle zweifelst, dazu hast Du keine Berechtigung«, schrieb er ihr ins Stammbuch. »Ich habe weder Zweifel an Dir noch an mir.« Und weiter: »Klage meine Eltern nicht an. Daniela – von Dir mit Deinem Herzen kann ich es erwarten, dass Du die Angst der Menschen verstehst, für die es sich um das Lebensglück des ihnen liebsten Menschen handelt.«[56] Die Verstimmung nahm weiter zu, als Daniela sich über Henrys Beruf mokierte. Ganz wagnerisch redete sie einem abgehobenen Künstlertum das Wort und spottete über »die Wissenschaftler«, womit sie aber Henrys Selbstverständnis attackierte. Sichtlich gereizt konterte er: »Ich bin kein Künstler, sondern ich bin ein Gelehrter. Meine Arbeiten sind keine Kunstwerke, sondern sind wissenschaftliche Arbeiten.« Daniela müsse die »geistige Thätigkeit eines Mannes« akzeptieren, »sie angreifen heisst ihn selbst angreifen«.[57] An anderer Stelle schimpfte Daniela über Johannes Brahms, der in Bayreuth den wenig schmeichelhaften Rang eines Erzfeindes bekleidete. Wiederum fühlte sich Henry provoziert: »Ich halte es für unrecht, für unmöglich, ihn einfach negieren zu wollen.«[58] Das waren nicht die Briefe zweier Liebenden, die ihre Verlobungszeit genossen und sich auf die Hochzeit freuten.

Danielas parolenhaftes Gebaren – das Lästern über »die Wissenschaftler« und das abschätzige Gerede über Zeitgenossen wie Brahms – ließ Henry beinahe verzweifeln. Er liebte seine Zukünftige, wollte derartigen Nonsens aber nicht durchgehen lassen. Mehrfach beklagte er in seinen Briefen an Daniela regelrechte »Seelenqualen«, die er ihretwegen durchmache. Warum gab sie sich so provokant, kühl und verletzend? Was Henry noch nicht wissen konnte: Die Gründe für Danielas Verhalten wurzelten in tief sitzenden Gefühlskomplexen. Daniela war noch keine vier Jahre alt gewesen, als die Beziehung ihrer Eltern Bülow scheiterte und Cosima und Richard Wagner heimlich ein Paar wurden. Sie hat als das Älteste der Kinder die Irrungen und Wirrungen jener Jahre sicherlich besonders intensiv erlebt. War das alles schon kompliziert genug, lastete Cosima ihr eine geradezu unmenschliche Hypothek auf: »Und mein Geliebtes, Theures, wenn Du Kummer oder Kränkung erfährst, so denke dass Du für mich und mit mir meine Lebensschuld abbüsst, das wird Dir Kraft und Muth geben.«[59] An anderer Stelle schrieb sie sogar, Daniela habe ihrem Vater Hans von Bülow »Alles zu ersetzen« und »ein grausames Geschick auszugleichen«.[60] Soll heißen: die Tochter sollte das von der Mutter verursachte Leid wiedergutmachen. Hinzu kam, dass die Kinder Hans von Bülows – also Daniela und Blandine – unbewusst anders behandelt wurden als die Sprösslinge Richard Wagners.

Wie bereits geschildert, gab Cosima Daniela und Blandine unterschwellig das Gefühl, keine gleichwertigen Familienmitglieder zu sein, erinnerten sie sie doch an ihre unglückliche Ehe mit Hans von Bülow. Blandine reagierte auf den natürlich nie ausgesprochenen Vorwurf, nur ein »Bastard« zu sein, indem sie gleichsam aus Bayreuth flüchtete und einige tausend Kilometer entfernt in Italien ein neues Leben begann. Ganz anders Daniela: die unlösbare Aufgabe, Cosimas Schuld zu sühnen, sowie das latente Verdikt, Isolde, Eva und Siegfried nicht gleichgestellt zu sein, ließen sie hart und fanatisch werden.

Daniela wollte sich als »wahre« und »richtige« Tochter beweisen, indem sie sich völlig unreflektiert zu eigen machte, was sie für Richard und Cosima Wagners Meinung hielt. Sie wollte wagnerischer sein als Richard Wagner: ob Äußerungen über Kunst, Geschichte, Politik, zeitgenössische Musik oder vegetarische Ernährung – Alles hatte in Danielas Diktion etwas Dogmatisches. Diese rasende Leidenschaft übte auf Zeitgenossen wie Harry Graf Kessler einen exotischen Reiz aus. »Nicht so sehr physisch«, erinnerte sich der Graf, »nein, sie zog mich an, weil sie mit einem mir bis dahin unbekannten Fanatismus einen mystischen Kult betrieb, die Anbetung ihres Stiefvaters Richard Wagner. Ich glaube, daß diese Art von Mystik, die einen Menschen nicht bloß zu einem Übermenschen umdeutete, sondern auch gegen jede Kritik wie gegen ein Attentat schützte, erst von den Wagnerianern erfunden worden ist. Jedenfalls war Daniela Thode ganz von dieser Anbetung durchtränkt, jedes Wort, das sie sprach, glühte und leuchtete von ihr. Sie selbst bekam dadurch etwas verführerisch Priesterliches, Magierhaftes, wie aus einer längst vergangenen prophetischen Epoche der Menschheit oder aus einer fernen, noch tief verschleierten Zukunft.«[61]

Die Empfindung, nicht genügen zu können, wurde für Daniela zum Fluch der Selbstverleugnung. So entstanden quälende Minderwertigkeitsgefühle, die sich später in hysterischen Anfällen, paranoiden Selbstzweifeln und schweren Depressionen äußern sollten. Ob Henry Thode ahnte, welch schwere Hypothek auf Daniela lastete? Die Verstimmungen zwischen den Verlobten nahmen weiter zu, je näher die Hochzeit rückte. Mehrfach beschwerte sich Henry über einen »Mangel an Liebe und Vertrauen«, was Daniela wiederum mit neuen Vorwürfen quittierte. Mitte Februar 1886 machten Cosima und Daniela einen Anstandsbesuch bei den Thodes in Dresden. Waren Henrys Eltern im Vorfeld entschlossen, ihren Frieden mit der Schwiegertochter in spe zu schließen, endete jene Stippvisite in einem Desaster. Robert und Adolfine Thode zeigten sich entsetzt über das höfische und affektierte Getue, das die Besucher verbreiteten. Henry an Daniela: »Für sie liegt das Lebensglück in einfachem, bürgerlich praktischem, thätigem Sein und Wesen, nicht in der genialen, idealistisch sorglosen Existenz.« Das distinguierte Bankiersehepaar und die sagenumwobene Künstlerwitwe Cosima hatten sich nichts zu sagen. Das Treffen verlief in eisiger Stimmung. Nach der Abreise der Gäste erklärten die Thodes ihrem Sohn nun klipp und klar, dass sie eine Hochzeit mit Daniela niemals gutheißen könnten. »Sie sehen in unserer Verbindung ein Unglück für mich, wie für Dich«, schrieb Henry seiner Braut. »Sie können ruhigen Herzens in dieselbe nicht einwilligen.«[62]

Obschon Henry selbst voller Zweifel war, solidarisierte er sich mit seiner Geliebten. Er werde Daniela heiraten, eröffnete er seiner Familie, auch ohne deren Zustimmung. Nachdem auch diese letzte Chance verstrichen war, eine »Ehe ohne Liebe« zu verhindern, fand die standesamtliche und kirchliche Trauung am 3. beziehungsweise 4. Juli 1886 in Bayreuth statt. Unter die Hochzeitsgäste mischte sich auch der Dirigent Felix Weingartner. Er erinnert sich: »Frau Wagner war, wie immer, in ein langwallendes Witwengewand gekleidet, das jedoch an diesem Tage nicht von schwarzer, sondern von mattgrauer Farbe war. Eine Art von wehmütiger Freude erhellte vorübergehend die tiefe Trauer. Diese Frau verstand es meisterlich, das zu tun, was Eindruck machte. Alle Anwesenden und ich bewunderten ihren Geschmack in der Wahl dieses hochzeitlichen Witwenkleides und die Art, wie sie sich darin bewegte.«[63] Danielas Vater Hans von Bülow ließ sich entschuldigen. »Der Hochzeit kann ich ja – bekanntlich – in Bayreuth nicht assistiren!!!«, lästerte er. »Gott gebe der dritten Generation weniger Unheil im häuslichen Leben!«[64] Dafür kam Großvater Franz Liszt eigens nach Bayreuth, reiste aber wenige Tage später wieder ab. Auch Cosimas Lieblingsdirigent Felix Mottl saß an der Festtafel – in sein Tagebuch notierte er ein aufschlussreiches Gespräch zwischen Mutter und Tochter: »Die Abreise meines Vaters (Liszt) ärgert mich.

Der Wagner-Clan vollständig angetreten: Biagio Gravina, Isolde, Daniela, Cosima, Siegfried, Blandine und Eva, um 1890.

Hoffentlich erlebst Du mehr Freude an Deinem Vater. ›Das glaub ich kaum‹ sagt Daniela!«[65]

Die Hochzeitsreise führte die Jungvermählten nach Luzern. Auf dem Weg in die Schweiz wollte sich das Paar mit Hans von Bülow in Augsburg treffen, doch erlitt Daniela am Vorabend der Verabredung »so heftige und sie ganz ermattende Magenkrämpfe«, dass Henry dem »Hochverehrten, theuren Schwiegervater« kurzfristig absagen musste.[66] Die psychosomatische Dimension dieser Magenkrämpfe ist leicht zu erraten. Den Rest des Sommers verbrachten Daniela und Henry in Bayreuth, wo sie an den Festspielen teilnahmen. Im Anschluss daran ließen sie sich in Bonn nieder. Doktor Thode hatte an der dortigen Universität eine außerplanmäßige Professur für Kunstgeschichte erhalten. Die verunglückte Verlobungszeit war schnell vergessen – der Alltag begann.

Der Mutter Cosima Wagner war zweifellos am persönlichen Glück ihrer Kinder gelegen. Insofern freute sie sich ehrlich, dass Daniela mit ihrem »Heinz«, wie Henry Thode in Wahnfried genannt wurde, eine gute Partie gemacht hat. Dem eloquenten jungen Mann aus bestem Hause stand schließlich eine glänzende Universitätslaufbahn bevor. Gleichwohl dachte Frau Wagner aber auch in dynastischen Dimensionen, es ging ihr immer auch um das Bayreuther Familienunternehmen. Cosima erkannte sehr klar, dass sie aus ihrem neuen Schwiegersohn einen Apostel der Bayreuther Ideen machen konnte. Thode wurde also in das »System Wagner« eingebunden – und er ließ sich gerne vereinnahmen. Das geschah zunächst durch finanzielle Anreize. Henrys Gehalt als Universitätsprofessor sowie eine jährliche Apanage von 5000 Mark, die Robert Thode seinem Sohn gewährte, reichten offensichtlich nicht aus, den Bonner Haushalt zu bestreiten. Man lebte allem Anschein nach auf großem Fuß. Frau Wagner erklärte daraufhin, ebenfalls jedes Jahr 5000 Mark (etwa 31 000 Euro) zur Unterstützung der jungen Leute beisteuern zu wollen. Cosimas Förderung erstreckte sich aber auch auf Henrys Karriereplanung: Sie wünschte ein Familienmitglied auf einem bedeutenden deutschen Lehrstuhl. Als ihr Schwiegersohn im Sommer 1893 als Kandidat für eine Professur an der Heidelberger Universität gehandelt wurde, ließ Cosima ihre weit reichenden Beziehungen spielen – mit Erfolg. Henry wusste, wem er die Berufung zu verdanken hatte. Dabei schien er über jene Wendung gar nicht so glücklich gewesen zu sein. Einem Freund kündigte er an, er müsse nun »alles Pflichtgefühl nach anderer Seite hin aufbieten, um freudig die gebotene Aufgabe zu übernehmen«.[67] Mit der »anderen Seite« meinte er seine Schwiegermutter Cosima Wagner.

Es war jene subtile Mischung aus Fördern und Fordern, die den seriösen Kunsthistoriker Henry Thode letztlich in die Knie zwang. Bis zu seinem Eintritt in die Familie Wagner hatten seine Interessen der italienischen Renaissance gegolten, durch Cosimas Einfluss wandte er sich nun mehr und mehr der »deutschen Kunst« zu. Und dazu gehörte nach Bayreuther Lesart auch Richard Wagners Gesamtkunstwerk. Bereits in seinem ersten Heidelberger Semester setzte der neue Professor Wagners Schriften auf den Lehrplan. Die Verbreitung der Bayreuther Ideen habe absolute Priorität, erklärte er, »alles Andere ist gleichgültig«.[68] Hatte er in seiner Verlobungszeit nicht ausdrücklich darauf bestanden, Wissenschaftler und nicht Künstler zu sein? Hatte er nicht aller Parteilichkeit, allem seichten Ideologisieren eine Abfuhr erteilt? Henry avancierte im Dunstkreis der Wagnerei nun selbst zum »Künstler«. Seine »Kunstwerke« waren Bekenntnisse in Buchform, es waren künstlerische Weltanschauungen zwischen zwei Pappdeckeln. Aus wissenschaftlichem Sinnieren wurde so eine Gesinnung. In seinen Arbeiten über Arnold Böcklin, Hans Thoma, Richard Wagner oder Albrecht Dürer redete Professor Thode einer engstirnigen nationalen Ästhetik das Wort. Er griff Künstler wie Max Liebermann an, dem er ein »Nachahmen der Franzosen« sowie einen »Mangel an nationalem Empfinden« unterstellte. Dass Thode klammheimlich Liebermanns jüdische Abstammung ins Spiel brachte, dass er sich »aus der Rüstkammer der Antisemiten«[69] bediente, wollte der Maler ihm nicht durchgehen lassen. Er veröffentlichte in der »Frankfurter Zeitung« eine wirkungsvolle Replik. Der hinreißende Anekdotenerzähler Liebermann rächte sich indes auf eine andere Weise: Er machte sich über seinen Kontrahenten lustig. So berichtete er von einem Besuch Thodes bei dem greisen Archäologen Ernst Curtius. Der Gast stellte sich vor, »indem er seinen Namen nennt und als der schwerhörige Gelehrte ihn nicht zu verstehen scheint, näher an ihn herantritt und ihm in die Ohren schreit: ›Thode‹, der alte Herr mit wehmütiger Stimme ausruft: ›hat er lange gelitten?‹«[70] Das ist bester Liebermannscher Humor. Aber auch andere Zeitgenossen lachten über den Kunsthistoriker mit Bayreuther Parteibuch. »Zu seinem Unglück heiratete er ins Haus Wahnfried ein«, stichelte etwa der Politikwissenschaftler Adolf Grabowsky. »Seitdem fühlt er sich als Hüter des Schatzes von Bayreuth. Und da ja Bayreuth bekanntlich die geistigen Kräfte Deutschlands symbolisiert, als Hüter Deutschlands. Jede Äußerung Thodes ist jetzt eine Rede an die deutsche Nation. Dieses Kleid ist aber zu groß für den Mann. Um es auszufüllen, polstert er sich mit Phrasen. Er hat ja häufig recht, aber – wie er es sagt!«[71]

Als Henry Thode 1907 den so genannten »Werdandi-Bund« mitbegründete, verspielte er bei vielen Kollegen vollends seinen Kredit als ernstzunehmender Wissenschaftler. Der nach der nordischen Schicksalsgöttin Werdandi benannte Bund gehörte zu den vielen obskuren völkisch-konservativen Vereinigungen, die um 1900 den angeblichen Niedergang der Kultur beklagten. Für Harry Graf Kessler war das ausgemachter Blödsinn, »der die Deutsche Kunst auf Richard Wagners Namen vor der ›Dekadenz‹ retten will. Der grösste Dekadent als Gegengift gegen Dekadenz, ein komisches Rezept. [...] Das Alles soll seine Einheit finden im ›deutschen Gemüt‹; eine echte Alte Weiber Konzeption.«[72]

Anfang Januar 1908 veranstaltete der Verein im Berliner Künstlerhaus eine Ausstellung, die von Henry Thode mit einer salbungsvollen Rede über »das Kunstgefühl des Deutschen« eröffnet wurde. »Wer Dandy sein will, der gehe in den Werdandibund«, lästerte die »Berliner Börsen-Zeitung« und kam zu dem vernichtenden Fazit: »der Werdandibund ist der größte Humbug, den wir in den letzten Zeiten erleben durften.«[73] Die liberale »Frankfurter Zeitung« entlarvte die Intentionen des Vereins, »auf daß die Probleme zeitgenössischer Kunst nicht ohne die Grundsätze der neudeutschen Rassentheoretiker geregelt werden.« Und weiter: »Werdandi spinnt. Aber ein Fanatiker, den wir dahinter erkennen – Herrn Thode in Heidelberg – sinnt.«[74] Die »Lustigen Blätter« verhöhnten die von Henry Thode und Konsorten betriebene nordische Folklore und gründeten den »Mimir-Bund«: »Allwöchentlich versammeln sich einmal die Mitglieder des Mimir-Bundes um den Geisteskraft und Weisheit spendenden Wunderkessel Odrerir, begrüßen sich mit dem Vereinsgruß, indem sie zur Erinnerung an den aus dem Auswurf der Götter geschaffenen Kwasir siebenmal auf den Boden spucken und lesen sich Oden und Hymnen vor, die sich mit dem Riesen Geirrödr, Cosima Wagner, dem Zwerg Alwis, Henry Thode und dem Helden Hrunggöddl beschäftigen, und von denen auch einige dem Riesen Tiazi gewidmet sein können.«[75] Dass der Kunsthistoriker Henry Thode – trotz wichtiger Arbeiten zur italienischen Renaissance – heute kaum mehr wahrgenommen wird, ist sicherlich eine Folge seiner politischen Agitation.

Das Eheglück der Thodes entschied sich indes auf einer anderen Ebene, wahrscheinlich scheiterte die Beziehung bereits in der Hochzeitsnacht. Damals sprach man abstrakt von »ehelichen Pflichten«, die später sogar im Bürgerlichen Gesetzbuch geregelt wurden. In Paragraph 1353 heißt es: »Die Ehegatten sind einander zur ehelichen Lebensgemeinschaft verpflichtet«, was nach einer höchstrichterlichen Entscheidung des Reichsgerichtes die »Pflicht zum Geschlechtsver-

Daniela Thode (1904) war von labiler Gesundheit und verbrachte jedes Jahr mehrere Wochen in Sanatorien. »Gott, wenn ich nur ein einziges Mal Dich gesund und fröhlich wüsste!« (Henry Thode)

kehr« einschloss. Das war das Problem: »Als Du in der ersten Zeit in Bonn leidend warst«, erinnerte sich Henry viele Jahre später, »sagte mir der Arzt, den Du konsultiertest: ›ich dürfe meine Pflichten und Rechte nicht geltend machen, wenn ich nicht Dein Leben aufs Spiel setzen wollte.‹ Damit war die Frage entschieden.« Die Erkenntnis, mit seiner Frau nicht intim sein zu können, war für Henry »die grosse Enttäuschung eines Wahnes«. Insgeheim wurde ihm damals bewusst, »dass unsere Ehe keine wirkliche war, nicht im Natürlichen wurzelte. Nicht im Natürlichen, weil Dich nicht die Liebe dazu trieb, mir die Hand zu reichen und Du nie dazu gelangtest, mich anders als freundschaftlich zu lieben – und weil unser Bund kein vollständiger war«. Kurzum: Man sei die Ehe »ohne den Zwang gegenseitiger Liebe eingegangen«.[76] Das gestand er ihr erst im Februar 1913 – zu einer Zeit, als die Beziehung längst gescheitert war. Und Jahrzehnte zuvor? Es war für die bürgerliche Gesellschaft im Kaiserreich typisch, dass derartige intime Probleme nicht besprochen wurden. Man schwieg, besser gesagt: man arrangierte sich.

Frau Thode führte das Leben einer Professorengattin – zunächst in Bonn, ab Herbst 1889 in Frankfurt, wo Henry als Museumsdirektor des »Städelschen Kunstinstituts« wirkte. 1894 ließen sich die Eheleute in Heidelberg nieder; Thode hatte an der dortigen Universität eine Professur für Kunstgeschichte erhalten. Selbstverständlich musste sich Daniela nicht mit Küchenarbeiten und der Zimmerreinigung belasten. Bei der Erledigung alltäglicher Arbeiten standen ihr Dienstboten zur Seite. Der Alltag der Frau Professor Thode war vielmehr durch repräsentative Pflichten geprägt: gesellig sein, einen Salon führen, dem Mann den Rücken freihalten und ihm eine angenehme Atmosphäre für seine Arbeit schaffen. Das mutet uns heute entsetzlich langweilig an, entsprach aber damals der gängigen Rollenverteilung. Natürlich hätte Daniela eigenen Interessen nachgehen können. Sie hatte das musikalische Talent ihres Vaters geerbt, sie spielte hervorragend Klavier, sie beherrschte mehrere Sprachen und war umfassend gebildet. Cosima Wagner hatte ihre Töchter aber zur dienenden Passivität erzogen. Erinnern wir uns an ihr pädagogisches Credo: »Ich halte es nicht für möglich für eine Frau, der Öffentlichkeit anzugehören und zugleich ihren weiblichen Beruf zu erfüllen.«[77] Daniela hatte diese Lebensmaxime so sehr verinnerlicht, dass sie später sogar einem kuriosen »Deutschen Bund zur Bekämpfung der Frauenemanzipation« beitrat.

Im Herbst 1892 mieteten die Thodes ein stattliches Anwesen oberhalb des Städtchens Gardone am Gardasee. Die so genannte »Villa Cargnacco« lag auf einer Anhöhe: »Lorbeerwege führen zu ihr hinauf, Oelbäume bekränzen sie – im Gärtchen vor ihr in der Mitte steht eine mächtige Palme, darunter ein deutsches Buchenbäumchen, Rosen und Oleander blühen um sie herum […].«[78]

Im März des folgenden Jahres zogen die neuen Bewohner ein. Daniela: »Aber ich bin seit 14 Tagen mehr todt als lebendig, habe gearbeitet wie ein Neger, bin von 7 Uhr früh bis Abends um 10 Uhr unausgesetzt thätig gewesen mit Hammer und Nagel, Bürsten und Besen, habe Bücher ausgepackt, Porzellan und Glas gewaschen, Lampen geputzt, Keller und Bodenkammer gereinigt, Teppiche gebürstet, Thoma's aufgehängt, Kronleuchter geputzt – Mehl, Salz, Gries eingekauft, Land-

Daniela Thodes Zimmer in der Villa Cargnacco in Gardone am Gardasee. Über dem Bett hängt ein Gemälde, das Cosima Wagner zeigt. Die Eheleute Thode hatten die malerische Villa samt großem Anwesen im Herbst 1892 angemietet und einige Jahre später gekauft.

weine studiert, Fleischer ausgesucht, Holzhacker beaufsichtigt, Kupfer-Studien gemacht usw. usw.«[79] Henry hätte dieses malerische Eldorado gerne zum Hauptwohnsitz erklärt, die Berufung nach Heidelberg machte es indes unumgänglich, sich auch am Neckar niederzulassen. Das italienische Refugium blieb der bevorzugte Urlaubsort; als das Anwesen Jahre später zum Verkauf stand, erwarben es die Eheleute.

Henry Thode war ein Dandy wie aus dem Bilderbuch: Immer sehr modisch gekleidet, gab er sich hochfahrend eitel und kultiviert und hüllte sich in die Aura freundlicher Unnahbarkeit. Dieser professorale Pfau machte offensichtlich auf nicht wenige Frauen großen Eindruck. Immer wieder gab er sich kleineren und größeren Affären hin, von denen Daniela meistens wusste. Im November 1892 bändelte er mit der Gräfin Gisela Pourtalès an. Daniela ließ sich nichts anmerken: »Auch seine neueste kleine Passion machte mir viel Freude; wir

Frauen müssen solche kleinen Erlebnisse dem Manne gerne gönnen, schon zur Ehre unseres Geschlechtes, dessen kleinliche und lästige Eigenschaften er genug Gelegenheit hat, in der eigenen Gattin ertragen zu lernen.«[80] Einige Jahre später verliebte sich Thode Hals über Kopf in die skandalumwitterte amerikanische Tänzerin Isadora Duncan. »Thode neigte sich über mich und küßte meine Augen, meine Stirn«, erinnerte sie sich, »doch drückten seine Küsse keine irdische Leidenschaft aus. Er verließ mich erst bei Tagesanbruch und kam von da an jeden Abend.« Die Affäre soll aber nur platonischer Natur gewesen sein: »Niemals versuchte er meine Tunika zu lösen, meine Brüste zu berühren, oder sonst meinen Körper zu genießen, obwohl er wußte, daß ich ihm mit jedem Pulsschlag angehörte.«[81] Nun ja. Fräulein Duncan besuchte ihren Verehrer auch in Heidelberg, wo Daniela sogar einen Empfang für den berühmten Gast ausrichtete. Nein, eifersüchtig sei Daniela nicht gewesen: »Übrigens hätte jede Frau, die auf Thode eifersüchtig gewesen wäre, sich selbst ein Leben mit chinesischen Folterqualen bereitet, denn alles vergötterte ihn – alle Frauen und sogar Knaben!«[82]

Daniela war seit Beginn der Ehe im Grunde ständig krank. Sie quälte sich mit Selbstvorwürfen – sie sei eine schlechte Haus- und Ehefrau und dergleichen mehr –, die sich wiederum in allen möglichen körperlichen Leiden ausdrückten. Nahezu jedes Jahr verbrachte sie viele Wochen in Sanatorien. Einmal entfuhr es Henry: »Gott, wenn ich nur ein einziges Mal Dich gesund und fröhlich wüsste!«[83] Sie war häufig einsam. Während Thode, der ein beliebter Vortragsredner war, auf ausgedehnten Tourneen auch die entlegensten Winkel Deutschlands bereiste, saß seine Frau mitunter wochenlang alleine in Heidelberg oder Gardone. Kam er dann nach Hause, hatte er in der Universität zu tun, oder er beugte sich über seine Bücher.

Daniela wandte sich im Laufe der Zeit wieder verstärkt ihrer Bayreuther Familie zu. Als Isolde 1909 in Ungnade fiel, übernahm sie von ihrer Schwester die Verantwortung für den Kostümfundus der Festspiele. Die Ehe der Thodes fand indessen fast nur noch in Briefen statt, ja, sie bestand gewissermaßen nur noch auf dem Papier. Gleichwohl hegte man zu dieser Zeit – Anfang 1910 – große Pläne: Thode wollte sich in Heidelberg emeritieren lassen, der Neckarstadt den Rü-

Daniela und Henry Thode in der Bibliothek ihres Heidelberger Hauses, 1901. Zu diesem Zeitpunkt steckte deren Ehe bereits in einer Dauerkrise.

cken kehren und sich künftig nur noch seiner Vortragstätigkeit widmen. Eine schicke Wohnung in Berlin sowie die Villa am Gardasee sollten die Domizile von Herrn und Frau Professor Thode werden. Und das klang in seinen Worten so: »Januar u. Februar Berlin, von wo aus ich meine Vortragsreisen machen und Du in deinem Freundeskreise lebst und wirkst. März, April, Mai bis Mitte Juni Cargnacco. Von Mitte Juni bis September: Bayreuth, resp. auch eine Zeit im Engadin.«[84] Daniela wollte sich lieber dauerhaft in Bayreuth niederlassen, was Henry aber kategorisch ablehnte, fürchtete er doch Dauerkonflikte mit den dort allgegenwärtigen Wagners. Thode ließ sich schließlich in den Ruhestand versetzen, er kaufte auch die »Villa Cargnacco« – der Rest seiner Pläne wurde indes Makulatur. Denn als er jene Zeilen niederschrieb, war sein Leben bereits aus den Fugen geraten.

Gut ein Jahr zuvor – im Frühjahr 1909 – hatte Thode eine junge Frau kennen gelernt, die für sein und Danielas Leben bestimmend werden sollte: Hertha Tegner. Die 1884 geborene Dänin hatte bei dem berühmten Jacques Thibaud in Paris Violine studiert und wohnte nun bei einer Freundin in Heidelberg. Thode war von der 25-Jährigen begeistert. Er flirtete und turtelte, nannte sie »meine kleine dänische Freundin«[85] und gab für sie sogar ein Souper. Daniela war zu dieser Zeit mal wieder krank und befand sich in einem Sanatorium im italienischen Maderno. Thode war offensichtlich so in das Fräulein aus Kopenhagen vernarrt, dass er alle Contenance verlor und sich ausgerechnet gegenüber seiner leidenden Gattin wie ein Gockel aufführte. In zahlreichen Briefen an Daniela pries er seine neueste Errungenschaft als seinen »guten freundlichen Engel«, der »hell und liebevoll an aller Freud und Mühsal des Lebens« teilnimmt.[86] Liebe macht bekanntlich blind. Professor Thode verlor so sehr die Orientierung, dass er ankündigte, seinen »Engel« zu den Bayreuther Festspielen mitnehmen zu wollen; Daniela möge für sie ein Hauskonzert in Wahnfried organisieren. Kaum zu glauben – aber das geschah dann auch. Henry, Henrys Ehefrau und Henrys Freundin lebten unter einem Dach. Es ist schwer zu sagen, was Daniela im Sommer 1910 wusste, ahnte oder befürchtete. Hin und wieder stichelte sie gegen das Fräulein, was vielleicht so etwas wie Eifersucht vermuten lässt. So sorgte sich Frau Thode um die »arische Abstammung« ihrer Gegenspielerin, was im antisemitischen Dunstkreis der Wagners natürlich einen erheblichen Einwand darstellte. Thode beruhigte seine Frau: Herthas Eltern und Geschwister seien »ausgezeichnete Typen« und hätten »Instinkte gegen die Nagods [Juden] und Kenntnisse, wie ich sie nur bei uns sonst kenne […].« Artig fügte er dann noch hinzu: »Hab Dank für alle Freundlichkeit, die Du dem lieben Kind entgegenbringst.«[87] Wie es in ihr aussah, vertraute Daniela nur ihrem Arzt Ernst Schweninger an. Sie könne »in keiner Nacht mehr Ruhe und Schlaf finden, liege 5 – 6 Stunden mit wachen Auge da, und schliesse es erst gegen Morgen zu einer Art Halbschlummer – meist wache ich zwischen 12 u. 2, heute z. B. schon um 11 auf […] und quäle mich den Rest der Stunden so durch.«[88]

Im Herbst und Winter 1910 blieb Daniela alleine in Gardone. Professor Thode beendete derweil seine Tätigkeit an der Heidelberger Universität und begann danach eine ausgedehnte Vortragsreise, auf die ihn Hertha Tegner begleitete. In Bremen besuchten die beiden Anfang Februar 1911 eine Opernaufführung Siegfried Wagners. Beim anschließenden Souper brüskierte Siegfried seinen Schwager, indem er dessen junge Begleiterin demonstrativ ignorierte. Wenige Wochen später wurde Thode offiziell in den Ruhestand verabschiedet. Prinz Max von Baden veranstaltete für den scheidenden Gelehrten ein Festessen, zu dem über 400 Gäste erschienen. Daniela weilte nach wie vor am Gardasee – ihren Platz hatte Hertha Tegner eingenommen. Mittlerweile tuschelten die Leute über den 54-Jährigen und dessen Muse. Das Gerede schwoll weiter an, als das Liebespaar im Sommer 1911 alleine zu den Festspielen in Bayreuth erschien; Daniela kurierte derweil ihre angeschlagene Gesundheit im oberfränkischen Alexandersbad. Henry musste sich nun Vorhaltungen gefallen lassen; selbst besonnene Zeitgenossen wie Adolf von Groß forderten Aufklärung über die Art des Miteinanders. »Da sandte mir das Schicksal ein holdes Kind«, erklärte Thode ausweichend, »das hinter seiner lächelnden Anmuth ein grosses, reines Herz, einen tiefen Ernst und eine hohe Gesinnung verbirgt.«[89] Das Diesseitige seiner Beziehung zu Hertha erwähnte er freilich nicht. Alles in allem klang das eher schnulzig als glaubwürdig. Auch Houston Stewart Chamberlain, Danielas Schwager, gehörte zu den Skeptikern. Mitte September 1911 war Henry erneut in Bayreuth und kündigte Danielas Besuch an. Chamberlain glaubte ihn zu durchschauen: »Von einem Hierherkommen D's sprach er, von einem Wiederweggehen kein Sterbenswörtchen. Ich lauschte aber aus meiner stillen Tischecke jedem Worte, und kenne um so besser den ganzen Plan, als der Mann, der wie ein gebrochener Greis am Sonntag Mittag ankam, froh und pfeifend am Montag früh zurückkreiste. Er deponiert sie hier, um sie hier zu lassen. Er selber fährt am selben 1. Oktober abends gleich weiter nach Gardone, kommt aber zurück zu ihrem Geburtstag, nur um aber dann sofort die Vortragsreise mit Violinbegleitung zu beginnen.«[90]

Zu diesem Zeitpunkt – im Herbst 1911 – erschien es Thode bereits unmöglich, sich von Hertha zu trennen, wie er im späteren Scheidungsverfahren zu Protokoll gab. Er wollte jede freie Minute mit seiner Geliebten verbringen, und Daniela war ihm im Weg. Insofern verwundert es kaum, dass das Noch-Ehepaar Thode die Weihnachtstage getrennt verbrachte. Henry kam im Mai 1912 auf die völlig absurde Idee, Hertha nach Gardone einzuladen – »in dem irrigen Gedanken, es könne durch das Zusammensein der beiden hochgesinnten Frauen, meiner Frau und Frl. Tegner, eine entscheidende Lösung der schmerzlichen Frage gewonnen werden.«[91] Wie hätte diese Lösung aussehen sollen? Dass Daniela freiwillig auf Henry verzichtete …? Die Tage (Hertha wohnte im Hotel) vergingen in kalter Atmosphäre. Auf der gemeinsamen Rückreise nach Deutschland legte das Trio in dem Brenner-Städtchen Gossensaß einen kurzen Halt ein. Sie kauften Zeitungen, in denen sie nun mit Entsetzen lesen konnten: Thode-Ehe gescheitert, Frau Geheimrat Thode reicht Scheidung ein und so weiter. Man schwieg beklommen. Doch in München, wo Henry seine beiden Frauen für kurze Zeit alleine ließ, verwickelte Daniela ihre Kontrahentin in eine heftige und hochemotionale Aussprache. Thode merkte bei seiner Rückkehr, »dass etwas vorgefallen war, erfuhr aber nichts Näheres«.[92] Als ob nichts gewesen wäre besuchte Hertha Tegner im Sommer 1912 die Bayreuther Festspiele. Im Anschluss daran begleitete sie ihren Geliebten auf dessen Vortragstournee. Danielas psychische Verfassung stand inzwischen vor dem totalen Zusammenbruch. Sie war hochgradig depressiv, litt unter paranoiden Angstzuständen und quälte sich unausgesetzt mit schlimmen Selbstvorwürfen. »Von dem, was in mir vorgeht, lass mich schweigen«, schrieb Henry ihr Ende Oktober. »Und blicke ruhig in die Zukunft – ich werde die Dinge schon so ordnen, dass Du wieder glücklich wirst.«[93]

So konnte es unmöglich weitergehen. Thode war sich darüber im Klaren, dass er bei nächster Gelegenheit reinen Tisch machen, dass er Daniela die volle Wahrheit beichten musste. Das Wiedersehen der Eheleute fand Weihnachten 1912 in Bayreuth statt. In der Villa Wahnfried kam es gewissermaßen zum »Showdown«. Henry nahm seinen Mut zusammen und sprach das aus, was im Grunde alle wussten. Daniela erlitt daraufhin einen schweren hysterischen Anfall und machte Henry vor der versammelten Familie eine bühnenreife Szene. Jener Auftritt war offensichtlich so dramatisch, dass Henry ihn noch Wochen später als peinlich und erniedrigend bezeichnete.[94] Verstört verließ er Bayreuth.

Und Daniela? »Meine Frau schien zu meiner Betroffenheit den Ernst und die Folgen dieses meines Bekenntnisses nicht zu würdigen.«[95] Das war sehr diplomatisch formuliert. Daniela wollte von einer Trennung nichts wissen. Sie hielt die Affäre ihres Mannes für so etwas wie einen ehelichen »Betriebsunfall«, gewissermaßen für einen Irrtum, den man mit etwas gutem Willen leicht korrigieren könne. »Ja, wenn nur ein unmittelbares Wort der Liebe erklänge«, klagte Henry. »Aber es war ja nur gekränkter Stolz!« Daniela bat darum, die Beziehung fortzusetzen, damit sie vereint Siegfried Wagner und der Bayreuther Sache dienen könnten. Fassungslos und verbittert notierte Thode: »Und dazu dann die weitere Zumuthung, für den Bruder zu leben! Auch jetzt, in dieser Lage, da sie mich tief leidend weiss, bleibt die Hauptsache der Bruder. Alles gönne und wünsche ich ihm. Aber auch jetzt: vor allem der Bruder?« Er stand vor dem Scherbenhaufen einer gut 26-jährigen Ehe. Ihm wurde bewusst, dass er in Bayreuth in all den Jahren vor allem eine Funktion zu erfüllen hatte. Diese Erkenntnis schmerzte: »Wie kann ich da auch nur den geringsten Zweifel noch daran bewahren, dass es ihr nicht auf mich ankommt, sondern auf den Bruder, auf Bayreuth, dass mir Bedeutung zukommt nur im Hinblick auf Jene?« Und weiter: »Ich stehe in zweiter Linie. Mit dem Bruder hat sie wahres Mitleid – mit mir nicht.«[96]

Als Daniela den Ernst der Lage immer noch nicht begriff – sie schlug vor, das Frühjahr mit Henry zusammen in Gardone verbringen zu wollen –, antwortete dieser mit einem 23-seitigen Brief. Im Ton freundschaftlich und mitfühlend machte er ihr unmissverständlich klar, woran die Ehe in seinen Augen gescheitert sei. Er bezweifelte, dass Daniela ihn je geliebt hätte, sei es ihr doch immer nur um die Familie und den Wagnerkult gegangen. Das konnte nicht gut gehen, so Henry, alldieweil jene »Hinwendung nach Bayreuth ein unser Leben zerstörendes Element in sich trug, da unsere Ehe nicht mehr in sich selbst den höchsten Zweck fand.«[97]

Daniela zeigte den Brief ihrer Bayreuther Verwandtschaft – und die lief nun Sturm. Siegfried und Eva überboten sich geradezu in Schuldzuweisungen. »Die Dänin«, wie Hertha Tegner in Wahnfried herablassend tituliert wurde, habe mit lüsternem Gebaren Thode den Kopf verdreht und dergleichen mehr. Aber auch Henry musste sich schwere Vorwürfe gefallen lassen, die darin gipfelten, er würde Danielas Leben gefährden. Siegfried Wagner: »Wenn Ihr es vor Gott verantworten könnt, wenn Ihr Eure Stunde glücklich sein werdet, auf

Kosten einer Dritten, dann seid es!«[98] Der so Attackierte legte in mehreren Briefen seine Gefühlslage offen und warb um Verständnis. Er bot sogar an, innerhalb eines Scheidungsprozesses die Schuld auf sich nehmen zu wollen, um Daniela eine peinliche Bloßstellung zu ersparen. Es war insbesondere Eva, die mit immer neuen Winkelzügen versuchte, ihren Schwager umzustimmen. Mal appellierte sie an sein Mitleid für die kranke Daniela, mal brachte sie den großen Altersunterschied zwischen ihm und Hertha Tegner ins Spiel. Zu guter Letzt zog sie alle Register und erinnerte an Cosima, der man keine Aufregungen zumuten könne: »Uns muss Mama's Erhaltung als erstes Gebot gelten. Dir scheint sich dies völlig entrückt zu haben, mit keiner Sylbe erwähnst Du dessen, was doch der Mittelpunkt aller unserer Entscheidungen ist. Ebenso scheint sich Dir die Vorstellung von Wahnfrieder Verpflichtungen, Aufgaben ganz entfernt zu haben.«[99] Henry Thode blieb bei seinem Entschluss. Nun begann ein mehrmonatiger Rosenkrieg.

Daniela hatte ihren Mann Mitte Mai 1913 ein letztes Mal gesehen und ihm bei dieser Gelegenheit versprochen, der Scheidung zustimmen zu wollen. Von diesem Entschluss rückte sie im Laufe des Sommers aber wieder ab. Adolf von Groß bat in der Zwischenzeit den Hausarzt der Wagners, Professor Ernst Schweninger, um eine medizinische Einschätzung. »Er hält Daniela für gestört«, ließ von Groß die Chamberlains wissen, »wenn Thode die Scheidung unter dieser Begründung anstrebt, würde er zum Ziele kommen.«[100] Daniela wurde daraufhin in ein Sanatorium eingeliefert – zunächst in die Waldhausklinik in Zehlendorf bei Berlin, später in die Bodelschwinghschen Anstalten in Bethel bei Bielefeld. Der Zustand – in Bethel unverhohlen als »dégénérée« bezeichnet[101] – besserte sich nicht, die schwere Erkrankung machte es ihr unmöglich, das Geschehene zu begreifen. In einem Brief flehte sie Adolf von Groß an, er möge »das Mädchen [Hertha Tegner] dazu bringen, dass sie auf Heinz verzichtet, sie würde dann ein neues Leben mit Heinz aufbauen u.v.m.«[102] In Bayreuth zuckte man ratlos mit den Schultern. Was sollte, was konnte man dazu sagen? Als Daniela mehrere vorwurfsvolle Briefe an Herthas Mutter richtete, riss Henry Thode der Geduldsfaden. Ein letztes Mal bat er Daniela, »endlich dieser Folter ein Ende zu machen und die Klageschrift unverzüglich zu unterschreiben«.[103] Gleichzeitig beauftragte er eine Heidelberger Anwaltssozietät mit der Wahrung seiner Interessen; für Daniela engagierte er den angesehenen Berliner Justizrat Dr. Emil Koffka.

Jenes Hin und Her sowie die besorgten Blicke, sobald die Rede auf Daniela kam, ließen sich vor Cosima Wagner irgendwann nicht mehr verheimlichen. Eva und ihr Mann Houston Stewart Chamberlain weihten die »theure Mama« im November 1913 in die Ehetragödie ein. Und nun geschah etwas Merkwürdiges: Cosima reagierte weder betroffen noch entsetzt oder gar schockiert. Offensichtlich hatte sie dieses Finale lamentoso bereits seit geraumer Zeit erwartet. Sie wusste aus ihrer Zeit mit Hans von Bülow, was es bedeutete, unglücklich verheiratet zu sein. Cosima war in dieser Hinsicht eine erfahrene Frau. Glaubt man Chamberlain, dann stellte sich Frau Wagner auf die Seite ihres Noch-Schwiegersohnes. Sie soll gesagt haben: »Er muss selber zu ihr hin; es ist nicht möglich, dass sie ihm die Unterschrift verweigert. Freilich hängt es davon ab, ob der Arme noch die Kraft hat, denn er müsste unerbittlich und völlig empfindungslos sein.«[104] Zu diesem Treffen kam es allem Anschein nach nicht mehr. Daniela reichte endlich Anfang Dezember die Scheidungsklage beim Landgericht Heidelberg ein. Am 27. Juni 1914 wurde das Eheband durchtrennt.

Wie ging es weiter? Zunächst Henry Thode. Zehn Tage später – am 7. Juli – gaben sich er und Hertha Tegner in Kopenhagen das Ja-Wort. Ihnen blieben noch gut sechs Jahre, die allerdings durch unstetes Reisen und Krankheiten geprägt waren. Im Sommer 1914 brach der Erste Weltkrieg aus. Als Italien ein Jahr später erst Österreich-Ungarn, dann dem Deutschen Reich den Krieg erklärte, mussten die Thodes ihre Villa am Gardasee verlassen. Sie galten nun als »feindliche Ausländer«. Es folgten Stationen in Wien, Bad Homburg und wiederum Wien. Dort diagnostizierten die Ärzte bei Henry im Sommer 1917 ein Zwölffingerdarmgeschwür. Auf die heilende Kraft der Natur hoffend, lehnte er eine Operation ab. Im Juni 1919 übersiedelten die Eheleute zu Herthas Eltern nach Kopenhagen. Das Leiden hatte sich mittlerweile drastisch verschlimmerte. Förmlich in letzter Minute willigte er in eine Operation ein, die am 9. November 1920 im Kopenhagener Reichshospital durchgeführt wurde. Zu spät. Am folgenden Morgen um 2 Uhr früh verstarb Henry Thode an den Folgen der verschleppten Krankheit. Eine Woche später wurde er auf einem kleinen Friedhof der dänischen Hauptstadt beigesetzt. Eine Freundin der Familie erinnert sich: »Da seine Frau wünschte, dass deutsche Erde auf den Sarg ruhen sollte, hatte ich dafür gesorgt, dass ein Postbeamter, der täglich nach Warnemünde kommt, einen Korb mit deutscher Erde mitbringen sollte, u. diese fiel, unter den Segen des Predigers auf Thodes Sarg.«[105]

Zurück in das Jahr 1914. Daniela stand nach der Scheidung von Henry förmlich vor dem Nichts. Wo konnte sie hingehen? Nach Gardone? Ausgeschlossen. Im Zuge des Gerichtsverfahrens war ihr untersagt worden, die Villa Cargnacco noch einmal zu betreten – sie hatte dort gewissermaßen Hausverbot. Aber auch in Bayreuth galt sie als unerwünscht. Die Familie – allen voran das Ehepaar Chamberlain – befürchtete nämlich, dass Danielas Anwesenheit Cosima zu sehr aufregen könne. Einmal mehr ging es nur um die Gesundheit der »hohen Frau«, alles andere war mehr oder weniger unwichtig. Daniela ließ sich schließlich in Jena nieder. Der bekannte Psychiater und Neurologe Otto Binswanger, seit 1882 Direktor der Psychiatrischen Universitätsklinik, betrieb dort für seine wohlbetuchten Patienten ein Privatsanatorium. Hier bezog die frisch geschiedene Frau Thode ein kleines Zimmer. In zahlreichen Gesprächen versuchte der Doktor, die Gründe für Danielas Depressionen zu ermitteln. »Also, verehrte Freundin, versuchen Sie den Aufbau eines neuen Lebens, beginnen Sie mit der schwersten Aufgabe: Frieden zu schliessen!«[106] Das war leichter gesagt als getan. Binswanger wurde bewusst, dass Danielas Probleme in Bayreuth wurzelten, dass es die Befürchtung war, als Kind Hans von Bülows dort nicht dazuzugehören, nicht genügen zu können. Sie benötigte eine Aufgabe, die ihr – fernab des Familienunternehmens – Selbstwertgefühl und Stolz vermitteln würde. Diese Berufung war schnell gefunden. Von Anfang 1915 bis Mai 1920 arbeitete Daniela als Hilfsschwester in der Lazarettabteilung der Nervenklinik. Auf dieser Station muss sie unglaubliches Leid und Elend erlebt haben; insbesondere während der Kriegsjahre wurden nahezu täglich körperlich verstümmelte und seelisch schwer traumatisierte Soldaten eingeliefert.

Daniela Thode arbeitete nach der Scheidung von ihrem Mann Henry als Hilfsschwester in der Lazarettabteilung der Nervenklinik in Jena.

Mit großer Hingabe erledigte Daniela ihre Pflichten. Man gewinnt den Eindruck, dass sie vielleicht zum ersten Mal in ihrem Leben eine »Mission« erfüllte. Als Anerkennung verlieh ihr Großherzog Wilhelm Ernst von Sachsen-Weimar-Eisenach im Mai 1918 das »Ehrenzeichen für Frauenverdienst im Kriege«.

Die gesellschaftlichen Kontakte kamen gleichwohl nicht zu kurz. In Jena verkehrte Daniela in der Villa des Unternehmers Erich Schott (»Jenaer Glas«), wo regelmäßig Hausmusikabende stattfanden. »Sie spielte mit mir hauptsächlich Mozart«, erinnerte sich der Arzt und Violinist Ernst Speer, »den sie dramatisch vortrug: ›wie ihn mein Großvater Liszt spielte‹«. Von Johannes Brahms wollte Daniela immer noch nichts wissen. Ernst Speer: »Voller Wonne setzte sie sich auf einige Brahmsnotenbände, als sie zur Erhöhung ihres Klavierstuhles etwas als Unterlage brauchte!«[107]

Das Verhältnis zur Familie blieb indes ambivalent. Anfang Mai 1916 reiste Daniela nach Bayreuth. »Daniela ist seit dem 3ten in Wahnfried u. kann ich wirklich melden, dass ich sie bedeutend normaler, ruhiger, selbstbeherrschter finde als wie ich sie vor nun bald 2 Jahren zuletzt sah«, so Eva Chamberlain. »Der Blick ist auch nicht mehr so beängstigend unstät. So wie sie jetzt ist, kann man sie getrost ab u. zu bei Mama lassen, welcher sie eine angenehme, nicht mehr aufregende Gegenwart ist; sie hat etwas viel Weicheres bekommen u. geht ganz in ihrem edlen Lazarett-Amt auf.«[108] Jene heimatliche Stippvisite tat ihr allerdings nicht gut. Wieder in Jena, erlitt sie einen bösen Rückfall. Eva: »Von Daniela hörten wir inzwischen wieder nichts Gutes; sie ist in ihre seelische Depression ganz zurückgefallen, apathisch, grüblerisch, kurz der ganze besorgniserregende Zustand von vor einem Jahr ist abermals da.«[109]

Der Auslöser dieser neuerlichen Erkrankung stand offensichtlich in einem engen Zusammenhang mit Evas Mann Houston Stewart Chamberlain. Otto Binswanger war sich darüber im Klaren, dass Chamberlain eine wichtige Rolle in der Gefühlswelt seiner Patientin spielte. Um es auf einen einfachen Nenner zu bringen: Daniela verachtete ihren Schwager. Daher hatte der Professor bereits im Vorjahr das Gespräch mit ihm gesucht. Chamberlain ging damals mit einer verführerisch einfachen Erklärung in die Offensive: »So wahnbethört auch alles Übrige ist, was sie sich in ihrer Phantasie aufgebaut hat, um ihren Hass zu begründen und ihm Nahrung zuzuführen, so verstehe ich es doch vollkommen, dass meine blosse Gegenwart im Innersten der Wahnfrieder Familie ihr schier unerträglich sein muss. Mochte ich noch so zurückgezogen, den ganzen Tag über in meinem eigenen Häuschen meinen Arbeiten hingegeben leben, ich war doch immer da, sie dagegen und ihr Gatte nur wenige Wochen im Jahre. Nichts natürlicher als dass ich da nach und nach zu einer Art Lucifer auswuchs.«[110] Das war – typisch Chamberlain! – eine geniale Vereinfachung. Selbstredend erwähnte er mit keinem Wort, welche verhängnisvolle Rolle er innerhalb der so genannten »Beidler-Affäre« gespielt hat. Denn so tragisch die Ehe von Daniela und Henry Thode auch endete – zur gleichen Zeit spielte sich in Bayreuth eine noch viel größere Tragödie mit Houston Stewart Chamberlain als einem der Hauptdarsteller ab. Daniela hatte gute Gründe, ihren Schwager zu verabscheuen.

DIE RIVALEN

Landgericht Bayreuth, 19. Juni 1914: »Die Klage wird abgewiesen. Die Klägerin hat die Kosten des Rechtsstreits zu tragen.« Es waren zwei kurze Sätze, die ein bizarres Gerichtsverfahren beendeten. Isolde Beidler, Richard und Cosima Wagners erste Tochter, hatte ihre eigene Mutter verklagt. Der Zwist schlug europaweit hohe Wellen: Von London bis Königsberg und von Stockholm bis Rom berichteten Zeitungen über den Bayreuther Sensationsprozess. Die Sympathien lagen dabei eindeutig auf Isoldes Seite: Die Villa Wahnfried glich »Fafners Neidhöhle«, und die Wagners erschienen als reichlich unsympathische Bande, die ein Mitglied – nämlich Isolde – kurzerhand loswerden wollte Das Wort vom »Vaterraub« geisterte durch die Blätter. Juristisch drehte sich alles um die Frage, ob »Isolde Beidler die eheliche Tochter der Beklagten aus ihrer zweiten Ehe mit Richard Wagner ist«.[1] Doch das war nur eine Seite der Medaille. In Wirklichkeit ging es um Geld, sehr viel Geld, um die Vorherrschaft auf dem Grünen Hügel – letztlich um Cosima Wagners Erbe.

Das von Landgerichtsdirektor Foeckersperger verkündete Urteil verbreitete sich in Windeseile – auch nach Berlin-Grunewald, wo der Journalist Maximilian Harden eine neue Ausgabe seiner Zeitschrift »Die Zukunft« vorbereitete. Am 27. Juni 1914 – acht Tage nach dem Bayreuther Richterspruch – veröffentlichte Harden einen langen Artikel mit der mysteriösen Überschrift »Tutte le Corde«. Der Autor nahm das Beidler-Verfahren zum Anlass, um mit Bayreuths »wahnfriedlichen, weihfestlichen Edelmenschen«[2] abzurechnen. Hardens Beitrag kam einer öffentlichen Hinrichtung gleich. Mit Blick auf Isoldes Schicksal erkannte Harden sogar »Dynastenwahn«: »Wir bestimmen«, fasste er Cosima und Siegfried Wagners Kalkül zusammen, »wer zu uns gehört, wen wir, wie faulendes Gezweig, vom Stamm unserer Hausmacht lösen. Gottähnlich sind wir; ohne Schranke frei zu

Strafe, zu Lohn.«[3] Doch damit nicht genug. »Siegfriedchen«, wie er den Festspielleiter verhöhnte, sei ein »Heiland aus andersfarbiger Kiste«, »der auch nicht wünschen kann, dem Auge allzu sichtbar zu sein«.[4] Die Leser verstanden sofort, was mit diesen verschrobenen Anspielungen gemeint war: Siegfried Wagners Homosexualität. Hardens Attacke löste in Wahnfried blankes Entsetzen aus – lief aber am Ende ins Leere. Doch der Reihe nach.

Im Abseits: Isolde und Franz Beidler

Mein künftiger Schwiegersohn ist ein junger, tüchtiger Musiker«, schwärmte Cosima Wagner im November 1900 gegenüber Gustav Mahler, »der sich seit etlichen Jahren bei uns schon bewährt hat und in welchem ich hoffe eine tüchtige Stütze zu finden.«[5] Der so gelobte hieß Franz Philipp Beidler und wurde am 29. März 1872 im Städtchen Kaiserstuhl im Kanton Aargau geboren. Er besuchte das Gymnasium in St. Gallen und anschließend neun Monate die Musikschule in Weimar. Im Oktober 1890 wechselte er für vier Jahre an das Konservatorium in Leipzig. Aus dieser Zeit sind zwei Zeugnisse überliefert, die Beidlers Charakter zu spiegeln scheinen. Der junge Studiosus besuchte nur Lehrveranstaltungen, die ihn interessierten, soll heißen: er machte nur das, wozu er Lust hatte. Während der Klavierprofessor Bruno Zwintscher ihn als seinen »besten Schüler« lobte – Beidler spielte in der Abschlussprüfung Franz Liszts kolossales Klavierkonzert in Es-Dur –, beklagte sich der Theorielehrer Salomon Jadassohn: »hat im ersten Semester den Anfang zu Theoriestudien in meinen Klassen gemacht, ist aber trotz wiederholter Ermahnung seit etwa 1 ½ Jahren nicht mehr zur Stunde gekommen.«[6] Nonkonformismus und Selbstüberschätzung lagen bei Franz Beidler nah beieinander. Als er im Herbst 1894 mit zweiundzwanzig Jahren als Lehrer an die Bayreuther »Stilbildungsschule« berufen wurde, trat er in den Dunstkreis der Familie Wagner. Frau Cosima wurde auf den begabten jungen Mann aufmerksam und engagierte ihn ab 1896 als musikalischen Assistenten der Festspiele. In jener Zeit begegnete er seiner späteren Frau Isolde. Über die Anfänge dieser Beziehung wis-

Franz Beidler am Flügel in der Villa Wahnfried. Er hatte in Leipzig Klavier studiert und war offensichtlich ein hervorragender Pianist.

sen wir nur sehr wenig – es darf jedoch angenommen werden, dass sich Cosima Wagner von der Wahl ihrer Tochter zunächst nicht begeistert zeigte. Die Festspielleiterin zog es nämlich vor, ihre Mädchen gewinnbringend zu verheiraten. Sie wünschte sich für Isolde eine gute Partie: einen Mann aus ersten gesellschaftlichen Kreisen – am besten aristokratischer Herkunft –, dessen glänzende Karriere dem Hause Wagner Ruhm und Ehre einzubringen versprach. Der Dirigent Felix Mottl wäre ein geeigneter Kandidat gewesen, doch war dieser bereits an die Sängerin Henriette Standthartner vergeben.

Franz Beidlers Zukunft erschien noch ungewiss. Zwar war er talentiert und mit Wagners Werk gut vertraut, er galt aber auch als unzuverlässig und zur Überheblichkeit neigend. So verweigerte er der »Herrin« beispielsweise den obligatorischen Handkuss, was als ungehörig empfunden wurde. Mangelnde Unterwürfigkeit war in Bayreuth von jeher ein Manko. Auch der familiäre Hintergrund konnte Frau Wagner kaum beeindrucken, verdienten doch die Eltern Franz und Henriette ihr Brot als Lithographen. Cosima wusste aber auch, dass es gar keinen Sinn hatte, Isolde die Liebelei mit Franz auszureden. Sie galt nicht nur als die hübscheste der vier Töchter, sie gab sich auch ausgesprochen selbstbewusst, um nicht zu sagen: hochnäsig. Isolde war Richard und Cosima Wagners erstes gemeinsames Kind. Und da die älteren Töchter Daniela und Blandine immer Erinnerungen an Hans von Bülow wachriefen, avancierte Isolde zum ersten »richtigen« Sprössling – zur Lieblingstochter. Cosima behandelte ihre »Loldi«, wie sie zärtlich gerufen wurde, ausgesprochen nachsichtig. Das ging so weit, dass Isolde sich Frechheiten leisten konnte, die Cosima sonst nie geduldet hätte. Friedelind Wagner: »Während Daniela und Eva ihre Mutter respektvoll verehrten, ja, sie fürchteten und sich bemühten, Musterbilder von korrektem Benehmen zu sein, kümmerte sich Isolde wenig um Cosimas zeremonielle Haltung und behandelte sie mit nachlässiger Zuneigung. ›Aber, Mama, das ist ja Unsinn, was Du sagst‹, hatte sie oft erklärt, und ihre Mutter hatte dazu begeistert gelächelt.«[7]

Isoldes Überheblichkeit, eine »echte Wagner« zu sein, und die unterdrückten Gefühle hinsichtlich der Bülow-Kinder gingen eine ungute Verbindung ein. Mit dem Virus der Dünkelhaftigkeit wurde Isolde schon früh infiziert. Und diese ebenso attraktive, lebensfrohe wie eingebildete Demoiselle traf nun auf Franz Beidler, dem es insbesondere an einem nicht mangelte – an Selbstbewusstsein. Schnell hatten sie sich ineinander verliebt. Die Probleme waren also vorprogrammiert, mag man denken, doch zunächst begann alles wie im Märchen.

Die Trauung von Franz und Isolde fand am 20. Dezember 1900 in der Bayreuther Stadtkirche statt. Die Vermählung einer Tochter Richard Wagners war – wie sollte es anders sein – ein gesellschaftliches Großereignis. Das Gotteshaus war eng besetzt, ein Chor sang feierliche Werke von Bach und Beethoven. Bei der anschließenden Fahrt durch die Stadt zeigten sich die Brautleute dem Volk, Isolde habe »die dichte Volksmenge aus dem Wagen huldreich links und rechts gegrüßt«. Zum Mittagessen in der Villa Wahnfried versammelten sich fünfundzwanzig Gäste. Alle waren voll des Lobes. Der Stadtpfarrer und der Bürgermeister sprachen »mit Eindruck von unserem Hause«, wie Cosima zufrieden feststellte, und Henry Thode und Siegfried Wagner toasteten auf das Brautpaar. Wahnfrieds Hausbarde Hans von Wolzogen rezitierte daraufhin eines seiner salbungsvollen Gedichte – mit einer Stimme, »als ob ein Gralsritter von Monsalvat uns etwas verkündete«.[8] Bereits einen Tag später bezogen die Beidlers im benachbarten Colmdorf (seit 1939 ein Stadtteil Bayreuths) ein Herrenhaus aus der Mitte des 17. Jahrhunderts. Der Umzug in das so genannte »Colmdorfer Schlösschen« geschah mit Wahnfrieds Geld, was nicht weiter verwundert. Cosimas Kinder lebten von jeher dank üppiger Apanagen auf großem Fuß, insofern erschien es normal, dass Geheimrat von Groß vorerst alle Rechnungen stillschweigend beglich. Frau Wagner war aber auch davon überzeugt, dass Franz sich nun im Festspielunternehmen tatkräftig engagieren müsse.

»Da dem Manne die Führung des Hauses zukommt«, eröffnete sie ihrem Schwiegersohn, »wirst Du monatlich bei Adolf von Gross 800 Mark erheben. Loldis Rente u. Dein Gehalt vereinigt.« Und weiter: »Du wirst Deinerseits Deine Einkünfte durch Unterricht fürs Erste u. später durch eine Anstellung mehren. […] Unter ehrenvoll verstehe ich Arbeit jedwede sie sei, denn die Ehre kommt uns nicht von aussen, und so freue ich mich schon, dass Du die Chöre zu der Missa Solemnis einzustudieren bekommst, u. dass sich Deine Schüler melden.«[9] Der gebieterische Ton des Schreibens lässt vermuten, dass es ihr mit diesen Anordnungen sehr ernst war. Dabei dachte sie nicht in erster Linie an die sprichwörtlichen Lehrjahre, die keine Herrenjahre sind. Ihr ging es vielmehr um das dynastische Prinzip – jenen Glaubenssatz, den sie nach Siegfrieds Geburt ausgegeben hatte, dass nämlich ihr geliebter »Fidi« einmal die Festspielleitung übernehmen würde, dass er der natürliche Thronfolger sei. Alle anderen mussten sich ins Glied einreihen, was in Cosimas Augen keine Abwertung darstellte. Siegfried Wagner zuzuarbeiten, ihm den Rücken freizuhalten, erschien ihr wohl als höchst ehrenvolle Aufgabe. Sie sei glücklich, schrieb Cosima geradezu beschwörend an Isolde, »dass nun auch Franz zu den Vertretern unserer Sache gehört, Fidi zur Seite stehen wird, eine Bestimmung hat, u. das unermessliche Glück, einer Sache zu dienen u. in ihr aufzugehen.«[10] An anderer Stelle bezeichnete sie es gar als »eine Fügung, dass nebst Fidi aus unserem Hause wieder Einer unserer Sache dient!«[11] »Einer« – das war Franz Beidler, dem diese

Aussichten ganz und gar nicht gefielen. Doch bevor der erste große Streit das Miteinander trübte, erblickte am 16. Oktober 1901 Richard Wagners erster Enkel Franz Wilhelm das Licht der Welt.

Die Freude über Isoldes glückliche Niederkunft war verständlicherweise groß. »Sie war unendlich rührend«, vermeldete Cosima einer Freundin: »Und ich glaube man kann sich keine schönere, liebevollere Mutter denken! Sie will sich von dem Kind gar nicht trennen, nährt es selbst u. sagte, sie könne das Wohlgefühl nicht schildern wie das Kind ihre Brust gefasst hätte.«[12] Dann begann der Ärger.

Franz sei faul und unverschämt, beschwerte sich Julius Kniese, Franz' direkter Vorgesetzter, bei Cosima, die ihrem Schwiegersohn daraufhin energisch ins Gewissen redete. Zu allem Unglück meldete sich nun Franz' Mutter zu Wort, die ihrerseits Cosima schwere Vorwürfe hinsichtlich Isolde machte. Cosimas Antwortschreiben an Henriette Beidler ist ein Meisterwerk der kühlen Diplomatie. »Mann und Frau sind Eines«, stellte Cosima gut wagnerisch klar: »Niemand, auch die Mutter nicht, darf zwischen sie treten. Wenn Sie sagen: eine Frau die ihren Mann wirklich liebt, nimmt auf den Wunsch ihres Gatten gebührende Rücksicht, hätte ich zu erwidern: Ein Mann der seine Frau wirklich liebt, nimmt auf den Wunsch seiner Gattin gebührende Rücksicht, zumal wenn diese Gattin ihm eben unter Schmerzen einen Sohn geboren.« Und schließlich: »Sie sehen, sehr geehrte Frau, dass man aus der Ferne Dinge u. Menschen, die man nicht kennt, nicht beurtheilen kann. Ich kenne u. liebe Ihren Sohn, Sie aber kennen (leider!) meine Tochter und unser Haus nicht!«[13] Chapeau!

Als Franz im Frühjahr 1902 das Angebot erhielt, in St. Petersburg und Moskau Gastspiele mit Wagner-Opern zu dirigieren, war Cosima ausgesprochen stolz auf ihren Schwiegersohn. Zum ersten Mal erklang die *Walküre* in russischer Sprache. Beidler gab sogar eine Festvorstellung in Gegenwart von Zar Nikolaus II. Doch die Freude währte nicht lange. Im Sommer sollte er wieder in Bayreuth assistieren, wozu er allerdings keine Lust hatte. Franz zog es vor, eine Kur anzutreten – und zwar ohne Cosima zu informieren. »Franz ist hier angestellter musikalischer Assistent«, schrieb sie daraufhin empört an Isolde. »Als solcher hat er das zu thun, was Siegfried u. ich ihm sagen u. von Kniese

Die vermeintlichen Störenfriede Isolde und Franz Beidler mit dem im Oktober 1901 geborenen Sohn Franz Wilhelm, Richard Wagners erstem Enkel.

sich die Arbeit, wie die übrigen Assistenten, vertheilen zu lassen.« Und weiter: »Alles ist ihm zu Kopfe gestiegen (im Guten wie im Üblen), er kennt sich nicht mehr aus. […] Ich bin bis zum Äussersten gegangen in der Freiheit die ich ihm gab; aber Fortlaufen, ohne selbst es für der Mühe werth zu erachten mir ein Wort zu sagen, das – – – geht nicht.«[14]

Die nächsten vier Jahre vergingen in einem ständigen Auf und Ab. Franz Beidler leitete weitere Aufführungen in Russland, die sein Selbstbewusstsein gewissermaßen explodieren ließen. Als Ende April 1905 Chordirektor Julius Kniese unerwartet starb, bat Cosima ihren Schwiegersohn, dieses wichtige Amt zu übernehmen. Franz lehnte ab, die Aufgabe erschien ihm wohl als subaltern, als seiner unwürdig. Cosima ließ sich zwar nichts anmerken, gleichwohl war sie tief gekränkt. Nichtsdestominder bot sie ihm für die Festspiele des Jahres 1906 die

Leitung von zwei *Parsifal*-Aufführungen an. Und wiederum hörte die Chefin aus Colmdorf kein Wort des Dankes. »Wir erwarten uns keinen Dank«, schrieb sie daraufhin pikiert an Franz und Isolde, »weil diese Erwartung uns die Freude an unserer Empfindung schmälern würde. Wir wünschen aber für Euch, wie für uns die liebevolle u. glaubensstarke Erkenntnis unserer Herzlichkeit.«[15] Undankbarkeit war es, die Cosima den Beidlers indirekt vorhielt. Ihr Angebot stellte in der Tat eine Auszeichnung dar, denn Franz' Mitwirkung war im Grunde gar nicht notwendig. Mit den vier ständigen Dirigenten Hans Richter, Felix Mottl, Karl Muck und Siegfried Wagner konnte sie alle Aufführungen problemlos bedienen. Wenn sie in der Saison 1906 dennoch zwei *Parsifal*-Aufführungen an Franz Beidler sowie ein *Parsifal*- und zwei *Tristan*-Dirigate an Michael Balling vergab, waren dies deutliche Vertrauensbeweise.

Die familiären Fronten verhärteten sich, zumal Isolde im Verlauf der vielen kleineren und größeren Duelle die Position ihres Mannes einnahm – selbst dann, wenn sie hätte vermitteln können und wohl auch müssen. Von der Genialität ihres Franz überzeugt, warf sie allen, die jenes Urteil nicht ohne weiteres teilen wollten, Neid und Niedertracht vor. Franz sei weltbekannt, ereiferte sie sich in einem Brief an ihre Mutter, es sei geradezu lächerlich, ihn nur zweimal dirigieren zu lassen. Überhaupt: Mottl sei ein »Schuft«, Balling ein »Streber«, Siegfried könne Franz nicht leiden – und so weiter. Cosimas Antwort an ihr »armes Kind« kam postwendend: »Ich glaube Franz eine grosse Auszeichnung, ja, eine sehr Grosse, zu verleihen, indem ich ihm zwei Aufführungen von Parsifal anvertraue. Und ich muss es von meinem Kinde erfahren, dass diese undankbar aufgenommen wird!« Um dem Vorwurf der »Familien-Protection« zu entgehen, so Cosima, könne sie Franz nicht mehr als zwei Nachmittage zusichern. »Kannst Du meine Bestimmungen nicht verstehen, so wollen wir uns scheiden. Denn die Unwürdigkeit Deines Verhaltens bei den letzten Festspielen u. die Unwürdigkeit unserer jetzigen Auseinandersetzung ertrage ich vor Allem für Dich nicht. Gewiss hat mein Gott viel, übermässig viel zu verzeihen, aber in Eurem Betreff habe ich, sowohl nach dem, was ich gethan, wie nach dem was ich ertragen das reinste Gewissen.« Und weiter: »Doch Du bist nicht bei Besinnung u. das entschuldigt Dich, selbst

Die Wagners um 1905, von links: Maria Gravina, Daniela, Blandine, Franz Wilhelm Beidler, Siegfried, Henry Thode, Isolde, Eva, Cosima und Manfredi Gravina.

dafür, dass Du Deine Mutter auf die Anklagebank stellst. Du wirst aber zur Besinnung kommen, Dein Unrecht bereuen u. mich bitten Deine unverständigen Zeilen als zu den Kindereien gehörend, wie wir sie unserem ganzen Personal nachsehen, zu vernichten.«[16] »Wir« – das waren die »Bayreuther« Cosima, Siegfried und Eva – gegen die »Colmdorfer«. Zweifellos: Franz und Isolde Beidler befanden sich auf dem Weg ins familiäre Abseits. Doch das Schlimmste – der Sommer 1906 – stand noch bevor.

Am Vormittag des 8. August 1906 überraschte Franz seine Schwiegermutter mit der Erklärung, dass er am Nachmittag nicht dirigieren werde – es sei denn, er erhalte einen dritten Auftritt zugesichert. Cosima dachte natürlich nicht im Traum daran, sich auf diese Erpressung einzulassen. Bis dreißig Minuten vor Aufführungsbeginn – der Vorhang hebt sich immer um 16 Uhr – wusste sie nicht, wer an jenem Mittwoch den *Parsifal* dirigieren würde. Schließlich übernahm Michael Balling die Leitung, ohne je einer Probe dieser Oper vorgestanden zu haben. Die Festspielleiterin reagierte außergewöhnlich hart: Sie würde Isolde raten, schrieb sie ihrem Schwiegersohn, »sich von Dir zu trennen, da sie in eine Sphäre herabgezogen wird, die ihre große Natur zugrunde richten muß«. Und überhaupt sei es für einen Mann ehrlos, »vom Gelde seiner Frau zu leben und nichts zu tun und Schulden sich zahlen zu lassen von Menschen, gegen welche man sich benimmt wie Du gegen uns«. Cosima verlangte von ihm eine seelische Erneuerung: »Bis zu dieser Wiedergeburt, die sich in Taten kundgeben muß, sind wir geschieden.«[17]

Das waren deutliche Worte. Was die Festspielleiterin so verärgerte, waren gar nicht so sehr die Kalamitäten, die Beidlers Absage ihr beschert hatten. In Cosimas empörten Zeilen fand vielmehr eine tief empfundene Verletzung Ausdruck. Hatte sie nicht Franz wie einen Sohn aufgenommen und alles für ihn getan? Dass dieser sie nun erpresste, musste die 68-Jährige mit Bitterkeit erfüllen. Darüber hinaus hatte er gegen das verstoßen, was Cosima als »Bayreuther Gesinnung« ausgab: die bedingungslose Verpflichtung zum selbstlosen Dienst an Wagners Werk. »Subordination« lautet ein heute aus der Mode gekommener Begriff und bedeutet so viel wie: Einordnung in eine Hierarchie. Das war Franz' Sache nicht. Mittlerweile hatte auch die Presse von den Vorgängen rund um den Festspielhügel erfahren. »Ich glaube, daß Du Recht hast u. daß man sich auf unermessliche Folgen gefaßt machen kann«, schrieb Cosima Mitte November an ihren Finanzverwalter. »Sei so gut, mein einziger Adolf, wenn es Dich nicht aufregt, sage mir, was Du Dir für einen Plan für die Behandlung der Situation gemacht hast.«[18] Doch bevor Adolf von Groß eine Lösungsstrategie entwickeln konnte, spitzte sich die Lage weiter zu.

Ernst Erbprinz zu Hohenlohe-Langenburg sowie dessen Gattin Alexandra hatten Cosima eingeladen, einige Wochen auf ihrem feudalen Familienanwesen in der Nähe Schwäbisch Halls zu verbringen. Dort erlitt sie am 8. Dezember 1906 einen totalen körperlichen Zusammenbruch. Eva eilte sofort zu ihrer Mutter und »fand sie – für das was sie gestern durchmachte – erstaunlich munter, sie begrüsste mich lachend, scherzte über die ›dumme Einspritzung‹ in ihrem Arm, frug nach Allen, erzählte von den schönen hier verlebten Tagen u. frug nur, was denn eigentlich gestern gewesen sei, sie wisse garnichts von dem Tag.«[19] Dennoch: der Zustand der Patientin war lebensbedrohlich, immer wieder verlor sie das Bewusstsein. Nach allem, was wir wissen, erlitt Cosima Wagner damals einen so genannten »Adams-Stokes-Anfall« – einen Zustand kurzer Bewusstlosigkeit, der durch eine kollapsartig eintretende Pulsverlangsamung hervorgerufen wird. Diese Attacken konnten jederzeit erneut auftreten, Heilung gab es nicht. Cosima hatte die Grenzen ihrer Leistungsfähigkeit erreicht, so die Bilanz Ende 1906, sie musste in Zukunft kürzer treten und sich schonen, an eine Fortsetzung ihrer Tätigkeit als Festspielleiterin war nicht mehr zu denken. Die »Bayreuther« Eva und Siegfried waren davon überzeugt, dass die ständigen Streitereien mit den »Colmdorfern« Isolde und Franz den Zusammenbruch der Mutter verursacht hätten. Medizinisch ist diese Vermutung kaum haltbar, Adams-Stokes-Anfälle sind die Folge einer organischen Erkrankung des Herzens. Dennoch: Franz müsse weg, so die einhellige Meinung in der Villa Wahnfried. Adolf von Groß setzte alle Hebel in Bewegung, um ihm eine Kapellmeisterstelle außerhalb Bayreuths zu verschaffen. Mit Erfolg. Franz willigte ein, Hans Richter in Manchester zu assistieren. Die Wogen schienen vorerst geglättet, doch dann schrieb Cosima einen Brief, der die nächste Eskalationsstufe markierte. Zunächst bat sie Isolde, »unbefangen-freundlich wieder zu uns zu kommen«, stellte aber wenige Zeilen später fest: »Das Vergehen Deines Mannes an unserer Sache u. unserem heiligsten Hort, war eine Prüfung für uns Alle. Ich betrachte es als ein Schicksalsspruch. Es raubte mir die Gesundheit, mit ihr mein Glück: die stille Thätigkeit an unserem Werk.« Franz habe »kein Wort der Reue« gefunden, klagte sie, die von ihr geforderte »Wiedergeburt« sei noch nicht erfolgt. »Ist diese erlangt«, fährt sie fort, »dann findet sich auch die Möglichkeit eines Familien-Umganges wieder, welcher meines Bedenkens abseits der von euch selbst preisgegebenen und nunmehr unmöglich gewordenen Betheiligung an den Festspielen sehr wohl und freundlich stattfinden kann.«[20]

Die Formulierung vom freundlichen Familienumgang musste auf eine stolze Frau wie Isolde wie Hohn wirken. Indem Cosima ihr einerseits die mütterliche Hand reichte, andererseits aber auch klarstellte, dass die Aussöhnung mit Franz nicht »total« sein könne, dass er von der künstlerischen Mitwirkung auf dem Grünen Hügel für immer ausgeschlossen sein würde, zwang sie ihre Tochter zur Entscheidung. Das war verhängnisvoll und versprach für die Zukunft nichts Gutes.

Entsprechende Befürchtungen hegte auch Daniela Thode, die den Familienzwist bislang aus dem fernen Heidelberg verfolgt hatte. »Ach, wie gerne würde ich dich sprechen«, schrieb sie Ende Oktober 1908 an Adolf von Groß, »mir ist um Vieles bang ums Herz – das letzte Gespräch mit Loldi (Eva weiss nichts davon) hat so seltsame Dinge zu Tag gefördert, dass wir nur mit Sorge an das Künftige denken können.«[21] Der Klammerzusatz »Eva weiss nichts davon« – im Original zusätzlich unterstrichen – macht deutlich, dass Daniela ihrer Halbschwester misstraute. Nicht zu Unrecht, wie die Zukunft zeigen sollte.

Die Einflüsterer:
Eva und Houston Stewart Chamberlain

Dass mir nun täglich die Himmelswonne zutheil wird zu sehen, wie innig Mama diese Wendung in meinem Schicksal als hohe Fügung empfindet, oh Mary, wie könnte ich darüber sprechen, ohne in Andacht die Hände zu falten u. Gott für solche Gnade zu danken.«[22] Was Eva Wagner hier in höchste Höhen hob, war in der Tat ein kleines Wunder. Sie hatte sich nämlich entschlossen, den Bund fürs Leben zu schließen. Damit hatte eigentlich niemand mehr gerechnet, stand Eva doch seit dem Tod ihres Vaters 1883 ganz im Dienst der Mutter, um nicht zu sagen: in deren Schatten. Wann immer Cosima Bayreuth verließ – Eva war an ihrer Seite. Aber auch daheim fungierte sie als Sekretärin, Assistentin, Vorleserin und Krankenpflegerin in einer Person. Ein Privatleben hat sie nicht zuletzt aufgrund dieser Verpflichtungen kaum gekannt. Fräulein Wagner entwickelte sich zum Mauerblümchen. »Tochter Evchen ist noch hübsch«, lästerte der Zeitzeuge Philipp zu Eulenburg, »muß aber bald heiraten. Ich fürchte nur, daß der gewünschte Fürst oder Prinz nicht kommt. Evchen ist in der schlimmen Lage, als Tochter der ›klügsten Frau‹ und des ›größten Mannes‹ geistige Erbteile zu empfinden, die nicht vorhanden sind.«[23] Ob Eva sich in all den Jahren einmal einer Liebelei hingab? Im Sommer 1886 schwärmte sie für den jungen Dirigenten Felix Weingartner. »Nachmittags kommt zum Kaffee Herr Weingartner«, schrieb sie da-

*Eva Wagner, um 1895.
Sie war die ständige
Begleiterin ihrer Mutter
Cosima Wagner.
»Tochter Evchen ist
noch hübsch, muß
aber bald heiraten.«
(Philipp zu Eulenburg)*

mals an Blandine Gravina, »den wir alle wirklich sehr lieb gewonnen haben. Er ist sehr cultiviert dabei unendlich bescheiden u. liebenswürdig.«[24] Doch der 23-Jährige machte sich in Wahnfried unbeliebt und verschwand ebenso plötzlich, wie er aufgetaucht war.

Cosima unternahm in den nachfolgenden Jahren einige Versuche, ihre Tochter standesgemäß unter die Haube zu bringen. So hätte sie es gerne gesehen, wenn Eva und Richard Strauss ein Paar geworden wären. Doch Strauss war nicht interessiert, schlug sein Herz doch für seine lebenslange Liebe Pauline de Ahna, die er 1894 heiratete. Im Februar 1908 feierte Eva ihren 41. Geburtstag und war immer noch ledig, was damals für Damen der feinen Gesellschaft ein Manko darstellte. Doch jetzt – wenige Monate später – betrat ein Mann die Bayreuther Bühne, der das wahnfriedliche Machtgefüge gehörig durcheinanderbringen sollte – und zwar mit schlimmen Folgen.

Houston Stewart Chamberlain zählte 53 Jahre, als er im August 1908 die Wagner-Stadt erreichte. Dort war er kein Unbekannter, hatte er doch seit 1882 regelmäßig die Festspiele besucht. Chamberlain, Sohn eines angesehenen englischen Admirals und einer Französin, wuchs nach dem frühen Tod der Mutter in Versailles auf. Als gebürtiger Brite in Frankreich und als sozialisierter Franzose in England – während der ersten Jahrzehnte seines Lebens sprach er meist Französisch – fühlte er sich überall fremd. In Genf studierte er Naturwissenschaften, nach einem Nervenzusammenbruch beendete er allerdings die Universitätskarriere und zog sich als Privatgelehrter nach Dresden zurück. Das Jahr 1882 brachte gewissermaßen die Wende, und die Uraufführung des *Parsifal* wurde Chamberlains persönliche Heilsoffenbarung. In Bayreuth fühlte er sich befreit, dort waren seine Ängste und Komplexe wie weggewischt. In Richard Wagner erblickte er fortan den Stifter einer neuen Religion, und Wagners Schaffen wurde ihm zur Weltanschauung. Bemerkenswert ist die hohe Anziehungskraft, die Bayreuth auf Sonderlinge wie Chamberlain ausübte. Die nicht eindeutige Herkunft und das Gefühl des Fremdseins in der ohnehin schwer zu bestimmenden Heimat ließen offensichtlich Fremdheitskomplexe entstehen, die durch einen chauvinistischen und nicht selten aggressiven Wagner-Kult kompensiert werden konnten. Mitte 1889 übersiedelten Chamberlain und seine Frau Anna – das Paar hatte im Mai 1878 geheiratet – nach Wien. Dort wollte Chamberlain innerhalb eines Jahres seine in Genf begonnene Doktorarbeit über den Wurzeldruck bei Pflanzen beenden. Es vergingen allerdings acht Jahre, bis er diese Studie im Frühjahr 1897 unter dem Titel »Récherches sur la sève ascendante« veröffentlichen konnte. Obwohl er sich zeitlebens als Naturwissenschaftler begriff, lehnte er es nun ab, seine Abhandlung an der Universität Genf als Doktorarbeit einzureichen. Er hatte mittlerweile seine wahre Bestimmung gefunden.

Im März 1885 veröffentlichte Chamberlain in der von ihm mitbegründeten Pariser »Revue Wagnérienne« seinen ersten Artikel über Richard Wagner und dessen Werk – vierzig weitere sollten in den nächsten zehn Jahren folgen. So machte er Cosima Wagner, der er im Juni 1888 erstmals gegenüberstand, auf sich aufmerksam. Bis heute kursieren Legenden, wonach Chamberlain mehr als der jugendliche Verehrer der »Meisterin« gewesen sein soll. Sie seien zeitweilig ein Liebespaar gewesen, so die wabernden Gerüchte. Hinweise oder gar Belege für diese Annahme gibt es freilich nicht. Richtig ist aber, dass Houston Stewart Chamberlain und Cosima Wagner eine tiefe Verehrung füreinander empfanden. 1895 publizierte er mit Cosimas ausdrücklicher Zustimmung eine »illustrierte Wagner-Biographie«, die in den Jahren danach in zahlreichen Neuausgaben auf den Markt kam. Dieses erste große Buch ist charakteristisch für Chamberlains Arbeitsweise. Gefühlsbetont, angreifbar und nicht selten im Widerspruch zu den Fakten war es im Grunde das Werk eines sprachbegabten Amateurs. Der Autor benutzte eine Maske, die er im Laufe der Zeit immer weiter perfektionierte. Hermann Graf Keyserling, ein Freund aus Chamberlains Wiener Zeit, erinnerte sich: »Chamberlain lebte buchstäblich von Sprüchen, welche ihm Glaubensartikel waren; genau in dem Sinne zitierte er dort, wo jeder andere persönlich untersucht und verstandesgemäß geschlossen und bewiesen hätte. Zur genauen Analyse und zur scharfen Diskriminierung fehlte ihm die erforderliche Begabung in erstaunlichem Grad.«[25] Überhaupt habe er – so Keyserling – nur sehr wenige eigene Einfälle gehabt. »Doch wenn er morgens auf der Leiter in seiner Bibliothek herumstieg und in seinen Büchern blätterte, ›fielen‹ ihm immer die Zitate ›ein‹, mit denen er später dann hauptsächlich operierte.«[26] So zimmerte er sich seine eigene geschlossene Weltanschauung, die es den Menschen zum Heil aufzudrängen galt. Keyserling: »Er war hochfahrend stolz, aber doch wiederum nicht auf seine Person, so daß viele ihn sogar als bescheiden mißverstanden haben: er war hochmütig wie ein die Wahrheit besitzender und betreuender Kirchenvater.«[27]

Chamberlains manierierte Texte fanden weite Verbreitung, da sie der Eitelkeit ihrer Leser huldigten. Das war clever, erweckten sie doch den Eindruck der Gelehrtheit, ohne durch Faktenhuberei zu langweilen. Raffinierte Küchenpsychologie ging einher mit glanzvollen Literaturzitaten, naturwissenschaftlichen Halbwahrheiten und einer gehörigen Portion Pseudophilosophie. Der Durchschnittsleser sollte das schmeichelhafte Gefühl haben, für klüger gehalten zu werden, als er sich selbst einschätzte. Dabei benutzte Chamberlain die Geschichte sowie die Literatur als Steinbruch, um durch weit hergeholte Vergleiche, die eigene Position eindrucksvoll zu untermauern. Dies galt auch insbesondere für sein nächstes – 1899 veröffentlichtes – Werk: *Die Grundlagen des 19. Jahrhunderts*. Dieses dickleibige Buch machte Chamberlain berühmt, er avancierte zum Protagonisten einer angeblich »wissenschaftlichen« Rassenlehre. Sein pedantisch betonter Anspruch auf Wissenschaftlichkeit war absurd, insofern erscheint es heutigen Lesern wohl geradezu verrückt, dass er als religiöser Denker, Philosoph und sogar als Forscher hohes Ansehen genoss, mehr noch, dass er mit echten Geistesgrößen seiner Zeit korrespondierte. Chamberlain präsentierte nämlich nicht empirisch nachprüfbare Ergebnisse, sondern geschickt verpackte Unterstellungen und Emotionen. »Ich will gar nicht in erster Linie auf den Geist, sondern auf den Willen wirken«,[28] gab er freimütig zu. Nicht die bewusste Wahrnehmung der Sprache machte den propagandistischen Wert jenes Wälzers aus, sondern die unbewusste, gefühlsmäßige. Chamberlain war ein Hexenmeister – er manipulierte Gefühle, schürte Ängste, mobilisierte Komplexe und verdrehte den Menschen den Kopf. Trotz des Deckmantels bildungsbürgerlichen Gelehrtentums blieb er immer nur ein wortmächtiger Dilettant, so Keyserling: »in ihm war gerade das, worin ich meine größte Schwierigkeit sah, die Anlage zum Dilettanten, schöpferisch geworden.«[29]

Houston Stewart Chamberlain erscheint uns heute als so etwas wie ein Zeitphänomen, traf er doch geschickt den Ton jener Jahre. Nicht die künstlerische Bewältigung des Stoffes und die Vielseitigkeit des Wissens wirkten an Chamberlain so faszinierend. Es waren vielmehr die Intoleranz seines Denkens und die Radikalität seiner Sprache, die ihn zum Guru machten. Natürlich gab es von akademischer Seite auch Widerspruch. Der bekannte Wiener Romanist und Literaturtheoretiker Leo Spitzer widmete ihm sogar ein Buch mit dem bezeichnenden Titel *Anti-Chamberlain*. Nicht ohne Genuss weist er dem Engländer und Franzosen Chamberlain zahlreiche Fehler im Verständnis seiner Muttersprachen nach. Auch für Chamberlains Stil findet er deutliche Worte und spricht von einer »afterwissenschaftlichen Darstellung«.[30] Doch das konnte dem Erfolg seiner Bücher nur wenig anhaben; viele wurden zu Bestsellern. Alleine von den *Grundlagen* setzte der Verlag bis zum Ausbruch des Ersten Weltkrieges rund 87 000 Exemplare ab. Eine preiswerte »Volksausgabe« war im Jahr 1906 innerhalb weniger Tage komplett ausverkauft, und alles in allem erschien das Buch bis zum Jahr 1941 in mehr als 30 Auflagen.

In Chamberlains Nachlass sind viele kuriose Verehrerbriefe erhalten, die belegen, wie sehr er als Heilsbringer wahrgenommen wurde. »Sie Heiliger, Sie Reiner«, begann etwa Walter Büttner seinen Liebesbrief: »Welche Gottheit spricht aus Ihnen? Schenken Sie mir Ihr Bild! Ich bitte Sie! Ich muss es haben! Ich muss dieses heiligende Kinderauge sehen, ich muss diese Stirn sehen, die ein Götterkuss geweiht hat, ich muss diese Lippen sehen, die soviel Liebe und Wahrheit sprachen!«[31] Ein anderer Bewunderer schrieb: »Teurer, teurer Mann, Sie gaben mir Leben, Herzschlag, Seele, Heimat und Vaterland – und Gott!«[32] Chamberlain fühlte sich durch derartige Zuschriften – so verrückt sie auch waren – in seinem missionarischen Eifer bestätigt. »Ich bin kein Wissenschaftler und kein Philosoph«, gab er seinem Freund Keyserling gegenüber zu, »sondern ein Weltanschauer.«[33] Er wollte als Schöpfer eines Weltbildes in die Geschichte eingehen. Keyserling: »In meiner Wiener Zeit nannte er sich selber manchmal, scheinbar scherzend, den ›Grundleger‹, doch ich spürte es wohl: er fühlte sich wirklich als Grundleger eines neuen Deutschlands.«[34] Das »neue Deutschland« kam zwar erst sechs Jahre nach Chamberlains Tod an die Macht, gleichwohl muss er als geistiger Wegbereiter und einer der wichtigsten ideologischen Vorboten des Nationalsozialismus bezeichnet werden. Seine Schriftstellerei war auch deshalb so wirkungsvoll, weil sie vielen Zeitgenossen modern erschien. Das »Moderne« bestand darin, dass er rassistische, nationalistische und kulturpessimistische Bestrebungen zu einer universellen Ideologie formte. »Modern« im Sinne von »neu« war auch sein Rassebegriff. Hatten ältere Ideologen bislang geglaubt, jede Mischung der Rassen führe unweigerlich zum Untergang der Menschheit, behauptete Chamberlain das Gegenteil. Er propagierte den Begriff der »Zuchtrasse«: Erst durch die Vermischung könne eine hochwertige Rasse »gezüchtet« werden. »Zucht« bedeutet für ihn aber auch »Selektion«, wenn er beispielsweise schreibt, »das Aussetzen schwächlicher Kinder ist ein weiteres und war jedenfalls eines der segenvollsten Gesetze der Griechen, Römer und Germanen«.[35] Chamberlain war Antisemit, wobei seine Judenfeindschaft unverkennbar psychopathische Züge trug. Nicht selten verfolgten ihn paranoide Verschwörungsphantasien bis in seine Träume. »Sie sind wirklich von einem antijüdischen Dämon besessen«,[36] erkannte der Theologe Adolf von Harnack im November 1912. Chamberlains Antwort war unmissverständlich: »Sie werden Ihre Meinung nicht ändern, und ich die meine ebensowenig.« Das Juden-

1909 an der Riviera, von links: Gerhart Hauptmann, Eva Chamberlain, Margarete Hauptmann, Frau Küchler und Siegfried Wagner.

tum repräsentiere für ihn »das Schlechte, das Schändliche, das Gemeine«. Chamberlain: »Mit allen Kräften meiner Seele hasse ich es und hasse es und hasse es!«[37] Sichtlich stolz sagte er an anderer Stelle, dass »kein Mann lebe, den die Juden so hassen wie mich«.[38]

Zurück in den August 1908. Siegfried Wagner hatte nach dem Pausenjahr 1907 die Leitung der Festspiele von seiner Mutter übernommen und Chamberlain zu seiner ersten Saison nach Bayreuth eingeladen. Der Grüne Hügel zeigte sich festlich geschmückt, die Hotels und Pensionen der Stadt waren ausgebucht, und in den Straßen und Gaststuben sah und hörte man gut gekleidete Besucher. Der Besucher aus Wien verbrachte viel Zeit mit den Wagners, und offensichtlich kamen er und Eva sich näher. Eva war allerdings nicht Cosimas erste Tochter, der Chamberlain den Hof machte. Bereits 1896 hatte er Blandine Gravina liebestolle Briefe und Gedichte geschickt, doch die so Umworbene lehnte ab. Aber auch von Isolde erhielt er einen Korb – und zwar mit Cosimas Rückendeckung. »Chamberlain verehrte zuerst schwärmerisch die Isolde als ›geniale Tochter des Meisters‹«, notierte die Zeitzeugin Gertrud Strobel in ihr Tagebuch. »Sie verhielt sich aber ablehnend wegen seiner Ehe, was ihr das Lob Cosima W.'s einbrachte!«[39] Nun – im August 1908 – war Eva an der Reihe, deren Eroberung er sorgfältig plante. Pedantisch, wie er war, protokollierte er die verschiedenen Etappen seines Vorgehens sogar in seinem Tagebuch. »Vom 8/8 an war dieses Zwischenstadium zu Ende«,[40] lautete beispielsweise ein Eintrag. Als Chamberlain Bayreuth am 28. August 1908 verließ, konnte er sich seiner Sache schon fast sicher sein.

Die Betonung liegt auf »fast«, denn Eva machte es ihm nicht leicht. In unzähligen Briefen verlangte sie detaillierte Auskunft über Chamberlains bisheriges Privatleben. Mit Recht, muss man sagen, denn der, der sich so gerne als Hohepriester aller Sittlichkeit aufspielte, lebte keineswegs in geordneten Verhältnissen. Seine Ehe mit Frau Anna (»eine sehr brave subalterne Gouvernantennatur«[41]) steckte seit Mitte der 1890er Jahre in einer schweren Dauerkrise. Anfang 1905 trennte er sich von ihr. Das für Chamberlains Charakter Bezeichnende war die Art und Weise, wie er den Schlussstrich unter 27 gemeinsame Jahre zog: Er nutzte einen Kuraufenthalt seiner Frau, um ihr schriftlich mitzuteilen, dass sie ab sofort seiner Vergangenheit angehöre. Er lehnte von einem Tag zum anderen jeden Kontakt ab, verweigerte jede Art von Aussprache und ließ ihre Briefe von Rechtsanwälten beantworten. Erst nach der energischen Aufforderung eines Freundes besuchte Chamberlain im März 1905 ihr Krankenbett. Drei Jahre später traf er sie kurz in Begleitung seines Rechtsanwaltes – danach nie wieder. Anna Chamberlain starb 1924 in München.

Chamberlain war nie das, was man einen treuen Gatten nennt. Er hatte ein langjähriges Verhältnis mit Marie Gräfin Zichy, der Ehefrau des österreichischen Gesandten in München. Im Dezember 1903 lernte er die 39-jährige Schauspielerin Lili Petri kennen, mit der er ausgedehnte Reisen unternahm und nach der Trennung von Anna zeitweise zusammenlebte. Eva wollte alles wissen. Einem Mann wie Chamberlain, der als »mimosenhaft sensitiv, frauenhaft empfindlich«[42] galt, dürfte diese intime Beichte einige Überwindung gekostet haben. Ob er seiner Zukünftigen aber auch von Josephine Schinner berichtete, lässt sich nicht mehr feststellen. Zehn Jahre lang pflegte

Houston Stewart Chamberlain (stehend), seine Frau Eva sowie sein Schwager Siegfried Wagner bildeten das Machtzentrum in der Villa Wahnfried.

Chamberlain mindestens einmal wöchentlich »intime geschlechtliche Beziehungen« zu jener Wienerin, die er außerdem zur – wie er es nannte – »Manicüre« in die eigenen vier Wände bestellte.[43] Er soll sogar der Vater von Fräulein Schinners ältester Tochter gewesen sein. Beweisen lässt sich das nicht mehr, da Chamberlain diese Vaterschaft natürlich niemals anerkannt hätte. Aber er ließ ihr nachweislich bis 1921 über seinen Rechtsanwalt monatlich 20 Kronen auszahlen, was er ohne Grund wohl kaum getan hätte. Gelegentlich gab er ihr auch Geld für neue Möbel und sonstige Anschaffungen. Rätselhaft bleiben die Briefe einer gewissen Mabel Bollinger aus Blankenese, die Chamberlain mit »Lieber Vater!« anspricht. »Ich kaufte mir während der Woche dein letztes Werk«, schrieb sie Ende Oktober 1921. »Zu dem Bild freue ich mich sehr. Es ist schön. Ich hatte Dich mir doch anders vorgestellt.«[44] Mabel Bollinger war gebürtige Engländerin und möglicherweise das Produkt eines Seitensprungs, den Chamberlain Jahre zuvor in seinem Heimatland vollführt haben mag – gut möglich.[45]

Eva Wagner gab Houston Stewart Chamberlains Liebeswerben schließlich nach, die Trauung der beiden fand am 26. Dezember 1908 in Bayreuth statt. Der Bräutigam in seinem Tagebuch: »Süsseva im Brautkleid u. Schleier; die letzte ¼ St. bei Mama gewartet; um 12.04 holt uns S[iegfried] herunter; alle versammelt; Bürgermeister Preu vollzieht im Saal die Civiltrauung, wobei er eine kurze, schickliche Ansprache hält; in 10 Minuten alles vorbei.«[46] Eine kirchliche Trauung in Bayreuth schied aus, da das Konsistorium der evangelischen Kirche sich weigerte, den Segen zu spenden – Chamberlain war aus dem Scheidungsverfahren ja als Schuldiger hervorgegangen. So reisten die Eheleute unmittelbar nach ihrer Ziviltrauung nach Zürich. In der dortigen Kreuzkirche erfolgte am folgenden Nachmittag um 15 Uhr die kirchliche Vermählung. In der Schweiz machte man sich aus den Vorschriften offensichtlich nicht viel.

Bereits im Oktober hatte Eva einer Freundin versichert: »Heute sei Dir nur anvertraut, dass der heilig empfundene Bund, der sich in edelster, reinster Harmonie der Seelen vollzog, nicht segensreich für uns gewesen wäre, wenn wir uns nicht gleich in unbedingter Einigkeit darin gefunden hätten, dass unser Wahnfrieder Dasein kein Entbehren, keinen Verlust dadurch erleiden, sondern eine Bereicherung empfangen soll u. so stand es gleich unerschütterlich zwischen uns fest, unser Leben ist dem von Mama geweiht.«[47] Das war eine merkwürdige Liebeserklärung, die mehr der Mutter als dem zukünftigen Ehemann galt. Der Satz »unser Leben ist dem von Mama geweiht« klingt aus der Rückschau fast wie eine Drohung. Die Sorge um die Gesundheit der »Hohen Frau« ging in den folgenden Jahren über das familiäre Normalmaß weit hinaus – sie avancierte zum Fetisch. Nicht selten waren es hanebüchene Probleme, deretwegen die Eheleute Chamberlain den Familienarzt Ernst Schweninger konsultierten. Eva: »Von meinem Mann die Frage ob Honig dick macht? Ob Birnen-Compot auf Verdauung förderlich od. entgegengesetzt wirkt? [...] Ist bei dem jetzigen Zustand von Mama die hohe oder niedrige Kopflage vorzuziehen?«[48]

Offensichtlich stand Cosima Wagner im Mittelpunkt der Beziehung von Eva und Houston Stewart Chamberlain. Alles in allem – so viel darf angenommen werden – war deren Vermählung keine Liebeshochzeit im klassischen Sinne, was nicht heißen soll, dass die Eheleute sich nicht geliebt hätten. Doch was band dieses seltsame Paar aneinander? Beginnen wir mit dem Gatten. Für Chamberlain bedeutete die Verbindung mit Eva Wagner angeblich das Ende einer lebenslangen Suche. »Nach schweren Jahren«, schrieb er an Kaiser Wilhelm II., »gleitet jetzt mein Lebensschiff in freundlichere Wasser. [...] Daß wir für einander bestimmt waren – diese Ahnung lag schon seit vielen Jahren uns halb unbewußt im Herzensgrund; jetzt kam die Stunde des sonnigen Bewußtwerdens. Die hohe Mutter hat in ihrer Herzensgüte diesen Bund gesegnet.«[49] Ob die beiden wirklich füreinander bestimmt waren? Hier ist ein Fragezeichen angebracht, zumal Chamberlain noch im März 1904 an seinen Freund Keyserling geschrieben hatte: »Bezüglich der Familie W. müssen Sie gewiß die Frau [Cosima] ausnehmen. Daß sie es unaufrichtig mit Ihnen meinte, kann ich nicht glauben. Aber die anderen [...], das ist eine unaufrichtige Gesellschaft.«[50] Es bleibt zu betonen: Cosima zählte er nicht zu der »unaufrichtigen Gesellschaft«, wohl aber Eva, die er jedenfalls nicht explizit davon ausnahm.

Dass seine zweite Ehe das Ende einer lebenslangen Suche bedeutete, mag man ihm glauben. Aber hatte er konkret nach Eva »gesucht«? Chamberlain schien vielmehr von dem Wunsch besessen, in die Familie Wagner einzuheiraten, genauer gesagt: eine Tochter Richard Wagners zu ehelichen. So etwas nennt man eine Projektion: indem er die Tochter heiratete, wollte er seinem toten »Meister« nahe sein. Da Isolde seinen Avancen bereits eine Abfuhr erteilt hatte, blieb letztlich nur Eva. Und die Auserwählte? Zunächst: Chamberlain war das, was man damals eine gute Partie nannte. Seit dem Erscheinen der *Grundlagen* galt er als literarische Berühmtheit, er verfügte über internationales Renommee und über das nötige Kleingeld, was in Wahnfried stets gerne gesehen wurde. Aber es gab wohl auch subtilere Gründe. Die Hochzeit mit Houston Stewart Chamberlain war – ganz profan gesprochen – ein Ausweg aus ihrer misslichen Situation, mit 41 Jahren noch ledig zu sein. Dafür nahm sie es auch in Kauf, einen Mann zu erwählen, über den sie sich einmal sehr unschön geäußert hatte, wie Gertrud Strobel zu berichten wusste. »Eva sagte einmal von Ch.: ›Ich kann seine Glotzaugen nicht mehr sehen!‹«[51] Dieser Aus-

Eva Chamberlain und ihre Mutter Cosima Wagner promenieren im mondänen italienischen Badeort Santa Margherita Ligure.

spruch, der immer wieder Isolde zugeschrieben wurde, stammte in Wahrheit von Eva und wirft ein bezeichnendes Licht auf deren Heiratseifer. Offensichtlich war bei ihr so etwas wie Torschlusspanik mit im Spiel.

Ein zweiter Grund: Isolde galt als Cosimas Lieblingstochter, obwohl Eva sich jahrzehntelang um die Mutter gekümmert und ihr die besten Jahre geopfert hatte. Eva empfand dies wohl als ungerecht und wollte sich nun, da Isolde der Familie sehr viel Kummer bereitete, mit ihrer Wahl als die »bessere Tochter« empfehlen. Frau Chamberlain war eine Fanatikerin und ging ausgesprochen skrupellos vor. Was geeignet schien, einen Schatten auf die verehrte Mama zu werfen, wurde kurzerhand vernichtet. So verbrannte Eva nach Cosimas Tod 1930 eigenhändig den Briefwechsel ihrer Eltern. Graf Keyserling formulierte diplomatisch: »Die Tochter eines großen Mannes nun sieht in beinahe allen Fällen, wo sie nicht im Gegensatz zur Vater-Tradition ein neues Leben beginnen will, ihr Schicksal in der Fortsetzung dieser Tradition, bei welcher dann dem eingeheirateten Mann eine bestimmte Rolle zugeteilt wird. Und Eva Wagner war mehr gute Tochter in diesem Verstand als irgendeine Frau, von der ich unter Zeitgenossen wüßte.«[52]

In dieser Wagner-Idolatrie trafen sich die Interessen von Eva und Cosima, die sich von ihrem neuen Schwiegersohn begeistert zeigte. Da war zunächst die mütterliche Freude, ihre jüngste Tochter doch noch unter der Haube zu sehen. Die »Meisterin« erkannte aber auch die Chance, Houston Stewart Chamberlain zum Chefideologen eines zeitgemäßen Wagnerismus zu machen. Wurden Altvordere wie der mystisch-verschrobene Hans von Wolzogen oder der liebedienerische Wagner-Biograph Carl Friedrich Glasenapp außerhalb des Bayreuther Kulturkreises nur belächelt, erreichte Chamberlain mit seinen *Grundlagen* Zehntausende. Er betrieb mit seiner Schriftstellerei eine Formierung des völkischen Lagers, das für das Familienunternehmen ein großes Potential darstellte. Und Chamberlain nahm die Rolle des neuen Hausbarden, des geistigen Kopfes der Familie, offensichtlich gerne an. Graf Keyserling erkannte seinen sonst so scheuen und mimosenhaft-sensiblen Freund nicht mehr wieder, als er ihn wenige Monate nach der Hochzeit besuchte. Chamberlain erinnerte ihn an »eine Haremsfrau«, die »vollkommen bezwungen und gezähmt« gewesen sei. Keyserling: »Es machte mir einen niederschlagenden Eindruck, wie er bei meinem Besuch in Wahnfried 1909 beinahe demütig am Abend Siegfried Wagner, welcher im Schlafrock auf einer Art Thronsessel prangte, aus Plutarch vorlas und begeistert tat, solcher Dienstleistung gewürdigt zu werden. Aber er war so unzweifelhaft glücklich, viel glücklicher als er es als freier Mann gewesen war. Und nachdem er das Erobertsein durch Wagners anerkannt hatte, ließ die Familie ihn natürlich frei gewähren und förderte seine Sonderbestrebungen.«[53] Jene »Sonderbestrebungen« waren Chamberlains publizistische Vorhaben, denen er nach dem Umzug nach Bayreuth in den eigenen vier Wänden nachging. Schräg gegenüber Wahnfried kauften er und Eva eine stattliche Villa, die sie aber kurioserweise erst im Mai 1916 bezogen. Bis dahin wohnten sie ebenfalls in Wahnfried, und Chamberlain nutzte die Residenz, in deren Dachstuhl er wenige Jahre später sogar eine kleine Sternwarte einbauen ließ, um seinen astronomischen Interessen nachzugehen, nur als Arbeitsrefugium.

Houston Stewart Chamberlains Eintritt in die Familie Wagner stellte mehr als ein biographisches Ereignis dar – es war vielmehr eine Zäsur von geradezu historischen Dimensionen. Chamberlain nahm fortan an allen wichtigen Entscheidungen Anteil, mehr noch, er drückte diesen seinen Stempel auf. Zur Wahrheit gehört aber auch, dass sein verhängnisvolles Wirken Ende 1908 noch nicht unbedingt absehbar war, zumal er sich zunächst alle Mühe gab, sein wahres Ich zu verbergen. Er schrieb einschmeichelnde Briefe an Adolf von Groß und schlich sich in das Vertrauen des alten Herrn. Das erwies sich als geschickter Schachzug, war der Geheimrat als Freund und Finanzberater der Familie doch ein wichtiger Machtfaktor. So sprach er von der »tiefen Verehrung, die ich Ihnen seit 25 Jahren entgegenbringe«, und pries von Groß als das »im Verborgenen schlagende Herz, sowohl der Festspiele wie der Ihren Fürsorgen anvertrauten Familie«. Seine Beziehung zu Eva Wagner hob Chamberlain sogar in pseudoreligiöse Höhen, wenn er – »zum Heile Bayreuths« – über die »Verantwortlichkeit vor Gott« philosophierte.[54] Das kam natürlich gut an.

Zweifellos: Chamberlain hatte Kreide gefressen. Doch wie lange konnte er sich verstellen? »Was jemand willentlich verbergen will«, schrieb der Romanist Victor Klemperer, »sei es nur vor anderen, sei es vor sich selber, auch was er unbewußt in sich trägt: die Sprache bringt es an den Tag. Das ist wohl auch der Sinn der Sentenz: Le style c'est l'homme; die Aussagen eines Menschen mögen verlogen sein – im Stil seiner Sprache liegt sein Wesen hüllenlos offen.«[55] Auch Houston Stewart Chamberlains Wortwahl erwies sich als Spiegelbild seiner Seele. »Wozu soll sich ein wertvoller Mensch einem minderwertigen Gegner stellen?«, hielt er Graf Keyserling einmal entgegen. »Meuchelmord wäre hier das Richtige.«[56]

DER PROZESS

Verschlimmerter Rückfall. Hohe Temperatur. Puls 96. Arzt besorgt. Ihr Kommen dringend erwünscht = Chamberlain.«[1] Der Empfänger jenes Telegramms hieß Ernst Schweninger und war Cosima Wagners Leibarzt. Was war geschehen? Frau Wagner hatte Mitte März 1909 in ihrem Urlaubsdomizil im italienischen Santa Margherita Ligure einen der gefürchteten Adams-Stokes-Anfälle erlitten. Obwohl sich Cosimas Zustand schnell wieder besserte, markierte diese neuerliche Erkrankung einen Wendepunkt. Und das kam so: Da der Doktor seine berühmte Patientin nicht persönlich aufsuchen konnte, schickte er seine Therapieanweisungen per Post. »Betr. Frau Wagner scheint mir der Wunsch berechtigt, Besuche, Bewegung, geistige Anregung einzuschränken wenn unruhige Nacht, zu lebhafter Geist, mehr Alkohol- (Asti u. Champagner)-bedürfniss, u. mattes, verzogenes Aussehen bemerkbarer sind.«[2] Eva und Houston Stewart Chamberlain nahmen diese Empfehlungen sehr genau – zu genau, muss man rückblickend sagen. Nach Bayreuth heimgekehrt, schränkten sie nicht nur Besuche ein, was Schweninger ja empfohlen hatte, sondern verboten diese kurzerhand. Sie schirmten Cosima regelrecht ab und unterbanden sogar den Kontakt zu engen Freunden und Familienangehörigen. Bei aller berechtigten Sorge um Cosimas Wohl schossen sie damit deutlich über das Ziel hinaus. Auch Isolde war von jener Isolation betroffen. Als sie ihre Mutter Mitte August 1909 in Wahnfried besuchen wollte, winkte Cosima ab: »Herzenskind, seit meinem jüngsten Anfall bin ich ziemlich hinfällig. – – Dich zu sehen bewegt mich jedesmal mehr als ich es aussprechen kann. Wir wollen uns noch ein Weilchen gedulden; sobald ich mich fest fühle rufe ich Dich. – Im Geist sind wir vereint sonders Wahn und Weh. Mama.« Blandine Gravina, der Cosima jene Zeilen diktiert hatte, notierte auf der Rückseite der Abschrift des Briefes einen mündlichen Zusatz der

Mutter: »Im Reiche der Gedanken lebt die Versöhnung – im Reiche der Realitäten herrscht die Trennung.«[3] Es ist gut möglich, dass Cosimas Absage an ein Treffen mit Isolde auf die Einflüsterungen der Chamberlains zurückging. Deren ständiges Wehklagen, dass Isolde an allem schuld sei, dürfte insofern Wirkung gezeigt haben. Bei der Ausgeschlossenen entstand genau jener Eindruck, Eva und ihr Mann würden ein Wiedersehen von Mutter und Tochter vereiteln. Es hingen dunkle Gewitterwolken über Bayreuth und Colmdorf. Als Isolde nun in ihrer Wut verbale Blitze schleuderte, kam es zum Knall. Siegfried schickte seiner Schwester eine rätselhafte Notiz, die wie eine Warnung klang, den Familienfrieden nicht zu gefährden: »Liebe Schwester – Ich glaube an meinen Schutzengel! Ich glaube an den Schutzengel, der unser Festspielhaus beschützt! Stosse Du den Deinigen nicht von Dir! Dein Bruder Siegfried«[4]

Es vergingen weitere Wochen, in denen Isolde nicht zu Cosima vorgelassen wurde. Sie reagierte wie ein in die Ecke gedrängtes Tier, und in ihrer Panik attackierte sie nun auch Siegfried Wagner. Doch der hatte einen starken Verbündeten. Mitte September 1909 griff Houston Stewart Chamberlain aktiv in die Auseinandersetzungen ein. In einem Brief an Adolf von Groß bezeichnete er Isolde als »krank«, mehr noch, sie gehöre »in die Pflege einer psychiatrischen Anstalt«. Bei Isolde zeige sich eine wachsende Unzurechnungsfähigkeit, »systematisch ausgebeutet von einem Schurken«, womit der verhasste Schwager gemeint war. Er scheute sogar nicht davor zurück, von »abnormen Erscheinungen« zu sprechen. Franz und Isolde seien »Werke des Teufels«, die den »geborenen Forterhalter des Bayreuther Werkes moralisch zu vernichten« trachteten. Und weiter: »Mama erwartet nun aber auch von allen Freunden Wahnfried's [...], dass sie wissen werden, wie sie sich bei dieser Sachlage zu verhalten haben. Sie stehen vor einem Entweder – Oder. Es ist einfach unmöglich, zu gleicher Zeit ›zween Herren‹ zu dienen; man kann nicht für eine Sache sein und auch gegen sie. Wie ehrenwert auch die Stimmung sein mochte, die bisher dazu verführte, Zweideutigkeit in den Beziehungen zu Wahnfried und Colmdorf ist fortan ein Ding der Unmöglichkeit. Wer mit Mama und den übrigen Mitgliedern des Hauses Wahnfried jetzt verkehrt, bezeugt dadurch, dass er keinerlei Beziehungen mehr zu jenen

Die »Meisterin« und der »Meistersohn«: Nach Cosima Wagners Erkrankung 1906 übernimmt Siegfried Wagner die Leitung der Festspiele.

Unglücklichen unterhält.« Chamberlain bemühte sogar den lieben Gott, um seinen Sätzen weitere Bedeutung zu verleihen. Er schrieb allen Ernstes: »Christus, der allgütige, belehrt uns, dass, wo es die Wahrung eines Heiligen betrifft, einzig Unerbittlichkeit gottgefällig ist.«[5] Unnötig zu betonen: Jener komische Heilige war Siegfried Wagner.

Houston Stewart Chamberlain forderte mit seiner Bannbulle nichts anderes als die totale Ausgrenzung der Beidlers. Adolf von Groß, der sich bislang um eine besonnene Vermittlung bemüht hatte, fühlte sich durch die anmaßenden Belehrungen schwer gekränkt. Auch die Thodes meldeten sich aus Heidelberg zu Wort: »Das von meinem Schwager Chamberlain verfasste und an die Freunde versandte Manifest wurde seiner Fassung nach von uns gemissbilligt – die sehr bedenklichen verletzenden Folgen, die es sogleich hatte, von uns tief beklagt«, schrieb Henry Thode an Ernst Schweninger. »Dies alles führte dahin, dass meine arme Frau wieder, vor drei Wochen, völlig zusammenbrach.«[6] Chamberlain hatte mit so viel Gegenwind wohl nicht gerechnet. Er ruderte zurück und bezeichnete sich in einem Brief an Adolf von Groß lediglich als Cosimas »Sprachrohr«: »Jeden Tag ruft mich die hohe, angebetete Mama, und ergänzt ihre Weisungen. Sie weiss ganz genau, was sie will, und wie sie es will. Wenn ich es ungeschminkt aussprechen darf, es handelt sich – wenigstens zum Theil – um einen Kampf um ihr eigenes Leben. Ich würde ihr auf alle Fälle bedingungslos gehorchen.«[7] Es ist mehr als fraglich, ob Cosima auch nur ahnte, was in ihrem Namen vor sich ging. Chamberlains Argumentation war aber so geschickt wie hinterlistig. Er legitimierte sein Handeln, indem er sich Cosimas Autorität bediente. Wohl wissend, dass niemand die Anweisungen der »Hohen Frau« hinterfragen würde, konnte er nun ungestört seine Ränke schmieden.

»Viel Colmdorfer Projekte«,[8] notierte er am 16. September in sein Tagebuch, womit er seinen nächsten Streich meinte. Er versuchte nun, Ernst Schweninger als Komplizen zu gewinnen. Der Professor stand in Wahnfried in höchstem Ansehen, die Wagners vertrauten dem Doktor blind, sein Wort zählte. Cosima habe ihm gesagt, schrieb er scheinheilig an Schweninger, »wenn sie zwei Menschen fände, bereit hinzugehen und den Kerl [Franz Beidler] bis auf den vorletzten Athemzug durchzuprügeln, sie gäbe jedem 1000 Mark! Na, was meinen Sie, Geheimrath? Sie und ich? 1000 Mark ist nicht zu verachten – und das Vergnügen wäre an sich noch 2000 M. werth. Aber jetzt im Ernst. Ich brauche Ihre Hülfe, Sie wunderthätiger Magus. Es gibt etwas was geschehen muss, und zwar schleunigst: diese Menschen müssen Colmdorf und Bayreuth verlassen. Es ist ihre Gegenwart eine tägliche Bedrohung des Lebens, das uns allen theuer ist und das wir drei Rütliverschwörer auf Jahre hinaus zu erhalten entschlossen sind. Ausserdem bedeutet diese Gegenwart eine unerträgliche ›Handicapirung‹ Siegfried's in seiner Thätigkeit als Leiter der Festspiele.« Schweninger müsse, so Chamberlains Plan, medizinisch tätig werden: »Aber, Sie schreiben an meine Frau, oder an Herrn von Gross, und fordern in Ihrer Eigenschaft als Arzt, dass diese Gelegenheit nicht unbenutzt bleibe, um die Entfernung dieser ewig drohenden Gefahr von Ihrer Patientin zu bewirken. Sie dürfen eben so ernst und peremptorisch auftreten in dieser Sache wie Sie es bei Ihren sonstigen Anordnungen zu thun pflegen. Bitte nicht flüchtig, nicht bedingt und verklausulirt.«[9] Chamberlains Feindseligkeit war grenzenlos, und er hetzte nun auch gegen die Thodes, »die den Mund voll nehmen, und sobald gehandelt werden soll, sich die Hosen voll sch...«[10]

Warum war dieser Mensch so sehr von Hass getrieben? Zunächst: er wollte sich an Isolde Beidler rächen, hatte sie doch Jahre zuvor seine Avancen nicht erwidert. Doch neben Rachgier hatte Chamberlain ein zweites Motiv: Indem er die Beidlers als »abnorme Erscheinungen« darstellte, die es nicht wert seien, ein Teil der Familie Wagner zu sein, leuchtete sein Stern als Ehemann der einzigen verbleibenden Wagner-Tochter, eben Evas, umso heller. Dabei lasse er sein Ziel ebenso wenig aus den Augen, schrieb er an Ernst Schweninger, »wie ein anständiger Bulldog den einmal erfassten Stierhals aus den Zähnen lässt. Diese Leute müssen aus Bayreuth weg, – sie müssen. [...] Wer jetzt im Wege steht, ist ein Mörder – wenn auch nur aus Dummheit.«[11] Zweifellos: Le style c'est l'homme. In Chamberlains Sprache liegt sein Wesen hüllenlos offen.

Die Beidlers hegten unterdessen keine Zweifel daran, wer ihr Feind war. Gegenüber Daniela Thode klagte Isolde, »dass ein grosser Theil ihres Elendes durch Ch. veranlasst sei«.[12] Das war zweifellos richtig. Zur Wahrheit gehört aber auch, dass Isolde und Franz an der Eskalation des Konfliktes nicht unschuldig waren. Hatte Cosima nicht nach der *Parsifal*-Affäre des Sommers 1906 eine »Wiedergeburt« ihres Schwiegersohnes gefordert? Auf eine Erklärung oder gar Entschuldigung seines damaligen Verhaltens wartete sie drei Jahres später – im Herbst 1909 – immer noch.

Offensichtlich hatten die Colmdorfer ihre Fehler nun eingesehen, als sie am 5. November 1909 unabhängig voneinander zur Feder griffen. Isolde begann mit dem Versprechen, »dass ich es werth bin u. immer sein werde, meines Vater's Kind zu sein«. Und weiter: »Lass uns nun, oh Mutter, über alles uns Trennende weise eine Brücke bauen u. unseren gütigen Gott über Recht u. Unrecht richten u. walten! Nimm Dein nicht verlorenes Kind wieder liebend bei Dir auf u. glaube ihm was es Dir aus innerster Überzeugung zuruft, dass es diese Liebesthat verdient hat. Verehrungsvoll Dir die Hand küssend Deine Tochter Isolde.«[13] Auch Franz bat die »Hochverehrte Schwiegermama« um Verzeihung. »Nur möchte ich nicht, dass Du glaubst ich kenne meine Fehler nicht. Nein, ich kenne sie u. bekenne sie jederzeit gerne. So gebe ich Dir willig zu, dass ich s. Z. in der Erregung, in die ich eben durch die Verhältnisse gekommen war, in der Angelegenheit des Parsifal zu weit gegangen bin. [...] Aber was mich dann bewog, mich zurückzuziehen in Unversöhnlichkeit, war der Brief, den Du mir nachher geschrieben hast. Dieser Brief war es, der es mich nicht über das Herz bringen liess, Dich zu bitten, mir jene That zu verzeihen, was ich so gerne gethan hätte, da ich Unrecht, auch wenn es durch die Verhältnisse begreiflich erscheint, gerne wieder gut mache. Was nun Siegfried anbelangt, so begreife ich nicht, warum Du einen Reuebrief an ihn erwartest. Ich habe mit ihm persönlich keine Differenzen gehabt, er stellte sich aber in einer solchen Weise gegen mich, dass es mir unmöglich war, ihm wieder zu begegnen.«[14]

Beidlers konjunktivgesättigter Brief hinterlässt einen zwiespältigen Eindruck. Zwar erklärte er lang und breit, warum er damals – 1906 – nicht um Verzeihung bat, zu einer aktiven Entschuldigung konnte er sich aber auch jetzt nicht durchringen. Isoldes und Franz' Liebeswerben war überhaupt vergeblich, musste es bleiben, da Cosima deren Briefe nie zu Gesicht bekam. Siegfried hatte diese vorsichtshalber abgefangen, und Houston Stewart Chamberlain diffamierte die Colmdorfer Bemühungen als »eine Komödie von angeblicher Reue«.[15] Franz Beidler beging jetzt einen entscheidenden Fehler. Er verweigerte nicht nur den von Cosima geforderten »Reuebrief« an Siegfried, schlimmer noch, er griff den Festspielleiter persönlich an. Er – Franz – habe »Material« über seinen Schwager gesammelt, das er bei Bedarf auf den Tisch legen werde. Welcher Art diese Dokumente waren, lässt sich nicht mehr feststellen. Ein Bluff? Wir wissen es nicht – gemeint war wohl Siegfrieds Homosexualität. Isolde unterstützte ihren Franz, was auf die Ernsthaftigkeit der Friedensbemühungen kein gutes Licht wirft. »Mein Mann deutete Dir an, wie schwer die Anklagen gegen Dich sind, die immer wiederholt zu mir dringen«, drohte sie ihrem Bruder. »Ich erachtete es für meine Pflicht u. bin auch jetzt noch überzeugt, dass wir nicht anders handeln konnten, als Dich dringend zu warnen.«[16] Siegfried Wagner zeigte derweil demonstrative Gelassenheit. An Isolde schrieb er: »Seid ausser Sorge! Es könnten manche froh sein, wenn sie so des geistigen Vermächtnisses walteten wie ich! Dem grössten Könige aller Zeiten Friedrich dem Grossen wurde auch Übles nachgesagt, und Preussen wurde gross und stark durch ihn! Also sorgt nicht! Ich entweihe das Festspielhaus nicht!«[17]

Entsprachen diese Zeilen dem sprichwörtlichen »Pfeifen im Wald«? Ganz so sorglos, wie er nämlich seiner Schwester suggerieren wollte, wird Siegfried wohl kaum gewesen sein, denn die »Anklagen« wogen in der Tat schwer – von den gesellschaftlichen Folgen ganz zu schweigen. Siegfried Wagner drohte ein schlimmes Schicksal, sollte seine sexuelle Orientierung publik gemacht werden. »Entartet Geschlecht, unwerth der Ahnen!«, dichtete Richard Wagner im ersten Akt *Tristan und Isolde*. Nicht auszudenken: Der Sohn des »deutschesten aller Künstler«, der »Meistersohn« wäre nur mehr eine lächerliche Figur, eine parfümierte, operettenhafte Erscheinung.

Cosima durfte von alledem nichts erfahren. Siegfried und die Chamberlains schirmten sie stärker ab denn je und unterbanden jeden Kontakt mit den Colmdorfern. »Vor allem hüte Dich vor einem überraschenden Eindringen«, lautete die unmissverständliche Warnung an Isoldes Adresse. »Es ist nicht zu spassen!«[18] Für Siegfried und die Bayreuther war Franz Beidler an allem schuld. Er habe Isoldes »wahre Natur« vergiftet, nun müsse sie das Gift »ausspeien«: »So lang Du um den Brei herumgehst, solang Du die Wahrheit nicht erkennen willst, ist keine Aussprache möglich.« Und schließlich: »Ich weiss, oder besser ich hoffe dass es ein Wiedersehen geben wird aber Du weisst wann allein das möglich ist. Dein Bruder Siegfried. (Dies ist das Letzte, was ich zu schreiben habe!)«[19]

Man muss es deutlich sagen: Siegfried forderte nichts anderes als die Trennung der Eheleute Beidler. Isolde stellte sich – was zu erwarten war – auf die Seite ihres Mannes. »Begreif es doch endlich«, hielt sie ihrem Bruder entgegen, »dass ich diesem guten, ausserordentlichen Manne, dem mich Gott angetraut u. dem ich ein wundervolles Kind verdanke, Treue bis zum Tod halten werde. Wer ein solches Eheglück, wie das Meinige zerstören wollte, würde einen grossen Frevel begehen!«[20] Was Isolde nicht wahrhaben wollte: Von einem Eheglück konnte bei den Beidlers keine Rede mehr sein. »Die arme Loldi scheint viel durchmachen zu müssen«, wusste Felix Mottl zu berichten. »Ihr Mann hat sein Herz entdeckt und steht in leidenschaftlichsten Beziehungen zu einer (recht schlechten oder wenigstens un-

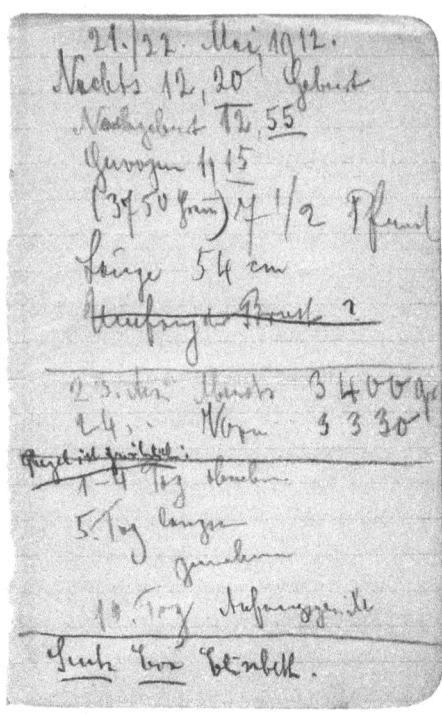

Franz Beidler notierte auf einem Zettel die Details der Geburt seiner Tochter Senta Eva Elisabeth: »21./22. Mai 1912. Nachts 12.20 Geburt Nachgeburt 12.55 Gewogen 1.15 (3750 Gramm) 7 ½ Pfund Länge 54 cm«

bedeutenden) Opernsängerin, – worüber Isolde Tag u. Nacht weinen und sich abgrämen soll.«[21] Jene unbedeutende Sängerin hieß Emmy Zimmermann. Mit ihr hatte Franz 1910 eine Affäre begonnen, die nicht ohne Folgen blieb. Am 22. Mai 1912 wurde die kleine Senta Eva Elisabeth geboren, die später den berühmten Schauspieler Ernst Busch (»Barrikaden-Tauber«) heiraten sollte. Die Chansonnette und Kabarettistin Eva Busch machte zeitlebens aus ihrem Geburtsdatum ein Geheimnis. So liest man immer wieder, dass sie bereits 1908 zur Welt gekommen sein soll. Richtig ist, dass sie an Richard Wagners 99. Geburtstag Berliner Licht erblickte. Aus Franz Beidlers Nachlass stammt nämlich ein kleiner Zettel, auf dem der stolze Vater die Umstände der Geburt notierte – und das Datum.

Was konnte Isolde tun? Eine Trennung von Franz kam für sie nicht in Frage; dies hätte sie als Einknicken vor der Familiendisziplin empfunden. Und so machte sie gute Miene zum bösen Spiel. Als Daniela ihre Schwester fragte, ob sie trotz allem an Franz hänge, antwortete sie: »Ja, denn er ist mein Mann und ich habe ein Kind von ihm.«[22]

Die Lage war völlig verfahren und ließ für die Zukunft nichts Gutes erwarten. In dieser Situation entschlossen sich Franz und Isolde, ihre Colmdorfer Existenz aufzugeben und nach München zu übersiedeln. Sie hofften wohl, dass die größere räumliche Distanz dem familiären Miteinander zuträglich sei. Adolf von Groß unterstützte die Pläne, bezahlte die Speditionskosten und versuchte den Weggang der angeblichen Störenfriede möglichst rasch und reibungslos zu gestalten. Am Prinzregentenplatz 16, im schicken Stadtteil Bogenhausen, bezogen die Beidlers im dritten Stock eines prächtigen Eckhauses eine hochherrschaftliche Wohnung bestehend aus Speisezimmer, Salon, Herrenzimmer, drei Schlafzimmern, Mädchenzimmer sowie Küche und Bad. Es ist eine Ironie der Geschichte, dass sich einige Jahre später der NSDAP-Politiker Adolf Hitler in just jenem Haus niederließ. Reiche Gönner finanzierten ihm dort eine pompöse 9-Zimmer-Wohnung. Heute ist dort kurioserweise eine Polizei-Inspektion untergebracht. Der Wagner-Monomane Hitler und Richard Wagners Lieblingstochter Isolde sind sich allerdings nie begegnet: Als Hitler 1929 an den Prinzregentenplatz zog, war Isolde Beidler bereits seit zehn Jahren tot.

Isoldes Umzug nach München erinnert an eine Flucht – eine Flucht vor dem quälenden Familienstreit, vor den Eheproblemen und nicht zuletzt vor dem eigenen gesundheitlichen Niedergang. Noch im Bayreuther Krankenhaus hatten die Ärzte bei ihr ein schweres Lungenleiden diagnostiziert. In München angekommen, weigerte sich Isolde, die Krankheit stationär behandeln zu lassen. Sie hatte starke Schmerzen, die sie mit Morphium betäubte. Abends kamen ein Arzt und eine Krankenschwester, die die bettlägerige Patientin versorgten – mehr nicht. Franz Beidler zog es derweil vor, Gastdirigate in Lissabon und Barcelona zu absolvieren.

Daniela Thode besuchte Isolde Anfang November 1910 am Prinzregentenplatz. »Sie sieht nicht gut aus«, beschrieb sie den Zustand der Schwester. Isolde leide an chronischer Schlaflosigkeit, habe »seit ¾ Jahr keine richtige Verdauung« und sei hochgradig nervös. »Krank ist Geist und Gemüth – darüber ist kein Zweifel, wenn auch die herr-

Franz Beidler im Kreise von Künstlern anlässlich einer Aufführung der »Götterdämmerung« in Lissabon im April 1909. Nachdem Beidler in Bayreuth in Ungnade gefallen war, dirigierte er gelegentlich an den Opernhäusern in Barcelona und Lissabon.

lichen Anlagen mitunter so ungetrübt hervortraten, dass ich selbst glaubte, es müsse doch Alles ein furchtbarer Traum nur sein.«[23]

Was Daniela als Gemütskrankheit bezeichnete, war Isoldes tiefe Verzweiflung, keinen Zugang zur Mutter zu finden. In ihrer seelischen Not bat sie den Wahnfriedintimus Hans von Wolzogen um Vermittlung. Isolde appellierte an dessen »hohe Freundschaft«, nur er könne ihr noch helfen: »Es handelt sich um den letzten Abschied, den ich von meiner Mutter nehmen muss […].«[24] Doch Wolzogen winkte ab: »Du nimmst den schönsten, kindlichen Abschied von ihr«, antwortete er mit Hinweis auf Cosimas Gesundheitszustand, »indem Du, selbst entsagend, diese Gefährdung ihr ersparst.«[25] Vielleicht hatte er auch nur Angst vor Chamberlains Strafgericht, sollten eventuelle Vermittlungsbemühungen bekannt werden. Gut möglich. Houston Stewart Chamberlain hatte sein Ziel jedenfalls erreicht: Isolde war weitgehend isoliert.

Cosima erfuhr nichts von der schlechten Verfassung ihrer Tochter; sie sollte geschont werden. Dabei ging ihr der Zwist ohnehin so nahe, dass sie gelegentlich dem Alkohol stärker zusprach, als es ihre Konstitution erlaubte. »Mama habe diese Nacht eine ganze halbe Flasche Champagner getrunken«, klagte Chamberlain gegenüber Ernst Schweninger, »wieder eine Unbotmäßigkeit. Was Sie dazu sagen, soll ich fragen. Ich würde einfach die Flasche immer halb abgiessen – denn so eine echte Heldennatur trinkt doch noch weiter so lange ein Tropfen da ist.«[26] Und wenige Monate später hieß es: »Das Bedürfnis nach Alkohol ist stark und quälend.«[27] Selbst in Santa Margherita Ligure, wo Cosima und die Chamberlains das Frühjahr 1911 verbrachten, dachte sie häufig an die Familientragödie. Schenkt man Evas Aufzeichnungen Glauben, dann erregte insbesondere Franz Cosimas Gemüt. Sie soll erklärt haben: »Wie kann sie mit diesem Mann noch leben; so lange sie mit ihm vereinigt bleibt, möchte ich keine Berührung mit ihr. […] Er existiert nicht mehr für mich.«[28] Das war im Februar 1911. Im April soll Cosima erneut von »Loldi« gesprochen haben. Sie verlange, so Evas Notizen, ihre Trennung von dem »Schurken«. Darüber hinaus solle Isoldes Sohn – der mittlerweile zehnjährige Franz Wilhelm – fortan bei Daniela und Henry Thode aufwachsen, was angesichts des Zustandes der Thode-Ehe eine völlig absurde Vorstellung war. Ob Cosima dies wirklich alles so erklärt hat, muss ohnehin offen bleiben. Leise Zweifel sind zumindest erlaubt, da wir von Cosimas Freundin Christiane Gräfin Thun-Salm eine ganz andere Sichtweise erfahren. Sie schrieb an Ernst Schweninger: »Sie kennen die Verhältnisse in Wahnfried besser als irgend jemand anderer & so wissen Sie auch genau, wie furchtbar die arme Frau unter ihrer ständigen Umgebung leidet, & umso tiefer leidet, als sie sich gegenüber Niemandem darüber aussprechen kann. Wie wenig sie mit ihren Kindern, im Grunde genommen, harmoniert & wie fremd sie ihnen innerlich gegenübersteht, das bedarf keiner Worte.« Cosima sei weitgehend isoliert, »die Freunde, an denen sie hängt, kann sie nur sporadisch sehen; von ihrer Lieblingstochter ist sie geschieden; ihre übrigen Töchter bedeuten ihr nichts, gar nichts; und der Sohn – der ist ihr nichts mehr als eine Sorge, & der Himmel wolle verhüten, daß er ihr nicht noch eine Schande wird. – Was bleibt denn dieser armen Frau auf dieser

Erde übrig? Nichts!«[29] Dieser Brief ist bemerkenswert, um nicht zu sagen: brisant. Dass sich die Gräfin so selbstverständlich unverblümt über Cosima und deren Kinder äußerte, kann eigentlich nur bedeuten, dass sie bei ihrem Gegenüber eine gewisse Zustimmung voraussetzte. Dabei stand Christiane Thun-Salm mit ihrer Klage keinesfalls allein. Auch Felix Mottl gehörte zu den Kritikern der Bayreuther Verhältnisse. Von einer Bekannten hatte er gehört, »daß es ein Herzenswunsch der Frau Wagner wäre, sich mit Isolde noch vor ihrem Ende zu versöhnen. Die Kinder aber erlaubten es nicht, an der Spitze natürlich der widerwärtige Siegfried! [...] Es ist doch ein Jammer, was aus der Wahnfried-Familie geworden ist!«[30] Wahrscheinlich lag die traurige Wahrheit irgendwo in der Mitte: Solange Isolde zu ihrem Mann und Cosima unter dem Einfluss Siegfrieds und der Chamberlains standen, war an eine Versöhnung nicht zu denken.

Mit Isolde ging es im Laufe des Jahres 1912 stetig bergab. Sie kämpfte nicht mehr nur um ihre Mutter, für sie ging es mittlerweile um das blanke Überleben. Der berühmte Münchner Röntgenarzt Professor Dr. Hermann Rieder hatte bei Isolde eine doppelseitige Lungentuberkulose erkannt. Diese Diagnose war niederschmetternd, da die Tuberkulose – im Volksmund auch Schwindsucht genannt – eine chronisch verlaufende Infektionskrankheit ist, die man vor hundert Jahren nur unzureichend behandeln konnte. Für die Patienten bedeutete das Feststellen einer »Tbc« die totale Veränderung ihrer Lebensumstände. In der Regel mussten sie mehrere Jahre in Lungensanatorien verbringen, hoffend, dass die schwere Erkrankung durch die gesunde Luft ausheilen würde. Arosa war ein bekannter Kurort, ein anderer, Davos, wurde in Thomas Manns Roman *Der Zauberberg* verewigt. Isolde begab sich zunächst in »Dr. Wigger's Kurheim« im bayrischen Partenkirchen, wo sie von Mitte Juli bis Anfang Oktober 1912 blieb.

Die Monate vergingen in einem ständigen Auf und Ab. An einem Tag fühlte sich die Patientin verhältnismäßig wohl, am anderen Tag klagte sie über Fieber und blutigen Auswurf. Zu allem Übel verhielt sich Isolde nicht gerade kooperativ. Dr. Florenz Wigger, der Leiter des nach ihm benannten Sanatoriums, schrieb in seinem ärztlichen Bericht: »Eine regelmässig strenge Kur war bisher bei der etwas schwie-

Isolde Beidler in Garmisch-Partenkirchen, 1912. Zu diesem Zeitpunkt war sie bereits von ihrer schweren Tuberkuloseerkrankung gezeichnet. »Sehr störend wirken auf die ganze Kur (und auf das Verhalten der Patientin) die mehr wie unangenehmen häuslichen Verhältnisse, welche desöfteren die schwersten Erregungszustände hervorriefen.« (Isoldes Arzt Dr. Wigger)

rigen Natur der Patientin nicht möglich. Verordnet der Arzt der Patientin Liegekur, so muss er bestimmt damit rechnen, dass sie irgend eine sehr unvorsichtige Handlung begeht (weite Ausflüge bei schlechtem Wetter, Alkohol-Exzesse und dgl.). Leitet man irgend eine physikalisch diätetische Kur ein, so darf man sicher darauf rechnen, dass die Kurvorschrift nicht befolgt wird trotz Drängen von Schwestern, Arzt und so weiter. Es wird alles versprochen aber nicht gehalten.« Auch Dr. Wigger blieben die familiären Probleme nicht verborgen: »Sehr störend wirken auf die ganze Kur (und auf das Verhalten der Patientin) die mehr wie unangenehmen häuslichen Verhältnisse, welche desöfteren die schwersten Erregungszustände hervorriefen.« War das nicht alles schon schlimm genug, erkrankte nun auch Isoldes Sohn an »centraler Drüsentuberkulose« und Masern. Der kleine Franz Wilhelm sei zwar ein »anaemischer und hochgradig nervöser Patient«, er werde die Krankheit aber ohne größere Komplikationen überstehen. In Isoldes Fall erklärte sich der Arzt – bezeichnend genug – für machtlos. »Frau Beidler selbst braucht zu ihrer definitiven Erholung mindestens noch 1–2 Jahre und wäre am besten in einem entsprechenden Sanatorium dauernd untergebracht, wenn eben möglich ganz fern von ihrem Mann und dessen Familie.«[31] Dazu war die Kranke allerdings nicht bereit. Ruhelos reiste sie von Partenkirchen nach München, dann für einige Wochen nach Davos, schließlich zu ihrer Schwester Daniela an den Gardasee und wieder zurück nach München. Eine Genesung rückte so in weite Ferne.

In diesem Zustand – körperlich am Ende und mit ramponierten Nerven – erfuhr Isolde Mitte Juni 1913, dass in Wahnfried die Absicht bestehe, ihre jährliche Apanage zu kürzen und sie erbrechtlich nur mit dem so genannten Pflichtteil abzufinden. Isolde gelte – so argumentierte man – vor dem Gesetz als eine Tochter Hans von Bülows. Das war auf den ersten Blick paradox: Dass Isolde die leibliche Tochter Richard Wagners war, konnte man nicht ernsthaft bezweifeln. Die Rechtslage war aber komplizierter. »Mater semper certa est« lautet ein lateinisches Rechtssprichwort und bedeutet so viel wie: die Person der Mutter steht immer fest. Ganz anders beim Vater, da es ja stets die Möglichkeit gibt, dass jemand anders als der Ehemann der wahre Erzeuger ist. In einer Zeit, in der keine Vaterschaftstests zur Verfügung standen, half man sich mit der bereits erwähnten Bestimmung »pater est, quem nuptiae demonstrant«. In unserem Fall hieß das: Cosimas Kinder haben in den Augen des Gesetzes keinen anderen Vater als den Ehemann der Mutter – und der hieß bei Isoldes und Evas Geburt Hans von Bülow. Nur Siegfried wurde – wie berichtet – als Kind Richard Wagners legitimiert. Isolde reagierte ob derartiger juristischer Spitzfindigkeiten verständlicherweise empört und erklärte in einem Brief an Eva Chamberlain, dass sie unter keinen Umständen auf ihre Rechte als älteste Tochter Richard Wagners verzichten werde. Es sei unerheblich, »ob ich nun unter Bülows Dach oder in Tribschen geboren wurde«. Isolde fühlte sich als Opfer einer Verschwörung, an deren Spitze ausgerechnet Adolf von Groß gestanden haben soll. Wahnfrieds Finanzverwalter habe es nämlich versäumt, sie – Isolde – über die rechtlichen Angelegenheiten zu informieren. Dagegen werde sie notfalls gerichtlich vorgehen. »Dass unser guter Adolf es mit der Wahrheit nicht genau nimmt, das wisst Ihr ja selbst (von Euch stammt in seinem Betreff das Wort ›big lie‹/›grosse Lüge!‹), das Ihr in meiner Anwesenheit gar oft anwandtet.«[32] Es mag sein, dass von Groß mit Isolde darüber nicht gesprochen hat, richtig ist aber auch, dass es Isolde auch nie interessiert hat. Solange die Apanage pünktlich überwiesen wurde, war Fräulein von Bülow, wie sie sich vor ihrer Hochzeit arglos nannte, zufrieden.

Doch die reichen Geldströme drohten mit Ablauf des Jahres 1913 zu versiegen. Die Schutzfrist für Wagners Werke lief Ende Dezember aus, danach musste die Familie von der Substanz leben. Gleichwohl bleibt zu betonen, dass genug Geld zur Verfügung stand. Alleine die Münchener Hofoper hatte zwischen 1896 und 1913 über 330 000 Mark Tantiemen an Wahnfried abgeführt. Hinzu kamen die Zahlungen der vielen kleineren und größeren Opernhäuser weltweit. Bereits 1909 tauchten Cosima und ihr Sohn Siegfried im »Adreßbuch deutscher Millionäre«[33] auf. Es war Adolf von Groß' umsichtiger Finanzverwaltung zu verdanken, dass das Familienvermögen Anfang 1913 mit knapp 6 Millionen Mark schwindelerregende Höhen erreicht hatte.[34] Zwei Zahlen verdeutlichen, wie reich der Clan tatsächlich war. Das mittlere Jahreseinkommen eines Angestellten betrug 1913 rund 1200 Mark, demzufolge entsprachen 6 Millionen Mark ziemlich genau

5000 Jahreseinkommen. Dieser Summe stehen – in heutiger Währung – rund 27 Millionen Euro gegenüber.[35]

Isoldes Angriffe auf Adolf von Groß und ihre Drohung mit einer gerichtlichen Auseinandersetzung lösten in Wahnfried nur noch Kopfschütteln aus. Siegfried Wagner hatte zu dieser Zeit – im Juni 1913 – mit seiner Schwester abgeschlossen. Er vermied jeden Kontakt und überließ die Korrespondenz Eva Chamberlain. Als Isolde ihn bat, er und nicht von Groß möge sich persönlich um ihre Belange kümmern, antwortete wiederum Eva. Siegfried habe keine »Muße«, sich »dem Detail zu widmen«, weshalb er »Wahnfrieds Rechtsvertreter, Herrn Justizrath Dr. Franz Troll in München mit der Ausführung betraut. Fidi hat diesen auf das Genaueste instruirt, der sich unverzüglich mit Dir in Verbindung setzen wird.«[36] Die Beauftragung Trolls ging maßgeblich von Houston Stewart Chamberlain aus. Die beiden kannten sich seit vielen Jahren, und der Justizrat hatte Chamberlain mehrfach rechtlich vertreten. Der angekündigte Brief ließ nicht lange auf sich warten, bereits am nächsten Tag meldete sich Dr. Troll bei Isolde zu Wort. »Die Ihnen von Frau Cosima Wagner und Herrn Siegfried Wagner gemeinsam freiwillig gewährten Subsidien« – dieser Halbsatz genügt, um die Stoßrichtung des Briefes zu erfassen. »Subsidien« sind finanzielle Zuwendungen, damit ein Mensch sich so verhält, wie es der Geber des Geldes will. Isolde sollte keinen Rechtsanspruch mehr auf ihre Apanage haben, ganz im Gegenteil, in Zukunft werde ihr nur noch aus freien Stücken jene Unterstützung gezahlt. Das Wörtchen »freiwillig« beinhaltet aber auch, dass ihr diese Zuwendungen nur ganz unverbindlich und bis auf weiteres zustanden. Sollte sie sich nicht familienkonform verhalten, so die unterschwellige Drohung, könne jene Beihilfe jederzeit gekürzt oder gar gestrichen werden. Die »Subsidien« bestanden aus jährlich 12 000 Mark (etwa 57 000 Euro) für Isoldes persönlichen Bedarf, jährlich 4000 Mark (etwa 19 000 Euro) für die Miete der Münchner Wohnung sowie den Auslagen für den Kuraufenthalt in Davos. »Sollten Sie sich entschliessen«, fährt Troll fort, »Ihren Sohn Wilhelm Beidler, dauernd in ein Internat zu geben, wie dies Ihre Frau Mutter und Ihr Herr Bruder dringendst wünschen, so bin ich beauftragt, die Kosten hierfür zu übernehmen.«[37] Auch wenn sich Isolde – was das rein Finanzielle anbelangte – nicht verschlechterte, kam dieser Brief einer ungeheuren Demütigung gleich, sollte sie doch fortan kein gleichberechtigtes Mitglied der Familie Wagner mehr sein. Und nun wollte man ihr – wie sie es wohl empfand – auch noch das einzige Kind wegnehmen. In ihrem Stolz schwer gekränkt, dachte sie zunächst daran, sich das Geld für ihre und ihres Sohnes Kur in den Schweizer Bergen irgendwo zu leihen oder die Behandlungen gar abzubrechen. Blandine Gravina redete der Schwester derweil gut zu: »Ich hörte zu meiner Freude, dass die Massnahmen, welche Fidi getroffen hat, diese Kur für euch Beide so lange sie nötig sein wird, fest einschliessen. Also nimm es doch ruhig u. freudig an, mein armes Schwesterlein, u. denke nicht an Anleihen bei Fremden.«[38] Doch so leicht wollte sich Isolde nicht geschlagen geben. Sie engagierte nun ihrerseits einen Rechtsanwalt.

Dr. Trolls Gegenspieler wurde Justizrat Siegfried Dispeker. Der Münchner Jurist entstammte einer angesehenen jüdischen Familie. Er kannte Franz Troll aus der juristischen Praxis und ahnte, dass die Auseinandersetzungen hart werden würden. Dr. Troll war, schrieb er in seinen unveröffentlichten Erinnerungen, »ebenso klug und kenntnisreich wie ein mit allen Wassern gewaschener Gegner«.[39] Die nun folgenden Monate gerieten zur publikumsreifen Darbietung – gewissermaßen zum »Showdown« zweier Staranwälte.

Dr. Dispeker war offensichtlich von dem moralischen Eifer getrieben, einen »Vaterraub« zu verhindern. Vielleicht spielte auch Eitelkeit eine gewisse Rolle, schließlich ging es ja um die Familie Richard Wagners. Als erfahrener Jurist hätte er jedenfalls wissen müssen, dass seine Mandantin schlechte Karten hatte, da sie vor Justitia nun einmal als Tochter Hans von Bülows galt. Oder war Isoldes Klageandrohung nur die hilflose Tat einer tief verzweifelten, schwer kranken und in die Ecke gedrängten Frau? Es spricht einiges für die zweite Lesart. Offensichtlich hoffte Isolde, die Familie würde vor einem peinlichen Prozess zurückschrecken.

Am 2. September 1913 wandte sie sich ein letztes Mal an Cosima. Vorsichtshalber adressierte Isolde den Brief per Einschreiben direkt an ihre Mutter. Cosima nahm das Dokument persönlich entgegen, unterschrieb den Rückschein und bekam dann zu lesen: »Ich kann es nur wiederholen, ich glaube nicht, dass Du etwas von diesem schmählichen Intrigenspiel gegen mich und meinen Sohn weißt. Du musst es aber erfahren, ehe es zu spät ist und ehe der Name ›Wagner‹ durch einen unvermeidlichen Prozess einen dauernden, nie wieder auslöschbaren Makel erhält. Denn wisse, weder für mich, noch weniger für meinen Sohn lasse ich mir meine Abstammung von Richard Wagner durch meinen Bruder Siegfried abstreiten.« Vorsichtshalber legte Isolde ihrem Schreiben ein Gutachten Dr. Dispekers bei, »wonach ich berechtigt bin, im Klagewege meines und meines Sohnes geradezu frivol bestrittenen Rechte geltend zu machen.« Und schließlich: »Ich verlange, dass Siegfried, Eva und Du klipp und klar erklärt, dass ich die Tochter Richard Wagners bin und daher gleiche Rechte, wie meine Geschwister Siegfried und Eva besitze. In Deine Hände lege ich die Entscheidung.«[40]

Cosima entschied sich – und zwar gegen ihre Tochter. Am 13. September schrieb sie an Isolde: »Mein Kind – Deinen Brief u. Deine Einlage habe ich persönlich empfangen. Du hast dadurch eine Lage geschaffen, die nur durch einen Rechtsanwalt weiterzuführen möglich ist. Ich habe darum Deinen Brief u. Einlage Deines Rechtsanwaltes unserem Rechtsanwalt zukommen lassen u. ihn mit der Erledigung beauftragt. Deine Mutter Cosima Wagner.«[41]

Anfang Oktober 1913 bat Isolde Adolf von Groß letztmalig um eine Unterredung, doch er lehnte ab. Damit war der Prozess unausweichlich geworden. Anfang Februar 1914 – Cosima und der Rest der Bayreuther verbrachten das Frühjahr im italienischen Bordighera – reichte Dispeker beim Landgericht Bayreuth die Klage ein. »Obwohl man auf diese unqualificirbare That Isoldens gefasst sein konnte«, schrieb von Groß an Chamberlain, »bin ich nichtsdestoweniger aufs Schmerzlichste berührt durch dieselbe.«[42] Obschon Dr. Troll von der Aussichtslosigkeit der Klage überzeugt war, entstanden in Wahnfried erste Zweifel. »Die Sache wird nicht so einfach sein als Troll es zuerst vermeinte«,[43] musste von Groß zugeben. Die Nerven lagen blank, zumal Isolde verlauten ließ, sie besitze ein Schriftstück Richard Wagners, aus dem hervorgehe, dass sie sein Kind sei. Ein Bluff? Für Adolf von Groß war dies Teil eines »teuflischen Plans«: »Da man auf Alles gefasst sein muss, theile ich Dir es mit und frage, ob Du Dir diese Rederei irgend wie deuten kannst.«[44] Plötzlich zeigte sich bei den

Bayreuthern so etwas wie Angst vor der eigenen Courage. In letzter Minute gab Geheimrat von Groß bei dem berühmten Berliner Juristen Josef Kohler ein Rechtsgutachten in Auftrag. Die Expertise fiel erwartungsgemäß zugunsten Wahnfrieds aus (der Professor erhielt dafür die stattliche Summe von 1500 Mark) und hatte daher vor Gericht nur einen geringen Wert. Offensichtlich wollte man sich Mut machen.

Es half alles nichts – am 6. März 1914 begann das Verfahren »Frau Isolde Beidler gegen Frau Dr. Cosima Wagner«. Siegfried Dispeker wollte den Prozess zu einem Skandal machen. Er wusste, dass er die Wagners an dieser Stelle empfindlich treffen konnte, stand die Familie doch seit vielen Jahren in dem Ruf, nicht besonders sympathisch zu sein. Dass eine Mutter ihre eigene Tochter verleugnet, dass sie wider besseren Wissens die Unwahrheit behauptet, ließ sich effektvoll instrumentalisieren. Diese in aller Öffentlichkeit inszenierte Tragödie war Dispekers gefährlichste Waffe. Hatte Adolf von Groß zunächst gehofft, das Publikum ausschließen zu können, wurde auch diese Erwartung enttäuscht. Das Gericht stimmte Siegfried Dispekers Antrag auf öffentliche Verhandlung zu. Damit hatte der gewiefte Jurist sein Ziel erreicht – immer neue Sensationsmeldungen geisterten durch die Weltpresse, und eine erregte Menge erfreute sich an den Bayreuther Passionsspielen.

»Aber vielleicht darf man jetzt schon sagen«, konstatierte die »Schaubühne«, »daß nach einer Affäre von ähnlicher Widerwärtigkeit sehr, sehr lange gesucht werden muß. [...] Der Wahnfrieden ist gestört, und sie sind sich in der Geschmacklosigkeit einig: die große Presse und die kleinen Wagners.«[45] Der sozialdemokratische »Vorwärts« bezeichnete es als »eine schöne Gerechtigkeit«, dass jetzt einmal den »Operariern und Antisemitenbarden besonderes Unheil« widerfahre. »Wegen ein paar hunderttausend Mark mehr oder weniger zerfetzt die Tempelwächterin des deutschen Vorsängers vor aller Welt ihre Frauenehre und ist bemüht, vor Gericht nachzurechnen, welcher Vater für dieses Kind in Betracht komme. Man kann ohne Übertreibung und in schöner Milde sagen, daß dies der tollste Skandal ist, der sich seit Jahrzehnten in den Kreisen abspielte, die deutsches Wesen gepachtet zu haben glauben.«[46] Unverkennbare Schadenfreude zeigten auch die vielen Witzblätter, die damals sehr populär waren. »Die Muskete« aus Wien spottete: »Die Wagner-Gemeinde steht jetzt vor einem heiklen Problem: Es gilt zu entscheiden, ob Wagners Tochter Isolde Beidler ein Originalwerk des Meisters oder ein Plagiat an Bülow ist.«[47] Und »Der Roland von Berlin« reimte in vollendeter Boshaftigkeit:

>»Frau Cosima, Frau Cosima,
>So sag' uns doch, du weißt es ja,
>Wann Richard Konkurrenzchen
>Gemacht hat deinem Hänschen?
>Frau Cosima, Frau Cosima,
>Wer war denn wirklich der Papa
>Isoldens voll und ganz?
>War's Richard oder Hans?«[48]

Das Gerichtsverfahren drohte zum Schlafzimmerprozess zu werden, allenthalben spottete man über den Bayreuther Witwenzauber. Die Lage spitzte sich weiter zu, als ein findiger Journalist des »Neuen Wiener Journals« Richard Wagners einstige Dienerin Anna Mrazek ausfindig machte. Die 80-Jährige lebte nach dem Tod ihres Mannes in bescheidenen Verhältnissen bei ihrem Sohn außerhalb Münchens. Dort empfing die Greisin den Redakteur und erzählte freizügig von den Ereignissen im Sommer 1864 – als Richard Wagner und Cosima von Bülow ein heimliches Liebespaar wurden und Isolde zeugten. Sie erinnert sich: »Es ist uns schnell aufgefallen, daß zwischen Wagner und Frau v. Bülow mehr als ein Freundschaftsverhältnis existierte. Den halben Tag über promenierten sie Arm in Arm in dem Park drunten. […] Mir bleibt eine Szene unvergessen. Was ihr Anlaß war, das habe ich vergessen. Aber das Bild seh' ich noch, als wär's gestern gewesen. Herr v. Bülow ließ mich plötzlich in sein Zimmer rufen und machte mir heftige Vorwürfe. Ich war starr, denn ich wußte nichts von dem, was er mir vorwarf. Da sah ich hinter seinem Rücken seine Frau stehen. Sie legte den Zeigefinger vor den Mund, drohte dann leicht mit dem Finger und schüttelte mit dem Kopf. Ich begriff und – ließ mich weiter von Herrn v. Bülow zusammenputzen.« Frau Mrazek hatte jedenfalls keine Zweifel, wessen Manneskraft das Baby Isolde zu verdanken war. »Wir waren immer der Meinung, daß Isolde Wagners Kind sei. Sie ist immer bevorzugt worden von ihrer Mutter. Sie ist ganz anders behandelt worden als Bülows beide Kinder. [...] Solche Dinge kommen ja auch wo anders vor. Aber daß Frau Cosima jetzt hergeht, jetzt! Nach fünfzig Jahren! Der Nimbus ist hin! Der Nimbus ist hin! Ich begreife das nicht.«[49] Anna Mrazek sollte die Aufregungen um ihre Person nicht lange überleben – sie starb wenige Wochen später am 11. Juni 1914. Für Siegfried Dispekers Prozessführung war das plötzliche Auftauchen der Greisin jedenfalls ein Geschenk des Himmels; sofort beantragte er deren Vernehmung und Vereidigung. Anna Mrazeks Aussagen schlugen ein wie eine Bombe, schließlich war sie – neben Cosima Wagner – die einzige Zeugin jener Monate. Viele Zeitungen druckten das Interview ab, und Dispeker hatte die öffentliche Meinung nun endgültig auf seiner Seite.

Für Cosima und Siegfried Wagner sah es dagegen schlecht aus. So konnte es nicht weitergehen, es musste etwas geschehen. Houston Stewart Chamberlain erwies sich einmal mehr als Fachmann der subtilen Intrige. Da die liberalen und eher linken Blätter des Reiches ohnehin auf Seiten der Klägerin stünden, so sein Credo, gelte es, rechte Pressevertreter zu gewinnen. Josef Stolzing-Cerny war so ein Verbündeter. Der 45-jährige Journalist leitete in Berlin ein Nachrichtenbüro, das verschiedene deutsche Tageszeitungen mit Artikeln belieferte. Chamberlain klagte scheinheilig, dass »nicht ein Einziger sich fragt: wer sind in Wahrheit die Menschen, die diesen Process heraufbeschworen haben und welche Beweggründe mögen sie dazu veranlassen?«[50] Stolzing-Cerny nahm diesen Faden auf: »Setzen wir den Fall, es würde sich um einen unangenehmen Zwist in einer bekannten jüdischen Familie handeln, so wäre zu deren Verteidigung schon ein ganzer Heerbann jüdischer Geistesleuchten aufgeboten worden.« Nachdem die »wahren Schuldigen« schnell benannt waren, bot der Journalist seine Hilfe an: »Ich möchte dazu sagen, dass die Presse nur wiederum durch die Presse bekämpft werden könne, und dass deshalb auch die Familie Wagner sich dieses Mittels bedienen sollte, wenn es gilt, publizistischen Schandmäulern den Mund zu stopfen.«[51] Bezeichnenderweise gehörte Josef Stolzing-Cerny Jahre später zu denjenigen, die Adolf Hitler in Wahnfried vorstellten.

In Josef M. Jurinek fand Chamberlain einen weiteren Komplizen. Der Journalist schrieb für die »München-Augsburger Abendzeitung«, die im Bruckmann-Verlag erschien. Am 23., 24. und 25. Mai 1914 startete er publizistische Frontalangriffe. »Wahnfrieds Ehre« lautete die reißerische Überschrift der Artikelserie, die auf der Titelseite des Blattes erschien. Die Stoßrichtung war eindeutig: Isolde sollte als habgierige und undankbare Tochter – als das schwarze Schaf der Familie – dargestellt werden. Für diese Schwarz-Weiß-Malerei schien der 35-Jährige bestens geeignet. In seinen Briefen an Houston Stewart Chamberlain begegnet uns ein einfältiger Fanatiker, der mit seiner Agitation höhere – sozusagen heilige – Ziele verfolgte. »Nicht Sie, nicht Wahnfried hat zu danken«, versicherte er seinem Hintermann, »ich, ich ganz allein muß innerlich dankbar sein, denn Sie haben mich für würdig befunden, Streiter sein zu dürfen. Und der will ich bleiben für Wahnfried, so lange ich wirke & schaffe.«[52] Jurineks Beiträge waren nichts anderes als Auftragswerke. Er schickte die Texte an Chamberlain und Troll, die sie begutachteten und Änderungen vornahmen. Von journalistischer Unabhängigkeit konnte keine Rede sein. »Gleich in der Überschrift – besonders gut geheißen von Herrn Justizrat Dr. Troll – wird klar Stellung genommen«, lobte er seine Arbeit. »Damit wird endlich der Vergiftung der öffentlichen Meinung Einhalt geboten.«[53] Am 26. Mai veröffentlichte Jurinek schließlich sein Meisterstück: »Eine Unterredung mit Siegfried Wagner«. In diesem Pseudo-Interview (»das Interview ist zweimal Satz für Satz mit Herrn Justizrat Dr. Troll durchberaten worden«[54]) wiederholte der Festspielleiter die schon üblichen Stereotype, bevor er am Ende mit einer kleinen Sensation aufwartete. Siegfried erklärte, die Familie Wagner habe sich entschlossen, den gesamten Besitz inklusive aller Gebäude, Wertgegenstände und Handschriften in eine »Richard-Wagner-Stiftung für das deutsche Volk« zu überführen, soll heißen: dem deutschen Volk zu schenken. Das sei Wahnfrieds selbstlose Antwort auf die anhaltenden Attacken und Verunglimpfungen. Siegfrieds Schuss ging nach hinten los. Bis auf die Zeitgenossen, für die sowieso jedes Bayreuther Wort ein Glaubensbekenntnis darstellte, mochte die veröffentlichte Meinung den Ankündigungen der Wagners nicht glauben. Das Manöver war zu durchsichtig, ging es doch letztlich nur darum, Isoldes Ansprüche abwehren zu können, sollte der Prozess verloren gehen. Blätter wie die »Vossische« oder die »Frankfurter Zeitung« bezeichneten die Pläne zur Errichtung einer Nationalstiftung kurzerhand als Bluff, während Witzblätter wie die »Wiener Caricaturen« sich in ihrer eigenen Art der Thematik annahmen. »Der Lieblingskomponist des Hauses Wahnfried äusserte: ›Ich werde den Witzblättern mit einem noch besseren Witz antworten. Da ich ohne Leibeserben sterben werde, vermache ich Wahnfried dem deutschen Volke!‹«[55]

An Unterstützung und Sympathiebekundungen für Isolde mangelte es nicht. So bestätigte der bekannte Bildhauer Heinrich Wadere in einem Gutachten, »daß die Familienähnlichkeit zwischen Richard Wagner und Frau Isolde Beidler so augenfällig und frappant ist, daß man gar nicht anderer Meinung sein kann.«[56] Eines Tages erschien sogar Anna Chamberlain – Houston Stewart Chamberlains erste Ehefrau – in Dr. Dispekers Büro. Sie erkannte in dem Skandal die Handschrift ihres Ex-Gatten. Entsetzt ob dieser hinterhältigen Machenschaften berichtete sie von Chamberlains jahrelangen erotischen Eskapaden. Siegfried Dispeker: »Frau Chamberlain übergab mir zur Charakterisierung dieses Mannes das Wiener Urteil ihrer Scheidung von ihm zur beliebigen Verwertung und sagte sarkastisch lächelnd, ›da haben sie ein bezeichnendes Beispiel zum Unterschied zwischen Theorie und Praxis‹.«[57] Isolde und Franz Beidler hielten sich mit persönlichen Stellungnahmen zurück. Die Klägerin verbrachte den Sommer im Sanatorium Schweizerhof in Davos, ihr Mann weilte nach seiner Rückkehr aus Barcelona in der Münchner Stadtwohnung. Nur einmal – Ende Juni 1914 – meldete sich Franz mit einer langen Erklärung zu Wort. In den »Münchner Neuesten Nachrichten« erläuterte er süffisant, nicht auf sein Verhältnis zu Siegfried Wagner eingehen zu wollen – »im Interesse von Siegfrieds und Wahnfrieds Ehre«.[58]

In letzter Sekunde geriet nun auch Dr. Dispeker in Chamberlains Fadenkreuz. Franz Troll an Chamberlain: »Aus amtlichen Registern bestätige ich Ihnen, dass Herr Justizrat Dispeker keine Villa in St. Emeran hat.«[59] Die Verunsicherung muss im Bayreuther Hauptquartier sehr groß gewesen sein, wenn man Isoldes Anwalt mittels Nachforschungen in seinem persönlichen Umfeld unter Druck setzen zu können hoffte.

Die öffentliche Meinung war das Eine, die juristische Lage das Andere – Entscheidende. Und so konnte der von beiden Seiten heftig geführte Pressekrieg nicht darüber hinwegtäuschen, dass der Prozess für Isolde ungünstig verlief. Man muss davon ausgehen, dass Dispeker die Niederlage seiner Mandantin wohl erwartete. Zwar hielt er am 12. Juni ein flammendes Schlussplädoyer und forderte sogar die Vereidigung Cosima Wagners. Das eine Woche später – am 19. Juni 1914 – verkündete Urteil kam aber nicht überraschend: »Die Klage wird abgewiesen. Die Klägerin hat die Kosten des Rechtsstreits zu tragen.« Die Richter konnten gewiss nicht anders entscheiden. Dennoch stellt dieses Urteil die Wahrheit auf den Kopf. Richard und Cosima Wagners erstes Kind – Wagners geliebtes »Soldchen« – galt vor aller Welt als Nachkomme Hans von Bülows. Doch damit nicht genug: auch Isoldes Sohn Franz Wilhelm war nun ein Enkel des berühmten Dirigenten. In der »Entwagnerung« Isoldes kulminierte der zur bloßen Fassade erstarrte Familienkult, und das seit Jahrzehnten stilisierte dynastische Prinzip wurde auf Kosten der Aufrichtigkeit endgültig durchgesetzt. Im Grunde gab es nur Verlierer. Isolde verlor ihre Familie, Cosima verlor ihre Lieblingstochter und büßte ihre »Frauenehre« ein, wie es der »Vorwärts« auf den Punkt gebracht hatte. Aber auch Siegfried Wagner und Houston Stewart Chamberlain bezahlten für den juristischen Sieg einen sehr hohen Preis: Die Familie des »Meisters aller Meister« gab sich der Lächerlichkeit preis und erschien als verlogene und widerwärtige Gesellschaft.

Die Witzblätter waren schnell zur Stelle und schlachteten das Urteil genussvoll aus. Unter der Überschrift »Erlauschtes aus Wahnfried« veröffentlichte die »Muskete« aus Wien ein imaginäres Gespräch zwischen Siegfried und Cosima Wagner: »›Weißt Du, Mama! Jetzt, da Dir das Gericht recht gegeben hat, könntest Du doch mit einigen Tausendern für die arme Isolde herausrücken!‹ ›Ungeratener Bube! Wenn Du mir nochmals damit kommst, dann – dann bist Du von Bülow!‹«[60] Die »Berliner Volkszeitung« orakelte frei nach der schönen Helena: »Was ist das? Es ist nicht meine Schwester…und nicht mein Bruder … und doch das einzige Kind meiner Eltern«? Die Antwort: »Siegfried Wagner.«[61]

Der Bruch Wahnfrieds mit den Beidlers war total. In Cosimas Gegenwart durfte über sie nicht mehr gesprochen werden. Die Erinnerungen wurden ausgelöscht – sie waren vor ihrer Zeit gestorben. Isolde kam nicht zur Ruhe, ihre Gedanken kreisten unentwegt um das Zerwürfnis mit der Mutter. In zahlreichen Briefen an Siegfried Dispeker klagte sie über die »Gemeinheit« der Familie und belieferte den Justizrat mit immer neuen Informationen über das erlittene Unrecht. Am 20. Juli ließ sie am Oberlandesgericht Bamberg Berufung gegen das Urteil einlegen, zog diesen Antrag am 19. Oktober aber wieder zurück. Zu einer Revision oder Wiederaufnahme des Verfahrens kam es also nicht mehr. Dann erschien plötzlich die Meldung, Isolde sei mit der Abfassung ihrer Memoiren beschäftigt, die sie »unter dem Titel ›Erinnerungen an meinen Vater‹ zu veröffentlichen gedenkt«.[62] Doch das war wohl eine Zeitungsente, zumal Isolde gar nicht mehr in der Lage schien, konzentriert arbeiten zu können. »Sie werden – fürchte ich – diesem Schreiben anmerken, dass ich schon wieder zu einem Schlafmittel gegriffen habe«, schrieb sie an Dispeker. »Ich bin mit den Nerven durch andauernde Schlaflosigkeit u. starke Schlafmittel augenblicklich wieder derart herunter, dass ich mich zu gar nichts mehr aufraffen kann.«[63] Einige Monate später zeigte sie sich wieder kämpferisch: »Da ich mein böses Leiden doch nun endlich zum Stillstand, den ich sicher hier erreichen kann, bringen möchte, so sinne ich fortwährend auf Mittel u. Wege, wie ich die – auf ihrem Hort unbeweglich ruhenden – Wahnfriedler zur Herausgabe noch eines Theiles des mir zukommenden Vermögens bewegen kann. Vielleicht ist Siegfried seit seiner Verheirathung doch etwas milder gestimmt!«[64]

Isoldes Optimismus hinsichtlich ihrer Gesundung war leider unbegründet, hatte sich die Tuberkuloseerkrankung doch weiter verschlimmert. »Die Prognose ist bei dem Alter der Patientin und der jetzt aufgetretenen Verschleimung des Prozesses durchaus zweifelhaft«,[65] lautete die medizinische Bestandsaufnahme Anfang 1915. Im Privatsanatorium Schweizerhof in Davos konnten die Ärzte der Kranken irgendwann nicht mehr helfen, da sie sich ihren Anweisungen widersetzte. Isolde zog daraufhin in das Grand Hotel. Sie war tablettenabhängig, trank zu viel, und die Schwindsucht ließ ihren Körper verfallen. »Sähest Du mich jetzt«, klagte sie ihrer Schwester Blandine,

Die Parallelfamilie: Isoldes Ehemann Franz Beidler begann mit der Sängerin Emmy Zimmermann eine Affäre. Im Mai 1912 kam die gemeinsame Tochter Eva zur Welt.

»so würdest Du Dein freundliches Compliment zurücknehmen müssen, denn ich bin inzwischen: dürr, hager, mager, ›griesich und grau‹, also wirklich ›eine alte Hutzel‹ geworden.«[66] Einige Zeit später hieß es: »Ich lebe, da ich ausserordentlich angegriffen bin, ganz still und zurückgezogen in meinem ›Kämmerlein‹ u. da meistens zu Bett.«[67] Isolde war eine Getriebene und drohte an ihrem Schicksal zu verzweifeln. »Es will noch nicht recht aufwärts gehen mit meiner Gesundheit u. habe ich neuerdings ziemlich stark erhöhte Temperaturen«,[68] schrieb sie an Siegfried Dispekers Ehefrau. Nach so vielen Jahren in ärztlicher Behandlung verlor sie – wen wundert es – langsam aber sicher die Geduld. Franz besuchte seine Frau nur sehr selten in den Schweizer Bergen, hatte er doch schon längst ein weiteres Doppelleben mit seiner Hausangestellten Walburga Rass begonnen. Aus dieser Beziehung gingen zwei Kinder hervor: im September 1915 der Sohn Franz Walther und im Mai 1917 die Tochter Elsa Hildegard. Das war die deprimierende Bilanz der Beidler-Ehe: Isoldes Sohn Franz Wilhelm standen mit Eva Zimmermann und den beiden Rass-Geschwistern insgesamt drei uneheliche Kinder gegenüber. Eine Farce.

Isolde war irgendwann nur noch ein Schatten ihrer selbst. Als sie fühlte, dass es zu Ende gehen würde, kehrte sie in ihre Wohnung an den Prinzregentenplatz zurück. An Daniela Thode richtete sie im Juli 1918 ein bewegendes Telegramm: »Ersuche Dich meine Herzensschwester sofort zu kommen da meine Stunden, ja Minuten zu zählen sind. Merkwürdigerweise bemerkt es meine Umgebung nicht. Es wäre mir eine unerhörte Beruhigung Dich bei meinem Ende zugegen zu haben. Aber zögere ja nicht, es steht sehr ernst. In Deine Augen muss ich noch einmal schauen. Habe auch zu viel des Schweren auf dem Herzen das nur Du wissen darfst. Also hoffentlich noch einmal das letztemal. Deine treue Schwester Isolde.«[69] Dieser herzzerreißende Hilferuf löste in Wahnfried nur mehr Ratlosigkeit aus. »Trifft aber der Todesfall ein«, schrieb Eva Chamberlain an Ernst Schweninger, »wie sollen wir uns da Mama gegenüber verhalten? Dass diese Nachricht eine tiefe innere Erschütterung für Mama bedeutet ist zweifellos. Kann u. darf man sie ihr aber fernhalten? Seit Jahr u. Tag erwähnte sie diese unglückselige Tochter nicht mehr, auch nicht zu Adolf Gross, wie er uns heute bestätigte. Das letzte Wort was ich von ihr über das Thema hörte lautete: ›Denke Dir, mein Gefühl ist nach dieser Seite hin wie abgestorben.‹«[70] Evas Formulierungen sind bezeichnend, ging es doch gar nicht um Isoldes Schicksal. Von Mitleid, Anteilnahme oder Betroffenheit keine Spur. Die todkranke Schwester war nur noch eine »unglückselige Tochter«, schlimmer, ein abstraktes »Thema«. Baronin Cerrini, eine Münchner Freundin, kümmerte sich um die Sterbende. Große Schmerzen wurden durch hohe Morphiumdosen betäubt. In einem klaren Moment soll Isolde über Siegfrieds Kinder Wieland und Friedelind düster prophezeit haben: »Auch sie werden unglücklich werden!«[71] Sie hatte mit ihrem Leben und mit ihrer Familie abgeschlossen.

Anfang Februar 1919 reiste Daniela erneut nach München: »Wir wechselten nur wenige Worte, liebevoll rief sie von Zeit zu Zeit meinen Namen, aber das Stöhnen und Klagen herrschte vor. Ich blieb den ganzen Tag in der Wohnung, sah ihn [Franz] nicht, nur den Sohn ab & zu, der zu mir kam, sich nett u. still u. schicklich benahm, mir immer wieder dankte. […] Da der Arzt (½ 2 kommend) ihr gesagt, dass das Ende nahe sei, wollte sie die letzten Stunden allein mit ihrem

Mann sein.« Daniela verließ daraufhin für eine Stunde die Wohnung, als sie an jenem 7. Februar 1919 um vier Uhr nachmittags an den Prinzregentenplatz zurückkehrte, »war sie ohne Todeskampf verschieden«.[72] Richard Wagners »Soldchen« wurde nur dreiundfünfzig Jahre alt.

Drei Tage später wurde Isolde Beidler auf dem Münchner Waldfriedhof zu Grabe getragen. »Es war eine ganz stille Feier, wenig Anwesende«, berichtete Daniela nach Bayreuth. Von Seiten der Familie gaben nur Franz Beidler, dessen eigener Vater, der nunmehr 17-jährige Franz Wilhelm und eben Daniela Thode der Toten das letzte Geleit. Das Ende war wieder ganz wagnerisch. Daniela: »In der Friedhofskapelle wurde aus der Ferne leise aus Parsifal gespielt.«[73] Cosima erfuhr vom Verlust ihrer Tochter übrigens erst im Mai 1929.

Wie ging es weiter? Franz Beidler stand Anfang 1919 offensichtlich vor dem wirtschaftlichen Aus. Zwar hat das Haus Wahnfried Isolde auch nach dem Prozess finanziell unterstützt, das luxuriöse Leben in München sowie die jahrelangen Klinikaufenthalte dürften aber die Ressourcen der Beidlers aufgezehrt haben, zumal Franz ja auch seine Parallelfamilien unterstützen musste. Kurzum: Er brauchte Geld. Im Frühjahr 1919 bot er Isoldes Nachlass dem renommierten Münchner Kunsthändler Hugo Helbing zum Verkauf an. Helbing ließ eigens einen umfangreichen Katalog drucken, der sogar Photographien der wertvollsten Gegenstände enthielt.[74] Diese Liste verzeichnet insgesamt 423 Einheiten: zahlreiche Objekte in Glas, Porzellan, Silber und anderen Edelmetallen, Lampen, Textilien und Möbel – darunter eine 18-teilige Esszimmergarnitur (Holland um 1750) –, Uhren, Accessoires aller Art sowie Holz- und Porzellanplastiken. Viele Kunstwerke stammten aus dem 18. und frühen 19. Jahrhundert. Unter den mannigfachen Gemälden befanden sich auch drei Werke Franz von Lenbachs, die Cosima und Eva Wagner darstellen. Von ganz besonderem Wert war zweifellos ein achtseitiges Manuskript mit frühen Liedern Richard Wagners. Bei der Mehrzahl der Artikel handelte es sich wohl um Familienbesitz, den Isolde mit in die Ehe gebracht haben dürfte und den Franz nun zu versilbern gedachte. Am 19. und 20. September 1919 kam jener Schatz unter den Hammer. In Beidlers Nachlass befinden sich zwei weitere Dokumente, aus denen die Mindestgebote sowie die tatsächlich erzielten Gewinne hervorgehen. Eine Suppenterrine konnte man bereits für 21 Mark ergattern. Andere Preziosen waren wesentlich teurer, so wechselte etwa ein großer Orient-Teppich für 10 100 Mark den Besitzer. Die drei Lenbachs hatten zusammen einen Mindestpreis von 25 000 Mark und erzielten letztendlich 27 150 Mark. Der Zuschlag für die Wagner-Manuskripte fiel bei 6900 Mark (Startgebot 6000 Mark). Beidler zog in letzter Minute einige Gegenstände von der Auktion zurück, offensichtlich konnte er sich davon nicht trennen, andere Nummern fanden keinen Abnehmer. So wurde ein Notenpult aus dem Nachlass Richard Wagners erst 1932 zum Freundschaftspreis von 50 Mark an den Schriftsteller Richard Du Moulin Eckart verkauft, wie aus einer handschriftlichen Notiz im Katalog hervorgeht. Ein Brustbild Siegfried Wagners des Frankfurter Malers Maximilian Roßmann ging irgendwann in späteren Jahren für 100 Mark an das Bayreuther Wagner-Museum. Alles in allem erzielte die Auktion einen Erlös in Höhe von 130 447 Mark, was einer Kaufkraft von ungefähr 125 000 Euro entspricht. Rückblickend muss man sagen, dass Franz mit dem Ausverkauf besser einige Jahre hätte warten sollen. Die Preise hatten sich seit 1913 bereits verfünffacht, Deutschland befand sich Ende 1919 auf dem Weg in die Inflation – das viele Geld war bald nichts mehr wert.

Franz Beidler heiratete am 17. Februar 1922 seine langjährige Geliebte Walburga Rass und lebte mit den beiden – nun legitimierten – Kindern Franz Walther und Elsa Hildegard in einer kleinen Wohnung in der Leopoldstraße. An seine Dirigentenkarriere, die einst in Bayreuth begonnen hatte, konnte er nicht mehr anknüpfen. Beidler verdiente seinen Lebensunterhalt mit dem Abhalten privater Musikstunden. Das Verhältnis zu seinem ersten Sohn wurde zunehmend schlechter. Franz Wilhelm hatte die Entwicklung der Familientragödie aus nächster Nähe beobachtet, er musste als Jugendlicher den körperlichen Niedergang seiner Mutter mit ansehen und das langjährige Doppelleben seines Vaters ertragen. Alles das konnte er ihm nicht verzeihen. Hinzu kamen gravierende politische Meinungsverschiedenheiten. Franz Beidler war zwar Eidgenosse, was ihn aber nicht daran hinderte, streng deutschnational zu denken und – angeblich! – ein begeisterter Anhänger Adolf Hitlers zu werden. In diesem Sinne blieb er – über den Bruch mit den Wagners hinaus – ein treuer Bayreuthianer.

Sein Sohn ging einen ganz anderen Weg. Er verließ nach dem Tod der Mutter München und legte in Coburg das Abitur ab. Der junge Beidler studierte Rechts- und Staatswissenschaften und wurde 1927 an der Alma Mater in Berlin promoviert. Sein Mentor und verehrtes Vorbild wurde Leo Kestenberg, seines Zeichens Pianist, Musikpädagoge und Politiker. Kestenberg war als Musikreferent (ab 1929 als Ministerialrat) im Preußischen Ministerium für Wissenschaft, Kunst und Volksbildung für eine reformbezogene und progressive Musikpolitik verantwortlich. Er berief so bedeutende Musiker wie Ferruccio Busoni, Franz Schreker, Arnold Schönberg, Paul Hindemith und Otto Klemperer an die Spree und trug viel zum berühmten kulturellen Glanz der »Goldenen zwanziger Jahre« bei. Für die musikalische Rechte war der Jude und Sozialdemokrat Kestenberg eine Unperson – so auch im Hause Wahnfried. Dass Isoldes Sohn nach seiner Promotion ausgerechnet in Kestenbergs Abteilung eintrat, musste bei den Wagners – gelinde gesagt – Befremden auslösen. Gleichwohl bemühte er sich um ein gutes Auskommen mit den Verwandten. Insbesondere mit seinen Tanten Daniela, Blandine und Eva stand er über Jahre in herzlichem Briefkontakt. Nur sein Vater Franz Beidler blieb in Bayreuth persona non gratissima. Er starb am 15. Januar 1930 in seiner Münchner Wohnung an den Folgen eines Schlaganfalls.

Als eine Folge des so genannten »Preußenschlags« vom 20. Juli 1932, also die verfassungswidrige Absetzung der preußischen Regierung unter Ministerpräsident Otto Braun durch Reichskanzler Franz von Papen, wurden Leo Kestenberg und seine Mitarbeiter entlassen. Nach der Machtübernahme der Nationalsozialisten emigrierten Franz Wilhelm Beidler und seine jüdische Ehefrau Ellen nach Zürich. Bereits in den 1930er Jahren begann er mit der Niederschrift einer Biographie über seine Großmutter Cosima Wagner. Dieses Projekt beschäftigte ihn gut zwanzig Jahre und blieb leider nur ein höchst lesenswertes Fragment. Beidler veröffentlichte bemerkenswerte Aufsätze über Richard und Cosima Wagner, über Wagners politische Ideen oder über »Wagner-Verfälschung im Hitler-Deutschland«. Diese Texte weisen ihn als brillanten Denker und begnadeten Schriftsteller aus.[75]

Bis zu seinem Tod 1981 blieb Isoldes Sohn eines der ganz wenigen Mitglieder des Wagner-Clans, das sich kritisch mit dem Geist von Bayreuth auseinandersetzte. »1933 ist lediglich die Drachensaat aufgegangen«, schrieb er 1951, »die vorher während Jahrzehnten vornehmlich von dort ausgesät worden war. Wenn im Nationalsozialismus überhaupt eine Ideologie, eine Gesinnung enthalten ist, so ist es zu einem erschreckend großen Teil Bayreuther Gesinnung.«[76] Wie recht er hatte, werden wir noch sehen.

EHE WIDER WILLEN

Der Gnadenlose

Maximilian Harden war einer der wenigen deutschen Journalisten, die eine Macht bedeuteten.«[1] Dieser Satz stammt von einem anderen großen Publizisten, nämlich von Kurt Tucholsky, und erscheint eher als Untertreibung. Harden wurde vielmehr gefürchtet, und das Instrument seiner Furchterregung war die von ihm gegründete Wochenzeitung »Die Zukunft«. Es lohnt sich, einen kurzen Exkurs zu unternehmen und einen Blick auf das Bild des Mannes zu werfen, der die Geschichte der Wagners erheblich beeinflussen sollte.

Der am 20. Oktober 1861 in Berlin geborene Felix Ernst Witkowski, so Hardens Geburtsname, stammte aus einer jüdischen Kaufmannsfamilie und begann seine Karriere zunächst als Schauspieler. Er tingelte mit einer Wandertruppe durch Deutschland und spielte in verschlafenen Nestern vom Schwank bis zum klassischen Drama so gut wie alles. Doch der große Erfolg blieb aus. Die Zeit als Schauspieler hat ihn trotz des Scheiterns geprägt: Hier erwarb er sich einen untrüglichen Sinn für Theatralik und Pose, für den bühnenreifen Aufbau und die dramatische Zuspitzung einer Geschichte. Mitte der 1880er Jahre wandte er sich dem Journalismus zu und schrieb unter anderem für das linksliberale »Berliner Tageblatt«. Die ökonomische Abhängigkeit von Verlegern und die damit verbundene Notwendigkeit zu Kompromissen frustrierten Harden zunehmend. Er wollte unabhängig sein, um frei von jeder Kontrolle und Rücksichtnahme schreiben zu können. Mit Geld, das er sich bei seinem Bruder lieh, verwirklichte er sein Ideal. Am 1. Oktober 1892 – kurz vor Hardens 31. Geburtstag – erschien die erste Nummer der »Zukunft«. Die Startauflage betrug 6000 Exemplare, später wurden 20000 Hefte verkauft, zeitweilig gingen sogar Woche für Woche 70000 Exemplare über den Ladentisch.

Das Unternehmen schrieb bald schwarze Zahlen und warf im Laufe der Zeit so viel Geld ab, dass der Journalist eine schicke Villa im Berliner Grunewald beziehen konnte.

Was an Maximilian Harden so faszinierte, war sein neuer Stil. Seine Texte wirken auf heutige Leser pompös, gestelzt und häufig schwer verständlich. Man muss sich in den meisterhaften Satzbau etwas einlesen, um ein Stilprinzip des Autors zu erkennen: Er spielte gewissermaßen über Bande. Hardens Stärke lag in der leisen und beinahe beiläufigen Bemerkung. Geradezu nebenbei führte er die Leser durch kunstvoll geformte Satzkaskaden zum Wesentlichen. Kurt Tucholsky verglich den berühmten Kollegen mit einer Schlange, deren Gift zunächst nur kitzelte und Wundrötungen hervorrief – letzten Endes aber absolut tödlich wirkte. »Wenn Schriftsteller Analogien im Tierreich haben –: dieser war eine Schlange. Schön, gefährlich, giftig, böse, im Jagdeifer herrlich anzusehen, nimmersatt.« Hardens Gift, um bei diesem Bild zu bleiben, war sein Wissen. Tucholsky: »Zu Harden floß der breite Strom der Information, die Abwässer des Klatsches, die Springbäche der witzigen Verleumdungen ... er wußte alles. Und er verwertete es auf eine gradezu meisterhafte Weise.«[2]

Harden hatte ein treffsicheres Gespür für den richtigen Zeitpunkt. Er konnte warten, mitunter jahrelang. Er sammelte in der Zwischenzeit die Munition, um dann völlig unerwartet loszuschlagen. Dabei waren es nicht selten kunstreiche Wortspiele, scheinbar absichtslose Erwähnungen oder beiläufig notierte Gerüchte, die die Angegriffenen das Fürchten lehrten. Harden sprach die Intimität nicht aus, er deutete sie nur an. Nun wäre es falsch, Maximilian Harden als Gesellschaftsreporter zu bezeichnen. Der Gründer der »Zukunft« verstand sich vielmehr als politischer Journalist, als Enthüller; Klatsch und Tratsch waren ihm nur Mittel, um sein Ziel zu erreichen. Harden repräsentiert den Typus des gnadenlosen Wahrheitsfanatikers, dem jede Art von Doppelmoral und Verlogenheit tief zuwider waren. Dass er dabei nicht selten über das Ziel hinausschoss und die Grenze zum Kampagnenjournalismus überschritt, stand auf einem anderen Blatt. Ein Mann wie Harden hatte viele Feinde – nicht nur unter seinen Gegnern, deren Machenschaften er enthüllte, auch unter ihm im Grunde Zugeneigten, weil diesen seine Methoden häufig zu weit gingen.

Der Name Maximilian Harden wird heute meistens mit der so genannten »Eulenburg-Affäre« in Verbindung gebracht, die für den größten Skandal des Kaiserreiches steht. Im Herbst 1906 und im Frühjahr 1907 erschien in der »Zukunft« eine Handvoll Artikel, die Kaiser Wilhelms Vertrauten Philipp Graf zu Eulenburg-Hertefeld, den Generalleutnant Kuno Graf Moltke sowie einige andere der Homosexualität bezichtigten. Harden wurde in diesem Zusammenhang immer wieder als Homosexuellenjäger bezeichnet, im Grunde war ihm aber die sexuelle Orientierung eines Menschen gleichgültig. Die vom Autor unterstellten Verstöße gegen den Paragraphen 175 waren sein Gift, das er gezielt einträufelte. Tatsächlich ging es ihm um die Ausrichtung der deutschen Außenpolitik, die er durch Eulenburg und Konsorten in der Sackgasse wähnte. Er glaubte nämlich, dass die Mitglieder der »Liebenberger Tafelrunde«, so der inoffizielle Titel dieses inoffiziellen Herrenclubs, Kaiser Wilhelm II. subtil manipulierten. Dabei war Eulenburg bereits 1902 aus allen politischen Ämtern ausgeschieden, doch konnte er von der Politik nicht lassen und hatte den Kaiser im Sommer 1903 wieder einmal auf seiner alljährlichen Nordlandfahrt begleitet. Der Diplomat im Ruhestand unterhielt auch freundschaftliche Beziehungen zu Raymond Lecomte, damals Erster Sekretär an der französischen Botschaft in Berlin, spazierte mit ihm im Herbst 1905 sogar über den Prachtboulevard Unter den Linden. Lecomte war homosexuell und verkehrte in den einschlägigen Etablissements der Reichshauptstadt, was ihm bei der Berliner Kriminalpolizei den wenig schmeichelhaften Titel »König der Päderasten« einbrachte.[3] Harden nahm dies alles zur Kenntnis; noch sammelte er seine Informationen. Als der Kaiser aber am 7. April 1906 seinem Freund Eulenburg – wohl gemerkt: einem pensionierten Diplomaten – den »Hohen Orden vom Schwarzen Adler«, Preußens höchste Auszeichnung, verlieh, war für Harden das Maß voll. Die Attacke begann.

Die Betroffenen wehrten sich – ohne Erfolg. In mehreren Sensationsprozessen kamen pikante Details ans Tageslicht, die deren Ansehen vollends ruinierten. Kuno von Moltkes Ex-Frau Lily sagte beispielsweise aus, dass ihr geschiedener Mann seinen ehelichen Pflichten nur in den ersten beiden Nächten nachgekommen sei, dass er sowieso nur Augen für Eulenburg gehabt habe und so weiter. Von Eulenburgs erotischen Verstrickungen in Wien war die Rede, von Champagner-Gelagen, von Affären mit Starnberger Fischern, von Erpressungen und Schweigegeld und von polizeilichen Geheimdossiers – alles in allem eine ziemlich trübe Brühe. Die Presse griff das Thema immer wieder auf, in Witzblättern wie dem »Simplicissimus« erschienen deftige Karikaturen, und auf den Straßen und Plätzen des Reiches kursierten schlüpfrige Witze über des Kaisers »Hofkamarilla«.

Was hat diese Geschichte, die schon oft erzählt wurde, mit den Wagners zu tun? Die Frage müsste besser lauten: Woher hatte Harden seine Informationen? Der Giftcocktail bestand aus verschiedenen Zutaten. Da waren zunächst die Erzählungen des Fürsten Bismarck. Der Reichskanzler a.D. hatte Harden 1892 erstmals auf sein Gut Friedrichsruh eingeladen. Dort bekam der Journalist Erstaunliches zu hören: Bismarck machte die Höflinge um Kaiser Wilhelm II. für seinen Sturz im März 1890 mitverantwortlich. Ausführlich berichtete der Fürst vom verhängnisvollen Wirken seines einstigen Zöglings Eulenburg. Den Rest kann man sich denken. Eine zweite Quelle sprudelte im Auswärtigen Amt. Friedrich August von Holstein, die Graue Eminenz des Ministeriums, wusste so gut wie alles über die Mitarbeiter des Hauses. Er machte seinem Titel »Wirklicher Geheimer Legationsrat« alle Ehre und vermerkte über Jahre in einer Kartei dienstliches und privates Fehlverhalten des diplomatischen Corps. Was Eulenburg und Moltke auch immer getrieben haben mögen – in Holsteins Sündenregister wird es vermerkt worden sein. Der 1837 geborene Beamte war ein Intrigant – und Hardens perfekter Verbündeter. Der dritte und für unsere Geschichte wichtigste Informant war kein Politiker – sondern Arzt.

Professor Dr. Ernst Schweninger ist als Bismarcks langjähriger Leibarzt in die Geschichte eingegangen. Der Fürst hat seinem Doktor bedingungslos vertraut. »Ohne ihn wäre ich früher gestorben«, soll der alte Herr einmal gesagt haben.[4] Bismarcks Hochachtung für Schweninger übertrug sich auch auf Maximilian Harden, der mit dem Arzt jahrzehntelang befreundet war. Die Fachkollegen hielten indes weniger große Stücke auf dessen Fähigkeiten. Nur gegen den Willen der medizinischen Fakultät der Berliner Universität konnte Schweninger im Oktober 1884 als außerordentlicher Professor für Dermatologie und Chef der Hautklinik der Charité installiert werden. Als er 1900 zusätzlich die Leitung des neu erbauten Kreiskrankenhauses in Groß-Lichterfelde bei Berlin übernahm, rückte er geographisch noch näher an Hardens Villa im Grunewald heran. Man besuchte sich, dinierte zusammen und diskutierte über dies und das. Harden zog sich auch immer wieder in das Krankenhaus am Rande der Reichshauptstadt zurück und ließ sich von Schweninger behandeln. Dass dieser als Bismarcks Leibarzt viel gehört und mitbekommen hatte, liegt in der Natur der Sache. Allerdings nahm er es mit der Verschwiegenheit offensichtlich nicht so genau. Von Schweninger stammt beispielsweise die drastische Erzählung, der Alte habe Philipp Eulenburg einen »Kinäden« – einen verweichlichten Lüstling – genannt und geradezu unflätig geschimpft: »Finger in den Arsch; Eulenburg kommt.«[5]

Im Verlauf des Prozesses, den Kuno von Moltke gegen Harden angestrengt hatte, wurde Ernst Schweninger als Zeuge vernommen. Der Doktor gab freimütig zu Protokoll, dass Bismarck ihm Details »über angebliche perverse geschlechtliche Neigungen im Kreise des Fürsten Eulenburg« anvertraut hatte. Im Verlauf seiner Aussage verfing er sich dann immer tiefer in dem Gestrüpp aus derbem Klatsch und schlüpfrigen Bettgeschichten, wohl oder übel musste Schweninger zugeben, dass er sein Wissen ausgeplaudert hatte: »Ich habe Herrn Harden gegenüber bei diesen Gesprächen auch Bismarcks Urteil über den Fürsten Eulenburg erzählt. […] Woher die Ansicht des Fürsten Bismarck stammt, der Fürst Eulenburg sei geschlechtlich abnorm veranlagt, kann ich nicht sagen. […] Gerüchte über den Grafen Moltke in sittlicher Beziehung sind insofern zu meinen Ohren gelangt, als ich gelegentlich über ihn und seine Freunde den Ausdruck ›Frontverwechselung‹ gehört habe.«[6] Pikant erscheint auch die Tatsache, dass Schweningers Frau Magdalena Maria (»Lena«) eine Nichte Kuno von Moltkes war. Als Kuno und Lily von Moltkes kurze Ehe 1899 in die Brüche ging – Frau Moltke hatte von den homosexuellen Umtrieben ihres Gatten erfahren –, waren es die Schweningers, die Lily selbstlos zur Seite standen. Lena Schweninger hörte sich die ungeheuerlichen Erzählungen ihrer Tante an und brachte sie mit Maximilian Harden in Kontakt – vielleicht könne er ja helfen? Der Rest ist bekannt.

Ernst Schweninger würde man heute als Modearzt bezeichnen. Zu seinen Patienten gehörten Mitglieder aus den ersten gesellschaftlichen Kreisen des Reiches. Er verkehrte mit Albert Ballin, dem Generaldirektor der Hapag-Reederei, mit Walther Rathenau, mit gekrönten Häuptern und Vertretern des internationalen Geldadels sowie mit Künstlern. Schweninger kannte nicht nur die Krankengeschichten seiner Kunden, er wusste auch von deren Vorlieben und Antipathien, von heimlichen Zuneigungen und familiären Zerwürfnissen. In diesem Sinne stellte er so etwas wie eine gesellschaftliche Schnittstelle dar.

Der berühmte Professor sorgte sich auch um das Wohl der Familie Wagner, womit wir den Exkurs beenden und in das Jahr 1914 zurückkehren. Die Wagners vertrauten ihrem bewährten Arzt, der – wie bereits geschildert – mit den intimen Details der »Beidler-Affäre« bestens vertraut war. Ob nun Eva und Houston Stewart Chamberlain, ob die Thodes, die Gravinas oder auch Adolf von Groß – alle zogen Schweninger regelmäßig ins Vertrauen. Bei so viel Nähe war für ihn zwischen einer körperlichen Unpässlichkeit und einer gesellschaftlichen Verstimmung wohl nicht immer leicht zu unterscheiden. Die Causa Eulenburg hat gezeigt, dass man in solchen Fällen schnell mit der ärztlichen Schweigepflicht in Kollision geraten konnte.

Auch wenn es sich nicht mit letzter Sicherheit beweisen lässt: Es bleibt zu vermuten, dass Schweninger Hardens Informant war, dass der geschwätzige Doktor seinen Duzfreund über das eine oder andere Vorkommnis in der Villa Wahnfried (arglos?) informiert hat. Für diese Annahme spricht die Tatsache, dass Harden bereits vor der Urteilsverkündung im Beidler-Prozess über Isoldes Schicksal im Bilde war. Gegenüber Hedwig Pringsheim, Thomas Manns Schwiegermutter, hatte er offensichtlich entsprechende Andeutungen gemacht. Frau Pringsheim schrieb daraufhin an Harden: »Was Sie über Wahnfried sagen: leider, leider wahr. Ein unerhörtes, widerliches Schauspiel, das ›Nationalheiligtum‹ auf ewig besudelt.«[7] Das war am 10. Mai 1914 – ungefähr vierzehn Tage vor dem Erscheinen der großen Zeitungsartikel, gut sechs Wochen vor der Urteilsverkündung und knapp sieben Wochen vor der Veröffentlichung des berühmt-berüchtigten Aufsatzes »Tutte le Corde«. Keine Frage: die Wagners hatten nun einen machtvollen Feind. Sie befanden sich in Maximilian Hardens Fadenkreuz – er hatte sie im Visier.

Am 27. Juni 1914 – inmitten der Vorbereitungen der diesjährigen Bayreuther Festspiele – begann Hardens bereits erwähnte Abrechnung mit den »wahnfriedlichen, weihfestlichen Edelmenschen«.[8] Penibel analysierte er Cosimas Selbstdarstellung nach Richard Wagners Tod, »als habe ihr Hirn Tristan und Sachs, den Holländer und den Templeisen erschaffen. Sie nahms hin, als müsse es so, könne nicht anders sein; als fordere ein Gebot göttlicher Weltordnung, daß Männer vom Schlag Mahlers und Humperdincks, Levis und Mottls aus scheuer Ehrfurcht zu ihr aufblicken.« Und weiter: »Was ihr nicht lieblich duftete, durfte nicht in den Dunstkreis ihres Wollens; und lieblich duftete ihr nur der Weihrauch, der im Dienst Wahnfrieds verqualmte.«[9] Das hätte man alles noch stillschweigend ertragen können. Doch dann folgte jener Satz, der in Bayreuth alle Alarmglocken schrillen ließ: »Siegfriedchen«, wie Harden den Festspielleiter verhöhnte, sei ein »Heiland aus andersfarbiger Kiste«, »der auch nicht wünschen kann, dem Auge allzu sichtbar zu sein.«[10] Der Autor blieb sich treu: Er nannte Siegfried Wagners Homosexualität nicht beim Namen, er deutete sie nur an. Dabei war Maximilian Harden nicht der einzige Journalist, der Siegfrieds unkünstlerisches Privatleben zum Thema machte. »Herr Siegfried Wagner ist bekanntlich aus irgendwelchen Gründen unbeweibt«, ätzte die »Deutsche Montags-Zeitung«, und fährt fort: »Siegfried aber schreitet weiterhin, tänzelnd und parfümiert, mit etwas zu hohem Kragen, auf etwas zu hohen Absätzen, über diese schöne Erde.«[11] Nun war die erst vier Jahre zuvor gegründete »Deutsche Montags-Zeitung« ein Blatt mit einem noch überschaubaren Leserkreis. Dass aber ausgerechnet der Starjournalist und »Homosexuellenjäger« Maximilian Harden den »Meistersohn« aufs Tapet brachte, musste in Bayreuth bedenklich stimmen.

Der Autor erhielt viel Zustimmung. Hedwig Pringsheim schrieb: »Der Wagnerartikel – na! Siegfried wird ihn sich ja nicht hinter den Spiegel stecken. Aber wie gut Sie diese ekle Sache von allen Seiten beleuchtet haben, wie tapfer und wie klug Sie die Wahrheit gesagt haben.«[12] Und noch einer war voll des Lobes: »Nachdem ich Einsicht genommen habe von Ihrem ganz hervorragenden Artikel ›Tutte le corde‹«, schrieb Franz Beidler an Harden, »drängt es mich, Ihnen meine höchste Bewunderung u. meinen ergebenen Dank auszusprechen.« Die Angst der Wagners, dass er – Franz – mit seinem Wissen über »Siegfrieds Moral« an die Öffentlichkeit treten könne, sei der eigentliche Grund für das Zerwürfnis gewesen. »Ich erlaube mir, Ihnen dies mitzuteilen, weil ich annehme, dass es Sie interessieren wird, nachdem Sie eine so grosse Teilnahme an der ganzen Angelegenheit bekundet haben.«[13]

Houston Stewart Chamberlain erkannte augenblicklich die Gefahr. Wahnfrieds Mann fürs Grobe hatte seine eigene Vorstellung, wie das »Problem Harden« zu lösen sei. Ganz Frankreich sprach im Frühjahr 1914 von Henriette Caillaux, der Frau des französischen Finanzministers, die den aufmüpfigen Chefredakteur des »Figaro« in dessen Büro erschossen hatte. »Wir sind hier ganz voll Bewunderung für Madame Caillaux«, tröstete Chamberlain seinen Schwager Siegfried, »die den widerwärtigen Saujuden, der gestohlene Privatbriefe veröffentlicht, einfach niederschiesst. Hätte es doch Eulenburg mit Harden gethan!«[14] Die Nerven lagen blank. Justizrat Troll bevorzugte eine juristische Auseinandersetzung. »Hoffentlich bekomme ich Gelegenheit gegen Harden und ihn wie überhaupt gegen den Teil der Presse, welcher von Ehrabschneidung in der Presse lebt, bei einer Gerichtsverhandlung Stellung zu nehmen.«[15] Doch dazu sollte es nicht mehr kommen, wie überhaupt das Interesse am Bayreuther Schmierentheater schlagartig verpuffte. Am 28. Juni 1914 – einen Tag nach Erscheinen von »Tutte le Corde« – wurden der österreichisch-ungarische Thronfolger Erzherzog Franz Ferdinand und seine Frau bei einem Besuch der bosnischen Hauptstadt Sarajevo von einem serbischen Studenten erschossen. Europa stand am Abgrund.

Die Wagners hatten – salopp formuliert – noch einmal Glück gehabt. Maximilian Hardens Frontalangriff verschwand im Schatten der weltgeschichtlichen Ereignisse. Klar war aber auch, dass dies vorerst nicht mehr als eine Verschnaufpause darstellte. Einem Mann wie Harden war ein zweiter Anlauf durchaus zuzutrauen. Es musste etwas geschehen.

Im Zwielicht

Houston Stewart Chamberlains Eintritt in den Wagner-Clan stellte bereits eine Zäsur dar, der »Beidler-Prozess« sechs Jahre später brachte die Familienstrukturen allerdings völlig durcheinander. Denn als eine Folge des Verfahrens galt Isoldes Sohn Franz Wilhelm – Richard Wagners erster Enkel – ja offiziell als Nachfahre Hans von Bülows. Da von der 47-jährigen Eva Chamberlain naturgemäß keine Kinder mehr zu erwarten waren, fiel die Fortführung der Dynastie nun einzig und allein Siegfried Wagner zu. Der Druck wuchs, endlich eine Frau zu finden und für Nachwuchs zu sorgen. Es war bereits das zweite Mal, dass Siegfried in einen Konflikt mit der Familienräson geriet. Viele Jahre zuvor stand der junge Wagner schon einmal vor einer Lebensentscheidung. Springen wir in der Geschichte für einen kurzen Moment zurück.

Siegfried hatte nach dem Abitur 1889 ein Jahr Musik bei Engelbert Humperdinck studiert und dann Ende Oktober 1890 an der Königlich Technischen Hochschule zu Berlin ein Architekturstudium aufgenommen.[16] Die Mutter Cosima war darüber nicht glücklich. Sie gestand ihm allerdings zu, seine architektonischen Neigungen zunächst durch ein Studium zu fundieren, hoffend, dass er sich doch noch für die Musik entscheiden würde. Bereits ein Jahr später – Ende Oktober 1891 – zog Siegfried nach Karlsruhe, wo er an der Technischen Hochschule seine Ausbildung fortsetzte. In jenem Wintersemester beschäftigte er sich mit Mineralogie, er besuchte Vorlesungen über Gewölbearchitektur und belegte bei dem Maler August Vischer Übungen in Anatomie und Proportionslehre.[17] Noch schwankte Siegfried zwischen seiner großen Leidenschaft Architektur und der Musik. Eine mehrmonatige Schiffsreise brachte schließlich Klarheit. Anfang 1892 stachen er und sein zwei Jahre jüngerer Freund Clement Hugh Gilbert Harris in See. Clement war der Sohn eines schwerreichen Londoner Reeders und studierte am Hoch'schen Konservatorium in Frankfurt. In der Mainmetropole hatten sich die beiden jungen Männer kennen und offensichtlich lieben gelernt. Nach allem, was wir aus Briefen und

Tagebuchaufzeichnungen wissen, handelte es sich dabei um eine affaire de cœur. Clement Harris war homosexuell, und offensichtlich fühlte sich Siegfried, der gerade erst im Begriff war, seine eigene Veranlagung zu entdecken, von dem sensiblen wie hübschen jungen Mann angezogen. »Grüß das liebe Clementchen herzlichst«, bat Siegfried einmal seine Schwester Daniela, »er soll sich während der Tage, wo ich da bin, möglichst frei vom Parnaß halten.«[18] Vielleicht quälten ihn Schuldgefühle, vielleicht setzte ihm die Angst vor der Mutter zu? Die Flitterwochen mit Clement Harris forderten jedenfalls ihren Tribut: Siegfried entschied sich für die Musikerlaufbahn und nahm seinen Platz im Familienunternehmen ein.

Nun begann die Ausbildung zum zukünftigen Festspielleiter. Die Dirigenten Felix Mottl und Hans Richter brachten ihm das nötige Handwerk bei. Mit Erfolg: »Siegfried dirigiert die Rheingoldprobe ausgezeichnet«,[19] notierte Felix Mottl am 1. Juli 1896 in sein Tagebuch. Zwei Tage später hieß es: »Siegfried macht seine Sache erstaunlich.«[20] Es folgten erste Auftritte außerhalb Bayreuths, zu denen oft scharenweise Wagnerianer anreisten. Siegfried wurde nicht selten frenetisch gefeiert, wobei wohl mancher Konzertbesucher nicht genau wusste, ob er nun die Leistungen des jungen Dirigenten bejubelte oder nur den Sohn Richard Wagners hofierte. »Auf so ›mystische‹ Weise ist wohl noch kein Taktstocktitane entdeckt worden, wie der jugendliche Gralshüter«, lästerte ein Journalist nach einem Konzert im August 1897. Und weiter: »Siegfried Wagner vereinigt in seiner Persönlichkeit die gespensterhafte Blässe des ›Fliegenden Holländers‹ mit den Allüren eines fein geschniegelten Oberkellners.«[21]

Richards Ideal und Cosima Wagners Wunsch gemäß sollte Siegfried aber auch Dichter und Komponist sein. Er komponierte neben Orchestermusik und Liedern mehr als ein Dutzend Opern, die sich – damals wie heute – im Musikbetrieb nicht durchsetzen konnten. Es war nicht so sehr der prominente Vater, der dem Durchbruch des Sohnes im Wege stand, sondern vielmehr die Tatsache, dass er komponierte, als habe es die epochalen Tonschöpfungen Richard Wagners nie gegeben. Dabei war er keineswegs ein Dilettant, seine Werke sind handwerklich durchaus gekonnt – aber sein Schaffen befand sich nicht auf der Höhe der Zeit. Er blieb in seiner musikalischen Sprache

Siegfried Wagners Oper »Banadietrich« wurde am 23. Januar 1910 am Hoftheater in Karlsruhe uraufgeführt. Der Komponist gibt Regieanweisungen.

im Grunde ein Mann des 19. Jahrhunderts. Auf die Frage, wie man nach Richard Wagner überhaupt komponieren kann, fand er – der Sohn – im Gegensatz zu seinen Zeitgenossen Richard Strauss, Gustav Mahler oder auch Arnold Schönberg keine überzeugende Antwort. Darin lag eine große Tragik. Für den Dirigenten Felix Weingartner war Siegfried nur der »unglückliche Dauphin von Bayreuth«, dessen Oper *Herzog Wildfang* ein »elendes Reimdich-Freßdich-Textbuch« zugrunde liege. Kurzum: unter »Ausnutzung des großen Vaternamens« werde lediglich »eine Talentmikrobe zu scheinbarer Größe aufgebläht«.[22] Claude Debussy schrieb über die besagte Oper: »Achtbare Musik, nicht mehr; so etwas wie die Hausaufgabe eines Schülers, der bei Richard Wagner studiert hat, aus dem sich aber der Lehrer nicht viel machte.«[23] In Siegfried erblickte er nur den »ebenso achtbaren wie mittelmäßigen Sohn«.[24] Das war der Tenor vieler Kritiken und Kommentare: Man erkannte in seinem Schaffen handwerklich sauber gearbeitete Werke, liebte und bewunderte sie aber nicht. So auch Harry Graf Kessler: »Ganz geschmackvolle, dünnflüssige Musik, ehrlich und gut gemacht, aber ohne Individualität.«[25] Dass Siegfried seinem weltberühmten Vater auch noch sehr ähnlich sah, forderte zum Spott heraus. »Er ist ein sehr netter Herr«, schrieb der Komponist Carl Futterer, »der aussieht wie die Gipsfigur seines Vaters.«[26] Und Karl Kraus machte sich in bester »Fackel«-Manier über Siegfrieds »widernatürliche Ähnlichkeit mit dem Vater« lustig und verpasste ihm das vernichtende Etikett: »wenn ich auch nicht komponieren kann, ich sehe doch so aus [...]«.[27] Es war zweifellos nicht leicht, Komponist und Richard Wagners Sohn zu sein. Vielleicht erahnte der Senior das spätere Lebensdilemma seines Filius? Über Siegfrieds Begeisterung für die Architektur soll er jedenfalls hocherfreut gewesen sein: »›Das ist mir gerade recht so, einen komponierenden Jungen hätte ich nicht brauchen können.‹«[28]

Siegfrieds notorische Erfolglosigkeit und die bittere Häme mancher Zeitgenossen schlugen tiefe Wunden. Der so verletzte Künstlerstolz machte es ihm unmöglich, sein eigenes Schaffen kritisch zu bewerten. Doch wie hätte dies auch gelingen können? Seit Beginn seiner Karriere war Siegfried von Menschen umgeben, deren Kunstverstand vor der »Meistersohn«-Imago kapitulierte. Ob die Mutter Cosima, ob die vier Schwestern, ob enge Freunde des Hauses Wahnfried – alle suggerierten ihm, er sei ein Genie. Gewiss, hinter vorgehaltener Hand wurde viel getuschelt. Als beispielsweise der Journalist Sidney Whitman die Premierenfeier von Siegfrieds Erstlingsoper *Der Bärenhäuter* besuchte, hörte er manche spöttische Töne. »Wenn sein Vater noch am Leben wäre«, raunten Anwesende, »würde er eher seinem Sohn die Partitur um den Kopf geschlagen haben, als daß er den ›Bärenhäuter‹ öffentlich hätte aufführen lassen.«[29] Doch derartige Sticheleien wurden nur unter dem Mantel der Verschwiegenheit geäußert, schließlich wollte man es sich mit den Wagners nicht verscherzen.

Es war fatal: Die Fruchtlosigkeit des Komponierens wurde seitens der Familie nicht als kritische Anfrage an Siegfrieds Werk verstanden, sondern geriet zum Beweis für die Niederträchtigkeit der Welt, für die Dekadenz der modernen Gesellschaft. Die Verantwortlichen waren schnell benannt. »Die deutsche Presse und die Juden seien an Allem schuld gewesen«, erinnerte sich Harry Graf Kessler. »Er operiert überhaupt immerfort mit solchen altfränkischen Entitäten: ›die Presse‹, ›die Juden‹, ›Poesie‹ im Sinne von Sentimentalität u.s.w. Alles ganz ohne Nüancen oder Differenzierungen. Seine Konversation wie ein Stück Mittelalter, Deutsches Mittelalter, mit Butzenscheiben, aus den 70er Jahren.«[30]

Dass »die Presse« Siegfrieds Lieblingsfeind darstellte, war allgemein bekannt. Nicht wenige machten sich darüber lustig, so auch Kurt Tucholsky, der Siegfried in seiner Zeitschrift »Die Weltbühne« in einer wunderbaren Glosse mit dem Titel *Die lieben Kinder* verewigte. Es wird ihn kaum getröstet haben, dass er sich dort in bester Gesellschaft befand. Neben Gerhart Hauptmanns Sohn Benvenuto, den Mann-Kindern Klaus und Erika sowie Thea Sternheims Tochter Mopsa (!) tritt auch Pamela Wedekind auf. Es lohnt sich, diesen köstlichen Text vollständig zu zitieren:

> »Wie wir hören, hat sich Benvenuto Hauptmann mit Klaus Mann verlobt. Die Hochzeit wird, wie üblich, auf Hiddensee stattfinden.
>
> Pamela Wedekind, Erika Mann und Mops Sternheim treten am nächsten Dienstag in einer ›Revue zu vieren‹ auf. Die Herren Eltern sind aus Österreich, München und Rührung nach Berlin geeilt.
>
> Wie wir hören, hat Klaus Mann einen Roman in zwei Bänden sowie einen Reiseaphorismus begonnen. Die Veröffentlichung des Romans ist Ende des Jahres zu befürchten.
>
> Erika Mann ist in Berlin zu ihrer Heirat, Scheidung, Wiederverheiratung und Beerdigung eingetroffen. Die junge Künstlerin wird in dem interessanten Experiment des Herrn Hilpert den Falstaff spielen.

Wie wir hören, haben sich Klaus Wedekind, Pamela Mann und Benvenuto Sternheim zusammengetan, um den ›Siebzigsten Geburtstag‹ von Voß zu bearbeiten und ihn, gegebenenfalls, in Hiddensee vorzutanzen.

Benvenuto Hauptmann hat sich von Klaus Mann wieder scheiden lassen, weil ihm die normalen Neigungen seiner Frau Braut vor der Heirat nicht bekannt gewesen sind.

Carlhans Sternheim sowie das Geschwisterpaar Klaus Mann und Pamela Wedekind haben mit ihrer Schwippschwägerin Erika Mann eine Reise um die Welt angetreten, um von Rabindranath Tagore endgültig ihre verwickelten Familienverhältnisse ordnen zu lassen.

General Nobile hat sich auf der Terrasse eines Cafés in Rom, als eine Portion Eis vorübergetragen wurde, erkältet. Wie wir hören, sind Pamela Wedekind, Klausa Mann und Benvenuto Hauptmann an sein Totenbett geeilt.

Nachtrag zu unsrer Meldung: Auch Erika Mann ist an das Totenbett geeilt, General Nobile befindet sich auf dem Wege der Besserung; Pamela Wedekind auf dem Wege zum nächsten Telegrafenamt.

Klaus Mann hat sich bei Verabfassung seiner hundertsten Reklamenotiz den rechten Arm verstaucht und ist daher für die nächsten Wochen am Reden verhindert.

Die lieben Kinder haben Siegfried Wagner zu ihrem Ehrenvorsitzenden gewählt. Der Gefeierte hob in seinem Dankwort hervor, dass die Tragik im Leben August von Goethes in ihm selbst lag sowie in der Unvollkommenheit des damaligen Zustandes der deutschen Presse.«[31]

Überall vermuteten die Wagners machtvolle Feinde, die nur das Ziel hätten, Siegfried das Leben schwer zu machen. Zu den Widersachern zählte der Clan ausgerechnet einen Mann, der sich anfänglich sehr um Siegfried bemüht hatte: Richard Strauss. Dessen notorischer Erfolg beim Publikum, in der Presse und an den Konzertkassen wurde in Wahnfried mit schlecht kaschiertem Neid quittiert. Harry Graf Kessler: »Ich verteidigte sehr ruhig Strauss, worauf Siegfried ziemlich dick lachte und meinte: ›Na, mein Liebchen (er nennt mich ›sein Liebchen‹!) da verbiete ich Ihnen aber in mein Konzert zu kommen.‹ Er ist ein unförmliches, ungeschicktes Geschöpf, ohne jede Feinheit; aber gutmütig.« Kesslers Urteil: »Aesthetisch ist er ganz ein Bauer.«[32]

Ob das Dasein als Musiker für Siegfried Wagner wirklich die Erfüllung eines Lebenstraums darstellte? Ein Fragezeichen scheint angebracht. Er zahlte jedenfalls – wenn man so will – einen hohen Preis für seine jugendliche Liebelei mit Clement Harris. Was wusste der Clan von Siegfrieds Homosexualität? Isolde und Franz Beidler waren im Bilde. Und die anderen? Das wird sich nicht mehr mit letzter Gewissheit klären lassen. Wenn eine leise Ahnung bestanden haben sollte, dann hat man darüber augenscheinlich nicht gesprochen. Siegfried blieb nichts anderes übrig, als seine Veranlagung im Geheimen auszuleben – zum Beispiel bei zahlreichen Abstechern in die Anonymität einer Millionenstadt. Berlin war weit weg von Bayreuth, hier konnte er sich den Augen der Mutter und der Schwestern entziehen.

Die Reichshauptstadt verfügte bereits damals über eine weit verzweigte und vielseitige homosexuelle Subkultur. Es gab dort in den 1920er Jahren über hundert Cafés, Bars und Kneipen, die hauptsächlich von Homosexuellen aller Couleur besucht wurden. Etablissements wie das legendäre »Eldorado« in der Schöneberger Motzstraße schafften es sogar in die Reiseführer. Der Schriftsteller Emil Szittya erinnerte sich an einen Besuch in der Transvestitenbar »Mikado«: »Am Klavier saß Herr Baron Sattlergrün, der sich aber ›Baronin‹ nennen ließ. Er spielte Kompositionen vom Grafen Eulenburg.«[33] Bestimmte Teile des Tiergartens wurden gerade in den Abendstunden zum Tummelplatz; darüber hinaus gab es regelrechte Bordelle, getarnt als Badehäuser oder Massageinstitute, wo Mann sich treffen konnte.

Die homosexuelle Szene mag freizügig und tolerant gewesen sein, die Strafgesetze waren es nicht. »Widernatürliche Unzucht zwischen Männern« war nach landläufiger Auffassung pervers und nach damaliger Rechtslage kriminell. Der Paragraph 175 des Reichsstrafgesetzbuches stellte homosexuelle Handlungen unter Strafe, wobei Vergehen mit bis zu sechs Monaten Gefängnis geahndet werden konnten. Eine Anklage erfolgte aber nur, »wenn die Ausführung des Geschlechtsaktes ›beischlafähnlich‹ war«, wie sich ein Strafverteidiger erinnert. »Dies konnte natürlich nur der andere Partner bezeugen. Die sinnlose Praxis führte natürlich nicht zur Eindämmung der sexuellen Betätigung, sondern nur zu Erpressungen durch Strichjungen.«[34]

Im Dunstkreis des Paragraphen 175 florierte die Kriminalität. Mancher hochgestellte Herr geriet bei seinen Streifzügen durch das Berliner Nachtleben in die Hände eines Erpressers. Die wenigen Fälle, die auf dem Schreibtisch des zuständigen Kommissars Hans von Tresckow landeten, stellten nur die sprichwörtliche Spitze des Eisberges dar. Die meisten Betroffenen schreckten aus Angst vor einem Prozess in der Öffentlichkeit zurück und zogen es vor, das geforderte Schweigegeld zu bezahlen. So auch Bodo von dem Knesebeck, Kaiserin Auguste Viktorias Kabinettsrat, der sich auf einer Parkbank im Tiergarten mit einem Schneidergesellen eingelassen hatte. Als Knesebeck – ein langjähriger Freund Cosima Wagners – die ständigen Geldforderungen nicht mehr erfüllen konnte, bat er Hans von Tresckow um diskrete Hilfe. Der Verbrecher wurde verhaftet, ohne dass die Presse davon erfuhr.[35] Doch das war nur eine glückliche Ausnahme. Nicht wenige zahlten über Jahre hinweg wahre Unsummen und ruinierten sich geradezu. Andere konnten dem psychischen Druck nicht mehr standhalten und begingen Selbstmord. Zu den prominentesten Opfern zählte der berühmte Pianist und Liszt-Schüler Alfred Reisenauer, der sich am 3. Oktober 1907 erschossen hatte. Sein Leipziger Student Sigfrid Karg-Elert kannte die Details: »Reisenauer hat ebenso geendet (bekanntlich ist die Sache mit dem Herzschlag eine Notlüge, um Uneingeweihten eine bessere Meinung über sein tatsächliches Leben vorzutäuschen). Er ist von Erpressern buchstäblich zu Tode gehetzt worden, auch hat die kgl. Staatsanwaltschaft zu Leipzig schon ein wachsames Auge auf Reisenauers Orgien mit seinen jugendlichen Meisterschülern gehabt. Jetzt kommt der schöne Berliner Harden-Prozess dazu. Feine Welt! Donnerwetter. Da wird man ja auf seine normale Schweinerei ordentlich stolz!«[36]

Es war diese zwielichtige Atmosphäre der unterdrückten Gefühle, der nur heimlich ausgelebten Sexualität und der Furcht vor Entdeckung, die auch Siegfried Wagners Leben umwaberte. Und wie so viele andere wurde auch er allem Anschein nach ob seiner Homosexualität bedroht. Noch Anfang der 1970er Jahre erinnerten sich Zeitzeugen an Gerüchte, wonach es im Bayreuther Stadtpark zu sexuellen Techtelmechteln gekommen sein soll. Gut möglich. Wahnfrieds Finanzverwalter Adolf von Groß hatte jedenfalls alle Hände voll zu tun, Erpresser und Trittbrettfahrer mit Schweigegeld ruhigzustellen. Ganz vorsichtig bat er einmal Cosima Wagner, seine Arbeit nicht zu unterschätzen, »es ist viel [!] nicht so einfach und mit dem Billetverkauf ist es nicht abgethan«.[37] Einen deutlicheren Hinweis wagte Adolf von Groß allerdings nicht.

Siegfried Wagner war im Grunde eine tragische Gestalt. Cosima projizierte auf ihn ihre überspannten Erwartungen und infizierte ihren Sohn so mit dem Virus der Selbstverleugnung. Wie die allermeisten homosexuellen Männer konnte Siegfried damals sein wahres Ich nur im Geheimen, im Dunkeln ausleben. Zur gleichen Zeit fühlte er sich aber dynastischen Reproduktionszwängen ausgesetzt, die seit dem Ausbruch der »Beidler-Krise« immer drängender auf ihn einwirkten. Cosima ahnte augenscheinlich nicht, welche schweren seelischen Konflikte dies bei ihrem Fidi auslösen musste. An eine Freundin richtete sie arglos die Frage, ob die Tochter des Kunsthistorikers Wilhelm Bode »nicht eine Frau für Fidi wäre? Aber die wird er sich wohl selbst schaffen.«[38] Wohl kaum, mag man rückblickend ergänzen, denn es kam alles ganz anders.

Cherchez la femme

Houston Stewart Chamberlain: »Ich glaube sie wäre schweren Aufgaben gewachsen: denn sie hat Takt, sie hat einen gewissen eindringenden Blick, und vor allem – dessen bin ich sicher – sie besitzt eine hervorragende Anlage zur Hingabe.« Der Empfänger jener Zeilen war Siegfried Wagner, für den sein Schwager eine Frau suchte. Chamberlains Wahl war auf die Pragerin Lucy Laube gefallen. Er hatte von einer Bekannten gehört, dass Fräulein Laube nicht abgeneigt sei, mit Siegfried in Kontakt zu treten. Anfang Dezember 1910 war Chamberlain eigens nach Prag gereist, wo er sich mit der Kandidatin in einem Hotel getroffen und sie eingehend geprüft hatte. Begeistert schrieb er nun an seinen Schwager: »Die Intelligenz ist nicht nur auffallend, sondern namentlich gut equilibrirt; gar keine Flausen und Phrasen; gar keine Sentimentalität und Überspanntheit.« Auch die Eltern der jungen Frau überzeugten: »der Vater ein reiner Deutscher, väterlicherseits Westphale, mütterlicherseits Erzgebirge, beides Bauern; die Mutter auch eine gute Deutschböhmin von der sächsischen Grenze, aber mit jener geringen Beigabe slavischen Blutes, die in ganz Sachsen verbreitet ist – und hierher dann die künstlerische Begabung und die heitere und zugleich anmuthig-taktvolle Art der Tochter.« Chamberlain übernahm sogar die Aufgabe, Cosima Wagner über die Aspirantin ins Bild zu setzen: »Sie [Cosima] hatte auch nicht Eva's Bedenken wegen des Alters, und meinte, wenn sie nur nicht über 35 oder 36 sei, so habe das nichts auf sich.«[39]

Was mag Siegfried wohl gedacht haben? Chamberlains Prüfbericht war entwürdigend. Er reduzierte das persönliche Glück und das Seelenheil seines Schwagers auf die Gebärfreudigkeit der zukünftigen Ehefrau. Denn darum ging es den Wagners: um die Fortsetzung der Dynastie, um möglichst viele Kinder. Dieser Brief macht aber auch deutlich, wie wenig Siegfried Wagner geneigt war, sich auf Freiersfüße zu begeben. Der »Meistersohn« erscheint auf zeitgenössischen Fotografien als alternder Dandy, dessen Kleidung – Knickerbocker, weiße Tennisschuhe und hohe Stehkragen – immer sehr modisch war, vielleicht etwas zu elegant. Manche Abbildungen zeigen Siegfried mit einem Gürtel über dem Pullover, als ob er den Unterleib und den Eros vom Oberkörper und der Vernunft abschnüren wollte. Noch widerstand er dem Drängen der Familie; die von Chamberlain empfohlene Pragerin verschwand ebenso plötzlich, wie sie aufgetaucht war. Vielleicht war der jungen Frau die kuriose Brautwahl auch nicht geheuer.

Wenige Jahre später – im August 1913 – begann der nächste Akt jener Tragikomödie. Auch in diesem Fall kennen wir den Namen der Hauptdarstellerin: Agnes Hanson. Die 1883 in Oslo geborene Sopranistin war in Bayreuth keine Unbekannte, hatte sie doch bereits bei den

Festspielen 1906 mitgewirkt. 1913 war sie am Dessauer Hoftheater engagiert und für die Saison 1914 wieder in Bayreuth gebucht. Offensichtlich kam man nun in Wahnfried auf die Idee, dass Agnes Hanson als Ehefrau für den Festspielleiter in Frage käme. Die geborene Schwedin war noch keine 35 Jahre alt, was Cosima wichtig erschien, sie war hochmusikalisch, was man natürlich gerne sah, und war bester nordischer Herkunft. Houston Stewart Chamberlain übernahm wiederum die Rolle des Postillon d'Amour. »Ein Siegfried Wagner hätte seit seinem zwanzigsten Jahre jeden Tag heirathen können«, versicherte er der Kandidatin, »er brauchte nur die Hand auszustrecken; auch zweifle ich nicht, dass ein so muntrer Mann es mehr als einmal gern gethan hätte.« Chamberlains achtseitiger Brief ist ein diplomatisches Meisterwerk und grenzt an Gehirnwäsche. Selbst für den entscheidenden Punkt, dass Siegfried an Fräulein Hanson offensichtlich gar kein Interesse zeigte, hatte der Heiratsvermittler eine plausible Erklärung: die Aufgabe als Festspielleiter zwinge ihn zur Zurückhaltung. »Siegfried Wagner darf gleichsam nicht nach aussen hin wollen«, begann er seine Sprachakrobatik. »Darum kann er nicht, wie ein Andrer es würde, eine Frau gewaltsam freien, sie durch Wort und That überraschen, überreden, gefangen nehmen, im Sturm entreissen; er will nur, und sie muss diesen Willen vernehmen und ihm gehorchen.« Darauf muss man erst einmal kommen! Um die letzten Zweifel zu zerstreuen, bemühte Chamberlain sogar den lieben Gott. »Hier liegt ein Beschluss der Vorsehung vor, und es ist nicht wahrhaft demüthig, sich gegen Gottes Willen aufzulehnen.« Und weiter: »Es ist mir unmöglich mir vorzustellen, dass Sie diesem einzigen Manne ohnegleichen die Bitterkeit der enttäuschten Hoffnung würden bereiten können.« Schließlich folgte jener Satz, der Chamberlains Intentionen geradezu bloßstellte. »Auf Ihr Ja-Wort muss so bald als thunlich die Trauung folgen. Jede Verschiebung wäre hier von Übel. Denken Sie an das hohe Alter der grossen Frau für welche die Verheirathung ihres Sohnes das letzte grosse Lebensglück bedeuten wird. Denken Sie an die nahenden Festspiele – bis dahin müssen Sie sich schon ganz in die neue Würde eingelebt haben!«[40]

Wenn Fräulein Agnes ernsthaft interessiert gewesen sein sollte – an dieser Stelle wird sie wohl gestockt haben. Chamberlains Argumentation war – trotz aller geschickten Winkelzüge – letztlich doch zu durchsichtig. Es ging nicht um die Liebe zweier Menschen, sondern um Cosima Wagners Glück. Als Chamberlain jene Zeilen im Sommer 1913 schrieb, hatte die »Beidler-Affäre« einen vorläufigen Höhepunkt erreicht, und an eine einvernehmliche Lösung des Familienzwistes war schon nicht mehr zu denken. Siegfried Wagner brauchte dringend eine Frau. Es eilte – und deshalb zog Chamberlain alle Register seiner Manipulationskunst. Doch es kam, wie es kommen musste: Agnes Hanson lehnte ab. Die Suche ging weiter.

Die nächste Kandidatin tauchte eher zufällig in Bayreuth auf. Ende Juli 1914 besuchte die 17-jährige Engländerin Winifred Williams an der Seite ihres Pflegevaters Karl Klindworth die Festspiele. Das Schicksal hatte es nicht gut mit Winifred gemeint. Der leibliche Vater, ein Theaterkritiker, starb, als sie noch nicht ein Jahr alt war, die Mutter, eine Schauspielerin, erlag wenige Monate später einer Typhusepidemie. Die Kleine wurde nun in der Verwandtschaft umhergereicht, doch niemand wollte sie behalten; bis zu ihrem neunten Lebensjahr kam sie in ein Waisenhaus. Zu allem Übel litt Winifred an einer hartnäckigen Hautkrankheit, die sich offensichtlich durch den frühkindlichen Kummer ständig verschlimmerte. Nach einigem Hin und Her erklärte sich das kinderlose Ehepaar Klindworth bereit, das Mädchen bei sich aufzunehmen.

Am 8. April 1907 begann für Winifred Williams in Berlin ein neues Leben. Der Pianist und Freund Richard Wagners Karl Klindworth war zu dieser Zeit bereits 77 Jahre alt, seine Frau – eine entfernte Verwandte von Winifreds Mutter – hatte die 70 gerade überschritten. Es verlangte den alten Herrschaften zweifellos viel ab, Verantwortung für ein knapp zehnjähriges Waisenkind zu übernehmen. Alles andere als wohlhabend – der Liszt-Schüler Karl Klindworth musste noch im hohen Alter Klavierunterricht geben –, ermöglichten sie ihr eine bodenständige Schulausbildung bis hin zu Haushaltsführung, Säuglingspflege und Bürgerkunde. Mit der Familie Wagner stand man in herzlichem Kontakt, gehörten die Klindworths doch zu den »Bayreuthianern« der ersten Stunde: Die Musik des »Meisters« war allgegenwärtig, man dachte streng deutschnational und antisemitisch. Winifred wurde also schon früh mit Wagners Gedankenwelt – oder das, was man dafür hielt – vertraut. Als sich im Juli 1914 die Chance bot, die Festspiele zu besuchen, war die Freude bei der 17-Jährigen riesengroß. Anlässlich einer Pauseneinladung stand sie Siegfried Wagner erstmals gegenüber: »Für mich bedeutete dieses Treffen mit Siegfried Liebe auf den ersten Blick. Es war seine schöne warme Stimme, die mich am meisten beeindruckte, seine ganze Erscheinung, seine wundervollen blauen Augen bezauberten mich ... Siegfried war für mich das unerreichbare Ideal meiner Träume.«[41] Auch der so Umschwärmte mochte das »Kindchen«, wie Fräulein Williams von ihren Pflegeeltern genannt wurde. Bevor man sich im Oktober in Berlin wieder sah, brach der Weltkrieg aus. An eine Weiterführung der Festspiele war unter diesen Umständen nicht mehr zu denken. Die zahlreichen Besucher – insbesondere die nunmehr »feindlichen Ausländer« – verließen Hals über Kopf die Stadt, selbst viele Mitwirkende reisten hastig in ihre Heimatorte zurück. Am 1. August wurde die diesjährige Saison nach nur acht Abenden mit dem *Parsifal* beendet.

Dass das Festspielhaus zehn Jahre geschlossen bleiben würde, konnte sich zu diesem Zeitpunkt wohl niemand vorstellen. Man glaubte an einen Blitzkrieg, an ein schnelles Ende der Kämpfe und selbstverständlich an Deutschlands Sieg. Entsprechend hysterisch reagierte das Land auf den Kriegsausbruch. Überall meldeten sich Freiwillige an die Front, wobei das Einrücken der »Feldgrauen« allenthalben unter großer Anteilnahme der Bevölkerung stattfand. Deutschland befand sich im Kriegstaumel. In der Villa Wahnfried dachte man selbstredend streng national und patriotisch. Ob Siegfried, die Chamberlains oder die greise Cosima Wagner – alle ergingen sich in regelrechter Kriegsverzückung. Die vaterländische Gesinnung des Clans erhielt einen Makel, als Italien Ende August 1916 gegen Deutschland in den Krieg eintrat. Blandines Kinder standen als Italiener nun auf der Seite des Feindes. »Ihre Söhne sind nicht an der Front«, beruhigte Cosima eine Freundin. »Manfred am Marineministerium in Rom, Gil hat technische Aufgaben auf den Bergen zugeteilt bekommen, welche ihn nicht verhindern seinen Cameraden Flöte vorzublasen u. zu componieren, und Guido führt mit Virtuosität ein Auto der Verwundeten. So sind sie wenigstens vor dem Kämpfen gegen uns verschont!«[42]

Siegfried Wagner gehörte während des Ersten Weltkriegs zu den »Kämpfern an der Heimatfront«. An einer Bahnstation verteilt er Getränke an die einrückenden Truppen.

Auch Siegfried Wagner hatte Glück: Während seine Altersgenossen auf die Schlachtfelder zogen, gehörte der 45-jährige »Meistersohn« zu den Kämpfern an der »Heimatfront«. In den ersten Kriegswochen komponierte er einen *Fahnenschwur* für Männerchor und großes Orchester und widmete ihn »Dem Deutschen Heer und seinen Führern in begeisterter Dankbarkeit«. Zur Uraufführung dieses Werks reiste er im Oktober 1914 in die Reichshauptstadt. Auch bei dieser Gelegenheit fand Winifred ihn »wieder süß«. Und weiter: »Dann sahen wir uns beide mindestens 1 ½ Minuten schweigend an.«[43] Es folgte eine Einladung zu den Klindworths nach Berlin-Dahlem, die Kontakte wurden enger, und offensichtlich war Siegfried geneigt, um die junge Frau zu werben.

Ganz freiwillig geschah dies allerdings nicht. Nachdem Houston Stewart Chamberlain bereits mehrfach erfolglos vermittelt hatte, war es nun dessen Frau Eva, von der der alles entscheidende Anstoß ausging. Als Siegfried im Juni 1915 erneut nach Berlin aufbrach, gab sie ihm einen langen Brief mit auf den Weg. Diese »Betrachtungen für die Reise von Deiner bald 50 jährigen Schwester« – ohne Anrede und

Unterschrift – stellten eine unmissverständliche Aufforderung dar. »Gönne Dir Zeit, wie sie nötig ist«, redete Eva ihrem Bruder ins Gewissen, »willst Du die Maid finden, die Dir, Wahnfried und unserer Sache Not tut.« Cosima sei nahezu 78 Jahre alt – »welche Freude und Beruhigung für sie, Wahnfrieds Zukunft gesichert zu wissen!« Darüber hinaus gehe ihr Mann Chamberlain ins 60. Jahr, ihm wolle sie sich verstärkt zuwenden, so dass »eine junge kräftige Unterstützung in der Familie erwünscht wäre!« Schließlich ließ Eva die Klingen aufblitzen: »Mache Loldi's unheimlich triumphierende Worte: ›Fidi heiratet ja doch nicht‹, nicht zur Wahrheit!« Dieser nur vordergründig wohlmeinende Satz kaschierte eine handfeste Warnung: Solange Siegfried seine privaten Verhältnisse nicht ordnen – sprich heiraten – würde, blieb er für Skandaljournalisten wie Maximilian Harden angreifbar. Dessen Attacke war zwar als Folge des Kriegsbeginns verpufft. Was aber, wenn er einen neuen Versuch unternehmen würde? Oder was, wenn Isolde nicht locker lassen würde? Und was, wenn Franz Beidler mit seinem »Material«, das er angeblich über Siegfried gesammelt hatte, doch noch an die Öffentlichkeit treten würde? Nicht auszudenken! Der Makel der Homosexualität hing nach wie vor wie ein Damoklesschwert über Siegfried Wagners Haupt. Eva: »Finde also Dein Katerlieschen und bringe junges Leben in unser teures Wahnfried! S'ist Zeit!«[44]

Es war augenscheinlich jener schwesterliche Brief, der Siegfrieds jahrelanges Zögern und Zaudern beendete. Von nun an ging alles sehr schnell. Siegfried machte seiner Auserwählten einen Heiratsantrag und hielt bei Karl Klindworth um Winifreds Hand an. »Es ist Alles von schönster Lauterkeit u. ganz weltfremd«,[45] versicherte Eva einer Bekannten. Ganz so »weltfremd« erwies sich die Szenerie allerdings nicht. Winifred hatte eine Funktion zu erfüllen – und offensichtlich war sie sich darüber im Klaren. »Eine baldige Hochzeit war also vorgesehen«, erinnerte sie sich. »Einmal, weil auch Siegfried sehr viel älter war als ich – 28 Jahre war der Unterschied –, und dann auch, weil wir doch noch wollten, dass seine Mutter – also Frau Cosima Wagner – noch Freude an ihren Enkelkindern hätte.«[46] Das klang sehr pragmatisch. Vor der Hochzeit mussten noch einige bürokratische Hürden aus dem Weg geräumt werden. In Kriegszeiten waren die

Münchner Beamten besonders penibel: Da Winifred als Engländerin galt, musste geklärt werden, »ob die Braut politisch unverdächtig ist«.[47] Das Auswärtige Amt in Berlin gab schließlich Entwarnung: »Als spionageverdächtig ist Fräulein Klindworth hier nicht bekannt.«[48] Am 22. September 1915 war es dann soweit: der 46-jährige Bräutigam und die 18-jährige Braut gaben sich das Ja-Wort. Die standesamtliche und kirchliche Kriegstrauung fand im kleinsten Kreis in der Halle der Villa Wahnfried statt. Franz Stassen, Siegfrieds Freund und Trauzeuge, erinnert sich: »Frau Cosima saß mit erhobenen gefalteten Händen in grauem Seidenkleid im Sessel ... die Braut in schlichtem weiß mit mächtigem Schleier.«[49] Eva Chamberlain war überaus erleichtert, an ihre Schwester Blandine schrieb sie: »Das war wirklich höchste Zeit.«[50] Auch Cosima stimmte in den Jubelchor ein und sprach von einem großen Glück, »für welches ich täglich dem Himmel danke«.[51] Dann begann der Alltag.

Bayreuther Allerlei

Aller Anfang ist schwer, dachte vielleicht auch Winifred, als sie nach der Hochzeit in die Villa Wahnfried einzog. Es bereitete der jungen Frau Wagner jedenfalls einige Probleme, sich mit und in dem Leben ihrer neuen Familie zurechtzufinden. Nach Richard Wagners Tod hatte sich Wahnfried von einer lebendigen Künstlerresidenz zu einem begehbaren Museum entwickelt. Überall standen Möbel oder auch Musikinstrumente, deren Berührung unter gar keinen Umständen gestattet war. Diese Gegenstände, die der »Meister« einst benutzt hatte, glichen nun geweihten Devotionalien. Zu jenen Heiligtümern gehörte auch Wagners Lieblingssessel – »des Meisters Sessel« –, der für jedermann tabu war. Seit 32 Jahren hatte hier niemand mehr Platz genommen. Man kann sich vorstellen, welcher Aufschrei des Entsetzens durch die hohen Hallen schallte, als die neue Schwiegertochter sich ausgerechnet dort hinsetzte. Winifred: »Aber mir hat das kein Mensch gesagt, dass das ein geheiligter Stuhl war.«[52] Von Natur aus eher burschikos und etwas ungestüm, musste die junge Frau Wagner nun lernen, ihre Worte sorgfältig abzuwägen. Denn in

Wahnfried gab es einen ungeschriebenen Verhaltenskodex, der insbesondere für den Umgang mit der »Hohen Frau« galt. In Cosima Wagners Gegenwart durften bestimmte Themen nicht angesprochen und bestimmte Namen nicht erwähnt werden. Neben Isolde erfreute sich auch Giuseppe Verdi dieser zweifelhaften Ehre. Man darf vermuten, dass Winifred auch hier in das eine oder andere Fettnäpfchen tappte.

War das alles schon kompliziert genug, gestaltete sich aber auch der Tagesablauf in der Villa alles andere als einfach. Das Leben der Wagners war streng geregelt und völlig auf Cosimas und Siegfrieds Bedürfnisse ausgerichtet. Der Hausherr stand um sechs Uhr in der Früh auf und ging dann in sein einstiges »Junggesellenhaus« – ein Nebengebäude der Villa –, wo er an seinen Kompositionen arbeitete. Zum Frühstück kam er zurück, Winifred las ihrem Mann dann vor, besprach mit ihm die Dinge des Tages und erledigte seine Post. Anschließend kehrte er in sein Arbeitsrefugium zurück. »Er brauchte mich auch ständig«, erinnerte sich Winifred viele Jahre später, »nicht nur als Vorleserin und als Sekretärin und als Blitzableiter. Alles was ihm unangenehm war – Leute zu empfangen, die er nicht sehen wollte, die er eventuell nicht mochte – da hab ich eben immer eingegriffen. Sämtliche Reisen habe ich organisiert und alle Fahrpläne ausgearbeitet, alle Hotels bestellt. Also ich war sozusagen seine Unternehmerin.«

Die Schwiegermutter Cosima legte sich derweil auf ein Kanapee im großen Saal. Winifred: »Und während der Zeit hat sie meistens mich zitiert und stand auf dem Standpunkt, eine junge Frau muss beschäftigt sein. Und da hat sie mir französischen Unterricht gegeben. Ich habe französische Briefe für sie an ihre Töchter schreiben müssen, und ich habe ihr viel vorgelesen – hauptsächlich Französisch. Dann kam ein Vormittagsspaziergang, auf den sie meistens durch den Hofgarten in die Stadt ging. Und da hatte sie die Angewohnheit, in einzelne Läden zu gehen, um sich dort auszuruhen. Also da war jeder Ladenbesitzer immer sehr beglückt, wenn sie ankam und sich hinsetzte. Dann hat sie immer so irgendwelche Kleinigkeiten gekauft, und nachdem ich im Haus war, hat sie meistens für mich irgendwas mitgebracht; ganz winzige Kleinigkeiten, also mal eine Anstecknadel, oder ein Briefbeschwerer oder Ähnliches. Dann mittags wurde sie noch mal ins Bett gelegt, und nachmittags hat sie dann meistens noch mal Freunde empfangen dürfen. Vor oder nach dem Tee ist meine Schwiegermutter immer noch eine halbe Stunde mindestens spazieren gegangen. Aber da wurde ein Wagen benutzt, und wir fuhren irgendwo in die Umgebung Bayreuths, stiegen aus, und dann wurde der Wagen weiter geschickt, und wir gingen derweil dem Wagen zu Fuß nach. Und gegen Abend kam dann noch mal eine Stunde mit Lektüre.« Anschließend wurde die alte Dame in ihre Gemächer begleitet. Cosimas Tag endete mit einem weiteren Ritual: »Sie hatte im Nebenzimmer einen Papagei, und der Papagei hat das ganz genau verfolgt, also wie die Zeremonie des Zubettgehens vor sich ging, und sie bekam im Bett immer noch eine Flasche Bier zum Schlafen, und dieses Glucksen vom Bier hat der Papagei nachgemacht. Und wenn sie mit dem Bier aus war, da hat der Papagei immer ›Gute Nacht! Gute Nacht!‹ gesagt, worauf meine Schwiegermutter auch mit ›Gute Nacht, Gockel! Gute Nacht, Gockel!‹ antwortete.«[53] Der possierliche Vogel war laut Winifred ein guter Beobachter und imitierte auch Eva Chamberlain, die er allerdings nicht leiden konnte. Immer wenn Eva, die offensichtlich an übermäßigem Aufstoßen litt, die Gemächer ihrer Mutter betrat, ahmte er auch diese Laute nach.

Was uns heute fremd anmutet, entsprach damals einer durchaus gängigen Rollenverteilung: Die Ehefrau hatte für das Wohl des Mannes zu sorgen und ihm den Rücken frei zu halten. Dabei war Winifred bestens auf die Führung eines großen Haushaltes vorbereitet worden. Nachhilfestunden brauchte sie sicherlich nicht – am wenigsten von Eva Chamberlain und Daniela Thode. Doch ausgerechnet Winifreds Schwägerinnen entwickelten hier einen großen pädagogischen Eifer. Beide Damen hatten dank ganzer Heerscharen von Angestellten nie im eigenen Heim arbeiten müssen, gleichwohl folterten sie die Absolventin einer Haushaltsschule – nämlich Winifred – nun mit gut gemeinten Ratschlägen. Das konnte auf Dauer nicht gut gehen. Es war dann Siegfrieds Aufgabe, die albernen Heugabelduelle zu schlichten. Erst als Eva und Houston Stewart Chamberlain am 1. Mai 1916 Wahnfried verließen und ihr eigenes Haus in der Nachbarschaft bezogen, verbesserte sich Winifreds Situation. Zwar kam Eva mehrfach täglich in die Villa, um Cosima zu versorgen, ihre Korrespondenz zu erledigen oder der Mutter vorzulesen – Winifred oblag aber nun die Führung des Haushalts. Das Verhältnis zu Daniela blieb indes angespannt. Die geschiedene Frau Thode war mit sich und der Welt nicht im Reinen, wie Winifreds Tochter Friedelind zu berichten wusste: »Daniela liebte uns Enkelkinder und war nachsichtig zu uns, sprach sie aber von unserer Mutter, wurde ihre Stimme scharf wie Essig. Sie hatte Vaters Ehe mit einem Mädchen, das seine Tochter hätte sein können, nie gebilligt.«[54] Winifred fürchtete insbesondere das gemeinsame Musizieren mit Daniela: »Meine älteste Schwägerin Daniela – Frau Thode – hatte mich jeden Tag am Schlafittchen und hat mit mir vierhändig spielen wollen. Es ging so weit ganz gut – nur war sie eine sehr präpotente Natur, und sie hatte ungefähr drei Viertel des Klaviers für sich eingenommen und ich saß da oben und hatte so ein Viertel ungefähr für mich. Es waren also keine sehr genussreichen Stunden! Das hatte also Siegfried auch sehr bald heraus, und da ich in Erwartung meines ersten Kindes war, hat er dann einfach erklärt, der Arzt hätte das Klavierspielen für mich verboten.«[55]

Damit ist das nächste Stichwort geliefert. Im April 1916 stellte Winifred fest, dass sie in der Hoffnung war, wie man damals sagte. Die Fortsetzung der Dynastie schien gesichert. Die Schwangerschaft verlief weitgehend problemlos: »Der jungen Frau geht es gut, sie ist beweglich u. tapfer trotz ihrer Bürde«,[56] berichtete Eva Chamberlain. Am 5. Januar 1917 erblickte Wieland Adolf Gottfried Wagner im Bayreuther Städtischen Krankenhaus das Licht der Welt – »er ist ein strammer, kleiner Bursche, wog 7 Pfund und 100 gr. bei der Geburt«.[57] Die Ankunft des lange ersehnten Stammhalters wurde mit einer kleinen Opernaufführung gefeiert. Ein Freund des Hauses spielte »Es gibt ein Glück, das ohne Reu'« aus *Lohengrin*, während Mutter und Kind die Villa Wahnfried betraten. »Wie im Traum schritt ich durch die Halle«, notierte Winifred, »auf Mama zu, die in erhabener Schönheit am Eingang zum Saal saß, und brachte ihr den dereinstigen Erben – tiefbewegten Herzens!«[58] Siegfried und Winifred Wagner erfüllten ihre dynastischen Pflichten gewissenhaft: Anfang März 1918 wurde die Tochter Friedelind geboren, im August 1919 beziehungsweise im Dezember 1920 folgten Wolfgang und Verena.

Auch in Sachen Säuglingspflege wussten die beiden kinderlosen Tanten Eva Chamberlain und Daniela Thode alles besser und sparten nicht mit Belehrungen, wie sich eine junge Mutter zu verhalten habe. Als eines der Kleinen mit etwas Hautausschlag zu kämpfen hatte, bekam Winifred zu hören, dass dafür Bayreuths weiches Wasser verantwortlich sei. Der Ratschlag der Tanten: Sie solle das Kind acht Tage lang nicht waschen. Winifred ließ sich dadurch aber nicht irremachen; sie verließ sich lieber auf Ernst Schweninger. An den Hausarzt der Familie schrieb sie: »Glauben Sie an diese Ursache und sind auch Sie für das nicht Baden? Ich liebe ja nicht solche Verordnungen, sein Kind verschmutzen zu lassen, aber – – – Wollen Sie mir bitte Ihren Rat erteilen!«[59]

War Winifred bislang die Jüngste im Haus gewesen – sie hätte ja gut die Tochter ihrer Schwägerinnen oder die Enkelin ihrer Schwiegermutter sein können –, zog mit den vier Trabanten frischer Wind in die recht verstaubte Villa. Die Kleinen brachten alles durcheinander. Ohne Scheu besuchten sie regelmäßig Großmutter Cosima, krabbelten auf ihr herum und stellten mit der alten Dame alles Mögliche an. Winifred: »Sie haben sogar versucht, ihr die Zähne zu putzen, die Haare zu kämmen. Sie war ganz rührend mit den Kindern.«[60] Cosimas Salon mit den vielen Devotionalien, den plüschigen Sesseln und den antiquierten Bildern an der Wand hatte etwas Geheimnisvolles, dem sich die Kinder ganz unbefangen näherten. Friedelind: »Wir kletterten auf den geheiligten Stühlen herum, spielten mit den Souvenirs des Meisters, setzten sogar seine Brille auf, zum größten Vergnügen meines Vaters und unter entsetzlicher Missbilligung seiner Schwestern, deren Gefühle zwischen Empörung über die Entweihung und Stolz über die Vitalität der neuen Wagners schwankten.«[61]

Auch in den harten Kriegsjahren ging es den Wagners vergleichsweise gut. Zwar musste man hier und dort kürzertreten, augenscheinlich war aber immer genug Geld da, um einen aufwändigen Lebensstil zu pflegen. »Aber im Ersten Weltkrieg ist es doch so gewesen«, erzählte Winifred später, »dass die Heimat eigentlich verschont geblieben ist von allen kriegerischen Handlungen, und das tägliche Leben ging mit Ausnahme der immer knapper werdenden Lebensmittel eigentlich im alten Stil weiter – vor allen Dingen in Wahnfried.« Dort

Familie Siegfried Wagner: Friedelind, Winifred, Wolfgang, Siegfried, Verena und Wieland

traf man laut Winifred auf eine »erschreckende Anzahl von Dienern«: neben Dora Glaser, Cosimas langjähriger Zofe, sorgten sich eine Köchin, ein Küchenmädchen, Siegfrieds persönlicher Diener, zwei Zimmermädchen sowie ein Gärtner samt Gehilfe um die Belange der Familie. Die junge Frau Wagner erwies sich als eine überaus pfiffige Unternehmerin, die Haus und Herd der anspruchsvollen Familie erfolgreich organisierte. Dabei zeigte sie großen Einfallsreichtum, wenn es darum ging, Versorgungsengpässe zu überbrücken. So schreckte sie auch nicht davor zurück, die Rasenanlagen vor der Villa Wahnfried kurzerhand in Ackerflächen umzuwandeln. »Hier wo mein Wähnen Frieden fand, Kartoffeln baut man nun im Gartenland«, schrieb ihr daraufhin ein empörter Wagnerianer. Winifred: »Aber immerhin war es ja wichtig, die Familie satt zu kriegen.«[62]

Winifred Wagner war nach allem, was wir wissen, eine liebevolle, aber auch pragmatisch-nüchterne Mutter. Aus ihrem Mund klang das viele Jahrzehnte später so: »Ich hatte mich bereits zu Siegfrieds Zeiten dafür entschlossen, mich in allererster Linie meinem Mann zu widmen und ihm zu helfen, weil ich mir sagte, für die Kinder kann in diesem jugendlichen Alter jemand anders sorgen, während für meinen Mann konnte wirklich niemand anders sorgen. Und ich habe auf dem Standpunkt gestanden, dass der Mann in diesem Fall wichtiger war wie die heranwachsenden Kinder.«[63] Für Wieland, Friedelind, Wolfgang und Verena wurde also ein Kindermädchen engagiert, während Vater und Mutter häufig auf Reisen waren. Von einer strengen Erziehung konnte keine Rede sein, die kleinen Wagners wuchsen vielmehr in einer freizügigen Atmosphäre auf, was regelmäßig zu Konflikten mit den Tanten führte. »Meine Tante Eva hatte von ihren Geschwistern den alles besagenden Kosenamen ›das Nadelkissen‹ erhalten«, erinnert sich Wolfgang. »Wir, ihre Nichten und Neffen, konnten uns im Umgang mit ihr immer wieder überzeugen, wie zutreffend gewählt das Charakteristikum war.« Für die Kinder gab es zahlreiche Gelegenheiten, vom herben Charme ihrer Tanten zu kosten. So mussten die vier Eva und Daniela regelmäßig beim Mittagessen Gesellschaft leisten. Jene Stunden wurden besonders gefürchtet, da sich meistens ein stocksteifes und humorloses Gespräch anließ, »welches seinen Inhalten nach vorrangig für das Heil unserer kindlichen Seelen

Sorge tragen sollte, als daß es womöglich auf unsere doch ziemlich anders gelagerten Interessen eingegangen wäre.«[64] Wolfgang und seine Geschwister revanchierten sich auf ihre Art: Wenn Frau Chamberlain und Frau Thode Wahnfried besuchten, kurbelten sie das Grammophon an, und es erklang das Vorspiel zu *Orpheus in der Unterwelt* oder es schepperte der *Badenweiler Marsch*. Die Tanten waren dann außer sich ob dieser respektlosen Flegelei – und die Kinder hatten ihren Spaß. Aber auch auswärtige Gäste waren vor dem Quartett nicht sicher. »Ihr seid doch sicher die Enkel von Richard Wagner?«, fragte ein ehrfürchtiger Besucher die auf der Wiese vor der Villa herumtollenden Kinder. Deren Antwort: »Nein, wir sind Kühe.«[65]

MUSIK, MACHT, POLITIK: ADOLF HITLER UND DIE FAMILIE WAGNER

Frontverläufe

Im Sommer 1916 herrschte allenthalben Hoffnungslosigkeit. »Nun dauert der Krieg zwei Jahre und 5 Millionen junge Männer sind tot und mehr als noch mal so viele Millionen Menschen sind unglücklich geworden und zerstört«, notierte die Bildhauerin Käthe Kollwitz in ihr Tagebuch. »Gibt es noch irgend etwas was das rechtfertigt?«[1] Das Deutsche Reich steckte militärisch und politisch in der Sackgasse. Generalstabschef Erich von Falkenhayn, der seit Herbst 1914 für die Kriegsführung verantwortlich zeichnete, stand vor einem Scherbenhaufen. Sein Konzept für die Westfront hatte sich als Desaster erwiesen, und die von ihm verfolgte Strategie, die Wehrkraft des französischen Volkes »ausbluten« zu lassen, war gescheitert. Die Schlacht an der Somme sowie der Kampf um Verdun mussten ergebnislos abgebrochen werden. Hunderttausende junger Männer hatten ihr Leben verloren. Als schließlich Rumänien im August 1916 auf alliierter Seite gegen Deutschland in den Krieg eintrat, stürzte Falkenhayn. Sein Nachfolger wurde Paul von Hindenburg, der seit der erfolgreichen Schlacht bei Tannenberg Ende August 1914 als Volksheld und geradezu mythischer Heilsbringer verehrt wurde. Hindenburg und General Erich Ludendorff bildeten seit dem 29. August 1916 die Oberste Heeresleitung und erhielten weit reichende Sondervollmachten. Offiziell war der Kaiser noch Oberbefehlshaber, in Wirklichkeit wurde das Reich fortan von einer Militärdiktatur regiert. Hindenburgs Verpflichtung löste in Bayreuth einen regelrechten Begeisterungsrausch aus. »Die Nachricht, dass Hindenburg das Oberkommando erhielt, erfüllt mich mit einer solchen Jubelfreude«, schrieb Cosima Wagner an ihren Schwiegersohn Chamberlain, »dass ich am liebsten alle Glocken hätte läuten hören und vor Allem, beflaggt hätte.«[2]

Außerhalb der Villa Wahnfried wuchs jedoch die Kriegsmüdigkeit der Deutschen. Der überaus kalte Winter 1916/17 forderte unzählige Tote. Hinzu kam die dramatische Unterversorgung der Zivilbevölkerung – eine Kartoffelfäule hatte die Ernte um die Hälfte reduziert. Steckrüben hatten bislang hauptsächlich als Viehfutter gedient, nun war man froh, immerhin noch dieses bittere Gemüse essen zu können. Die Verzweiflung der Menschen war mit Händen zu greifen, die so genannte »Heimatfront« löste sich langsam auf. Die Straße machte mobil, Massenstreiks griffen um sich, allein in Berlin traten im April 1917 über 200 000 Arbeiter in den Ausstand.

Doch es gab auch eine andere Seite. Die im September 1917 gegründete Deutsche Vaterlandspartei entwickelte sich zu einer mächtigen Gegenbewegung – gegen den nachlassenden Kriegseifer und gegen Friedensresolutionen, wie sie der Reichstag formuliert hatte. Zu den Gründungsvätern gehörten die »alten Verdächtigen« – Männer, wie der militärisch gescheiterte Großadmiral Alfred von Tirpitz und der ostpreußische Generallandschaftsdirektor Wolfgang Kapp, die seit vielen Jahren einem aufgeputschten Nationalismus und Chauvinismus das Wort redeten. Entsprechend großspurig klangen die Ziele: kein Verständigungsfrieden, Annexionen im Osten und Westen, ja Expansionen »bis an den Stillen Ozean und an die Pforten Indiens«.[3] Die Deutsche Vaterlandspartei verstand sich als außerparlamentarische Opposition, als nationale Sammelbewegung gegen die Reichstagsmehrheit aus Linksliberalen, Sozialdemokraten und dem Zentrum. Mit Erfolg: Im Juli 1918 hatten sich bereits 1,25 Millionen Mitglieder in über 2500 Ortsgruppen organisiert. Die Familie Wagner stand in vorderster Reihe. »Mit Begeisterung sind wir hier der Vaterlandspartei beigetreten«, ließ Cosima den Fürsten Hohenlohe-Langenburg wissen. »Die beiden Aufrufe sowie die große Rede von Tirpitz habe ich herrlich gefunden. Mein Schwiegersohn Chamberlain rief bei der Lektüre aus: ›Endlich einmal wieder die Sprache eines deutschen Staatsmannes!‹«[4] Dass die Vorhaben dieses Vereins politischer Humbug waren, hätte man auch damals leicht erkennen können. Doch die Wagners verschlossen – wie so viele andere – die Augen vor der Realität. Von der desaströsen militärischen Lage des Reiches wollte man nichts hören. Als Mary Balling leise Zweifel an der Redlichkeit des Alldeutschen Verbandes und der Vaterlandspartei anmeldete, reagierte Eva Chamberlain sichtlich gereizt. Sie sei »einseitig unterrichtet«, hielt sie der Freundin vor, und lese die falschen – sprich: liberalen – Blätter. Eva: »Wenn Du Dir die Namen der Betheiligten am Alld. Verband ansähest [...] würdest Du Dir einen anderen Begriff dieses wahrhaft deutschen Verbandes machen. Die grossartige Bewegung der Vaterlandspartei ist ihm sehr mit zu verdanken, und gegen die wirst Du doch nichts haben?? Mama war eine der Ersten die ihr mit Begeisterung beitraten! Siegfried u. Winni reisen soeben zu der Versammlung nach München u. kehrten gestärkt u. erhoben von der Rede des verfehnten Tirpitz zurück. Du musst diese Sprache jetzt hören, aber nicht im verstümmelten Auszug der jüdischen Blätter, sondern im vollen Wortlaut wie unsere wackere Deutsche Zeitung sie einzig bringt.«[5]

In dem politischen Engagement der Wagners zeigt sich, wie stark die Vaterlandspartei der späteren NSDAP propagandistisch und personell den Weg bereitete. Siegfried und Winifred Wagner sowie die Chamberlains warben, wo immer sie konnten, für die Organisation, Houston Stewart Chamberlain widmete ihr sogar einen seiner populären *Kriegsaufsätze*. Der Ortsverein Jena warb um ihn im Oktober 1917 außerdem als Redner, Chamberlain musste jedoch aus gesundheitlichen Gründen ablehnen. Bayreuths Chefideologe litt seit 1915 an einer mysteriösen Nerven- und Muskelkrankheit, die mit schweren neurologischen Störungen und Lähmungen einherging. Die offizielle Erklärung – Englands Kriegserklärung an Deutschland habe ihn schockiert und krank gemacht – klingt kaum glaubwürdig. Vielleicht laborierte er an den Folgen der Syphilis, mit der er sich Jahrzehnte zuvor bei einer seiner zahlreichen lüsternen Eskapaden im Rotlichtmilieu infiziert haben mag. Möglicherweise war es aber auch der Morbus Parkinson – es wird sich nicht mehr ganz klären lassen. Von Jahr zu Jahr ging es ihm schlechter. Chamberlain war auf den Rollstuhl angewiesen, später konnte er nur noch im Bett liegen, die Lähmung ergriff am Ende völligen Besitz von seinem Körper. Ab Mitte 1917 benutzte er den »Parlograph« – eine Art Diktiergerät –, das er von seinem Verleger Bruckmann geschenkt bekommen hatte. Als allerdings einige Jahre später auch seine Stimme versagte, las Eva ihm die Worte

Eva Chamberlain am Bett ihres todkranken Mannes Houston Stewart Chamberlain. »Sein Anblick ist grauenvoll und jammervoll.« (Daniela Thode)

von den Lippen ab. In seinen letzten Lebensjahren durchlitt Chamberlain ein schlimmes Schicksal: Er war in seinem eigenen Leib gefangen.

Man gewinnt den Eindruck, dass Chamberlains Fanatismus durch seine Erkrankung zusätzlich angeheizt wurde. Nicht mehr Herr seines Körpers, trommelte er vehementer denn je für den Kaiser und den Krieg und hetzte hasserfüllt gegen alle Friedensbemühungen. Chamberlain betrieb eine regelrechte Gesinnungsschnüffelei; überall witterte er Defätismus und Landesverrat. Ganz oben auf seiner Liste der angeblichen Volksfeinde stand die »Frankfurter Zeitung« – das Sprachrohr des liberalen Bürgertums. Am 9. November 1917 veröffentlichte Chamberlain in der »Deutschen Zeitung«, der Hauspostille des politischen Chauvinismus, eine Lobpreisung auf die Deutsche Vaterlandspartei. Eher nebenbei hieß es dort: »Daß auch der Feind mitten unter uns am Werk ist, das bezweifelt wohl kein Wissender. Vor langen Jahren erzählte Bismarck, er habe wiederholt beobachtet, daß England, sobald es etwas gegen die Interessen Deutschlands im Schilde führe, sich der ›Frankfurter Zeitung‹ bediene, woraus er den Schluß zog, es müßten unmittelbare Beziehungen zwischen der englischen Regierung und diesem Blatte bestehen. Jetzt wird behauptet – ob mit Recht oder Unrecht, weiß ich nicht –, diese im südlichen Deutschland allmächtige Zeitung sei überhaupt Feindesbesitz.«[6] Diese beiläufige Notiz löste einiges Aufsehen aus. Das Blatt konterte umgehend und bezeichnete Chamberlain als »Renegaten«, da er ja gar kein richtiger Deutscher sei. Doch dabei ließ man es nicht bewenden: Für die Frankfurter war durch Chamberlains Angriff der Tatbestand der Beleidigung erfüllt. Insgesamt achtzehn Personen – darunter Heinrich Simon, der Enkel des Zeitungsgründers – reichten Anfang 1918 beim Amtsgericht Frankfurt Privatklage gegen Chamberlain ein. Für den Beklagten stand viel auf dem Spiel, da öffentliche Beleidigung mit bis zu zwei Jahren Gefängnis bestraft werden konnte. Chamberlain behauptete sich wieder einmal als raffinierter Trickser, war ihm doch von Anfang an daran gelegen, das drohende Verfahren zu einem politischen Prozeß zu stilisieren. Als Rechtsanwalt verpflichtete er keinen Geringeren als Justizrat Heinrich Claß, seines Zeichens Vorsitzender des nationalistischen Alldeutschen Verbandes und Mitbegründer der Vaterlandspartei. Sein Gegenspieler wurde der angesehene Frankfurter Jurist Dr. Moritz Philipp Hertz.

Claß wiederholte erst einmal Chamberlains Vorwürfe, wonach die »Frankfurter Zeitung« eine »schädliche Macht« darstelle: »Sie hat das Menschenmögliche geleistet, um das deutsche Ansehen im Auslande durch Verzerrung inländischer Zustände herabzusetzen.« Sein Mandant sei aber nicht nur »ein allgemein bekannter Vorkämpfer der nationalen Bewegung«, fährt der Justizrat fort, sondern »Mitglied der Vaterlandspartei, um deren Verteidigung es sich im vorliegenden Falle handelte.«[7] Das war hinterlistig argumentiert, denn so verquickte er persönliche Belange mit denen einer politischen Partei. Die Rechnung ging auf – am 4. April 1918 wurde der Antrag auf Eröffnung des Hauptverfahrens wegen öffentlicher Beleidigung auf Kosten der Kläger abgewiesen. Dr. Hertz legte, was zu erwarten war, Widerspruch ein. Während der Prozeß am übergeordneten Landgericht vorbereitet wurde, formierte die Gegenseite ihre Truppen. Heinrich Claß engagierte einen Redakteur, der die eher rechte Presse unauffällig mit chamberlainfreundlichen Artikeln beliefern sollte. Darüber hinaus organisierte er mit Hilfe wohlhabender Sympathisanten einen »deutschen Chamberlain-Dank«, was nichts anderes als eine groß angelegte Geldsammelaktion darstellte. Chamberlain habe »mit seinem Kampfe gegen die Frankfurter Zeitung eine der gefährlichsten Wunden an unserem Volkskörper aufgedeckt«, hieß es in dem Aufruf. Und weiter: »Wir fordern die Gesinnungsgenossen auf, dem Danke für Herrn Chamberlains Tat dadurch Ausdruck zu verleihen, dass sie die Mittel zur erfolgreichen Fortsetzung des Kampfes zur Verfügung stellen.«[8] Das erwies sich als lukratives Unterfangen – innerhalb weniger Tage trafen Schecks in Höhe von insgesamt 3500 Mark in Bayreuth ein. Dass Chamberlain jene Spenden gar nicht nötig hatte, stand auf einem anderen Blatt. Geld und Moral waren in Wahnfried von jeher zwei Seiten ein und derselben Medaille. Man appellierte gerne an die Nation und meinte das Portemonnaie. Bemerkenswert ist hier vielmehr das enge Zusammengehen der Familie Wagner (zu der Chamberlain ja gehörte) mit der Vaterlandspartei. Zum ersten Mal reihte sich der Clan in die Front einer politischen Organisation ein. Die Wagners waren nicht nur Mitglieder, sie machten sich zu Fürsprechern und unterstützten öffentlich die Ziele jener »Bewegung«.

Das Verfahren »Frankfurter Zeitung gegen Houston Stewart Chamberlain« begann im Sommer 1918 vor dem Landgericht der Mainmetropole. Was als private Beleidigungsklage angefangen hatte, geriet nun auf beiden Seiten zur weltanschaulichen Demonstration. Im Saal erschienen zahlreiche prominente Zeitgenossen aus dem liberalen und bürgerlichen Lager – darunter der einflussreiche Politiker Conrad Haußmann –, um ihre Sympathien für die »Frankfurter Zeitung« zu bekunden. Der Beklagte war aus Rücksicht auf seine schlechte körperliche Verfassung nicht anwesend, er wurde von seinen Rechtsanwälten vertreten. Chamberlain: »Claß führt nur noch den politischen Teil, das Juristische hat Jacobsen in Hamburg, ein besonders vortrefflicher Mann und Gesinnungsgenosse, übernommen.«[9] Doch diesmal hatten Heinrich Claß und Alfred Jacobsen schlechte Karten. Das Juristenduo verstrickte sich in plumpe politische Propaganda, die das Gericht nicht zu überzeugen vermochte. Nach sieben Verhandlungstagen fiel am 16. August das Urteil. Chamberlain wurde zu 1500 Mark Geldstrafe verurteilt, er musste die Prozesskosten übernehmen, und alle Zeitungen, die Chamberlains Beleidigung abgedruckt hatten, wurden zu Gegendarstellungen angehalten. In »normalen Zeiten«, fügte der Richter hinzu, hätte er eine Gefängnisstrafe verhängen müssen. Die Zeiten seien aber nicht »normal«, und in Anbetracht des Alters und der Erkrankung des Angeklagten erscheine das gefundene Strafmaß vertretbar.

Es rauschte mächtig im Blätterwald – insbesondere rechte Pressevertreter spieen Gift und Galle auf das Frankfurter »Schandurteil«. Chamberlains Advokaten legten natürlich Revision ein. Doch bevor es zur Wiederaufnahme des Verfahrens kam, brach die bekannte Welt in sich zusammen. Am 9. November 1918 übernahm der SPD-Politiker Friedrich Ebert die Geschäfte des Reichkanzlers, wenige Stunden später proklamierte sein Genosse Philipp Scheidemann von einem Fenster des Reichstages in Berlin die deutsche Republik. Der Krieg war zu Ende, das Kaiserreich existierte nicht mehr – noch am gleichen Tag dankte Kaiser Wilhelm II. ab und floh nur Stunden später ins Exil. Drei Tage danach – am 12. November 1918 – veröffentlichte der Rat der Volksbeauftragten einen Aufruf an das deutsche Volk. Mit Gesetzeskraft wurde dort eine Amnestie für alle politischen Delikte verkündet: »Die wegen solcher Straftaten anhängigen Verfahren werden niedergeschlagen«.[10] Es ist eine Ironie der Geschichte, dass Chamberlains Vergehen ausgerechnet unter diese Verordnung fiel. Die Richter der Frankfurter Strafkammer wunderten sich zwar, ob der Rat »sich überhaupt über die Tragweite seiner Verordnung ausreichend klar war«, schlossen sich in ihrem Urteil vom 24. Februar 1919 aber der aktuellen Rechtsprechung an.[11] Das Verfahren wurde eingestellt. Der große Hasser, der Politiker wie die sozialdemokratischen Volksbeauftragten Friedrich Ebert, Philipp Scheidemann und Otto Landsberg schlichtweg verachtete, verdankte gerade diesen Männern seine Straffreiheit. Auf welche Art und Weise dem Beinahe-Kriminellen Chamberlain seine Buße erspart blieb, interessierte dessen Anhänger nicht. Er avancierte vielmehr zum Guru, zu einer Art deutschnationalen Blutzeugen. »Und da bete ich zu Gott«, schrieb sein Anwalt Alfred Jacobsen salbungsvoll, »dass er auch Ihnen die Kraft schenken möge, diese Tage der Finsternis zu überwinden und dass er Ihnen Stärke geben möge, ein Führer unseres Volkes zu bleiben«.[12]

Viele Deutsche – so auch die Wagners – wollten das Ende des Krieges und den Untergang der Monarchie nicht wahrhaben. Entsprechend verständnislos stand der Clan den politischen Vorgängen im Reich gegenüber. Einfache Erklärungen hatten Konjunktur, und Schuldige waren schnell benannt. Die Legende vom »Dolchstoß« ging um: Demokraten, Revolutionäre, Pazifisten und vor allem »die Juden« hätten das »im Felde unbesiegte« deutsche Heer aus Eigennutz und Feigheit von hinten erdolcht. »Uns Deutschen scheint es mir an Patriotismus zu fehlen«, stimmte Cosima Wagner in den Klagegesang ein. »Bei uns darf ein Vaterlandsloser unserem Feldmarschall das Wort verbieten und bemäkelt ein jeder Philister am Biertisch die Strategie von Hindenburg und Ludendorff.«[13] Hinter der billigen Propaganda versteckte sich aber auch eine tief sitzende Angst vor der neuen Welt – vor einer Gesellschaft ohne Monarchie und letztlich vor der Demokratie. Nicht wenige Männer schlossen sich so genannten Freikorpsverbänden an. Dieser rechte Mob terrorisierte das Land, alte Rechnungen wurden beglichen. So stieß die Ermordung Rosa Luxemburgs und Karl Liebknechts am 15. Januar 1919 vielerorts auf Sympathie. Als wenige Wochen später – am 21. Februar – der bei den Wagners besonders verhasste bayrische Ministerpräsident Kurt Eisner (USPD) von Anton Graf von Arco-Valley erschossen wurde, reagierte Cosima sichtlich zufrieden: »Ich werde unterbrochen durch Glockenläuten, und zwar für den galizischen Semiten.« Und weiter: »In meinen Augen ist Graf Arco ein Märtyrer.«[14]

Für die Politiker der noch jungen Weimarer Republik empfanden die Bayreuther nur Verachtung. Man hielt es lieber mit kaiserlichen Militärs wie Erich Ludendorff und Paul von Hindenburg. Eva Chamberlain wusste zu berichten: »Mama frägt Adolf [von Groß] bei jedem Besuch: ›Warum wird Ludendorff nicht unser Dictator?‹ Sie kann sich eben die ganze waffen- u. wehrlose Lage Deutschlands nicht vorstellen.«[15] Dass Cosima Wagners Wunsch nicht in Erfüllung ging, lag nicht zuletzt an der schlechten Organisation der politischen Rechtsaußen. Zwar zeigte sich dieses Milieu äußerst gewaltbereit und brutal, doch gab es viele Aktionen, die kaum aufeinander abgestimmt waren; manche Vorhaben standen sogar im Gegensatz zueinander. Die Wagners – allen voran Houston Stewart Chamberlain – unterstützten ihre Gesinnungsgenossen, wo immer es ging. Als beispielsweise Wolfgang Kapp im Sommer 1919 ein »Deutsches Hochstift« – eine Art rechte Kaderschmiede – ins Leben rufen wollte, bezeichnete Chamberlain dies als »unentbehrlichen Dienst« für das Vaterland und bedankte sich »für die mir gebotene Gelegenheit, mich öffentlich an diesem Werke zu beteiligen«.[16] Kapps Plan wurde nie umgesetzt, wie auch der mit seinem Namen verbundene Putsch scheiterte.

März 1920: Kapp und sein Mitverschwörer General Walter Freiherr von Lüttwitz nahmen eine Anordnung der Reichsregierung zur Auflösung von Freikorpsverbänden zum Anlass für einen lange geplanten Coup gegen die ungeliebte Republik. Der völlig dilettantisch organisierte Aufstand konnte aber durch einen Generalstreik niedergeschlagen werden. Kapp, der sich großspurig zum Reichskanzler einer »Gegenregierung« hatte ausrufen lassen, floh schließlich nach Schweden ins Exil. Ein unheldisches Ende, entsprechend groß war im rechten Lager der Katzenjammer. Chamberlain stand seit Anfang der 1920er Jahre wieder in engerem Briefkontakt mit Josef Stolzing-Cerny, jenem Journalisten, der dem Clan beim Versuch der propagandistischen Bewältigung des Beidler-Prozesses geholfen hatte. »Traurig auch, dass Kapp uns eine so schwere Enttäuschung bereitete!«, schrieb Stolzing-Cerny Anfang Januar 1921. »Leider war er alles andere nur nicht der Mann mit dem Löwenherzen, viel eher mit dem Bierherzen, denn er holte sich alle Energie stets aus der Alkoholisierung seines Gehirnes. Dabei stand seine Sache, als er den Putsch machte, so gut wie nur denkbar. Ein Mann wie Bismarck oder Napoleon hätte in dem gleichen Falle die ganze jüdisch-sozialistische Republik zum Teufel gejagt!« Es sei dahingestellt, ob es für Wolfgang Kapps Unternehmung wirklich gut ausgesehen hat. Josef Stolzing-Cernys Brief an Chamberlain ist aus einem anderen Grund für den Fortgang unserer Geschichte wichtig. Der Journalist verfügte über beste Kontakte in das deutschnationale Lager. Insbesondere in München, wo er seit Mai 1920 lebte, kannte er viele völkische Agitatoren, Bierzeltredner und

Möchtegernführer. Einer hatte es ihm ganz besonders angetan: »Sehr erfreulich ist auch das stetige und starke Anwachsen der Nationalsozialistischen deutschen Arbeiterpartei, an deren Spitze der österreichische Arbeiter Adolf Hitler steht, ein Mann von ausserordentlicher rednerischer Begabung und einem erstaunlich reichen politischen Wissen, der die Massen wundervoll zu packen weiss. Die Versammlungen dieser Partei sind immer bis zum Erdrücken gefüllt, der Zustrom aus dem linksseitigen Lager fliesst ununterbrochen zu Hitler ab.«[17] Dieser Brief vom 1. Januar 1921 stellt die erste nachweisliche Erwähnung Adolf Hitlers gegenüber einem Mitglied der Familie Wagner dar. Houston Stewart Chamberlain wird sich den Namen des Österreichers vielleicht gemerkt haben – bis zum ersten Treffen vergingen aber noch über zweieinhalb Jahre.

Neue Allianzen

Am Beginn stand eine Zeitungsmeldung: »Am Sonntag, den 30. September spricht Adolf Hitler in Bayreuth.«[18] Der Auftritt des 34-Jährigen in der Wagnerstadt war Teil eines so genannten »Deutschen Tages«. Im Herbst 1923 fanden gleich mehrere dieser Treffen statt: in Nürnberg, Coburg und Hof – und Ende September in Bayreuth. Zu den Veranstaltern jener völkischen Massenspektakel gehörte neben anderen Organisationen auch die noch junge NSDAP. Warum ausgerechnet Bayreuth? Die NSDAP war Anfang der 1920er Jahre in Preußen und Thüringen sowie einigen anderen Staaten des Deutschen Reiches verboten, jedoch nicht in Bayern. Im Süden des Freistaates lagen ihre Hochburgen, in Franken war sie weniger bekannt. Es lag also nahe, den Aktionsradius in Richtung Norden zu erweitern. Die Zeiten waren hart: Massenarbeitslosigkeit, Hunger und eine galoppierende Inflation prägten den Alltag, die Menschen waren empfänglich für deutschnationale Heilsversprechen. Dieses Klima nutzten die völkischen Verbände geschickt für ihre Agitation aus. Auch Bayreuth begrüßte die Polittouristen mit offenen Armen. Die Lokalpresse legte sich mächtig ins Zeug und bejubelte die bevorstehende Veranstaltung als »Gedenktag in der Geschichte unserer

*Ein Besuch mit Folgen:
Adolf Hitler anlässlich
des »Deutschen Tages«
in Bayreuth, September/
Oktober 1923.*

Stadt«.[19] Sogar Oberbürgermeister Albert Preu sowie der oberfränkische Regierungspräsident Otto von Strößenreuther hatten ihre Mitwirkung zugesagt. Am Vortag – es war der 29. September – trafen die Teilnehmer in Bayreuth ein und bezogen ihre Unterkünfte. Selbst Eva und Houston Stewart Chamberlain zeigten sich gastfreundlich und nahmen einen alten Bekannten auf: Josef Stolzing-Cerny. Der Journalist – NSDAP-Mitglied Nummer 699 – hatte mittlerweile Karriere gemacht, er arbeitete für den parteieigenen »Völkischen Beobachter« und gehörte nun zu Hitlers Entourage. »Vorbereitungen für Deutschen Tag beleben das Haus«, hieß es in Chamberlains Tagebuch. »Rollstuhlfahrt durch geschmückte Stadt machte viel Vergnügen.«[20] Ab 20 Uhr stand ein bierseliger Begrüßungsabend auf dem Programm. In den verschiedenen Sälen der Stadt spielten Musikkapellen, erste Reden wurden gehalten. Adolf Hitler erreichte erst gegen 23.15 Uhr den Bayreuther Bahnhof, wo er von seinen Anhängern mit viel Tamtam in Empfang genommen wurde.

Am nächsten Morgen begann das braune Spektakel mit einem protestantischen Feldgottesdienst auf dem Exerzierplatz. Um 14.30 Uhr zogen rund 5000 Teilnehmer an Wahnfried und der Villa Chamberlain vorbei durch die Stadt. Die örtliche Presse berichtete von mehreren Tausend Zuschauern, die die Umzügler lebhaft bejubelt und sogar mit Blumen beworfen hätten. Chamberlain: »Deutscher Tag mit Hitler! Viel Unruhe v. Früh bis Abds.« Eine fast gespenstische Situation: der an den Rollstuhl gefesselte Schriftsteller und seine greise Schwiegermutter Cosima Wagner saßen auf der Veranda, winkten den marschierenden Truppen zu und nahmen sozusagen die Parade ab. »Festumzüge Vor- u. Nachm. v. Fenster u. Terrasse miterlebt, Mama zugegen!«[21]

Am späten Nachmittag jenes Sonntags hielten die Anführer der beteiligten Verbände – darunter Adolf Hitler und Julius Streicher – an verschiedenen Orten Reden. Hitler sprach in der völlig überfüllten markgräflichen Reithalle und hetzte gegen den Parlamentarismus, die Republik und überhaupt alles »Undeutsche«. »Nicht endenwollende Heilrufe und Beifall lohnten den Redner für seine wahren und trefflichen Ausführungen«, erwähnte das »Bayreuther Tagblatt«.[22]

Unmittelbar nach diesem Auftritt besuchte Hitler den kranken Houston Stewart Chamberlain und holte sich bei seinem Idol aus Wiener Jugendtagen die höheren Weihen. Vielleicht erinnerte sich Chamberlain an Josef Stolzing-Cernys Brief vom Januar 1921? Angeblich sei Hitler vor Chamberlain niedergekniet und habe ihm ehrfürchtig die Hand geküsst. Chamberlain war von seinem Besucher begeistert: »Abds. ½ 10 – 10 ¼ Besuch Hitlers, erhebend!«[23] Ob sich auch Winifred Wagner unter den Zuhörern in der Reithalle befand, wird sich nicht mehr mit letzter Gewissheit klären lassen. Der »Völkische Beobachter« will sie dort gesehen haben, sie stritt ihre Teilnahme Jahrzehnte später ab. Aber mit Sicherheit hat die junge Frau Wagner Hitler im Hotel Anker getroffen, wo Edwin und Helene Bechstein für ihren Günstling einen Empfang gaben. Winifred kannte das Klavierfabrikantenehepaar seit Berliner Jugendtagen, es lag also nahe, dass sie dort vorbeischaute. »Mein Mann ging nicht hin, ich bin hingegangen und ich habe ihn durch Herrn und Frau Bechstein kennen gelernt, und ich muss gestehen, dass ich sofort einen sehr großen und tiefen Eindruck von dem Mann hatte – als Persönlichkeit. Das Auge war vor allen Dingen ungeheuer anziehend, ganz blau und ein großes, ausdrucksvolles Auge. Ich forderte ihn auf, nach Wahnfried zu kommen, weil er sich natürlich ungeheuer dafür interessierte.«[24]

Dieses Treffen fand am 1. Oktober statt. Chamberlains Tagebuch: »10 ½ draussen auf H. wartend im Rollst., ergreifende Begrüssung in Wahnfried: ›Gott mit Ihnen!‹«[25] Im Anschluss an das Familienfrühstück, an dem auch Wieland, Friedelind, Wolfgang und Verena teilnahmen, zeigten Siegfried und Winifred ihrem Gast bereitwillig das Haus. Kurze Zeit später war man per Du.

Nach Hitlers Abreise schrieb Chamberlain ihm einen langen Brief: »Mein Glauben an das Deutschtum hat nicht einen Augenblick gewankt, jedoch hatte mein Hoffen – ich gestehe es – eine tiefe Ebbe erreicht. Sie haben den Zustand meiner Seele mit einem Schlage umgewandelt. Daß Deutschland in der Stunde seiner höchsten Not sich einen Hitler gebiert, das bezeugt sein Lebendigsein.«[26] Chamberlain gehörte zu den zentralen Figuren der völkischen Szene, sein Wort hatte Gewicht. Dass ausgerechnet er dem noch weitgehend unbekannten Österreicher ein derartiges Attest ausstellte, kam einem Ritterschlag gleich. Und so war die Lobrede des Bayreuther Vordenkers für Hitler so etwas wie ein Empfehlungsschreiben. Es wurde in völkischen Zeitungen veröffentlicht und war an jene nationalen Kreise gerichtet, die die NSDAP noch nicht kannten oder ihr eher kritisch gegenüberstanden. Hitler war sich dieses großen Geschenks durchaus bewusst. »Herr Adolf Hitler hat sich über das Schreiben Ihres Herrn Gemahls wie ein Kind gefreut«, versicherte Josef Stolzing-Cerny Eva Chamberlain. »Noch immer schwärmt Herr Hitler von Bayreuth und nicht zuletzt von der Familie Wagner und deren reizenden Kindern.«[27]

Im Herbst 1923 schien Deutschland im politischen Chaos zu versinken. Während die Kommunisten eine Revolution nach russischem Vorbild propagierten, redeten völkische Kreise einer nationalen Diktatur das Wort. In Sachsen und Thüringen bildeten sich im Oktober »proletarische Arbeiterregierungen«, im Rheinland und in der Pfalz unterstützten die Franzosen separatistische Bestrebungen. Auch in Bayern lagen Putschgerüchte in der Luft. Man munkelte sogar, dass der Freistaat aus dem Reich austreten und wieder die Monarchie einführen könne. Die Atmosphäre war aufgeladen.

München, 8. November 1923: An jenem Donnerstagabend fand im Bürgerbräukeller eine nationale Kundgebung der bayerischen Regierung unter Gustav Ritter von Kahr statt. Etwa 30 Minuten nach Beginn der Veranstaltung stürmte Adolf Hitler in Begleitung bewaffneter Truppen das Lokal und erklärte die Regierungen in München und Berlin für abgesetzt. Um seiner Proklamation Nachdruck zu verleihen, schoss er einmal in die Saaldecke. Entsprechend martialisch ging es weiter: Für den nächsten Tag war ein »Marsch auf Berlin« geplant, der von Erich Ludendorff befehligt werden sollte. Für sich reklamierte Hitler das Amt des Reichskanzlers. Nicht ganz freiwillig sagte Kahr seine Mitwirkung zu. Doch Hitler wurde getäuscht – in der Nacht nach der Veranstaltung ergriff Kahr Gegenmaßnahmen. Am nächsten Morgen zogen Hitler und Ludendorff mit gut 2000 Putschisten durch die Stadt. Kurz vor der Feldherrnhalle hatte Gustav von Kahr schwer bewaffnete Polizei Aufstellung nehmen lassen. Nach einem kurzen Schusswechsel war der Spuk beendet.

Man muss davon ausgehen, dass die Wagners über Hitlers Putschpläne informiert waren, wahrscheinlich hatte er sie anlässlich seines Bayreuth-Besuches ins Vertrauen gezogen. Dafür spricht die Tatsache, dass sich Winifred und Siegfried am 9. November in München aufhielten. Siegfried sollte am Abend im Odeon ein Festkonzert dirigieren, das als Veranstaltung des »Richard-Wagner-Verbands deutscher Frauen« getarnt war. In Wahrheit ging es wohl darum, den erfolgreichen Umsturz musikalisch zu veredeln. Doch es kam anders: Hitler und Ludendorff wurden verhaftet, das Konzert fiel aus. Weitere Hinweise auf die Mitwisserschaft der Wagners liefern Chamberlains Tagebücher. Christian Ebersberger, Mitglied der Bayreuther NSDAP, hielt den Clan über die Vorgänge in München auf dem Laufenden. »Ebersberger bringt gr. Nachr. über Kahr u. Hitler die doch zusammengingen«, hieß es am Tag des Putsches. »Die Gedanken sind sehr erfüllt mit sorgenden Fragen. Matt u. schwach!«[28] Chamberlain wunderte sich also nicht darüber, dass Hitler den Aufstand wagte, er sorgte sich vielmehr über den Ausgang des Unternehmens. Mit großer Wahrscheinlichkeit war er vorab informiert. Überhaupt ziehen sich die Ereignisse rund um Hitlers Scheitern wie ein roter Faden durch Chamberlains Aufzeichnungen.

10. November: »Ebersberger bringt niederschmetternde Nachr. über Ludendorff-Hitler.«
11. November: »Lulu [Daniela] bringt weitere niederdrück. Nachr. über Münchner Ereignisse, später Wini.«
13. November: »Liegend Winis Bericht über N.S. Vereinigung vernommen. [...] (Hitler verhaftet!) grossartige Haltung ergreift tief.«
21. November: »Wini bat um Erlaubn. Brief an Hitler frei zu geben, was sofort erlaubt wurde.«
25. November: »Gruss u. Dank der Nat. Soz. für Brief an H. dankend.«
30. November: »Brief an Hitler entworfen.«

Der zuletzt erwähnte Brief – eine Abschrift ist in Chamberlains Nachlass überliefert – war eine übersteigerte Liebeserklärung. »Die Liebe zu Ihnen, das Vertrauen auf die Reinheit Ihres Wesens und den Glauben an die Siegesgewalt Ihrer Sache empfinden u. hegen wir heute lebhafter als je; und wir erkennen ein Gotteszeichen darin, dass Sie am 9ten November, sowie unser anderer Führer, der edle Held Ludendorff unversehrt durch das auf Sie gezielte Feuer hindurchschritten; mit diesem ans Wunderbare grenzenden Schutz hat die Vorsehung deutlich gezeigt, dass sie Sie Beide noch nöthig hat für grosse Dinge!«[29] Als Eva und Houston Stewart Chamberlain jene Zeilen abschickten, befand sich ihr Idol bereits seit gut zwei Wochen in Untersuchungshaft. Ende Februar 1924 begann vor dem Volksgericht in München jener Prozess, der zu den unrühmlichsten in der deutschen Justizgeschichte gehört. Dem Angeklagten Adolf Hitler gelang es, den Spieß umzudrehen und sich als Opfer zu gerieren. Das Gericht ließ es sogar zu, dass er Propaganda in eigener Sache betreiben konnte. Das Urteil vom 1. April 1924 war ein entsprechender Skandal: Hitler wurde zu fünf Jahren Festungshaft verurteilt; aufgrund von Bewährungsfristen sollte er aber Ende 1924 schon wieder ein freier Mann sein.

Auch während der Landsberger Haftzeit standen die Bayreuther zu ihrem gescheiterten Helden. Die NSDAP wurde zwar am 23. November 1923 verboten, gut eine Woche später gründete sich mit dem »Deutschen Block Bayreuth« (gelegentlich auch »Völkischer Bund« genannt) ein Tarnverein, der die gestrandeten Parteimitglieder aufnahm. Eva Chamberlain vertrat dort an jenem Abend die Familie

Wagner, wie aus Chamberlains Tagebuch hervorgeht: »E. in völk. Bund.«[30] Chamberlain selbst verfasste Lobeshymnen auf den Häftling und feierte ihn als neuen Luther: »man kann sich nicht zugleich zu Jesus bekennen und zu denen, die ihn ans Kreuz schlagen. [...] Das sieht wohl jeder ein, aber keiner wagt's auszusprechen, keiner wagt die Konsequenz von seinem Denken auf sein Handeln zu ziehen; keiner außer Adolf Hitler.«[31] Auch Winifred war in ihrem Engagement kaum zu bremsen. Ende 1923 sammelte sie bei den Bayreuther Nationalsozialisten Weihnachtspäckchen, die sie in das Gefängnis weiterleitete. Sogar das Papier, worauf Hitler sein Buch *Mein Kampf* niederschrieb, stammte von den Wagners. Siegfried: »Meine Frau kämpft wie eine Löwin für Hitler! Großartig!«[32]

Der Häftling ließ es sich derweil gut gehen. Die Landsberger Wärter behandelten den Neuzugang mit ausnehmender Höflichkeit, manche begrüßten ihn sogar heimlich mit »Heil Hitler«. Er und sein Sekretär Rudolf Heß bewohnten mehrere Räume, »die keineswegs an Zellen, sondern eher an ein gemeinsames Wohnappartement denken ließen«, wie ein Zeitzeuge zu berichten wusste. »Sah man sich etwas genauer um, so gewann man fast den Eindruck, in einen Delikatessenladen geraten zu sein. Es gab Früchte und Blumen, Weine und andere Alkoholika, Schinken, Würste, Kuchen, Pralinenschachteln und vieles andere mehr.«[33]

Dabei stand Winifred in ihrem Einsatz für Hitler keinesfalls alleine. Allen voran Helene Bechstein und Elsa Bruckmann versuchten sich bei ihren Bemutterungsversuchen gegenseitig zu übertrumpfen. Hitler hatte die beiden Damen durch Vertraute wie Ernst Hanfstaengl kennen gelernt. Hanfstaengl, genannt »Putzi«, war der Sohn einer wohlhabenden Münchner Kunsthändlerfamilie und hatte in Harvard studiert. Aus Begeisterung für die nationale Sache schloss er sich Hitler an und diente ihm als Auslandspressechef der NSDAP. 1937 flüchtete er nach England, was eine spannende Geschichte für sich ist. Dann wurde er in die Vereinigten Staaten überstellt und arbeitete während des Zweiten Weltkriegs auf Seiten der Alliierten als Berater. Der gebildete und weltläufige Spross aus bestem Haus wurde Hitlers Türöffner. Hanfstaengl machte Hitler mit den »besseren Kreisen« bekannt und führte ihn in die Münchner Salons ein.

Edwin und Helene Bechstein zog es jeden Winter nach München, wo sie eine Suite im Nobelhotel Bayerischer Hof bewohnten. Außerdem verfügte das Klavierfabrikantenehepaar über ein Landhaus in Berchtesgaden. Dort – in der Stadt wie auf dem Land – empfingen sie Hitler und verwöhnten ihn nach allen Regeln der Kunst. Die 1876 geborene Helene überschüttete ihren Gast mit Geschenken: Mal war es ein Darlehen in Form von Schmuckgegenständen, mal war es ein Grammophon samt Platten. Darüber hinaus gab sie ihm Benimmunterricht: wie ein Gentleman einer Dame die Hand küsst, wie Mann sich im Frack und Smoking bewegt, wie Champagner genossen und ein Hummer zerlegt wird – Frau Bechsteins pädagogischer Eifer war ausgeprägt. Offensichtlich hatte sie aber auch familiäre Hintergedanken, wollte sie den Günstling mit ihrer Tochter Lotte verkuppeln. »Mit diesem Ziel vor Augen«, erinnerte sich Ernst Hanfstaengl, »ging sie sogar sehr bald daran, auch Hitlers Kleidung den gesellschaftlichen Erfordernissen anzupassen. Sie veranlaßte ihn, sich einen Smoking, gestärkte Hemden und Lackstiefel zuzulegen. Das hatte zur Folge, daß Hitler eine Zeitlang zu jeder Tageszeit in halbhohen Lackstiefeln erschien, bis ich mir die Freiheit nahm, ihn darauf aufmerksam zu machen, daß dies wohl kaum die richtige Fußbekleidung für den Tag, geschweige denn für einen Arbeiterführer beim Erscheinen vor seinen notleidenden Anhängern sei.«[34] Helene Bechstein sorgte sich auch um ein standesgemäßes Gefährt für ihren »Wolf«, wie sie Hitler nannte. »Frau Bechstein meinte«, erinnerte sich Hitler Jahre später: »Wolf, Sie müssen den schönsten Wagen haben, den es überhaupt gibt, Sie verdienen ihn. Sie dachte an einen Maybach.«[35] Geld spielte ja keine Rolle.

Auch Elsa Bruckmann konnte bei ihren Gunstbeweisen aus dem Vollen schöpfen. Die gebürtige rumänische Prinzessin Cantacuzène war die Ehefrau des schwerreichen Verlegers Hugo Bruckmann und gehörte zur Münchner Schickeria. Frau Bruckmann scheint in Hitler geradezu vernarrt gewesen zu sein. Während er in Haft saß, pilgerte sie dreimal nach Landsberg, um ihn zu besuchen. In ihrer Villa am Karolinenplatz gab sie berühmte Soiréen, zu denen einst Geistesgrößen wie Friedrich Nietzsche und Rainer Maria Rilke geladen waren. Jetzt – Mitte der 1920er Jahre – verkehrte dort Adolf Hitler. Sie zahlte zeitweise seine Wohnungsmiete, überließ ihm Möbel und andere Wertgegenstände, kleidete ihn ein und brachte ihn mit Vertretern des Establishments zusammen. Das war erstaunlich, denn der »Führer« hatte die politische Bühne als Prolet betreten: ein linkischer Mann aus der österreichischen Provinz, ohne Ausbildung und Beruf, in schäbiger Kleidung und mit unbeholfenen Umgangsformen. Aber dank der Protektion eines Ernst Hanfstaengl und dank der Unterrichtseinheiten mütterlicher Verehrerinnen wurde Hitler für gesellschaftliche Kreise konvenabel, die sonst einen weiten Bogen um jemanden wie ihn gemacht hätten. Die Damen Bechstein und Bruckmann hatten es darauf angelegt, »Hitler zu einer Art Salonlöwen zu machen«, vermutete »Putzi« Hanfstaengl.[36] Hitler übte auf seine gutsituierten Anhängerinnen offensichtlich einen exotischen Reiz aus, schien er doch aus einer anderen Welt zu kommen. Bei aller politischen Übereinstimmung: Er war – zumindest in der Anfangszeit – auch so etwas wie ein Maskottchen. Eine komische Erscheinung, mit der man jeder Teestunde und jedem Champagnerempfang eine besondere Note verleihen konnte. Betrachtet man Fotografien aus dieser Zeit, so muss man unwillkürlich lächeln. Hitlers merkwürdige Aufzüge – Trenchcoat und Hundepeitsche – wirken heute weniger exotisch als vielmehr albern. Nun mag man Helene Bechsteins und Elsa Bruckmanns Schwärmerei für Hitler als das exzentrische Gehabe überspannter Millionärsgattinnen abtun. Aber was verband die Wagners und Hitler? Warum fühlte sich insbesondere Winifred so sehr zu ihm hingezogen, dass bereits nach kurzer Zeit über deren »Beziehung« (oder was?) gelästert wurde?

»Ein guter Freund, nicht?«, antwortete Winifred 1975. »Den man freudig begrüßte, wenn er kam und gerne hatte, als Gast bei sich hatte. Für uns war er überhaupt nicht der Führer.«[37] Das war allenfalls die halbe Wahrheit. Als der 34-Jährige in Winifreds Leben trat, fühlte sie sich häufig einsam, leer und innerhalb der Familie isoliert. Darüber hinaus schien sich nach der Geburt der Kinder Siegfrieds Libido von seiner jungen Frau abgewandt zu haben – der »Meistersohn« pflegte nun wieder alte und neue Männerbekanntschaften. Im Sommer 1924 – da waren Siegfried und Winifred bereits fast zehn Jahre verheiratet – ereignete sich ein bezeichnender Zwischenfall.

Der Gesangsstudent Willy M. Schade hatte sich zu einem Besuch in der Villa Wahnfried angemeldet, Siegfried empfing den völlig unbekannten jungen Mann und ging mit ihm in sein Arbeitszimmer im so genannten »Junggesellenhaus«. Willy M. Schade war keiner dieser Erpresser, die es auf prominente Homosexuelle abgesehen hatten; sehr wahrscheinlich war er auch gar nicht homosexuell. Er repräsentiert vielmehr den Typus des schwärmerischen und esoterisch verzückten Wagnerianers. Schade liebte die Opern seines Heilands und verehrte Siegfried als Sohn des Meisters, dem er als Dank für die Audienz eine Mappe mit Nibelungenzeichnungen überreichte. Die beiden Männer beugten sich über die Bilder, wendeten Blatt um Blatt und sprachen über die Motive. Dann kippte die Stimmung, wie sich Willy M. Schade erinnert: »›Übrigens ein eigenartiger Kampf, den wir moderne Menschen kaum noch verstehen. Schließlich ist doch die Liebe Siegmunds zur Schwester Sieglinde anormal; also nach unserer heutigen Empfindung verwerflich. Allerdings …‹ Erschreckt brach ich ab: zwei Arme umschlangen – – – Was war das? Lohte die Glut des Bildes in das Zimmer? Stieg die Liebe in ihrer Verirrung aus der Zeichnung in die Wirklichkeit?«[38]

So hatte sich Willy M. Schade seinen Besuch in Wahnfried nicht vorgestellt, ja, Siegfrieds Annäherungsversuche irritierten ihn. Enttäuscht und deprimiert verließ er Bayreuth. Doch die Geschichte hatte ein Nachspiel. Er berichtete einem Freund von seinen Erlebnissen, der wiederum die Behörden informierte. Der Sänger wurde daraufhin zur Kriminalpolizei vorgeladen und musste eine eidesstattliche Aussage machen. Damit nicht genug: Schade kündigte nun an, ein »Enthüllungsbuch« mit dem Titel »Der Fall Siegfried Wagner« schreiben zu wollen. Entsprechende Kapitelüberschriften waren schnell gefunden: »Perversität und Politik im Dienste der Bayreuther Kunst?« lautete eine, eine andere – nicht weniger zweideutig – thematisierte »Reinheit und Originalität als ethische Grundsteine Bayreuths«. Als Siegfried von der Vernehmung und den Buchplänen erfuhr, erwirkte er beim Landgericht Dresden eine einstweilige Verfügung, die das Vorhaben untersagte; Aussage stand gegen Aussage.

Von Willy M. Schades Skandalbuch erschienen nur wenige Kapitel – darin die zitierte Passage – in Form einer kleinen Broschüre im

Selbstverlag. Viel Lärm um Nichts? Ja und nein. Viele Leser wird das Heftchen nicht gefunden haben. Im gesamten deutschsprachigen Raum sind heute nur zwei Bibliotheksexemplare nachweisbar. Der Schaden dürfte sich also in Grenzen gehalten haben. Diese Geschichte verdeutlicht aber auch die besondere Tragik im Leben des Siegfried Wagner. Nach fast zehn Jahren Ehe und der Geburt von vier Kindern war der Mittfünfziger immer noch auf der Suche nach seiner geschlechtlichen Identität als Mann. Von erotischer Spannung oder sexueller Erfüllung konnte bei Siegfried wie im Leben seiner Frau Winifred wohl keine Rede sein. Mit anderen Worten: Die Ehe der Wagners steckte in einer emotionalen Krise. Joseph Goebbels beobachtete dies sehr genau, anlässlich eines Besuches in Bayreuth notierte er Anfang Mai 1926 in sein Tagebuch: »Sie klagt mir ihr Leid. Siegfried ist so schlapp. Pfui! Soll sich vor dem Meister schämen. Auch Siegfried ist da. Feminin. Gutmütig. Etwas dekadent. So etwas wie ein feiger Künstler. [...] Eine junge Frau weint, weil der Sohn nicht ist, wie der Meister war.«[39]

Auf die so vielfach frustrierte Frau trifft nun Adolf Hitler, der eine »Männlichkeit« ausstrahlte, die ihr bislang unbekannt war. Der in ihren Augen starke, leidenschaftliche und radikale Hitler erschien ihr als das komplette Gegenteil des eigenen Ehemannes, mehr noch, er geriet zu Siegfrieds »männlichem Gegenentwurf«. Es wurde immer wieder über eine Affäre zwischen Winifred Wagner und Adolf Hitler gemunkelt – Beweise gibt es dafür keine. Dass aber zumindest von ihrer Seite Erotik und sexuelle Attraktion eine gewisse Rolle spielten, darf nach allem, was wir wissen, angenommen werden.

Und wie hatte das alles begonnen? Erinnern wir uns: die »Beidler-Affäre«, der Familienprozess, Isolde und Franz Beidlers »Outing«-Drohung, Maximilian Hardens Machenschaften, die verzweifelte Suche nach einer Frau für Siegfried und schließlich die Hochzeit mit Winifred. Das bedeutet aber auch im Umkehrschluss: ohne jene Tragödie, die Isoldes Namen trägt und im Sommer 1906 ihren Lauf nahm, hätte Siegfried zu keiner Zeit heiraten »müssen«, Winifred wäre nie als Frau Wagner nach Bayreuth gekommen, und sie hätte Adolf Hitler niemals kennen gelernt. Ob sich die Geschichte so anders entwickelt hätte? Diese Frage ist ein Gedankenspiel wert. Zunächst: Helene Bechstein, Elsa Bruckmann, Ernst Hanfstaengl und die vielen anderen hätten sich auch ohne Winifred zu Hitlers Förderern aufgeschwungen. Der 1923 dann immer noch unverheiratete Siegfried Wagner und sein schwerkranker Schwager Chamberlain hätten Hitlers Karriere wohl mit Interesse verfolgt. Aber ob sich die Familie Wagner so sehr Hitler geöffnet hätte, wie es unter Winifreds Ägide schließlich geschah, darf doch bezweifelt werden. Höchstwahrscheinlich hätten sie ihn nie persönlich kennen gelernt, denn es war ja Josef Stolzing-Cerny – ein Statist im Beidler-Prozess –, der den Clan mit dem Österreicher in Kontakt brachte. Und ohne die Causa Beidler wären Stolzing-Cerny und Chamberlain kaum aufeinandergestoßen ... und so weiter. Darin besteht der Reiz, aber auch die Versuchung derartiger Überlegungen: mit einer zeitlichen Distanz von vielen Jahren sieht man vieles klarer, Kontinuitäten und schicksalhafte Wendungen werden sichtbar, die zur Zeit des Geschehens kaum erkennbar waren. Begnügen wir uns mit der Vermutung, dass es sich anders hätte entwickeln können. Wie gesagt: ein Gedankenspiel.

Gründerzeit

Die Inflationsjahre, die dem Krieg folgten, waren für uns noch viel schwieriger als wie die Kriegsjahre selbst«, erinnerte sich Winifred Wagner. »Es ging ja alles von den Millionen in die Milliarden, von Milliarden in Billionen.«[40] Die rapide Entwertung des Geldes erreichte 1923 einen Höhepunkt und machte ein Planen über den Tag hinaus nahezu unmöglich. Hatte 1 US-Dollar im Mai 1923 an der Berliner Börse noch 47670 Mark gekostet, waren es im Oktober bereits 25260000000 Mark.[41] Eine absurde Situation: Für Grundnahrungsmittel musste man Ende Oktober Milliardenbeträge auf den Tisch legen. Erst Mitte November 1923 konnte die galoppierende Inflation mit der Einführung der Rentenmark gestoppt werden. Winifred: »Daraufhin hat Siegfried sofort beschlossen, für 1924 Festspiele zu veranstalten. Aber: es war nicht ein Pfennig Geld übrig geblieben, es war alles der Inflation zum Opfer gefallen.«[42] Es sei einmal dahingestellt, ob die Familie wirklich alles verloren hatte und sozusagen pleite war. Richtig ist jedoch, dass die finanziellen Risiken dieses Vorhabens außerordentlich groß waren. Natürlich warteten Wagnerianer in Deutschland, Europa und Übersee nach der zehnjährigen Zwangspause sehnsüchtig auf die Wiedereröffnung des Festspielhauses. Doch würde sich das Projekt auch rechnen, zumal Siegfried Wagner den Finanzbedarf auf sechs bis acht Millionen Mark veranschlagt hatte? Schnell wurde klar, dass der Clan die finanziellen Risiken keinesfalls alleine schultern konnte. Man brauchte also Verbündete – sprich Spender. Bereits 1921 war aus diesem Anlass eine »Deutsche Festspielstiftung« gegründet worden, die das eher nationalgesinnte Publikum ansprach. Weitere Einnahmequellen glaubte man in den Vereinigten Staaten gefunden zu haben: eine ausgedehnte Konzerttournee Siegfried Wagners durch das Endlosland sollte die fehlenden Devisen einspielen. »Die Festspiele selbst hängen nun doch nach wie vor von Siegfrieds Amerikafahrt ab!«, erläuterte Winifred einem Bekannten. »Er hat sich nun doch entschlossen, die ganze Sache nur für die Festspiele zu machen – sich selbst nur Reise + Aufenthalt zahlen zu lassen! Dadurch kann die Reklametrommel ganz anders gerührt werden, als wenn er ein Honorar bekäme – das dann doch nicht groß genug wäre, um Bayreuth zu retten! Freudigen Herzens ziehen wir allerdings nicht!«[43]

Die von einer New Yorker Konzertagentur organisierte Reise begann Mitte Januar 1924 und führte Siegfried und Winifred Wagner nach Detroit, Baltimore, Chicago, New York sowie in einige andere Großstädte. Was als geschickte Kampagne in eigener Sache geplant war, endete als finanzielles Desaster. Statt der erwarteten 200 000 Dollar brachte die Amerikatournee nur etwas mehr als 9000 Dollar ein. Das Scheitern war größtenteils selbstverschuldet, denn Siegfried und Winifred zeigten den amerikanischen Impressarios die Fratze des Antisemitismus.

Insbesondere in New York, wo die meisten potentiellen Gönner und Spender jüdischer Herkunft waren, gaben die Wagners ihre antisemitischen Weisheiten zum Besten. Joseph Chapiro, der Korrespondent des liberalen »Berliner Tageblatts«, war Augenzeuge, als Siegfried bei einem Souper in New York über die Weimarer Republik und deren Staatsoberhaupt Friedrich Ebert herzog und jüdische Künstler

Siegfried Wagner als Gast von Mr. und Mrs. Drake in New York. Anfang 1924 unternahm Siegfried eine Konzerttournee durch die Vereinigten Staaten, um Geld für die Bayreuther Festspiele zu sammeln.

wie den Dirigenten Bruno Walter wüst beschimpfte. »Ich würde nie enden«, erinnerte sich der Journalist, »wollte ich all die Wertschätzung wiedergeben, die ich in New York das Vergnügen hatte an einem einzigen Abend aus dem Munde Herrn Wagners zu vernehmen.« Als Chapiro daraufhin Adolf Hitler und seine Anhänger als »Bande« bezeichnete, verlor Siegfried endgültig die Contenance: »Nun ging es los – an allem sei die ›jüdische Presse‹ schuld. Er sei beim Hitler-Putsch (zufällig?) selbst in München gewesen, die Hitlerlaner hätten sich musterhaft benommen und seien von den Regierungstruppen ahnungslos überfallen worden usw. usw. Alles, was man den Nationalsozialisten vorwerfe, ihre Gewalttaten und Überfälle auf Juden in Nürnberg und München, seien Erfindungen – kurz und gut, Bayern und die Hitler-Leute seien Opfer der Verleumdung der ›jüdischen

Presse‹ ...«[44] Kein Wunder, dass die Portemonnaies der meisten Mäzene daraufhin verschlossen blieben.

Siegfried und Winifred befanden sich in Begleitung von Kurt Lüdecke – und die Reise über den großen Teich verfolgte noch ein anderes Ziel. Der 1890 geborene Lüdecke hatte sich zwei Jahre zuvor der NSDAP angeschlossen und sammelte nun in Amerika Geld für Hitlers Truppe. Der Sohn eines wohlhabenden Oranienburger Chemiefabrikanten konnte auf eine gänzlich unbürgerliche Karriere verweisen. Lüdecke war eine windige Figur – eine Mischung aus Dandy, Gigolo und Hochstapler – und verfügte über ein ausgeprägtes Selbstbewusstsein, das nur noch von seiner kriminellen Energie übertroffen wurde.[45] Bereits mehrfach war er mit dem Gesetz in Konflikt geraten, machte er doch nicht nur reichen Damen den Hof und ließ sich aushalten, sondern pflegte auch sexuelle Kontakte mit Männern, um diese dann zu erpressen. Jener halbseidene Lebenswandel machte ihn in Hitlers kleinbürgerlicher Entourage umstritten, doch der Parteiführer schätzte an Lüdecke dessen Weltläufigkeit und das stilsichere Auftreten auf dem gesellschaftlichen Parkett.

Dieser parfümierte »Felix Krull« war in der Anfangszeit Hitlers Mann fürs Delikate. Mit einem Akkreditierungsschreiben seines »Führers« versehen, bat Lüdecke nun die Wagners, ihm beim Spendensammeln behilflich zu sein. Sein Ziel: Henry Ford in Detroit. Sein Plan: Siegfrieds und Winifreds prominenter Familienname sollte als Türöffner fungieren. Der immens reiche Autobauer und notorische Antisemit interessierte sich zwar nicht für die Oper – er bevorzugte volkstümliche Musik mit Banjo, Gitarre und Mundharmonika –, Mrs. Ford hatte aber eine ausgeprägte Vorliebe für europäische Berühmtheiten. Es funktionierte, und die Wagners erhielten eine Einladung auf den Landsitz der Fords in Fair Lane. Während sich Siegfried zurückhielt, rührte seine Frau die Werbetrommel für Hitler. Ob bei dieser Gelegenheit auch die finanziellen Probleme des Festspielunternehmens auf den Tisch kamen, lässt sich nicht mehr klären. Der Autokönig zeigte sich gegenüber der NSDAP jedenfalls spendabler als gegenüber den Bayreuther Kalamitäten.

Ende März 1924 traten Siegfried und Winifred die Schiffspassage nach Europa an. In Italien legten sie einen Zwischenhalt ein und erholten sich von den Strapazen der Amerikatournee. Neben Neapel, Florenz und Venedig besuchten die Eheleute auch Rom, wo sie anlässlich eines Mittagessens von Benito Mussolini in dessen Amtssitz – dem »Palazzo Venezia« – empfangen wurden. »Ein für uns deprimierender Kontrast«, resümierte Siegfried sichtlich beeindruckt. »Alles Wille, Kraft, fast Brutalität. Fanatisches Auge, aber keine Liebeskraft darin wie bei Hitler und Ludendorff. Romane und Germane! Wir sprachen hauptsächlich über das alte Rom. Er hat mit Napoleon etwas Ähnlichkeit. Famose echte Rasse!«[46]

Kurze Zeit nach der Ankunft in Bayreuth begannen die Vorbereitungen der diesjährigen Festspiele. Auf dem Programm standen Wagners *Meistersinger*, der *Ring* sowie das Spätwerk *Parsifal*. Die ersten Proben mit den Künstlern fanden wie immer in der Villa Wahnfried statt. Nach der knapp zehnjährigen Zwangspause muss das gemeinsame Musizieren für alle Beteiligten ungemein bewegend gewesen sein. Ein Team aus altgedienten und neuen Mitarbeitern schulterte das Unternehmen, wobei insbesondere Winifred ihren Mann Siegfried so burschikos wie tatkräftig unterstützte. Doch auch jetzt konnte sich der 55-jährige Festspielleiter nicht vollends von seiner Übermutter Cosima befreien. Der dänische Tenor Lauritz Melchior erinnert sich: »Da war ein kleiner Saal mit einer Galerie. Und oben saß eine weißgekleidete Dame wie ein Gespenst. Blaß war sie; bleich und mit Schleier. […] Wenn wir unten arbeiteten, Siegfried und ich, hörten wir es husten und rascheln. Sofort ging Siegfried zur Galerie hinauf. Kehrte er zurück, so sagte er: ›Mama will …‹ Und das alles waren keine schlechten Anweisungen.«[47]

Am 22. Juli 1924 wurden die Festspiele mit den *Meistersingern* eröffnet. Die künstlerischen Leistungen hinterließen offensichtlich gemischte Eindrücke. Während das Orchester und die Chöre allgemein gelobt wurden, bezeichnete etwa der Kritiker des »Berliner Tageblatts« die Solisten als »schlimme Enttäuschung«, für die der Festspielleiter verantwortlich sei: »Siegfried Wagner allein aber – das hat sich nun klar gezeigt – ist einfach nicht fähig, die rechte Auswahl der Solisten zu treffen.«[48] Derartige Diskussionen über das musikalische Niveau spielten in der öffentlichen Wahrnehmung der diesjährigen Saison allerdings nur eine Nebenrolle. Die Fanfarenstöße der

Meistersinger wurden von der politischen Begleitmusik buchstäblich übertönt.

Auf den ersten Blick gab es in jenem Sommer 1924 mehrere »unappetitliche Zwischenfälle«, die aber bei genauerem Hinsehen die Pervertierung von Richard Wagners Schaffen deutlich hervortreten lassen. Zuvorderst: das Publikum. Von einem »Gesamtkunstwerk« für das »gesamte Volk« konnte keine Rede sein. Während sich Vertreter des liberalen Teils des politischen Establishments vom Festspielhügel fernhielten, pilgerten diejenigen, die der Weimarer Republik den Kampf angesagt hatten, zuhauf in die Wagnerstadt. Bereits zu den Generalproben erschien General Erich Ludendorff, zu dessen zweifelhaften Ehren Siegfried Wagner die alte schwarz-weiß-rote Reichsfahne hissen ließ. Die Stippvisite des Putschisten, Verschwörers und Erfinders der »Dolchstoßlegende« wurde sogar in Form einer Ansichtskarte festgehalten. Aber auch der Kaisersohn und spätere Hitlerverehrer August Wilhelm (»Auwi«) von Preußen wurde neben hohen Militärs, saturierten Professoren und schwerreichen Industriellen gesichtet. Altgediente Wagnerianer wie Richard Sternfeld und Max Koch wurden derweil bespuckt und angerempelt – für Juden sollte in Bayreuth kein Platz mehr sein. An den Hauswänden und Litfaßsäulen hingen Zettel und Plakate, die aufforderten, »völkisch« zu wählen, oder Adolf Hitler bejubelten.

Der Musikschriftsteller, Arzt und Dirigent Kurt Singer fasste seine Eindrücke im »Vorwärts« zusammen: »Das Parkett: Feierlich, geschniegelt, Frack, große Toilette, national und konservativ bis ins (Haken-)Kreuz hinein, kritiklos jubelnd (auch bei dem Fiasko des ›Rheingold‹), in den Pausen lesend und studierend. Also nicht das Publikum, das sich Wagner wünschte. Keine zehn Nicht-Arier im Haus.«[49] Und als dieses »prächtige nette arische Publikum« (Siegfried Wagner) am Ende der *Meistersinger* aufstand und frenetisch die drei Strophen des Deutschlandliedes anstimmte, wurde aus einer Opernaufführung ein politisches Bekenntnis. Dass der Festspielleiter daraufhin sein Publikum von weiteren Gesangseinlagen abzusehen bat, war nicht etwa Ausdruck einer Distanzierung von jenem nationalen Gegröle. Siegfried fürchtete vielmehr Proteste der liberalen Presse, es sollte zumindest das Scheinbild einer politischen Unabhängigkeit gewahrt bleiben.

Überhaupt belogen sich die Wagners letztlich selbst, wenn sie noch Jahrzehnte später stocksteif behaupteten, Politik und Festspiele hätten nie etwas miteinander zu tun gehabt. Um diese Legende zu widerlegen, genügt ein Blick in den von Karl Grunsky herausgegebenen *Offiziellen Bayreuther Festspielführer 1924*. Dieses Buch, so Karl Holl in der »Frankfurter Zeitung«, »verkündet die vollkommene Politisierung Bayreuths. Künstlerischer und staatsbürgerlicher Byzantinismus, Nationalismus und Antisemitismus finden sich in schöner Eintracht darin zusammen.«[50] Besser konnte man nicht resümieren, worum es den Autoren ging: um den Kampf gegen die Demokratie, das liberale Deutschland, die Juden und alles »Undeutsche«. Auch die Bayreuther Hausbarden Hans von Wolzogen und Houston Stewart Chamberlain ergriffen für die »Hakenkreuzler« Partei. Chamberlain veröffentlichte Elogen auf den Naziführer, während Wolzogen dem 47. Jahrgang seiner »Bayreuther Blätter« ein Hitler-Zitat voranstellte: »Dem äußeren Kampf muß der innere vorausgehen.«

So viel politisches Engagement stieß auch außerhalb der liberalen Presse auf Widerspruch. Selbst nationalgesinnten Wagnerianern ging der Vulgärantisemitismus von Grunsky und Konsorten zu weit. In unzähligen Briefen wurde Siegfried aufgefordert, die Aufführungen frei von politischer Agitation zu halten. Der Festspielleiter musste Stellung beziehen, zumal die anhaltenden Diskussionen um Bayreuths Unhabhängigkeit zu einer wirtschaftlichen Gefahr zu werden drohten. Zwar konnte die Saison 1924 mit einem Überschuss von rund 200 000 Reichsmark abgeschlossen werden – was aber, wenn enttäuschte Musikliebhaber dem Hügel im Folgejahr den Rücken zukehren und die Kartenverkäufe einbrechen sollten? Siegfried verschickte zahlreiche Beschwichtigungsschreiben. So korrespondierte er beispielsweise mit dem Bayreuther Rabbiner sowie mit dem Vorsitzenden des »Central-Vereins deutscher Staatsbürger jüdischen Glaubens«, um die Antisemitismusvorwürfe zu zerstreuen. Dass er damit Erfolg hatte, darf allerdings bezweifelt werden. Seine Erklärungen waren alles in allem zu parolenhaft, um glaubwürdig zu wirken. Siegfried steckte – wie er es wohl empfunden haben mag – in einem argen Dilemma: Einerseits musste er das Vertrauen finanzkräftiger liberaler und jüdischer Wagnerianer zurückgewinnen, andererseits galt es, den

Ansichten des eigenen völkischen Lagers zu entsprechen. Dass Winifred in ihrem Engagement für Adolf Hitler und die NSDAP nach wie vor kaum zu bremsen war, erwies sich in diesem Zusammenhang nicht gerade als hilfreich.

Kurz vor Weihnachten 1924 wurde Hitler aus der Haft entlassen; unmittelbar danach nahm er mit der Familie Kontakt auf. Zu Silvester schickte er ein Telegramm an Chamberlain und kündigte seinen Besuch für Anfang Januar an. Doch diesmal setzte sich Siegfried durch und verbot seiner Frau das Treffen. Schweren Herzens bat sie Hitler, von der Bayreuth-Reise abzusehen. Stattdessen kam Josef Stolzing-Cerny, der die Wagners mit den neuesten politischen Informationen versorgte. »Nachr. über Hitler interessierten«,[51] vermerkte Chamberlain knapp in sein Tagebuch.

Trotz aller Versuche äußerer Distanzwahrung – die Beziehungen der Wagners zu Hitler wurden nun immer enger. Ende Februar 1925 reiste Winifred alleine zu einer großen Rede Hitlers nach München, etwas später besuchte sie ihn in Siegfrieds Begleitung sogar in seiner Wohnung. An den Festspielen des Jahres 1925 nahm Hitler schließlich als Gast der Eheleute Bechstein teil. »Ich wollte eigentlich nicht hin«, erinnerte sich Hitler viele Jahre später, »ich sagte mir, die Schwierigkeiten würden für Siegfried Wagner dadurch nur noch größer werden, er war ein bißchen in der Hand der Juden.« Die Zeit verstrich mit Müßiggang und Einerlei. »Tagsüber bin ich in der kurzen Wichs gegangen, zu den Festspielen im Smoking oder Frack, die freien Tage waren immer wunderbar. Wir sind ins Fichtelgebirge und in die Fränkische Schweiz gefahren.«[52] Mehrfach besuchte Hitler den kranken Houston Stewart Chamberlain, der jedes Treffen stolz in seinem Tagebuch registrierte, so auch am 25. Juli 1925: »Von 3½ – 4 Besuch H's empfangen; erneuter schöner Eindruck.«[53]

Es ist nicht klar, ob Siegfried und Winifred ernsthaft glaubten, dass sich Hitlers Aufenthalt in Bayreuth geheim halten lassen würde. Diese Vorstellung wäre wohl naiv gewesen. Und so kam es, wie es kommen musste: Die Anwesenheit des Naziführers in der Wagnerstadt wurde publik, und die Diskussionen über die Nähe des Clans zu den Nationalsozialisten begannen von vorne. Winifred: »Wir wurden damals schon sehr angegriffen wegen dieses Besuches von Hitler bei den Festspielen. Und daraufhin hat er uns mitgeteilt, dass er uns diese Belästigungen und Angriffe ersparen wolle und erst wieder nach Bayreuth kommen würde, wenn er den Festspielen helfen könne und nicht schaden würde. Und er hat Wort gehalten, so schwer es ihm gefallen ist – er ist bis zum Jahr 1933 nicht wieder zu den Festspielen nach Bayreuth gekommen.«[54] Hitler habe dies »sehr leid getan«, wie er selbst später monologisierte. »Frau Wagner war ganz unglücklich, hat zwölfmal geschrieben, fünfundzwanzigmal telefoniert! Ich bin so oft durch Bayreuth gekommen, habe dann immer Besuch gemacht.«[55]

Die Zusammenkünfte fanden fortan inkognito statt. Manchmal trafen sich Winifred und Hitler in kleinen Restaurants außerhalb der Stadt, gelegentlich aber auch geradezu konspirativ im Wald. Meistens schlich er sich nach Einbruch der Dunkelheit in die Villa Wahnfried. Friedelind Wagner: »So spät es auch war, er versäumte nie, ins Kinderzimmer zu kommen und uns grausige Geschichten von seinen Abenteuern zu erzählen. Wir vier hockten im Halblicht auf unseren Kissen und lauschten, von Gänsehaut überlaufen. Er zeigte uns seinen Revolver, den er, natürlich unerlaubterweise, trug – eine kleine Waffe, die, obwohl er sie mit der Handfläche bedecken konnte, zwanzig Schuß enthielt.«[56] Oft besuchte er auch Houston Stewart Chamberlain, der Hitlers Stippvisiten kaum erwarten konnte: »Besuch A. H's erfreute u. fesselte sehr, weit geöffnete Augen auf ihn gerichtet.«[57]

Bei so viel persönlicher Nähe lag es gewissermaßen nahe, dass Winifred Wagner, die Chamberlains sowie Daniela Thode am 26. Januar 1926 in die NSDAP eintraten. Nur Siegfried scheute vor diesem Schritt zurück – als Festspielleiter wollte er zumindest nach außen als unabhängig gelten. Der Eintritt prominenter Mitglieder des Wagnerclans in die NSDAP war mehr als ein Ausdruck freundschaftlicher Verbundenheit. Er steht vielmehr für das Ende einer politischen Suche, die vor Jahrzehnten im völkischen Dunstkreis des Werdandi-Bundes und des Alldeutschen Verbandes begonnen und über die Vaterlandspartei zur NSDAP geführt hatte. Hitler selbst war sich über die politische Dimension seiner Freundschaft zur Familie Richard Wagners völlig im Klaren: »Aber die Frau Wagner hat immerhin Bayreuth – das ist ihr großes historisches Verdienst – mit dem Nationalsozialismus zusammengebracht.«[58]

Pompes funèbres

Houston Stewart Chamberlain ging es im Laufe des Jahres 1926 immer schlechter. Hatte er bislang noch im Rollstuhl sitzend gelegentlich das Haus verlassen können, war er nun dauerhaft ans Bett gefesselt. Als Folge der Lähmung verschleimten seine Atemwege, er bekam kaum noch Luft. Man versuchte das zähflüssige Sekret abzupumpen, was sich als wenig praktisch, aber umso schmerzvoller herausstellte. Das Ende schien nahe – Chamberlain drohte zu ersticken. Vielleicht war es diese Kunde, die den NSDAP-Politiker Joseph Goebbels im Mai zu seinem Antrittsbesuch in Bayreuth animierte. Sein erster Gang führte zu dem siechen Patienten. In der ihm eigenen autosuggestiven Art stammelte der 28-jährige Goebbels in sein Tagebuch: »Chamberlain auf einem Ruhebett. Gebrochen, lallend, die Tränen stehen ihm in den Augen. Er hält meine Hand und will mich nicht lassen. Wie Feuer brennen seine großen Augen. Vater unseres Geistes, sei gegrüßt. Bahnbrecher, Wegbereiter! Ich bin im Tiefsten aufgewühlt. Abschied. Er lallt, will sprechen, es geht nicht – und dann weint er wie ein Kind! Langer, langer Händedruck! Leb wohl! Du bist bei uns, wenn wir verzweifeln wollen.«[59]

Es sei einmal dahingestellt, ob das Treffen wirklich so theatralisch verlief (in Chamberlains Tagebuch lesen wir lediglich »Dr. Goebbels, interessante Bekanntschaft«[60]). Goebbels zeigte großes Talent, wenn es darum ging, Menschen und Schicksale zu instrumentalisieren. In seinem Journal fasste er zusammen, was in Zukunft in deutschnationalen Kreisen über Chamberlain gedacht und geschrieben werden würde. Der sterbende Schriftsteller avancierte nämlich zum »Märtyrer«, zum »Heiligen«, zum »Dulder«, zum »Seher des Dritten Reiches«. Auch Vertraute der Familie stimmten in das Lamento ein. Anna von Kekulé schrieb ihrer Freundin Eva Chamberlain: »Gebenedeit ist Euer Leiden, denn es ist die höchste Prüfung Eurer gemeinsamen Gottverbundenheit. Euch kann die Welt Nichts mehr anhaben. Ihr steht in erhabener Zwiesprache mit Gott, der Euch der Erlösung, dem Licht zuführt!«[61] Einzig Daniela Thode mochte an ihrem sterbenskranken Schwager nichts Himmlisches erkennen. Ganz im Gegenteil, für sie war er der böse Geist der Familie: »Sein Anblick ist grauenvoll und jammervoll – aber Unüberbrückbares liegt zwischen uns. Diese dämonische Persönlichkeit, deren geistige Wege ich niemals gehen konnte, ist zu tief verstrickt nicht nur in mir und H's [Henrys] Geschick, sondern auch in den Untergang meiner unglücklichen Schwester, die wie eine Märtyrerin gestorben ist.«[62]

Am 9. Januar 1927 erlag Houston Stewart Chamberlain den Folgen seiner jahrelangen Nervenkrankheit. Er wurde 71 Jahre alt. Die Bayreuther Ortsgruppe der NSDAP feierte den Toten in einem hakenkreuzverzierten Nachruf als »größtes und bestes Mitglied« und rücksichtslosen Kämpfer gegen »alle Mörder der deutschen Seele, in erster Linie gegen das Judentum«.[63] Da Chamberlain seit 1922 Ehrenbürger der Stadt war, sollten ihm pompes funèbres zuteil werden. Oberbürgermeister Albert Preu beauftragte Christian Ebersberger mit der Organisation der Trauerfeierlichkeiten und redete ihm energisch ins Gewissen, dass diese nicht zu parteipolitischen Kundgebungen missbraucht werden dürften. Doch Preu und Ebersberger hatten die Rechnung ohne die Bayreuther NSDAP gemacht. Deren Chef Hans Schemm bestand auf eine Beteiligung seiner Leute am Trauerzug. »Schliesslich einigten wir uns dahin«, gab Christian Ebersberger zu Protokoll, »dass eine Abordnung von höchstens 12 Mann den Leichenwagen auf beiden Seiten als Kranzträger begleiten würde.« Als es soweit war, wollten Schemms Parteifreunde davon nichts mehr wissen – der völlig konsternierte Ebersberger bekam vielmehr zu hören: »Wir tragen keine Kränze, sondern wir haben Anspruch auf den Sarg und übernehmen von jetzt ab das Tragen des Sarges.« Aller Protest war vergebens: »Die Leute nahmen den Sargträgern an der unteren Treppe den Sarg ab, trugen ihn zum Wagen und nahmen eigenmächtig rechts, links und hinter dem Wagen Aufstellung. Die für die Kranzträger bestimmten Kränze aber mussten in sehr unschöner Weise in den Wagen hineingedrängt und auf das Dach des Wagens hinaufgeworfen werden.«[64] Ein makabres Ende: SA-Männer eroberten gewaltsam Houston Stewart Chamberlains Sarg!

»Unwürdiger kann wohl kein Trauerzug gestaltet werden, als es hier der Fall war«, fasste die »Fränkische Volkstribüne« zusammen.

Schemms Kohorten eskortierten den Sarg durch die schwarz beflaggte Stadt. Einem mächtigen Kranz, auf dem ein ebenso mächtiges Hakenkreuz prangte, folgte ein »Windjackentrupp«. Erst dann konnten sich der Regierungspräsident sowie die Stadtratsmitglieder einreihen. »Jedenfalls war es für die Vertreter der Behörden sehr deprimierend und beschämend, hinter den in schmutzig-braune Hemden gewickelten Hakenkreuzlern einher zu trollen.«[65] An der Einäscherung in Coburg nahmen neben der Familie des Verstorbenen auch Bulgariens Ex-Zar Ferdinand, der unvermeidliche Prinz August Wilhelm von Preußen sowie Adolf Hitler teil. Das »Coburger Volksblatt« berichtete: »Unter den von auswärts Erschienenen wurde auch der ›große‹ Braunauer bemerkt, dessen Erscheinen nur bei einigen hysterischen Frauen leise Heilrufe auslöste, die jedoch verstummten, als sie auf das Ungeziemende aufmerksam gemacht wurden.«[66]

In den folgenden Tagen trafen unzählige Kondolenzschreiben in Bayreuth ein. Gerhart Hauptmann kabelte aus Rapallo, der Komponist Wilhelm Kienzl meldete sich aus Wien, und der Arzt Albert Schweitzer schrieb aus dem fernen Lambaréné, wo er ein Urwaldspital leitete. Es meldeten sich aber auch die ewiggestrigen Vertreter des ultrarechten und antisemitischen politischen Lagers, für die Chamberlain ein germanischer Guru war. Dazu zählten beispielsweise Alfred von Tirpitz, Gründer der Vaterlandspartei, sowie Erich Ludendorff. Deutschlands ehemaliger Kaiser Wilhelm II. benutzte seine handgeschriebene Kondolenzadresse an die Witwe für ein politisches Statement: »Aber unbeirrt, von Chamberlains Geist durchweht werde ich suchen auf der von ihm gewiesenen Bahn fortzuwirken, um auf dem Gebiete des Geisteslebens und unseres Glaubens meinem Volk die Freiheit vom fremdstämmigen Einfluss erkämpfen zu helfen, die es braucht um seine richtige Stellung zu Gott und damit zu seiner Zukunft zurück zu gewinnen!«[67] Wilhelm blieb auch im holländischen Exil ein unbelehrbarer Antisemit – und Chamberlain war sein Idol. Adolf Hitler fasste sich derweil kürzer, er telegraphierte lediglich: »Tiefstes Beileid.«[68] Zu den kuriosen Zuschriften gehörte eine Anfrage von »F. K. Koehlers Antiquarium« aus Leipzig: »Für den Fall, dass die Erben des Herrn Houston Stewart Chamberlain die Absicht haben sollten, die Bibliothek des Gelehrten zu veräussern, teilen wir hierdurch mit, dass wir an dem Erwerb dieser Bibliothek besonderes Interesse nehmen.«[69]

Die Witwe Eva Chamberlain zog es vor, dieses Angebot nicht zu beantworten, obschon sie das Geld hätte gut gebrauchen können. Überhaupt scheinen die »Goldenen zwanziger Jahre« für den Clan in finanzieller Hinsicht nicht durchweg glanzvoll verlaufen zu sein. Hier lohnt sich ein näheres Hinsehen. Zunächst: Wie unzählige andere Familien haben auch die Wagners während der Hyperinflation 1923 viel Geld verloren. Richtig ist aber auch, dass sie danach keineswegs mittellos dastanden. Bereits kurze Zeit nach dem Ende der Geldentwertung wurde auf Anregung des bayerischen Kultusministeriums klammheimlich ein Hilfsfonds gegründet, in den die meisten deutschen Musiktheater »freiwillig« – Wagners Werke waren ja seit 1913 eigentlich tantiemenfrei – ein Ehrenhonorar einzahlten. Von jeder Wagner-Aufführung erhielt Cosima ein Prozent der Bruttoeinnahmen. In der Zeit vom 1. April 1924 bis Ende 1928 wurden so insgesamt 73 480 Reichsmark ausgeschüttet.[70] Eine stolze Summe, die umgerechnet etwa 240 000 Euro entspricht. Hinzu kamen die Beiträge der Berliner Staatstheater, die separat mit der Villa Wahnfried abrechneten. Auf der Soll-Seite des Kassenbuches standen die Ausgaben für die Führung eines komfortablen Haushalts, für die Ausbildung der Kinder, für Winifreds Zuwendungen an Hitler und so weiter. Offensichtlich reichte das Geld nicht – man machte Schulden. Als im Sommer 1926 die dem Komponisten Siegfried Wagner gewidmeten »Deutschen Festspiele« in Weimar mit einem großen Defizit zu Ende gingen, musste die Familie einspringen. Bis zum 1. Juli des Folgejahres galt es 30 000 Reichsmark aufzutreiben.[71] Der Schuldenberg wuchs. Das mag ein weiterer Grund dafür gewesen sein, dass Vertraute des Hauses Wahnfried an höchster Stelle vorstellig wurden. Margarethe Strauß, die Vorsitzende der Wagner-Stipendien-Stiftung, bat Reichspräsident Paul von Hindenburg um einen »Ehrensold« für Cosima Wagner – so, wie das Staatsoberhaupt ihn auch Elisabeth Förster-Nietzsche gewährt hatte. Ganz wagnerisch überheblich fügte sie hinzu: »Ohne die Bedeutung ihres Bruders, Friedrich Nietzsche, für das deutsche Geistesleben zu verkennen, muss Richard Wagner doch das grössere Verdienst um das Deutschtum insgesamt und seine Geltung in aller Welt zuerkannt werden.«[72] Hindenburg ließ den Vorgang zunächst prüfen. Das bayerische Kultusministerium signalisierte Zustimmung, stellte aber zugleich fest, der Antrag sei »weniger auf die Unterstützungsbedürftigkeit von Frau Wagner abgestellt, sondern bezweckt mehr allgemein die Ausmittlung eines Ehrensolds«,[73] was im Klartext hieß: von unverschuldeter Armut könne keine Rede sein. Auch der Regierungspräsident von Oberfranken unterstützte das Anliegen und fügte recht geschmacklos hinzu: »Mit langer Lebensdauer ist nicht mehr zu rechnen.«[74] Reichspräsident Paul von Hindenburg bewilligte schließlich Ende September 1926 »bis auf Weiteres« einen monatlichen Ehrensold in Höhe von 200 Reichsmark.[75] Die finanzielle Situation der Familie bereitete insbesondere Siegfried Wagner schlaflose Nächte. Für ihn war es demütigend, um – wie er es empfand – »Almosen« betteln zu müssen. In seiner Not dachte Siegfried sogar darüber nach, Kunstschätze zu verkaufen. An einen Bekannten schrieb er: »Meine Schwester Thode hatte das Thoma-Portrait meiner Mutter von Kunstkennern schätzen lassen; diese sagten ihr, es habe den Wert von 30 000 Mark. [...] Dass wir überhaupt ein Bild verkaufen müssen, ist eigentlich eine Schande – nicht für uns, sondern für Deutschland! Aber man muss sich eben mal darein finden, dass man Alles der Gaunerei geopfert hat und muss sehen wie man durchkommt!«[76]

So klamm die Familienkasse auch gewesen sein mag – Winifred kratzte noch die letzten Groschen zusammen, um ihrem »Wolf«, wie sie Hitler nannte, unter die Arme zu greifen. An Elsa Bruckmann schrieb sie: »Für den Obersalzberger Haushalt wollte ich Tischwäsche & ein einfaches Tafelservice stiften – beides ist besorgt & geht dieser Tage ab. Frau Raubal hat mir bei der Wahl geholfen, so dass ich hoffe, nichts Unnützes getan zu haben!«[77] Angelika (»Geli«) Raubal war Hitlers 20-jährige Nichte. Winifreds Engagement führte immer wieder zu Streitereien mit Siegfried, der aus geschäftlichen Gründen eine größere Distanz zu den Nazis wünschte. Doch in dieser Hinsicht ließ Frau Wagner nicht mit sich reden. Sie warb unermüdlich für den »Völkischen Beobachter« und unterstützte mit ihrer Schwägerin Eva Chamberlain die Gründung der »Nationalsozialistischen Gesellschaft für deutsche Kultur«. Zum Hintergrund: Bei den Reichstagswahlen vom 20. Mai 1928 erreichte die NSDAP gerade 2,6 Prozent der Stimmen – selbst für damalige Verhältnisse nur die Ausmaße einer unbedeutenden Splitterpartei. Die Nazis hatten ein Imageproblem, wurde doch ihr Bild in der Öffentlichkeit durch Saalschlachten und den Straßenterror der SA bestimmt. Daher beschloss man auf dem 3. Reichsparteitag im August 1927 in Nürnberg, verstärkt die »geistig Schaffenden« erreichen zu wollen. Das Ziel: »den völkischen Gedanken in unserer Fassung in jenen Kreisen zu verbreiten und zu vertiefen, die durch Massenversammlungen und Kampfzeitungen nicht zu gewinnen sind«,[78] wie Alfred Rosenberg Eva Chamberlain erläuterte. Noch für das gleiche Jahr wurde die Gründung jener »Nationalsozialistischen Gesellschaft für deutsche Kultur« angekündigt. Dieser Verein trat jedoch nie in Erscheinung. Bereits im Februar 1928 erfolgte die Umbenennung in »Kampfbund für deutsche Kultur«. Der Etikettenwechsel war ein Etikettenschwindel. Er diente der Verschleierung, um nicht jene Personen zu vergrämen, die sich zwar den Zielsetzungen verbunden fühlten, aber der NSDAP reserviert gegenüberstanden. In der Satzung wurde dabei weitgehend auf Schlagwörter wie »marxistisch« oder »jüdisch« verzichtet. Außenstehende sollten den Eindruck gewinnen, es handele sich beim Kampfbund um einen politisch unabhängigen, völkischen Verein. Winifred und Eva gehörten zu den Ersten, die ihre Namen unter den Gründungsaufruf setzen ließen. Weitere prominente Zeitgenossen folgten, so der Architekt Paul Schultze-Naumburg und der Nobelpreisträger Philipp Lenard, der eine »arische Physik« propagierte.

Die neue Strategie kam in Wahnfried gut an. Im April 1928 hörte Eva Chamberlain eine Rede Hitlers; ihrer Schwester Blandine berichtete sie: »Das Wort ›Jude‹ fiel nicht einmal, wohl musste dafür der ›Buschmann‹ bei Streifung der Ungleichheit der menschlichen Rassen herhalten.« Und weiter: »Wir drückten uns am Schluss nur schweigend die Hand, dankbar u. ergriffen für Das, was dieser Eine, den man einen ›praktischen Idealisten‹ kennzeichnen könnte an solchem Abend an Seelenkräften opfert. Am nächsten Morgen besuchte er mich freundlichst u. erzählte allerhand Interessantes aus seinen Erlebnissen, zumeist hoffnungsvoller Art.«[79] Kritische Mitbürger wie die Redakteure der »Frankfurter Zeitung« durchschauten die Maskerade. Über den »Kampfbund« hieß es dort: »Man wagt es von ›politisch nach jeder Richtung ungebundenen Männern und Frauen‹ zu sprechen bei einer Bewegung, die u.a. von General von Epp, dem nationalsozialistischen Abgeordneten von Hitlers Gnaden, von dem Heidelberger Professor Lenard, bekannt durch sein Verhalten bei Rathenaus Tode, und dem alldeutschen Verleger J. F. Lehmann geleitet wird.«[80] Dieser Aufzählung können die Wagners getrost hinzugefügt werden. Wie sehr der Clan ideologisch in den Nationalsozialismus verstrickt war, illustriert im Wortsinn Blandine Gravinas Poesiealbum. Unter einem Hakenkreuz notierte sie ein »Motto zum Hakenkreuz Adolf Hitlers von Margarete v. Arnim«:

>»Trag' es nie als Fehdezeichen,
>Trag' es als Deutscher und als Christ,
>Denn einen soll es und versöhnen,
>Was deutschen Bluts und Geistes ist!«[81]

ANNI HORRIBILES

Das Jahr 1930 ist für Bayreuth beziehungsweise für unsere Familie ein recht tragisches und schweres Jahr«,[1] erinnerte sich Winifred Wagner. Am 1. April 1930 verstarb ihre Schwiegermutter Cosima, nur 126 Tage später – am 4. August – ging auch das Leben ihres Mannes Siegfried zu Ende. Doch das waren nicht die einzigen Todesfälle, die den Clan in dieser Zeit erschütterten: 1929 starb Blandines Tochter Maria, zwei Jahre später der Sohn Guido und im Folgejahr der Älteste Manfred – Cosima Wagners erster Enkel. Die Gravinas wurden regelrecht dezimiert. Alles in allem hatte der Clan zwischen 1929 und 1932 fünf Schicksalsschläge zu beklagen. Nimmt man Chamberlains Ende im Januar 1927 noch hinzu, waren es sogar sechs. Diese Ereignisse stellten nicht nur tragische Unglücke dar, sie brachten auch die – abstrakt formuliert – »Familienstatik« ins Wanken. Machtstrukturen, die Cosima Wagner vor Jahrzehnten eingerichtet hatte, gerieten durcheinander, nach Siegfrieds Tod musste sogar eine neue Festspielleitung bestellt werden. Diese Neuaufstellung ging – wie sollte es bei den Wagners anders sein – mit persönlichen Verletzungen, Intrigen und Skandalen einher. Es lohnt sich, jene anni horribiles zu rekonstruieren. Beginnen wir unsere Spurensuche Weihnachten 1928.

»Wen die Götter lieben ...«

Die Bescherung in Wahnfried vollzog sich bereits um ½ 6 in fröhlicher Kinderlebendigkeit«, wusste Eva Chamberlain zu berichten. »Mausi [Friedelind] stürzte sich auf das schöne goldene Strickkleid (sah unbeschreiblich in der Fülle ihrer Formen darin aus!) u. blieb mit Hochgefühl ob solcher Pracht den ganzen Abend darin.«[2]

Wurden die kleinen Wagner-Mädchen Friedelind und Verena mit Puppen und Kleidchen beschenkt, ging für den neunjährigen Wolfgang ein großer Wunsch in Erfüllung: Er erhielt einen Elektromotor! Allenthalben blickte man in leuchtende Kinderaugen. Am nächsten Tag fand nach dem Kirchgang das traditionelle Weihnachtsessen statt. Siegfried, Winifred, die vier Kinder, Daniela und Eva sowie die greisen Wolzogens nahmen Platz an der Familientafel. Cosima schlummerte die meiste Zeit des Tages und verbrachte das Christfest mit ihrer Zofe Dora zurückgezogen im oberen Stockwerk der Villa. Ein enges Familienmitglied fehlte allerdings: Blandine Gravina beging die Feiertage in Dresden, ihrer Tochter Maria ging es nicht gut. Dass dies Marias letztes Weihnachtsfest sein würde, konnte sich wohl niemand vorstellen. Blicken wir kurz zurück.

Maria hatte Anfang Januar 1911 in Florenz den Arzt Dr. Paul Wassily geheiratet. Nach der Hochzeit zog das Paar nach Kiel, wo Wassily eine Praxis betrieb. Der Doktor hatte sich früh auf homöopathische Heilmethoden spezialisiert und verdiente damit offensichtlich eine Menge Geld. Im Laufe der Jahrzehnte – er starb 1951 – legte er sich eine beachtliche Kunstsammlung zu.[3] In ihrer Kieler Villa pflegten die Wassilys ein großzügiges Leben. Maler, Schriftsteller und Musiker gingen dort ein und aus, die illustren Abendgesellschaften stellten in der Fördestadt Ereignisse dar. Die Ehe war jedoch unglücklich. Einerseits fühlte sich Maria als gebürtige Italienerin im kühlen Norden nie sonderlich wohl, andererseits war ihr 18 Jahre älterer Mann ein Schürzenjäger. Maria wünschte sich nichts sehnlicher als ein Kind, doch Wassily hielt ihr zynisch vor, sie sei »viel zu überzüchtet, um diesem Naturvorgang gerecht zu werden«.[4] Die Beziehung zerbrach, 1919 trennten sich die Eheleute. Paul Wassily blieb in Kiel, Maria zog zunächst nach Leipzig, später nach Dresden. In dieser Zeit ging es ihr sehr schlecht. Der Clan unterstützte das gestrandete Familienmitglied, forderte aber auch Loyalität, um nicht zu sagen: Unterordnung. Als Marie von Bülow eine Ausgabe mit Briefen ihres Mannes Hans veröffentlichte und im Vorwort einige spitze Bemerkungen über Cosima Wagner fallen ließ, musste sich Maria entscheiden. »Ich bin hier vor die Wahl eines Entweder-Oder gestellt worden«, schrieb sie ganz offen an Bülows Witwe. »Ihre Stellungnahme zu Grossmama war das

Hauptmoment.« Die Bayreuther Familie erwarte von ihr, so Maria, dass sie den Kontakt zu Frau von Bülow sofort abbreche. »Unterwerfung – und ich weiss dass Sie es verstehen, dass mir keine Wahl übrig bleibt. Es war ein grosser Kampf und ich habe einfach nicht mehr die Nerven, nicht mehr die junge Kraft um ein Ausgestossen werden zu ertragen.«[5]

In Dresden lernte Maria den Schriftsteller Egas von Wenden kennen, den sie im Juni 1924 heiratete. Als Maria im September 1925 spürte, dass sie schwanger war, jubelte ihr Herz: »Nun bringt mir diese Frühlingsaussicht die letzte Heilung und die Gewissheit, dass ich ›ein Mensch, wie alle!‹«[6] Gut sieben Monate später – am 19. April 1926 – brachte sie eine kleine Blandine Thereza Marie Cosima zur Welt. Die glückliche Mutter erinnerte sich an »ein schönes, gesundes, lichtes Kind von dem die Ärzte sagten, ein so schönes Kind würde einmal im Jahr geboren! Da soll man nicht stolz werden!«[7]

Der 1880 geborene Vater erscheint als ein liebenswerter – wenn auch etwas verschrobener – Zeitgenosse. Mit reifen 42 Jahren veröffentlichte er 1923 seine erste größere literarische Arbeit. Gerhart Hauptmann zeigte sich von jenem *Kolibri*-Roman angetan, der Dichterfürst lud den Autor sogar in sein Haus im schlesischen Agnetendorf sowie in seine Villa nach Rapallo ein. Egas von Wenden schrieb als Nächstes einen Roman mit dem Titel *Albrecht Hohenstein, die Geschichte einer Wandlung*. Ihm gelang es allerdings nicht, »seiner ersten Talentprobe neue anzufügen«, urteilte Hauptmann, »auch war er ein seltsam gearteter Mensch und im Verkehr schwierig«.[8] Der Roman blieb unveröffentlicht. Da Wendens Schriftstellerei nicht genug Geld abwarf, musste seine Frau Maria als Buchhalterin arbeiten. Gelegentlich gab sie aber auch Italienischunterricht und schrieb Novellen, die in Groschenheften erschienen. Wenn die Familienkasse es zuließ, besuchten sie ihre Verwandten in Bayreuth und nahmen selbstverständlich an den Festspielen teil. Egas von Wenden verehrte Cosima Wagner tief; als er 1928 das Angebot erhielt, die Memoiren von Cosimas Mutter Marie d'Agoult ins Deutsche zu übertragen, empfand er dies als große Ehre. Doch das Familienglück währte nicht lange, womit wir zum Ausgangspunkt dieses kurzen Abstechers zurückkehren.

Maria litt Ende 1928 an einer Mandelentzündung, der man zu-

Blandine von Wenden und ihr Adoptivvater Ludwig von Hofmann. Cosima Wagners Urenkelin wurde nach dem Tod der Mutter 1929 von dem berühmten Maler adoptiert.

nächst wenig Beachtung geschenkt hatte. »Hab schwere Tage des Bangens durchlebt«, gestand Egas von Wenden Anfang Februar 1929 Gerhart Hauptmann. »Nun ist sie tapfer an der Arbeit und strahlt heiter u. ruhig ihre Liebe aus. […] Noch drei Wochen Geduld!«[9] Man wähnte die Patientin auf dem Weg der Besserung, so dass deren Ehemann, der gerade selbst erst eine Bilddarmentzündung überstanden hatte, sich für einige Tage zu Freunden aufs Land begab. Die Hoffnung trog. Da die Tonsillitis, so der medizinische Fachbegriff, nicht richtig ausheilte, flammte die Entzündung wieder auf und vereiterte schließlich. Bakterien drangen so in die Blutbahn und breiteten sich im Körper aus. Die Nachricht vom bevorstehenden Ende kam völlig unerwartet. Egas fuhr umgehend nach Dresden zurück; auch Blandine eilte an das Krankenbett ihrer Tochter. Das war am Nachmittag des 7. April 1929. Wenige Stunden später – um 23 Uhr an jenem Sonntag – starb Maria von Wenden, keine 43 Jahre alt, im Beisein ihres Mannes und ihrer Mutter. Vier Tage später fand die Einäscherung statt, an der seitens der

Familie auch Eva Chamberlain und Manfred Gravina teilnahmen. Der 66-jährigen Blandine brach das Herz. Nach Manfreds Abreise schrieb sie ihm: »Mein einziger Manfred, als Du im nächtl. Dunkel entschwandest, fühlte ich, dass nun auch in meinem Herzen das letzte Licht ausgelöscht war – – – Nun tappe ich hülflos wie ein armer verlassener Hund umher u. möchte mich in einen warmen Winkel legen u. da für immer einschlummern.«[10]

Wie sollte, wie konnte es mit den von Wendens – der Ehefrau und Mutter beraubt – weitergehen? Die kleine, noch keine vier Jahre alte Blandine wohnte zunächst bei ihrem Vater. Im Laufe der folgenden Jahre wurde aber zunehmend klar, dass Egas von Wenden kaum in der Lage war, ein Kind zu erziehen. Der Zeitzeuge Hans von Hülsen erinnerte sich an »einen feinen, aber durch und durch morbiden Menschen, dessen dekadente Züge bei zunehmendem Alter immer mehr in Erscheinung traten und an seinen Lebenswurzeln schroteten – er ist einige Zeit später [1939] aus freiem Entschlusse geschieden [...].«[11] Auf Dauer konnte das Mädchen dort auf gar keinen Fall bleiben. Ab 1934 lebte sie bei ihrer Taufpatin Eleonore von Hofmann und deren Mann, dem berühmten Maler Ludwig von Hofmann. Ein Jahr später – Mitte Oktober 1935 – adoptierten sie das junge Fräulein. Blandine von Hofmann und von Wenden, wie sie nun hieß, wuchs zu einer hübschen Demoiselle heran. Die Adoptiveltern liebten ihren »Spatz« abgöttisch und taten alles Erdenkliche, um dem Mädchen ein glückliches und sorgenfreies Leben zu ermöglichen. Blandine war künstlerisch sehr interessiert, liebte die Musik und spielte gut Klavier. Mit ihren Freundinnen brachte sie junges Leben in die Villa der von Hofmanns in Pillnitz (heute ein Stadtteil Dresdens).

Doch auch Blandines Leben sollte – wie das so vieler Mitglieder der Familie Gravina – ein frühes Ende nehmen. 1943 stellten die Ärzte fest, dass die nun 17-Jährige unheilbar an Knochenkrebs erkrankt war. »Die Hoffnung auf Besserung müssen wir aufgeben«, schrieb Ludwig von Hofmann Mitte November an seinen Freund Gerhart Hauptmann. »Aber es kann so noch eine Weile fortgehen mit der Erwartung des Endes!«[12] Der Patientin wurde in letzter Verzweiflung sogar noch ein Bein amputiert – zu spät, der Krebs hatte bereits große Teile des Körpers befallen. Die Erlösung kam unerwartet schnell. Blandine von

Hofmann und von Wenden starb am 26. Dezember 1943. »Es ist mir im Leben kein Mädchen von gleicher Begabung und Eigenart begegnet«, erinnerte sich Gerhart Hauptmann, »allerdings doch wohl bis zu einem bedenklichen Grade überhitzt. Es war, als wisse sie, daß sie nicht allzuviel Zeit vor sich habe, und müsse eilen, möglichst viel des Wahren, Guten und Schönen unter Dach und Fach zu bringen.«[13]

Kammerflimmern

Mit Cosima Wagners Gesundheit ging es seit Mitte der zwanziger Jahre rapide bergab. Immer häufiger erlitt die Hochbetagte die gefürchteten »Anfälle«, in deren Verlauf sie das Bewusstsein verlor. Gelegentlich unternahm sie kürzere Spaziergänge durch den Wahnfried-Garten, die meiste Zeit lag sie allerdings auf einem Kanapee in ihrem Zimmer. Sie dämmerte dahin. Cosima erschien als die letzte Repräsentantin einer längst vergangenen Epoche, und die Familienmitglieder benahmen sich ihr gegenüber, »als stünden sie vor einem Altar«.[14] Als die Wagner-Sängerin Emmy Krüger die seltene Ehre hatte, heimlich das Gemach der »Meisterin« zu betreten, glaubte sie, einem heiligen Schauspiel beizuwohnen. »Während der intensiven geistreichen Unterhaltung zwischen Mutter, Sohn und Tochter ließ die alte Dame den Fächer sinken, und nun saß ich völlig überwältigt von dem Eindruck vor dieser überragenden, fast schon zur Sage gewordenen Persönlichkeit.«[15] Zu den letzten Besuchern, die die »Hohe Frau« empfing, gehörte im Mai 1928 Richard Du Moulin Eckart. Eva an ihre Schwester Blandine: »Sie schwärmten vom ›théatre français‹ u. ergingen sich in den künstlerischen Schönheiten von Paris. Seit 5 Tagen ist dieser wirklich mit unserer Sache tief verwachsene Freund hier, um Einblick in Mamas Tagebücher bei mir zu nehmen.«[16] Der Geschichtsprofessor arbeitete an einer Biographie Cosima Wagners. Ob die über 90-Jährige das alles überhaupt noch wahrnahm? Wohl kaum – Cosima lebte in ihrer eigenen Traumwelt. Eva: »Die Phantasien nehmen einen fast beängstigenden Verlauf durch ihre Eindringlichkeit u. Rastlosigkeit, dabei oft so grossartig fesselnder Art, immer inmitten von künstlerischer Arbeit, eine

Kundry wurde zumeist einstudiert u. ein Kapellmeister zurechtgewiesen!«[17]

Anfang März 1930 reiste Siegfried Wagner nach Mailand, wo er in der Scala den kompletten *Ring* inszenieren und dirigieren sollte. Dieses Gastspiel war ein großer Erfolg und brachte Siegfried viel Ehre ein, wie Blandine Gravina, die ebenfalls in Mailand war, nach Bayreuth berichtete: »Aber die Aufführungen waren glänzend, u. m. Bruder war in bester Stimmung. Gestern war auch seine Frau dabei, wurde allgemein bewundert. Leider brachte sie wieder weniger gute Nachrichten über Mamas Befinden mit!« Was Winifred ihrem Mann verheimlichte: Cosima lag im Sterben. »Sprechen Sie ihr, bitte, einmal von mir u. meiner Liebe zu ihr, die ich doch auch mit der That bewiesen zu haben glaube«, bat Blandine wehmütig Cosimas Zofe Dora Glaser. »Ich habe über dem teuren Amt bei ihr oft meine Kinder vernachlässigt.«[18] Blandine war hin- und hergerissen: Einerseits wollte sie von ihrer Mutter Abschied nehmen, andererseits wurde sie am Krankenlager ihres Sohnes Guido (darauf kommen wir später zurück) gebraucht. Blandine reiste schließlich zu Guido nach Meran. Das war am 23. März 1930. Gut eine Woche später – am 1. April 1930 um 10 Uhr vormittags – starb Cosima Wagner im Alter von 92 Jahren.

»Für uns war der Tod nicht absehbar«, erinnert sich heute die damals neunjährige Verena Wagner. »Wir waren – es war ja der 1. April – in der Schule, wie immer, und wie wir nach Hause gingen, kam uns unser Kindermädchen Emma entgegen und sagte, die Omama ist gestorben. Wir haben als einziges zur Antwort gegeben: April, April. Wir haben es nicht geglaubt.«[19] Als Siegfried und Winifred mit vierundzwanzig Stunden Verspätung am nächsten Morgen in Wahnfried eintrafen, fanden sie die Verstorbene im Saal der Villa aufgebahrt. Bei der Trauerfeier am 3. April erschraken die Anwesenden ob Siegfrieds schlechter Verfassung. Zeigten sich Eva, Daniela und Blandine angesichts des Todes der Mutter gefasst, nahm Siegfried dieses Ereignis stärker mit, als er es wahrhaben wollte. Winifred machte sich große Sorgen. Er habe einen »schweren seelischen und körperlichen Kollaps erlitten«,[20] vertraute sie ihrem Bayreuther Arzt Dr. Hermann Koerber an. »Dabei ist mein Mann von einer derartigen Leichenblässe gewesen«, erinnerte sich Frau Wagner noch Jahrzehnte später an jenen Tag.

»Er war in einem derartig erregten Zustand, dass ich schon damals befürchtete, dass er eventuell selbst nicht standhalten könnte. Ich habe natürlich absolut den Eindruck, dass der Tod der Mutter bei ihm eine so starke Wirkung hatte, dass er wohl mit sein an und für sich schon vorhandenes Herzleiden sehr verschlimmert hat.«[21]

Über die Ereignisse der nun folgenden vier Monate sind wir dank verschiedener Quellen gut informiert. Da sind beispielsweise die Aufzeichnungen von Daniela Thode, mit deren Hilfe man Siegfried Wagners letzte Tage rekonstruieren kann. Die Krankengeschichte des Festspielleiters lässt sich anhand ärztlicher Bulletins ziemlich genau nachzeichnen. Besonders aufschlussreich sind die Tagebuchnotizen der 1898 geborenen Gertrud Strobel. Sie war die Ehefrau des Musikwissenschaftlers Dr. Otto Strobel, der 1932 zum Wahnfried-Archivar avancierte. Nach dem Tod ihres Mannes 1953 übernahm sie selbst für viele Jahre diese Aufgabe. Gertrud Strobels Tagebücher sind deshalb so interessant, weil die Schreiberin damals – im Sommer 1930 – noch gar nicht zum engeren Kreis der Wagners gehörte. Sie war als Altistin im Festspielchor engagiert, kannte den Clan nur beiläufig und verfolgte das Geschehen sozusagen aus der Ferne. Aber sie hatte eine Vorliebe für Künstlerklatsch und Familientratsch – für Beobachtungen, Anekdoten und Gerüchte aller Art, die sie mit einer pedantischen Genauigkeit in ihr Tagebuch notierte. Das macht den Wert dieser in Sütterlin beschriebenen Kladden aus.

Wenige Tage nach Cosimas Beisetzung brachen Winifred und Siegfried mit dem Auto zu einer Italienreise auf. Man wollte Abstand gewinnen und vor allen Dingen Kraft sammeln für die bevorstehenden Festspiele. Die diesjährige Saison brachte eine Novität: Arturo Toscanini, der große italienische Maestro, war für den *Tannhäuser* und den *Tristan* verpflichtet worden. Das kam in verschiedener Hinsicht einer Sensation gleich: Toscanini war der erste nichtdeutschsprachige Künstler, der in Bayreuths heiliger Halle dirigieren durfte. Darüber hinaus galt er als ebenso genialisch wie exzentrisch, er war ein begnadeter Klangmagier, der wegen seines Jähzorns und seiner unberechenbaren Ausfälle gefürchtet wurde. Das Engagement des streitbaren 63-Jährigen scheint für die Festspielleitung nicht frei von Risiken gewesen zu sein. Zum einen waren fremdenfeindliche Pro-

Siegfried Wagner und Arturo Toscanini vor dem Festspielhaus. Der berühmte italienische Maestro leitete im Sommer 1930 den »Tannhäuser« und den »Tristan«.

teste von Seiten borniertet Wagnerianer zu befürchten, zum anderen konnte es gut sein, dass er sich über irgendetwas ärgern und wutentbrannt alles hinschmeißen würde. Der Sommer 1930 versprach also besonders anstrengend und nervenaufreibend zu werden, insofern war Siegfrieds und Winifreds Erholungsreise ausgesprochen wertvoll. Ob der Trip in südliche Gefilde allerdings seinen Zweck erfüllte, muss bezweifelt werden. Gertrud Strobel machte am 17. Juni eine interessante Beobachtung: »Nach einem Weilchen trat Siegfried Wagner aus dem linken Haupteingang, ganz in Weiß gekleidet, so, wie ich ihn so gern sehe; denn er wirkt dann mit seinem weißen Haar und dem farblosen Gesicht, in das eigentlich nur die tiefen Augen Leben bringen, wie eine Lichtgestalt.«[22] Ein farbloses Gesicht ohne Leben? Das waren allesamt merkwürdige Komplimente, die vermuten lassen, dass es Siegfried nicht gut ging, dass er den Verlust der Mutter noch nicht verkraftet hatte.

Am 26. Juni 1930 stand die erste Probe mit Toscanini auf dem Plan. Der Maestro zeigte sich zwar außerordentlich gerührt und dankte Siegfried überschwänglich für die Einladung nach Bayreuth, sonst blieb er sich aber treu – und machte Ärger. Bereits während des ersten Probierens bekam er einen Wutanfall und zerbrach einen Taktstock. Zwei Tage später war die Stimmung am Tiefpunkt angelangt. »Toscanini wird allmählich unmöglich«, bemerkte Gertrud Strobel. »Er probiert mit dem Orchester Tag für Tag und kommt nicht von der Stelle, da er in jedem Takte abklopft. Die Musiker sind bereits übernervös. Graf [Gilbert] Gravina, der den Dolmetscher spielen muß, hat gesagt, daß der maestro Ausdrücke gegen das Orchester gebrauche, die er unmöglich wiedergeben könne. Es hat bereits eine Sitzung des Vorstandes mit Siegfried stattgefunden.«[23] Dabei war der Dirigent in der Sache durchaus im Recht. Er beherrschte nämlich die Wagner-Partituren auswendig und musste nun feststellen, dass im Orchester ein regelrechter Schlendrian herrschte, hatten sich doch im Laufe des jahrzehntelangen Musizierens zahllose Fehler und Ungenauigkeiten eingeschlichen. Toscaninis Unerbittlichkeit führte auf Seiten der anderen Mitwirkenden zu Empfindlichkeiten, insbesondere der altgediente *Parsifal*-Dirigent Karl Muck konnte seine Eifersucht auf den berühmten Italiener kaum verbergen; er torpedierte dessen Gastspiel, wo immer er konnte. Nun war Muck seit seinem ersten Bayreuther Auftritt im Jahre 1901 eine Institution, die es – trotz aller Widrigkeiten – zu pflegen galt. Friedelind Wagner: »Muck vertrug sich nicht mit Vater, der ihn deshalb Mutters listenreicher Freundlichkeit überließ.« Winifred verhätschelte den Störenfried nach allen Regeln der Kunst; sie leistete ihm beim Frühstück Gesellschaft und spendierte täglich ein Pfund Kaviar, das er während der Proben vertilgte. So ließ er sich zeitweilig besänftigen. Der ständige Ärger mit Pultprimadonnen wie Arturo Toscanini und Karl Muck hinterließ bei Siegfried tiefe Spuren. Friedelind: »Mutter sagte mir, daß Vaters Zustand sich durch den ständigen Ärger mit Muck zweifellos noch verschlimmert habe.«[24]

Am Spätnachmittag des 16. Juli 1930 brach Siegfried Wagner während der Probe der *Götterdämmerung* auf offener Bühne zusammen. Er hatte bereits seit Tagen über Atemnot und »Herzasthma« geklagt – jetzt erlitt er einen Herzinfarkt. Winifred, die bei ihrem Mann war, raste geistesgegenwärtig mit dem Auto in die Stadt, um einen Arzt zu holen. Auf der Rückfahrt zum Festspielhaus stieß sie zu allem

Übel auch noch mit einem anderen Auto zusammen, wobei aber glücklicherweise niemand verletzt wurde.[25] »Der Zustand in diesen Stunden war so schwer und so bedrohlich«, hieß es später in einem ärztlichen Bulletin, »daß zunächst von einer unmittelbaren Überführung mit dem Sanitätsauto ins Krankenhaus abgesehen werden mußte.«[26] Siegfrieds Schwester Daniela Thode war eine Zeugin jener dramatischen Ereignisse: »In dem Vorraum vor deinem Zimmer war Unruhe, ein Hin und Her, ein ängstliches Flüstern, Winnie sprach erregt mit einem fremden Arzt. Um Gotteswillen was ist geschehen? ›Herr Wagner ist mit einem schweren Herzkrampf zusammengebrochen – der Arzt soll gesagt haben, er sei verloren.‹« Daniela fährt fort: »Man behandelte dich mit Sauerstoff-Einatmen, und gab dir 6 mal Spritzen schwerster Gifte: Pantopon, Digitalis, Campher – ab und zu in abgebrochenen Worten hörte ich matt deine liebe Stimme.«[27] Erst gegen 23 Uhr konnte der Patient in das Bayreuther Spital transportiert werden. Am nächsten Morgen stellten die Ärzte ihre Diagnose: »Es handelte sich um eine ganz schwere Herzmuskelerkrankung mit starker Erweiterung des Herzens nach rechts und links, ausgesprochener Unregelmäßigkeit der Herztätigkeit, sehr niederem Blutdruck, Leberschwellung und – an diesem Morgen schon – mit beginnender Stauung im rechten Lungenunterlappen bezw. mit einer katarrhalischen Entzündung daselbst, ohne Fieber.«[28] Siegfried Wagner war sehr schwer krank; die Ärzte ließen gegenüber seiner Frau keinen Zweifel daran aufkommen, dass der Patient in akuter Lebensgefahr schwebte. Wie sollte man in dieser Situation mit den bevorstehenden Festspielen verfahren? Eine Absage kam für Siegfried nicht in Frage. Die Aufführungen müssten wie geplant stattfinden, so seine Anordnung, selbst wenn er stürbe.

Sechs Tage später – am 22. Juli – eröffnete Arturo Toscanini die Saison mit Richard Wagners *Tannhäuser*, das Gastspiel des Italieners wurde ein sensationeller Erfolg. Triumph und Tragödie lagen bei den Wagners zweifellos nah beieinander. Winifred war die gesamte Zeit bei ihrem Mann. Siegfrieds Krankheit entwickelte sich in einem ständigen Auf und Ab – an einem Morgen schöpfte man Hoffnung, wenige Stunden später rechnete man mit dem Schlimmsten. Von Seiten der Familie hatte nur Winifred Zutritt zum Krankenzimmer. Auch Siegfrieds Liebling Friedelind, die eigens aus den Ferien nach Bayreuth gerufen wurde, musste auf Weisung der Doktoren draußen bleiben. Die resolute Daniela half sich auf ihre Art: Sie lugte durch das Schlüsselloch und war so bei ihrem Bruder. In der Nacht zum 29. Juli erlitt Siegfried erneut einen schweren Herzinfarkt. »Es geht nun hoffnungslos zu Ende mit ihm«, schrieb Gertrud Strobel ihrem Mann Otto, »die Ärzte erhalten ihn nur noch durch Sauerstoff und Einspritzungen am Leben. Gestern hat er sein Testament gemacht.«[29] Am 3. August – einem Sonntag – überfiel Siegfried »das Gefühl völliger Vernichtung«, wie es im Bulletin hieß, er hatte »Todesahnungen«. Am nächsten Morgen um 7 Uhr verlor er das Bewusstsein, immer wieder setzte die Atmung aus. Dr. Koerber: »Wenige Minuten vor dem Tode öffneten sich die Augen weit, der Blick war groß nach oben gerichtet, die Gesichtszüge wurden auffallend jugendlich, der charakteristische Gesichtsausdruck Siegfried Wagners trat scharf hervor. Um 5.30 Uhr, Montag, den 4. August nachmittags, ist Siegfried Wagner verschieden. Ein eigentlicher Todeskampf ist ihm erspart geblieben.«[30]

Die traurige Kunde verbreitete sich in Windeseile, wobei Zeitungen die rührselige Anekdote in die Welt setzten, Siegfried habe zuletzt nach seinen Schwestern Eva und Daniela gerufen. Doch das war nur ein Gerücht. Seine letzten Worte galten nach Aussage der Ärzte einer Krankenschwester, die ihm den Mund abwischen wollte: »Geh weg!«[31]

Die Beerdigung Siegfried Wagners am 8. August 1930 geriet zu einem regelrechten Staatsbegräbnis. Die Feierlichkeiten begannen mit Glockenläuten und Posaunenblasen vom Turm der Bayreuther Stadtkirche. Die Anteilnahme war außerordentlich groß. In langen Schlangen defilierte die Bayreuther Bevölkerung am goldverzierten Sarg vorbei; zum Trauergottesdienst mussten gesonderte Zulasskarten verteilt werden, da das Gotteshaus die Menschenmenge nicht aufnehmen konnte. Nach der kirchlichen Feier, zu der nur Musik Johann Sebastian Bachs erklang, zog der Kondukt durch die Stadt. Fackelträger eskortierten links und rechts den Leichenwagen, dahinter schritten die Verwandten und Freunde des Verstorbenen. Die Presse berichtete: »Während sich der Trauerzug durch die Maximilianstraße bewegte, warf ein Flieger einen Kranz mit schwarz-weiß-roter Schleife ab.«[32]

Pompes funèbres: Siegfried Wagner wurde am 8. August 1930 mit allen Ehren bestattet. Tausende standen am Straßenrand oder reihten sich in den Kondukt ein.

Zahlreiche Persönlichkeiten ergriffen am offenen Grab das Wort und legten Kränze nieder, darunter der Oberbürgermeister, der Regierungspräsident, Zar Ferdinand von Bulgarien, Prinz August Wilhelm von Preußen, Mitglieder verschiedener Wagner-Vereinigungen, Angehörige des Deutschen Offiziersbundes sowie Vertreter des Alldeutschen Verbandes. Der Tag endete schließlich mit einer musikalischen Gedenkfeier im Festspielhaus.

Siegfried Wagner wurde 61 Jahre alt, er überlebte seine 1837 geborene Mutter nur um 126 Tage. Die Witwe Winifred war wenige Wochen zuvor 33 Jahre alt geworden, von den vier Kindern war Wieland – der Älteste – dreizehn, Verena – die Jüngste – noch keine zehn Jahre alt. Dass die Wagners ihren Ehemann und Vater in so jungen Jahren verloren – darin lag eine große Tragik. Siegfrieds plötzliches Ableben warf aber auch die Frage nach der Zukunft der Festspiele auf. Dass man es mit einer Zeitenwende zu tun hatte, erkannte auch

Die Familie versammelt sich am Grab Siegfried Wagners. In der vorderen Reihe stehen Ellen und Franz Wilhelm Beidler (dritte und vierter von links) sowie Gilbert und Manfred Gravina (sechster und siebter von links).

Joseph Goebbels: »Gestern nachmittag ist Siegfried Wagner gestorben. Damit tritt Wahnfried in ein neues Stadium.«[33] Das »neue Stadium« war in Siegfrieds und Winifreds Testament vom März 1929 genau beschrieben. Winifred Wagner wird dort als Vorerbin des gesamten Nachlasses ihres Mannes eingesetzt, die vier Kinder werden zu gleichberechtigten Nacherben ernannt. Aber: »Die Nacherbfolge tritt ein mit dem Tode oder mit der Wiederverheiratung der Frau Winifred Wagner.«[34] Mit deutlichen Worten: Siegfried zwang seine Witwe zur Ehelosigkeit, andernfalls würde sie alles verlieren und mit dem Pflichtteil abgefunden werden. Was veranlasste Siegfried zu dieser harten Zölibatsklausel? Seinem Rechtsanwalt soll er gesagt haben: »Man weiß ja, wie die Frauen sind! Dann kommt dann so ein Hallodri und bringt alles unter!«[35] Gut möglich. Es kann aber auch sein, dass er andere – subtilere – Ängste hegte. Siegfried wusste ja zu gut um Winifreds Schwärmen für Adolf Hitler. Vielleicht wollte er so verhindern, dass aus den beiden ein Paar werden und sich das Festspielunternehmen noch enger mit dem Nationalsozialismus verquicken würde. Wie auch immer: Winifred musste sich entscheiden. Und diese Entscheidung fiel gewissermaßen über Nacht. Friedelind: »Um acht Uhr am Morgen nach Vaters Tod saß Mutter an seinem Schreibtisch im Festspielhaus und übernahm seine Arbeit.«[36]

Winifred war schon seit geraumer Zeit die engste Mitarbeiterin ihres Mannes gewesen, sie hat auch wichtige Entscheidungen in eigener Regie getroffen. Kam es dann bei der Umsetzung zu Schwierigkeiten, konnte sie sich hinter die Person des Festspielleiters zurückziehen. Im Grunde benutzte Winifred jene Taktik, die bereits Cosima Wagner zu Lebzeiten des »Meisters« glänzend anzuwenden verstand. Beide Wagner-Frauen beriefen sich auf die Autorität einer »höher stehenden Macht« – eben auf die des »Meisters« oder des »Meistersohnes« – und machten sich so unangreifbar. Jetzt, nach Siegfrieds Tod, fiel diese Schutzfunktion weg. Winifred verhielt sich klug, wenn sie ihr Tun und Handeln durch erfahrene Mentoren absichern ließ. Auch darin mag man eine Parallele zu ihrer Schwiegermutter erkennen, die einst einen so versierten Bankier wie Adolf von Groß oder so berühmte Dirigenten wie Hermann Levi und Felix Mottl in ihre Nähe holte.

Wenige Tage nach Siegfrieds Beerdigung nahm Winifred mit einem Mann Kontakt auf, der ihr wichtigster Berater werden sollte: Heinz Tietjen. Der 49-Jährige war ein Tausendsassa und hatte einen rasanten Aufstieg absolviert. Nach ersten Stationen in Trier und Breslau fungierte er seit 1927 als Generalintendant aller Preußischen Staatstheater. Er war Dirigent, Regisseur und ein mächtiger Bühnenleiter, der alle Tricks und Kniffe des Theatergeschäfts kannte. Tietjen verfügte zudem über ausgeprägte diplomatische Fähigkeiten, er wusste, wie er mit einflussreichen Politikern und schwierigen Künstlern zu reden hatte. Dieser Vielbegabte wurde neuer künstlerischer Leiter der Bayreuther Festspiele. Winifred ging indes noch weiter: Wilhelm Furtwängler, der Chefdirigent des Berliner Philharmonischen Orchesters, konnte als musikalischer Leiter (als eine Art »Hausdirigent«) gewonnen werden, während Emil Preetorius zukünftig für die Bühnenbilder verantwortlich zeichnete.

Doch der Ärger war beinahe vorprogrammiert. Zu Winifreds gewissermaßen natürlichen Gegnern zählten Eva Chamberlain und Da-

Winifred Wagner übernimmt das Ruder: Postkarte anlässlich der ersten Festspiele nach Siegfried Wagners Tod.

niela Thode. »Die Tanten«, wie sie in Wahnfried mehr mit Spott denn liebevoll genannt wurden, stellten sich an die Spitze einer Bewegung von Altwagnerianern, der jede noch so kleine Neuerung schon zu weit ging. »Alle wichtigen Entscheidungen erfahren Eva u. ich aus der Zeitung«, schimpfte Daniela: »das heilige Werk unserer Eltern einem Berliner Theater-Direktor überantwortet! Und Furtwängler: ein glänzender Conzertdirigent aber ohne jeden Zusammenhang mit der Bayreuther Tradition.«[37] Das war zweifellos richtig und sprach aus Winifreds Sicht sogar für Furtwängler. Denn Frau Wagner hatte jener in die Jahre gekommenen »Bayreuther Tradition« den Kampf angesagt.

Noch während der laufenden Festspiele 1930 änderte die frischgebackene Festspielleiterin die althergebrachte Pressepolitik. Journalisten wurden bislang von oben herab behandelt und nicht selten abgekanzelt, sie galten als Wegelagerer, um eine Formulierung aus jüngerer Zeit zu verwenden. Nur wenige wohlwollende Vertreter der schreibenden Zunft erhielten nach Gutsherrenart Zutritt zum Festspielhaus und zu den Aufführungen. Das sollte sich nun ändern; Winifred beauftragte ihren kaufmännischen Berater Dr. Albert Knittel – der Verleger besaß das »Karlsruher Tagblatt« und hatte schon Siegfried gelegentlich unterstützt –, freundliche Kontakte zur Presse herzustellen, wovon sie sich eine große Werbewirkung versprach. Winifreds Schwägerinnen waren – wie sollte es anders sein? – entsetzt und machten auch gegenüber Fremden aus ihrer Verärgerung keinen Hehl. Als Joseph Goebbels Ende November anlässlich einer Rede Bayreuth besuchte, seufzte ihm Eva ihr Leid: »Besuch bei Frau Chamberlain. Sie ist sehr gütig, klagt über den neuen Kurs in Wahnfried. Ein Dr. Kittel [!] geht gegen die Tradition an.« Goebbels unterlief hier ein Schreibfehler, gemeint war jedenfalls Albert Knittel. Und weiter: »Den Dr. Kittel lernte ich dann bei Frau Winifred kennen, wo ich zu Abend eingeladen war. Er machte allerdings einen sehr mäßigen Eindruck. Winifred voll von Schaffensdrang. Sie erzählt von den letzten Stunden Siegfrieds. Er hat garnicht an den Tod geglaubt. Die 4 Kinder wieder allerliebst. Leider gehen sie sehr in die Breite.«[38]

Winifred und »die Tanten« sollten sich noch weiteren Fehden hingeben, worüber an anderer Stelle zu berichten sein wird. Im Großen und Ganzen waren jene Konflikte, die nach Siegfrieds Tod ausbrachen, Ausdruck eines Generationenwechsels. Hatte Siegfried Wagner es weitgehend versäumt, alte Zöpfe abzuschneiden und mit verstaubten Familientraditionen zu brechen, forcierte seine Nachfolgerin diesen Wandel umso energischer. Winifred machte ihren Schwägerinnen unmissverständlich klar, dass die Zeit ihrer Mitsprache vorbei war, mehr noch, dass für sie auf dem Festspielhügel kein Platz mehr war. Wie entschlossen sie dabei vorging, illustriert der nächste Schicksalsschlag, der die Familie in jenen Jahren des Schreckens heimsuchte.

Mycobacterium tuberculosis

Die Nachricht schlug ein wie eine Bombe: Guido Gravina ist an offener Tuberkulose erkrankt. Damit war er nach Isolde Beidler das zweite Familienmitglied, das an der Schwindsucht litt. In der Familie erzählte man sich, dass Blandines jüngstes Kind bereits während des Ersten Weltkriegs mit dem Mycobacterium tuberculosis infiziert worden sein soll. Kann sein – bei vielen Patienten bricht die Krankheit erst nach einigen Jahren aus. Guidos genaue Anamnese lässt sich aber nicht mehr rekonstruieren, da zuverlässige Unterlagen fehlen. Sicher ist, dass er im März 1930 mit hohem Fieber in einem Meraner Krankenhaus lag. In den Monaten danach verliert sich seine Spur innerhalb der Familienkorrespondenz; Cosimas und Siegfrieds Tod waren die vorherrschenden Themen. Irgendwann in der zweiten Jahreshälfte 1930 bezog er dann ein Zimmer im Kurhaus Victoria in Orselina bei Locarno. Das von den Schweizer Architekten Walter Henauer und Ernst Witschi 1912 erbaute »Sanatorium für physikalisch-diätetische Therapie« verfügte über eine »eigene Radium-Quelle« und galt als »Haus ersten Ranges«, wie es in einer Broschüre hieß. Ein Aufenthalt dort war zweifellos kostspielig. Guido konnte sich als Bankangestellter die Kur nicht leisten, so dass sein Bruder Manfred für die Arztrechnungen aufkommen musste. Etwa zeitgleich ließ sich Daniela Thode in der benachbarten Pension Villa Planta nieder, um ihren Neffen zu pflegen und ihm beizustehen. Von dort schrieb sie Anfang Januar 1931 an ihre Schwägerin Winifred. Zunächst behauptete sie, dass sie ihrem Bruder Siegfried 1925 eine größere Geldsumme geliehen habe, die sie nun zurückforderte. Doch das war nur ein Vorwand – in Wahrheit ging es ihr wohl darum, dass die neue Festspielleiterin für Guido und die Gravina-Sippe finanziell sorgen möge. Winifreds Antwort war unmissverständlich: »Ich kann mir nicht recht denken, dass Fidi Dir eine solch grosse Summe nicht wiedererstattet hätte, wenn Du sie ihm geliehen hättest.« Die Verwendung des Konjunktivs macht deutlich, was Winifred von dieser Angelegenheit hielt. »Sicherlich hat Dir Fidi längst die Summe wiedergegeben, Du hast es nur vergessen. Er war in allen Geldangelegenheiten die Pünktlichkeit und Ordnung selbst. Er hat keine Schulden hinterlassen. Wenn Fidi sich verpflichtet gefühlt hätte, für Gravinas zu sorgen, so hätte er das bestimmt durch ein Vermächtnis getan – er wusste aber, dass wir Mühe haben würden, unsere eigenen Kinder durchzubringen und hat ganz bewusst sich auf seine eigene Familie beschränkt, der die grosse Aufgabe der Erhaltung der Festspiele zufällt.« Und schließlich: »Wenn Du meinst, dass Guido darunter leidet, dass sein eigener Bruder für ihn sorgen muss, so glaube ich, dass er noch viel mehr darunter leiden würde, wenn er wüsste, dass ich ihn mitunterhalten müsste!«[39] Kein Zweifel: Fortan wehte ein neuer Wind in Bayreuth. Winifreds Absage führte auf Seiten der Tanten zu großer Verärgerung. Die Vorbehalte, die Daniela und Eva von jeher gegen ihre Schwägerin hegten, wurden zementiert.

Ende Januar 1931 hatte sich Guidos Zustand stabilisiert. Daniela an Eva: »Bei Guidoli (dank für deine generöse Gabe) haben wir seit 10 Tagen kein Fieber, ein schwerer Nerven-Collaps ist wieder überwunden, aber grösste Schonung vonnöthen.«[40] Drei Monate später befand sich Guido immer noch in Orselina. »Leider hat unser Patient unter der Exsudatbildung ziemlich schwer gelitten und ist dabei abgemagert«, schrieb der behandelnde Arzt an Manfred Gravina. »Es wird nun unsere Aufgabe sein, ihn in der nächsten Zeit wieder zu stärken, damit er für den Sommer reisefähig wird.«[41] Diese Prognose erwies sich als Irrtum. Guidos Zustand verschlechterte sich im Laufe der Sommermonate drastisch. Im Oktober kehrte Daniela von Bayreuth nach Orselina zurück, wo sie die Pflege ihres Neffen wieder aufnahm. Es bestand bald keine Hoffnung mehr, man musste mit dem Schlimmsten rechnen. Anfang Dezember reisten Manfred und seine Frau Maria Sofia an den Lago Maggiore. Les Adieux. Daniela berichtete ihrer Schwester Eva von herzzerreißenden Stunden. »Die lieben, lieben Manfred's verliessen mich heute wieder – das Wiedersehen der Brüder, das Abschiednehmen war ergreifend. Unfasslich blieb mir Manfred's Optimismus der mich heute früh noch frug, ob es denn wirklich hoffnungslos sei – ach, wie wenig Menschen haben Augen! Heute geht es ganz besonders schlecht – er weinte bitterlich über seinen Zustand mit dem Arzt, der ihm thörichterweise Besserung vorspiegelte – er ist sich der verzweifelten Lage völlig bewusst.«[42] Guido haderte mit seinem Schicksal. Er war niedergeschlagen, weinte viel. Der junge Mann hing an seinem Leben. Die Wochen und Monate in Orselina müssen für Tante Daniela ungemein anstrengend und belastend gewesen sein. Die 71-Jährige wuchs förmlich über sich hinaus. Tag und Nacht saß sie am Bett ihres sterbenden Verwandten, las ihm vor, betete mit ihm. Doch auch ihre Kräfte gingen zu Ende – sie konnte das Leiden nicht mehr lange mit ansehen. Daniela an eine Freundin: »Habe keine Resistenzkraft mehr. Die 2 letzten Jahre waren zu viel.«[43]

Merkwürdig ist, dass Blandine Gravina in dieser schlimmen Zeit überhaupt nicht in Erscheinung trat. Offensichtlich wollte Guido seine Mutter partout nicht sehen, wie aus einem Brief von Manfreds Frau Maria Sofia hervorgeht. »Dass sie [Blandine] augenblicklich in Orselina nicht gewünscht ist versteht sie auch, und spricht nicht von einer Reise dahin. Ich fand sie wohl aber traurig, und ich muss gestehen dass die Situation für sie ziemlich grausam ist, und dass ich viel Mitleid für sie empfinde, trotzdem ich verstehe dass ihr Erscheinen im Krankenhaus Guido nur eine unheilvolle Aufregung verursachen würde. Das Leben ist ja grausam und schwer.«[44] Irgendetwas stimmte nicht im Hause Gravina, zumal auch Daniela ihrer Schwester demonstrativ aus dem Weg ging. »Nur um Eines möchte ich dich anflehen«, schrieb Daniela an Eva, »nicht Boni zu dir zu rufen wenn ich da bin.«[45]

Warum diese kühle Distanz? Hier sind wir auf Vermutungen angewiesen, da niemand aussprach, was augenscheinlich als Vorwurf im Raum stand. Nur Christiane Thun-Salm, eine langjährige Freundin der Familie, machte nach Guidos Tod vage Andeutungen. An Blandine schrieb sie: »Ich begreife alle Gedanken, die Dir kommen und die es Dich beklagen machen, dass Du ihm nicht mehr helfen konntest in den letzten schweren Jahren. Aber, glaube mir, er hatte wohl die Krankheit schon in sich, und da wäre alle Sorgfalt vergeblich gewesen. Ich verstehe aber, dass diese Ideen Dich verfolgen.«[46] Es ging also allem Anschein nach um den Vorwurf mangelnder mütterlicher Fürsorge: dass Blandine in früheren Jahren nicht aufmerksam genug war, dass sie mit dem schlimmen Los ihres Sohnes irgendetwas zu tun hatte, dass Guidos Erkrankung zu verhindern gewesen wäre, wenn ... ja, wenn? Wir wissen es nicht. Blandine konnte sich von ihrem Jüngsten jedenfalls nicht mehr verabschieden. Guido Gravina di Ramacca erlag am 14. Dezember 1931 seiner Tuberkuloseerkrankung. Er wurde nur 35 Jahre alt.

Capriccio italien

Das Verhältnis von Winifred und den Tanten Eva und Daniela – Blandine hielt sich, wie meistens, aus den Streitereien heraus – befand sich Anfang 1932 auf einem Tiefpunkt. »Sie hörten sogar auf, uns Kinder zu den wöchentlichen Mittagessen einzuladen«,[47] erinnerte sich Friedelind. Die Kinder waren darüber nicht sonderlich traurig. Da die beiden alten Damen aber über eine ausgeprägte Neugierde verfügten und immer wissen wollten, was auf dem Hügel oder in der Familie vor sich ging, kamen sie doch noch ab und zu in die Villa Wahnfried. Dann flogen oft die Fetzen. Den Tanten war nämlich nicht verborgen geblieben, dass ihre Schwägerin Winifred und Heinz Tietjen, der neue künstlerische Leiter der Festspiele, eine Affäre begonnen hatten. »Die Kinder stritten sich in der Schule, wen die Mammi heirathen würde, Hitler oder Tietjen, und entschieden für Letzteren«,[48] echauffierte sich Daniela. Wenige Monate nach Siegfrieds Tod mochten dessen Schwestern der Witwe keine neue Liebelei zugestehen.

Dass sich aber auch Daniela kurze Zeit nach dem Ende des Bruders einer – wenn auch nur platonischen – Amour hingab, stand auf einem anderen Blatt. Danielas Schwärmen galt keinem Geringeren als Arturo Toscanini. Der Dirigent, seit 1897 mit seiner Frau Carla verheiratet, war ein großer Charmeur und Frauenliebling – heute würde man wohl »Womanizer« sagen. Die 71-jährige Daniela war jedenfalls völlig verzückt von dem galanten Italiener. Als sie sich im Januar 1932 von Guidos kräftezehrender Pflege am Gardasee erholte, bekam sie plötzlich Besuch von ihrem Idol. Ihrer Schwester Eva schilderte sie die Umstände: »Ach Eva, Eva, noch kann ich es nicht fassen, noch glaube ich zu träumen: eben verliess mich unser hochgeliebter Maëstro! (½ 5)

Ich lag wie immer Nachmittags auf meiner couchette in meinem engen Trappistenstüblein, da klopft es: chi c'è? ›Il maëstro Toscanini!‹ Du stellst dir mein Gefühl vor. Er setzte sich an mein Lager, streichelte mich, küsste mich, trocknete mir die heiss rinnenden Thränen! Es gab nichts worüber wir nicht sprachen: Gott, Welt, Kunst, Natur, Menschenschicksal, Ehe, Glück – unsere Seelen und Geister flossen ineinander in grenzenlosem Verstehen, Vertrauen, Lieben!«[49] Diese Zeilen zeigen in ihrer Intimität eine andere, sinnliche Daniela. Die auf den ersten Blick so sittenstrenge, steife und recht spröde Frau empfand plötzlich so etwas wie Leidenschaft. Friedelind und ihre Geschwister machten sich über die Gefühlswallungen der Tante lustig, hatten sie doch mittlerweile gehört, dass sie trotz ihrer 28-jährigen Ehe mit Henry Thode »ungeküsst« gewesen sein soll.

Winifred war auf Toscanini allerdings gar nicht mehr gut zu sprechen. Bei den Festspielen 1931 hatte er für einen Skandal gesorgt, als er bei der Generalprobe für ein Gedächtniskonzert anlässlich von Siegfried Wagners erstem Todestag einen seiner gefürchteten Wutanfälle bekam, einen Taktstock zerbrach und samt Chauffeur und Schoßhündchen kurzerhand abreiste. Der kapriziöse Pultstar war mit seinem mindestens ebenso eitlen Kollegen Wilhelm Furtwängler aneinandergeraten. Die beiden hätten gemeinsam auftreten sollen, konnten sich aber nicht über die Probezeiten verständigen. Die rechtsextreme »Deutsche Zeitung« griff »den Italiener« daraufhin frontal an und behauptete, Toscanini habe sich den Bayreuthern geradezu aufgedrängt. Mit anderen Worten: er solle dankbar sein, dass er dort überhaupt musizieren dürfe. Für die Damen Thode und Chamberlain war Toscanini völlig unschuldig; sie suchten die Verantwortung im Regiment der neuen Festspielleitung – allen voran Winifred und ihr verhasster Pressechef Albert Knittel. Durch deren Neuerungen habe eine grelle Pietätlosigkeit Einzug gehalten. Daniela und Eva verstanden die Welt nicht mehr. Das Theater erinnerte sie an ein Tollhaus, die Festspiele an einen Jahrmarkt der Eitelkeiten. Die Tanten beklagten auch »das Klettern der Kinder über Stühle und Bänke, ihr Benehmen, Kritisieren von Künstlern und Werken: ›der langweilige Parsifal‹ etc., ›rin in die Bude‹ des Herrn Knittel etc. […]. Das Alles waren Dinge, die einen Idealisten wie T. verletzen und verscheuchen mussten.«[50] Das Miss-

Familienbild mit »Stiefvater«: Wieland, Winifred, Verena, Heinz Tietjen, Wolfgang und Friedelind.

trauen gegenüber Winifred war immens. Daniela: »Kann sie ihre Unschuld daran beweisen? Er [Toscanini] glaubt sie dahinter stehen. Wird ihr nicht endlich ein Ekel über Journalismus und Pressechefs ankommen?!!«[51] Die Verdächtigen waren aber unschuldig, da der Artikel dem Festspielunternehmen im Grunde nur schadete. Das konnte keinesfalls im Interesse von Winifred und Dr. Knittel gewesen sein. Doch Danielas Herz schlug nun einmal für den Maestrissimo – und Liebe macht bekanntlich blind. An anderer Stelle flehte Frau Thode: »Wirke wirke dahin, dass die Schuld an ihm endlich gesühnt werde, auch bei Tietjen – nur ein Weg des Herzens kann zu diesem Herzen gefunden werden. Der Himmel erhalte ihn uns, es sei unser Aller Gebet!«[52]

1932 fanden keine Festspiele statt; Winifred hatte also genug Zeit, die Unstimmigkeiten mit Toscanini aus der Welt zu schaffen. Im Mai – da war der Pulverdampf gerade verzogen – fuhr Winifred zu einer Aussprache an den Lago Maggiore. Der Dirigent war wie ausgewechselt und zeigte sich von seiner herzlichen Seite. Schnell war man sich einig: Im folgenden Jahr sollte er fünf *Parsifal*- und acht *Meistersinger*aufführungen dirigieren. Ebenfalls im Mai begleitete die Festspielleiterin Adolf Hitler und Joseph Goebbels von Berlin bis Berneck im Fichtelgebirge. Goebbels' Tagebuch: »Dort erwarten uns die 4 Wagnerkinder. Wie groß sie geworden sind! Nur etwas dick. Aber liebe Blagen.«[53] Der »Führer« und sein Propagandachef fuhren mit einigen Zwischenstopps weiter nach Berchtesgaden, Winifred und die Ihren zog es direkt nach Bayreuth. Da war die Welt noch in Ordnung – im Frühjahr 1932.

Tod in Danzig

Die deutsche Innenpolitik stand in der zweiten Jahreshälfte 1932 an einer Wegscheide. Bei den Wahlen zum sechsten Reichstag am 31. Juli wurde die NSDAP mit 37,4 Prozent die stärkste Kraft. Die Hitlerpartei beanspruchte nun 230 Parlamentssitze – das waren 123 Mandate mehr als bei den Wahlen zwei Jahre zuvor. Die SPD kam nur noch auf 21,6 Prozent, die Kommunisten sowie das Zentrum konnten 14,5 beziehungsweise 12,5 Prozent der Wählerstimmen für sich verbuchen. Alle anderen Parteien landeten bei jeweils unter 10 Prozent. Die rechtsextreme NSDAP und die linksextreme KPD stellten somit die Mehrheit der 608 Reichstagsabgeordneten – eine konstruktive Willensbildung war nicht mehr möglich. Nach parlamentarischem Brauch wurde bei der ersten Sitzung des neu gewählten Parlaments am 30. August ein Vertreter der stärksten Fraktion – also der NSDAP – zum Reichstagspräsidenten gewählt. Zu allem Übel fiel ausgerechnet der 75-jährigen Clara Zetkin als Alterspräsidentin des Hauses die demütigende Aufgabe zu, die Wahl des Abgeordneten Hermann Göring zu leiten. Als dieser seine Wahl annahm, johlten die Nazis, und Heil-Rufe erfüllten den Plenarsaal. Der braune Politiker Julius Streicher, für ordinäre Ausfälle berüchtigt, verhöhnte daraufhin die Alterspräsidentin und brüllte: »Frau Zetkin, das gibts nur einmal, das kommt nicht wieder!«[54] Obschon Göring in seiner Antrittsrede scheinheilig versprach, das Amt überparteilich führen zu wollen, bewies er bereits in der nächsten Sitzung am 12. September das Gegenteil.

Der Reichstagspräsident ignorierte den Redewunsch des Reichskanzlers Franz von Papen und ließ stattdessen über zwei Misstrauensanträge gegen Papen abstimmen. Das Ergebnis war für die Regierung eine höchst blamable Niederlage: 512 Abgeordnete sprachen dem Kanzler ihr Misstrauen aus. Papen, der immer noch keine Gelegenheit hatte, sich zu äußern, legte daraufhin eine von Reichspräsident Paul von Hindenburg vorsichtshalber unterschriebene Genehmigung zur Auflösung des Reichstags auf den Tisch. Göring nahm diese nun zur Kenntnis und erklärte sie für ungültig, da sie von einem soeben abgesetzten Reichskanzler vorgelegt worden sei. Mit derartigen Winkelzügen sollte das parlamentarische System von innen ausgehöhlt werden. Mit Görings Einzug in das Reichstagspräsidentenpalais war Hitler der Machtübernahme wieder ein Stück näher gerückt.

Die engen Beziehungen des Wagner-Clans zur NSDAP beschränkten sich in dieser Zeit nicht nur auf den persönlichen Umgang, den die Bayreuther mit ihrem »Führer« pflegten. Auch Manfred Gravina, das Oberhaupt der italienischen Linie der Familie, steckte gewissermaßen mit einem Bein im braunen Sumpf. Blandines ältester Sohn hatte als Diplomat Karriere gemacht. Nach Stationen in den italienischen Vertretungen in Shanghai, Berlin, Stockholm und Kopenhagen zog er sich 1923 aus dem diplomatischen Dienst zurück, um sich seiner publizistischen Tätigkeit zu widmen. Doch bereits im folgenden Jahr wurde er als Delegierter Italiens beim Völkerbund berufen. Im Juni 1929 übernahm er nach einstimmiger Wahl das Amt des Hohen Kommissars des Völkerbundes der Freien Stadt Danzig. Zum Hintergrund: Danzig war als Folge des Ersten Weltkriegs aus dem Deutschen Reich herausgelöst und im November 1920 zu einem souveränen Staat unter dem Schutz des Völkerbundes erklärt worden. Gravinas Aufgabe war die eines Moderators: Er musste Streitfälle schlichten und zwischen der größtenteils deutschen Bevölkerung und den Polen vermitteln. Das war eine überaus heikle Aufgabe, für die er geradezu prädestiniert schien. Die Polen konnten in dem italienischen Staatsbürger einen unparteiischen Schiedsrichter erblicken, den Deutschen galt er dank seiner bayrischen Wurzeln als eine Vertrauensperson. Der deutsche Generalkonsul in Danzig lobte in seinem Bericht an das Auswärtige Amt in Berlin Manfreds »gewinnendes Wesen« und

Manfred Gravina und seine Frau Maria Sofia am Ostseestrand, um 1929.

die »besonders liebenswürdige Art der Gräfin Gravina [...]«.[55] Der 46-Jährige und seine sechs Jahr jüngere Gattin Maria Sofia führten ein großes Haus, baten regelmäßig zu Empfängen und stellten bereits nach kurzer Zeit den gesellschaftlichen Mittelpunkt Danzigs dar.

Hatte Gravinas Vorgänger, der Niederländer Joost Adriaan van Hamel, durch ungeschicktes Taktieren viel politisches Porzellan zerschlagen, bemühte sich der neue Kommissar um eine Deeskalation. Das war ein schwieriger Spagat, der Manfred vermutlich nicht immer gelang. Als Joseph Goebbels Mitte November 1930 in die Freie Stadt reiste, besuchte er auch das Kommissariat. »Er ist ganz unser Mann«, rühmte Goebbels seinen italienischen Gastgeber. »Nur die Nationalsozialisten sind noch Kerle in Deutschland!‹ Das muß uns ein Ausländer sagen. Seine Frau ist eine feine römische Aristokratin. Wie aus einem Renaissancebild genommen.« Offensichtlich klagte Manfred

über sein schwieriges Amt, denn Goebbels fährt fort: »Gravina tut sein
Bestes, unser Recht zu wahren. Die deutschen Sozis fallen ihm dabei
in den Rücken und konspirieren mit den Polen. Gesinnungsperversion!«[56] Auch der Journalist und Schriftsteller Hans von Hülsen hegte
keine Zweifel an Manfreds Gesinnung. »Manfredi Gravina, ehemaliger italienischer Seeoffizier, war ein Faschist di prim'ora«,[57] womit er
dessen enge Beziehungen zu Benito Mussolini andeutete. Goebbels'
Besuch blieb natürlich nicht unbemerkt. In der Folgezeit erschienen
immer wieder Zeitungsartikel, die über Manfreds angebliche Kontakte zu den Nazis spekulierten, was wiederum die polnische Regierung alarmierte. Henryk Leon Strasburger war als Generalkommissar
der Republik Polen für die Beziehungen zu Danzig und zu der Verwaltung des Völkerbundes zuständig. Er traf Gravina regelmäßig zu
politischen Gesprächen, über die er natürlich seine Regierung informierte, so auch Ende November 1931. Der Graf kenne Adolf Hitler
persönlich, wusste Strasburger zu berichten, er treffe ihn mindestens
einmal im Jahr. Ob jene Treffen in Berlin oder in Bayreuth stattfanden,
konnte er nicht sagen. Hitler mache einen »intelligenten Eindruck«,
will der Diplomat von Manfred erfahren haben, er sei ein »kleiner
Mussolini«. Nur sein Buch – gemeint war wohl *Mein Kampf* – sei es
nicht wert, gelesen zu werden.[58]

Im Mai 1931 wurde Manfreds Mandat um drei Jahre verlängert,
danach wollte er sich aus Danzig zurückziehen. Doch es kam anders.
Am 2. September 1932 wurde er mit starken Schmerzen in ein Krankenhaus eingeliefert. Verdacht: Blinddarmentzündung. Der behandelnde Arzt Professor Heinrich Klose drängte auf eine sofortige Operation. Manfred ahnte wohl, dass er sich in akuter Lebensgefahr
befand. Unmittelbar vor dem Eingriff richtete er eine Art Abschiedsbrief an einen Freund: »Falls Gottes Wille nicht möchte, dass ich überlebe, bitte ich Dich, Seiner Majestät dem König und dem Duce meinen
Gruß eines italienischen Bürgers und Faschisten, der im Namen des
Vaterlandes im Ausland stirbt, zu übermitteln.«[59] Als Mutter Blandine
von der schweren Erkrankung ihres Sohnes erfuhr, reiste sie umgehend nach Danzig. Ihrer Schwester Eva berichtete sie: »Es ging auf
Leben u. Tod – aber wir dürfen hoffen.« Und weiter: »Nun raffe ich
alle Kraft auf, um den einzigen Stolz meines unglückseligen Daseins,

meinen Manfred auf kurze Augenblicke zu besuchen.«[60] Da sich der Zustand des Patienten in den folgenden Tagen aber nicht besserte, entstanden erste Zweifel an der Diagnose. Blandine: »Es war weit schlimmer als eine Blinddarmoperation!«[61] Schwer zu sagen, ob die Ärzte im Dunkeln tappten oder sich bewusst nicht über die wahre Erkrankung des 49-Jährigen äußerten. Diese Ungewissheit geriet zu einer großen Belastung. »Es scheint sich doch noch um etwas Anderes wie d. Blinddarm zu handeln«, vermutete Eva Chamberlain. »Man bekommt hierüber keine Klarheit ... Ach Gott, wie schwer ist nun auch Das noch!«[62] Wenn Blandine und Maria Sofia nicht gerade am Krankenbett saßen, beantworteten sie die unzähligen Briefe und Telegramme, die aus aller Welt eintrafen und gute Besserung wünschten. Doch Manfreds Genesung machte auch nach über zwei Wochen keine Fortschritte: »Es geschieht Alles Erdenkliche um die Nahrungsaufnahme zu erleichtern – aber der arme Kranke kann immer noch bloss löffelweise etwas einnehmen – sonst stellt sich sofortiges Erbrechen ein – u. das soll vermieden werden.«[63]

Tief verzweifelt über das Schicksal des Sohnes und Ehemannes, klammerten sich die beiden Gravina-Damen an jede positive Nachricht, die aus dem Krankenzimmer drang, auch wenn diese sich nur als der sprichwörtliche Strohhalm erwies. In ihren Briefen an die Bayreuther Familie vermied Blandine jenes Wort, das als Diagnose inzwischen feststand: Darmkrebs. Nach und nach kam ans Tageslicht, dass Manfred bereits seit geraumer Zeit über Magen- und Darmbeschwerden geklagt, diese aber nicht ernst genommen hatte. Der Tumor blieb unentdeckt und konnte sich ausbreiten. Jetzt war es zu spät, die Hoffnung schwand. Blandine haderte mit ihrem Los, nach Maria und Guido nun auch Manfred verlieren zu müssen. »Ach, möchte doch Gott mein völlig überflüssiges Dasein an Stelle des so nützlichen, bedeutungsvollen meines Teuersten, zu sich nehmen!«[64] Am 19. September 1932 erlag Manfred Gravina seinem schweren Leiden. Blandine: »Es geschah Alles um das teuerste, kostbarste Leben zu erhalten, und der Todeskampf ging den ganzen gestrigen Tag bis Abends 9 Uhr. Aber er erhielt Spritzen u. war bewusstlos.« Unter dem Eindruck dieses fürchterlichen Ereignisses schickte sie eine erschütternde Totenklage in Richtung Himmel: »Wolle der barmherzige Gott mich ihm bald folgen lassen. Marias und des armen Guidos Verlust konnte ich aus Vernunftgründen ertragen, aber Diess geht gegen alle Naturgesetze.«[65]

Die Nachricht vom plötzlichen Ableben des Diplomaten löste allenthalben Bestürzung aus. »Die Trauer um den Heimgang des Hohen Kommissars greift tief in alle Volkskreise«, konstatierte die örtliche Presse. »Vor dem Palais des Dahingeschiedenen sammelten sich gestern ununterbrochen Menschenmengen, die schweigend und ehrfurchtsvoll an dem aufgebahrten, im Tode friedlich schlummernden Hohen Kommissar vorüberzogen.«[66] Alle öffentlichen Gebäude flaggten Halbmast. Am 22. September fand in der St. Josephs-Kirche das feierliche Requiem statt. Anschließend wurde der Sarg unter dem Glockenläuten sämtlicher Gotteshäuser zum St. Albrecht-Friedhof eskortiert. Tausende Menschen standen am Straßenrand und erwiesen dem Toten die letzte Ehre. Manfred Gravina wurde allerdings nur vorübergehend in Danzig beigesetzt und etwas später nach Italien überführt.

Unzählige Kondolenzschreiben trafen in Danzig ein, Freunde der Häuser Gravina und Wagner versicherten den trauernden Hinterbliebenen, wie sehr sie Manfred geschätzt hätten. Blandine freute sich insbesondere über die Zuschriften völlig unbekannter Zeitgenossen, die für Manfreds Engagement dankten. Natürlich mangelte es auch nicht an Bekundungen von prominenter Seite. Benito Mussolini versicherte seine Anteilnahme per Telegramm, vermied aber jede politische Aussage. Der thüringische NSDAP-Politiker Hans Severus Ziegler zeigte weniger Taktgefühl und vereinnahmte Manfred als Nazi: »Im Geiste senken die Anhänger der Danziger Hitler-Bewegung am Sarge des Grafen die Fahnen, weil sie allzeit in ihrem harten Lebenskampf an der Grenzmark in dem Toten einen ritterlichen Beschützer des Rechts und einen verständnisvollen Freund der deutschen Erde gefunden haben.«[67]

Ob Zeilen wie diese Blandine trösten konnten? Überhaupt: Wie kann ein Mensch so viel Leid aushalten? Rekapitulieren wir: im September 1897 wählte Blandines Ehemann Biagio den Freitod, und zwischen 1929 und 1932 starben drei der vier Kinder, die eigene Mutter sowie der Bruder. Musste eine Frau wie Blandine nicht unter der

Schwere dieser Schicksalsschläge zusammenbrechen? Wie konnte sie diese seelischen Konflikte, die Trauer und den Verlust bewältigen? Einen Hinweis lieferte sie wenige Wochen nach Manfreds Ende. Sie schrieb: »Ich selbst danke Gott für die harte Zucht Mamas, und meines so schweren Lebenskampfes – denn trotz Schlaflosigkeit stehe ich aufrecht u. schreibe stundenlang die Dankeskartons.«[68] Cosima hatte ihre Kinder in dem Glauben erzogen, am Leiden wachsen zu können. Seelische Verletzungen habe man als Herausforderung anzunehmen, so ihr pädagogisches Credo. Die Contenance bewahren, sich nicht gehen lassen und sich keinesfalls eine Blöße geben – das waren Lebensmaximen, die auch Blandine verinnerlicht hatte. Insofern zeigte sie sich nach außen hart und diszipliniert, wie es in ihr aussah, stand natürlich auf einem anderen Blatt.

Freunde und Verwandte spendeten Trost, insbesondere Manfreds Witwe Maria Sofia sowie Eva Chamberlain waren Blandine sehr nahe. Zu ihrem Sohn Gilbert ging sie allerdings auf Distanz, was zunächst paradox erscheint, würde man doch denken, dass sich eine Mutter nach einem derartigen Schicksalsschlag enger an ihr nun einziges Kind binden würde. Das Gegenteil war aber der Fall. »Denn um Gil verzehrt mich die Sorge nach allen Richtungen hin«, gestand sie Eva, »u. ich fürchte mich vor dem Wiederbegegnen.«[69] Manfred war immer Blandines ganzer Stolz gewesen, was nicht heißen soll, dass sie Maria, Guido und Gilbert nicht geliebt hätte. Vielleicht hing es auch damit zusammen, dass er der Erstgeborene war. Manfred galt jedenfalls als das Lieblingskind seiner Mutter – und damit ging eine deutliche Bevorzugung einher. Es ist erschreckend, dass Blandine in der Erziehung ihrer Kinder genau die Fehler wiederholte, die Cosima Wagner an ihr selbst begangen hatte. Die Konsequenzen äußerten sich zwangsläufig in einer gewissen Ungerechtigkeit, insbesondere der 1890 geborene Gil konnte es seiner Mutter nicht recht machen, und allem Anschein nach entstand zwischen den beiden schon früh eine gewisse Entfremdung.

Ab 1903 lebte Gilbert im Haus seiner Großmutter Cosima, besuchte das Bayreuther Gymnasium und legte im nahen Coburg das Abitur ab. In Leipzig studierte er Mathematik und Astronomie, wech-

*Blandine Gravina (stehend), ihr Sohn Gilbert sowie Mitarbeiterinnen der Bayreuther Festspiele, Sommer 1928.
»Dieser zuvorkommende Mann, ein ausgezeichneter Kenner der Wagner-Werke, hatte den einzigen Fehler, dass er sich für einen Dirigenten hielt – glücklicherweise teilte niemand anders seine Ansicht.«
(Igor Markevitch über Gilbert Gravina)*

selte im September 1911 an die Technische Hochschule in Dresden, wo er 1913 das Diplom als Bauingenieur erwarb.[70] Bereits während des Studiums wandte er sich der Musik zu, studierte Querflöte, wobei er es auf seinem Instrument zu einer gewissen Meisterschaft brachte. Siegfried Wagner widmete ihm ein anspruchsvolles *Konzertstück für Flöte und kleines Orchester*, das er sehr schön gespielt haben soll. Von 1912 bis 1933 musizierte Gilbert regelmäßig im Bayreuther Festspielorchester, verkrachte sich aber dann mit Winifred, worauf wir noch zu sprechen kommen. Außerdem leitete er einige Jahre das Kurorchester von Meran. Gewiss: Eine erfolgreiche und sich stringent weiterentwickelnde Karriere sah anders aus. Im Vergleich zum glänzenden Werdegang des Diplomaten Manfred Gravina wirkte Gilberts Leben eher farblos. Aber war er deshalb gleich das »schwarze Schaf« der Familie? Aus Blandines Mund klang das so: »Denn mir fehlt der Glaube wie die Kraft, zu hoffen, dass Gil's Stern noch aufgehen werde. Wir armen Gravina's stehen unter einem Fluch.«[71]

Ein »Fluch«? Derartiger Aberglaube war in bäuerlichen Gegenden Italiens weit verbreitet. Man machte böse Kräfte für das Unheil verantwortlich, das einer Person oder einer Familie widerfuhr. Nach den vielen Schicksalsschlägen scheint es verständlich, dass sich Blandine in ihrer tieftraurigen Gemütslage grüblerischen Gedanken hingab. Manche Zeitgenossen waren indes davon überzeugt, dass ausgerechnet sie eine »iettatrice« – eine Unheilbringerin – sei, dass die arme Blandine Menschen verhexe und über den »malocchio« – den »bösen Blick« – verfüge. Der Komponist und Dirigent Igor Markevitch setzte diesen Gerüchten in seiner Autobiographie ein literarisches Denkmal. Als er 1934 im Florentiner Haus des Schriftstellers Carlo Placci Blandine vorgestellt wurde, zischte ihm ein Bekannter halb ironisch, halb verschreckt zu: »Sie fürchten also nicht diese berüchtigte iettatrice!« Markevitch hatte für diesen Hokuspokus kein Verständnis. Er freute sich über das Kennenlernen und verbrachte mit der Gräfin Gravina einen charmanten Abend. Am nächsten Tag brach das Unheil über ihn herein. Die Aufführung seines *Psalms* endete in einem Tumult, das Publikum reagierte mit Pfeifen, Buhen und ordinären Beleidigungen. Markevitchs Geliebte Marie-Laure war plötzlich davon überzeugt, dass Blandines »malocchio« für dieses Desaster verantwortlich sei: »›Seit gestern spüre ich etwas, das sich gegen uns verschworen hat, Igor. Ich habe Angst.‹ Natürlich tat es mir leid, sie so verzweifelt zu sehen, zumal sie bis dahin stets glücklich und zuversichtlich war. Der Leser ahnt jedoch, dass ich mich mit all meinen Kräften dagegen wehrte, unser Unheil in irgendeiner Weise mit einem ›bösen Blick‹ der armen Gravina in Verbindung zu bringen. […] Aber es half nichts, und ehrlich gesagt war ich selber über die unvorhersehbaren Reaktionen bei meiner Aufführung erschüttert.«[72] Damit war die makabre Geschichte noch nicht beendet. Als die Beziehung von Igor und Marie-Laure einige Zeit später zerbrach, machte sie – Marie-Laure – wiederum Blandine dafür verantwortlich. Markevitch wusste nicht, was er glauben sollte: »Dass diese Schwierigkeiten am Abend unserer Begegnung mit der Gräfin Gravina bei Placci begonnen haben, war zwar nur ein Zufall, aber sind besagte Zufälle nicht Assoziationen der Natur?«[73]

DIE TANTEN IM ABSEITS

Das Jahr 1933

Nach den schrecklichen Septemberereignissen rund um Manfreds Tod ging das Jahr 1932 für »Cosimas Kinder« beschaulich zu Ende. Blandine Gravina verbrachte diese so traurigen Weihnachtstage bei ihrem Schwiegersohn Egas von Wenden und der kleinen Enkelin Blandine in Dresden. Daniela Thode reiste Mitte Dezember nach Meran, wo sie bei ihrem Neffen Gilbert Gravina abstieg. Sie besuchte dessen Konzerte mit dem dortigen Kurorchester und bearbeitete die Korrekturfahnen einer Briefedition: *Cosima Wagners Briefe an ihre Tochter Daniela von Bülow* lautete der Titel des Buches, das im folgenden Jahr erschien. Nur Eva Chamberlain blieb in Bayreuth. »Heute Mittag erwarte ich die noch dicker gewordene Mausi [Friedelind], welche an Selbstbewusstsein u. Lebensbeherrschung auch noch zugenommen hat«, berichtete Eva nach Dresden. »Sie nimmt einem aber, trotz dieses bedauerlichen Gebarens, doch so stark ein durch ihr schönes Antlitz u. ihre übermüthig begabte Natur, dass man immer wieder den Kürzeren mit ihr zieht. Ich werde den 24ten Abends u. d. 25ten Mittags in Wahnfried sein. Wini fliegt dann mit den Kindern auf eine Schwarzwaldhöhe, zum Skifahren eiligst auf u. davon; sie braucht dringend solch kraftvoll entspannender Kur, denn sie ist überboten.«[1]

Der 120. Geburtstag sowie der fünfzigste Todestag Richard Wagners ließen das Jahr 1933 zum Jubeljahr werden. Wagnerianer aller Länder gedachten des großen Komponisten. Bayreuth legte sich besonders ins Zeug und würdigte den Festspielgründer und dessen Familie mit einer Vielzahl feierlicher Handlungen. So plante der Stadtrat die Anbringung von Gedenktafeln am Hotel Fantaisie wenige Kilometer westlich der Stadt sowie an Wagners erstem Bayreuther Wohnhaus in der Dammallee. Die Auffahrtstraße zum Festspielhaus sollte in »Siegfried-Wagner-Allee« umbenannt werden, womit man das Wirken des »Meistersohnes« zu würdigen gedachte. Und zu guter Letzt bekundeten die Stadtväter ihren Stolz auf die berühmte Familie durch die Verleihung der Ehrenbürgerrechte an Cosimas Kinder Daniela, Blandine und Eva sowie an die Festspielleiterin Winifred. Doch bevor die Damen im Februar 1933 ihre Urkunden auf dem Postweg erhielten, wurde Adolf Hitler am 30. Januar 1933 zum Reichskanzler berufen. Er war nun am Ziel – und die Demokratie in Deutschland am Ende. Knapp zehn Jahre lag das erste Treffen mit Hitler zurück. Damals – im Oktober 1923 – hatte ein linkischer junger Mann die Villa Wahnfried betreten, jetzt bezog er als »Führer« das Palais des Regierungschefs. Die Wagners waren stolz auf Hitler, hatten sie doch ihren Beitrag zu dessen Aufstieg geleistet. Entsprechend euphorisch reagierte man auf die Berliner Ereignisse an jenem Montag. Eva ließ auf ihrem Haus eine Hakenkreuzfahne hissen und lud Gäste ein: »Würden Sie Beide, liebe Freunde, mir die Freude bereiten morgen, Dienstag um 4 Uhr mit Strobels zur Theestunde sich bei mir einzufinden? Die gehobene Stimmung verlangt nach einer herzlichen Aussprache unter Gesinnungsgenossen! Heil! Ihre Eva Chamberlain.«[2]

In den Bayreuther Jubelgesang mischten sich bereits kurze Zeit später sorgenvolle Töne. Es entstand nämlich die paradoxe Situation, dass die Festspielsaison 1933 trotz – besser: wegen – der braunen Machtübernahme gefährdet schien. Die Kartenbestellungen waren im März, April und Mai dramatisch zurückgegangen – Liberale und Juden kehrten Bayreuth den Rücken. Die Nachfrage aus dem Ausland sank sogar von einem Viertel auf ein Zehntel ab.[3] Anfang Juli sollen von den gut 40 000 Tickets mehr als 12 000 noch nicht verkauft gewesen sein. Durch die fehlenden Einnahmen konnte Winifred dringend notwendige Ausgaben nicht tätigen, selbst für die Künstlergagen war kein Geld da. Das Festspielunternehmen war pleite – und Hitler ließ nichts von sich hören. Winifred fühlte sich im Stich gelassen. Sie war offensichtlich so verunsichert, dass sie ihre Schwägerin Daniela Thode vorschickte. Am 26. Juni 1933 traf Daniela mit Goebbels zusammen. »Es fehlen 300 000 Mk.«, notierte er in sein Tagebuch. Daniela erhielt die Zusage, dass das Reich größere Kartenkontingente ankaufen werde. Der Minister forderte aber als Gegenleistung ein Mitwirkungsverbot jüdischer Künstler, dem Daniela offensichtlich widersprach. Goebbels: »Sie sind in der Judenfrage unausstehlich. Aber das ist die ganze Frauengesellschaft. Wenn Wagner wiederkäme!«[4] Zwei Tage später beorderte Hitler Winifred kurzfristig nach Berlin. Im Verlauf der Aussprache erhielt sie weit reichende finanzielle Zusagen, auch hinsichtlich der jüdischen Künstler erzielte man Einigkeit. Diese Frage wurde von Fall zu Fall entschieden. Damit definierte Hitler einen »Sonderbereich im Schwebezustand, abhängig von seinen Gnaden und unter seinem Schutz stehend«,[5] wie Holger R. Stunz zusammenfasste.

Winifred war peinlich genau darauf bedacht, dass das Unternehmen keinen staatlichen Zuschuss erhielt, sondern dass ein echtes Geschäft stattfand – soll heißen: Geld gegen Karten. Dadurch glaubte sie, die dominante Stellung der Familie sichern und die Festspiele unabhängig halten zu können. Diese feine Unterscheidung erwies sich jedoch als Augenwischerei. Bayreuths Angebot – sprich die Kartenkontingente – hatten ja im Grunde gar keinen realen Wert, da auf dem Markt keine entsprechende Nachfrage bestand. Letztlich stellte der Handel nichts anderes als eine verkappte staatliche Subvention dar.

Mit dem Einkauf des nationalsozialistischen Regimes in Bayreuth waren weitgehende Veränderungen im Festspielalltag verbunden. Die Berliner Stellen vergaben die Tickets nämlich nicht primär an musikbegeisterte Bürger, sondern an verdiente Verwaltungs- und Parteiorganisationen. Dadurch kamen Zeitgenossen in den Genuss einer Wagner-Aufführung, die sich oftmals gar nicht dafür interessierten. Nicht wenige machten sich auf den Weg nach Oberfranken, um Hitler und die NS-Elite einmal persönlich zu erleben. Da auch die Anreise mit der Reichsbahn unentgeltlich war, hatten die Festspiele 1933 den Charakter einer staatlich finanzierten Vergnügungsreise samt »Führer«, Vollpension und Unterhaltungsprogramm. Das Mondäne und Elitäre der Festspiele war passé. Wer an die Ausmaße einer Wagner-Oper nicht gewöhnt war, kämpfte mit der Müdigkeit. Kurzum: Wo sich früher die internationale High Society ein Stelldichein gab, schnarchten nun Touristen im Braunhemd. Wiederum andere zeigten

Die Bayreuther Festspiele waren oft auch politische Demonstrationen: Adolf Hitler lässt sich am Festspielhaus bejubeln.

sich ausgesprochen geschäftstüchtig, schwänzten die Aufführung, verhökerten ihre Karte und investierten das Geld im nächsten Wirtshaus. Friedelind Wagner sprach vorsichtig von »leichten Exzessen in bayerischem Bier«.[6] Bayreuths stellvertretender Bürgermeister Karl Keller wurde deutlicher: »Es haben sich Dinge im Festspielhaus zugetragen, die nicht nur für die Besitzer, sondern auch für die anderen peinlich waren.«[7] Dass Wagners Festspiele nun Hitlers Festspiele waren, konnte man allenthalben spüren. Zur Aufführung des *Siegfried* kam der »Führer« beispielsweise zu spät und ließ das Publikum – knapp 2000 Menschen – über eine Stunde warten.[8] Herrscherallüren!

Im folgenden Jahr 1934 geriet die Finanzierung der Festspiele erneut zur Hängepartie, da bis zu Beginn der Generalproben weniger als die Hälfte der Tickets veräußert werden konnte. Erst in letzter Minute erklärte sich das Propagandaministerium bereit, alle bis zum 10. Juli freien Karten aufzukaufen. Hitler kündigte schließlich an, auch in den kommenden Jahren das Defizit tragen zu wollen. Später war der Zugang zu den Festspielen fast ausschließlich über die Gemeinschaft »Kraft durch Freude« möglich. Jene Organisation, die die Freizeit der Deutschen organisieren und überwachen sollte, verfügte nach 1939 über 18 000 der etwa 20 000 Karten.⁹ Gab es zu dieser »Gleichschaltung« der Festspiele überhaupt eine Alternative? Winifred erklärte noch in den 1970er Jahren, dass Hitler Bayreuth vor dem Aus gerettet sowie das Unternehmen und die Familie vor dem Zugriff der Partei geschützt habe. Das mag so gewesen sein. Winifred zahlte für diesen »Schutz« aber einen sehr hohen Preis. Daniela brachte es auf den Punkt: »der künstlerische wie moralische Niedergang bei äusserem Glanz und Prunk im Schutz von Kanzler und Reich, und vor einem geblendeten, töricht berauschten Publikum.«¹⁰

Parsifal und der Familienkrieg in Bayreuth

Im Anfang war *Parsifal*. Richard Wagners »Bühnenweihfestspiel« war seit der Uraufführung 1882 in ein und derselben Inszenierung auf die Bayreuther Bühne gebracht worden. So war es unter Cosima und Siegfried Wagners Leitung – und so geschah es zuletzt in der Saison 1933 unter Winifreds Ägide. Doch damit sollte nun Schluss sein, wobei es für diese Entscheidung gute Gründe gab. Einerseits hatte sich die Theaterästhetik in den zurückliegenden fünfzig Jahren stark verändert – die alte Einstudierung passte einfach nicht mehr in die Zeit –, andererseits gingen die Bühnenbilder und Kostüme des Jahres 1882 allmählich aus dem Leim beziehungsweise aus der Naht, so dass man diese nicht mehr ruhigen Gewissens vorführen konnte. Vielleicht ahnte Winifred, dass es Ärger geben würde – sie verhielt sich jedenfalls klug, wenn sie frühzeitig den neuen Regierungschef in die Entscheidung einbezog. Hitler signalisierte im Sommer 1933 seine Zustimmung. Womit die Festspielleiterin und der Reichskanzler aber wohl kaum gerechnet haben, war ein von den Tanten Eva und Daniela inszenierter Proteststurm. »An alle Freunde Bayreuths« titelte eine im September 1933 in hoher Auflage gedruckte Petition, die »an die Leitung der Bühnenfestspiele zu Bayreuth« gerichtet war. Wortreich wurden die szenischen Bilder beschworen, »auf denen das Auge des Meisters geruht hat«. Wagners *Parsifal* sei ein Gesamtkunstwerk, wozu eben auch die Inszenierung von anno dazumal gehöre, so das

Hauptargument. Um sich nicht dem Vorwurf ewiggestriger Verbohrtheit auszusetzen, führte man die »völkische Jugend« an, die die »Szenerien aus dem Jahre 1882, namentlich auch die Wandeldekorationen« voll und ganz verstanden habe. Den Mitstreitern um Daniela und Eva gelang es, bis September 1933 mehr als eintausend Zeitgenossen zur Unterschrift zu motivieren. Diese Liste ist ein merkwürdiges Dokument. Erwartungsgemäß findet man die Namen jener Altwagnerianer, deren Theaterverständnis bei Wagners Tod endete und denen die Einführung des elektrischen Lichts bereits verwerflich erschien. Einige dieser Herrschaften waren Winifred, der Adressatin jener Protestnote, bestens bekannt, machten sie doch schon seit geraumer Zeit Ärger. Dazu gehörten der Bayreuther Oberpostrat a.D. Paul Pretzsch samt Gattin Toni sowie der Basler Juwelier Adolf Zinßtag mit Frau Trudi. Es gelang dem Protestkomitee aber auch, weit bedeutendere Persönlichkeiten zu gewinnen: die Komponisten Siegmund von Hausegger, Friedrich Klose, Henri Marteau, Gustave Samazeuilh und Richard Strauss, die Dirigenten Arturo Toscanini und Felix Weingartner sowie die Musikforscher Arthur Prüfer und Peter Raabe. Auch Bayreuths Stadtvater Karl Schlumprecht und sein Amtsvorgänger Albert Preu leisteten ihre Unterschriften. Die Front der Ablehnung durchzog sogar alle Parteigliederungen. Ein SS-Mann Diehl aus Wiesbaden stimmte ebenso zu wie Herbart Fredrich, Kreisleiter der NSDAP Lübeck. Sogar Martin Mutschmann, allmächtiger Reichsstatthalter in Sachsen, und der bayerische Kultusminister Hans Schemm protestierten gegen den geplanten neuen *Parsifal*.[11]

Was veranlasste diese so unterschiedlichen Menschen, das Pamphlet zu unterzeichnen? War es wirklich nur die Angst vor der angeblichen »Entweihung« des *Parsifal*? Besonders linientreue Bayreuthianer mögen so gedacht haben. Mancher wird wohl aus persönlicher Sympathie für Daniela und Eva gehandelt haben, wollte man den beiden Damen doch einen Gefallen tun. Vielleicht sollte aber auch die eine oder andere politische Rechnung beglichen werden, schließlich war die Festspielleiterin Winifred eng mit der Partei verstrickt. »König Mu«, wie Martin Mutschmann in Sachsen spöttisch genannt wurde, war *Parsifals* Schicksal wohl gleichgültig. Der passionierte Jäger und bekennende Kulturbanause interessierte sich mehr für Jagdhörner und Hundegebell. Indem man Winifred attackierte, konnte man eben auch andere Personen treffen. Die so genannte »*Parsifal*-Eingabe« war im Grund ein Kampf der Tanten um das alte Bayreuth Cosima und Siegfried Wagners – und gegen die ungeliebte Schwägerin. Man protestierte nicht nur gegen die künstlerischen Modernisierungen, die Winifred eingeleitet hatte, sondern auch gegen den damit verbundenen »neuen Stil«. Ein Beispiel: Reichspräsident Paul von Hindenburg starb am 2. August 1934 – also während der Festspiele. »Frau Winifred in der Trauerzeit für Hindenburg in buntem Kleid, Zigaretten rauchend«,[12] echauffierte sich eine Zeitzeugin. Aber hätte sie denn im schwarzen Witwengewand gehen sollen, mag man einwenden?

Die Tanten fühlten sich schlecht behandelt, hatte Winifred sie doch nach Siegfrieds Tod nach und nach ins Abseits manövriert. Insofern war diese Unterschriftenaktion ein Schrei nach Aufmerksamkeit: die Töchter Cosima Wagners wollten nicht in Vergessenheit geraten. Daniela gestand diese Motivation freizügig ein. »Wir Schwestern sind von jeder, auch noch so passiven Anteilnahme an den Festspielangelegenheiten völlig ausgeschlossen worden«, schrieb sie an Heinz Tietjen, »erfuhren die wichtigsten Entscheidungen dessen, was doch einst unsern Lebensinhalt ausmachte, aus den Zeitungen.« Man merkt diesen Zeilen an, wie verletzt die alte Dame war: »Wahrlich, wir hatten wohl wenig Grund – denken wir auch des Gebahrens der Kinder gegen uns –, uns als ›Familienmitglieder‹ zu empfinden.«[13] Dabei hatte sich insbesondere Frau Thode um die Festspiele verdient gemacht. Seit 1909 kümmerte sie sich um den Kostümfundus, in der Saison 1933 übertrug Winifred ihr zudem die Spielleitung des *Parsifal*. Als Daniela allerdings merkte, dass dies mit einem Hintergedanken geschah (»man habe mir diese Aufgabe nur anvertraut, um mich unterzubringen, quasi, um mich loszuwerden«[14]), legte sie beide Ämter gekränkt nieder.

So verständlich der Groll auch erscheint – die Tanten zerrten eine private Angelegenheit in die Öffentlichkeit. Das konnte sich Winifred nicht gefallen lassen, zumal der Familienzwist immer weitere Kreise zog. Daniela reiste im Juni 1933 sogar nach Berlin und beschwerte sich bei Joseph Goebbels. Auch Eva redete dem Propagandaminister ins Gewissen. Goebbels' Tagebuch: »Besuch bei Eva Chamberlain. Feine,

zarte Frau. Aber doch etwas Muff in den Anschauungen.«[15] Goebbels ließ die Finger von der Sache. Einerseits war auf Hitlers Wunsch hin der berühmte Wiener Bildhauer Alfred Roller mit der Neugestaltung des *Parsifal* beauftragt worden – Bayreuth war also Hitlers Terrain. Andererseits hatte mittlerweile die französische Presse von den Vorgängen Wind bekommen und machte sich nun über den Tantenzauber lustig. Der wendige Doktor wollte sich nicht in diesen Skandal hineinziehen lassen. Ein Politikum war das inzwischen allemal, denn im Dunstkreis der »*Parsifal*-Eingabe« meldeten sich noch weitere Stimmen zu Wort. Der österreichische Wagnerianer Max von Millenkovich-Morold verfasste ebenso eine Eingabe wie der Rostocker Literaturprofessor Wolfgang Golther. Adolf Zinßtag schimpfte derweil aus Basel, und Oberpostrat a.D. Paul Pretzsch beschwerte sich sogar bei der Reichskulturkammer. Das ging Winifred allerdings zu weit, sie schaltete Goebbels und Hitler ein, wie sie einer Freundin schrieb: »Morgen werde ich versuchen, sie dazu zu bringen, dem Pretzsch eine derartige Antwort zu geben, daß er endlich mal das Maul hält.«[16]

Daniela und Eva erhielten allerdings nie eine Antwort auf ihre Initiative. Die Festspielleiterin ignorierte das Problem, sie saß es gewissermaßen aus. Das bedeutete aber auch den endgültigen Bruch zwischen den Familienmitgliedern. Friedelind: »Jetzt gab es keine Bindung mehr zwischen den beiden Häusern. Die anderen Kinder stellten sich auf Mutters Seite und weigerten sich, die Tanten zu besuchen, aber für mich, obwohl ich Mutters Standpunkt in der Dekorationsfrage billigte, waren sie Vaters Schwestern, und ich liebte sie.

Die Festspielleiterin Winifred Wagner unter den Augen ihres Freundes Adolf Hitler.

Mutter war empört und sagte, ich habe keinen Charakter, doch ich ging weiter zu Eva zum Mittagessen und gelegentlich zum Tee.«[17] Winifred blieb unversöhnlich, sie konnte ihren Schwägerinnen nicht verzeihen. Als sich Daniela im November 1937 bei Joseph Goebbels um eine staatliche Pension bemühte, erfuhr sie seitens der Festspielleitung keinerlei Unterstützung. Goebbels: »Winifred Wagner ist unerbittlich in ihrem Haß.«[18]

Noch einem anderen Familienmitglied sollte seine Mitwirkung am *Parsifal*-Protest schlecht bekommen: Gilbert Gravina. Blandines Sohn hatte bislang – wie geschildert – im Festspielorchester als Flötist mitgewirkt. Mitte Januar 1934 erhielt er Post von Tante Winifred: »Nun Du Deine endgültige Entscheidung getroffen hast, gehe ich wohl nicht fehl in der Annahme, dass Dir nichts an Deiner weiteren Mitwirkung gelegen ist? Vielleicht darf ich Dich bitten Dich hierüber zu äussern. Deine weitere Mitwirkung müsste ich natürlich von einer ganz bestimmten Erklärung Deinerseits abhängig machen.«[19] Gilbert lehnte es ab, über den schmalen Steg zu gehen, den Winifred ihm hier wies. Er erwiderte: »Ich liebe Bayreuth über Alles u. achte und bewundere Deine Arbeit, wenn Du mich aber einzig wegen meiner Liebe zu den beiden Tanten, die in so rührender Weise um mein Fortkommen besorgt sind, unbedingt zum feindlichen Lager rechnen willst, [...] dann ist es wirklich besser ich bleibe in Zukunft Bayreuth fern.«[20] Damit war Gilberts Karriere beendet.

Wie verhielt sich Blandine in dieser Angelegenheit? Die 70-Jährige hatte nie zu den Fanatikern im Wagner-Clan gehört, auch jetzt zeigte sie sich wieder als nüchterne und unaufgeregte Beobachterin. Die Eingabe sei »wenn auch zum Teil richtig – in so verletzendem Tone geschrieben, dass ich sehr ungern – u. nur dem peremptorischen Wunsch meiner Schwestern gehorchend, meinen Namen unter das Elaborat setzte, mich aber sehr freute, dass meine geliebte Schwiegertochter [Maria Sofia] in Rom, es nicht that. Sie schrieb mir, sie sei überzeugt, dass es nicht in meines Sohnes Sinn gewesen wäre, u. auch nicht mit ihren freundschaftlichen Beziehungen zu W.W. [Winifred] im Einklang stünde, diesen ›Angriff‹ – denn ein Solcher ist es! – zu unterzeichnen. Und sehr bedauerte ich es, dass Gilbert es that.« Blandine ging noch weiter und erteilte den Machtbestrebungen anderer Familienmitglieder eine deutliche Abfuhr: »Ich finde, dass auch dem Andenken S.W.'s [Siegfried] kein Respect erwiesen wird, durch die Angriffe gegen seine Frau, welche er bei vollem Bewusstsein als alleinige Erbin u. Hüterin der Festspiele eingesetzt hat.«[21]

Nun entstand die kuriose Situation, dass sie sich wohl oder übel gegen die Pläne ihrer Schwestern und ihres Sohnes stellte. Warum? Für die Damen Thode und Chamberlain stand der 43-jährige Gilbert für das »alte Bayreuth«, man mag ergänzen: für das »wahre Bayreuth«. Er erinnerte an die »gute alte Ordnung«, als Siegfried Wagner noch lebte und sich von seinen Schwestern in die Geschäfte des Festspielleiters reinreden ließ. Daniela und Eva protegierten den Geschassten – und wollten Winifreds Autorität untergraben. Damit ergriffen sie aber in einem Maße für ihn Partei, das Blandine nicht recht sein konnte, erkannte sie doch Winifred als einzige künstlerische Repräsentantin Bayreuths an. Die Tanten nahmen Gilbert fortan unter ihre Fittiche, zahlten aus eigenen bescheidenen Mitteln sein Festspielhonorar weiter und setzten alle Hebel in Bewegung, um ihrem Neffen eine Dirigentenkarriere zu eröffnen. Durch die Vermittlung des berühmten Pianisten Josef Pembaur (ebenfalls ein Unterzeichner des *Parsifal*-Protests) erhielt Gilbert die Einladung, die Berliner Philharmoniker zu dirigieren. Daniela rührte derweil die Werbetrommel: »Ich hege die besten Hoffnungen, die Dienstag-Conzerte der Berliner Philharmoniker sind besonders beliebt und Alles ist aufmerksam gemacht worden, von der Kronprinzessin an bis zu Goebbels und dem Wagner-Frauenverein – auch Ellen Siemens tritt fördernd für ihn ein. Ich werde ihm

Blandine Gravina in den 1930er Jahren. Die Gräfin lebte zurückgezogen in Florenz und kam nur selten nach Bayreuth. Innerhalb der vielen familiären Streitereien bemühte sie sich um eine besonnene Vermittlung.

hier die nöthigen Besuche aufschreiben – nur Carten abgebend: Reichskanzler, die verschiedenen Minister, ital. Botschafter, Nuntius etc. nur die nöthigsten, wichtigsten.«[22] Von Hitler bis zum Vertreter des Papstes – Frau Thode hatte an alle gedacht. Diese Schuhe waren aber für Gilbert eine Nummer zu groß, zumal der durchschlagende Erfolg ausblieb. Igor Markevitch erinnerte sich: »Dieser zuvorkommende Mann, ein ausgezeichneter Kenner der Wagner-Werke, hatte den einzigen Fehler, dass er sich für einen Dirigenten hielt – glücklicherweise teilte niemand anders seine Ansicht.«[23]

Von derlei Hohngelächter ließen sich die Tanten nicht beirren, insbesondere Eva stimmte immer schrillere Töne an. Mit der Autorität der Witwe Houston Stewart Chamberlains schrieb sie an Joseph Goebbels: »Ein vorgestern hier vollzogenes grosses künstlerisches Erlebnis veranlasst mich, Sie mit aller Eindringlichkeit auf das Dirigentengenie Gilbert Gravinas hinzuweisen. […] Das Erbgut, das ihm als Urenkel Franz Liszt's und Enkel Hans von Bülows zueigen, lässt sich nicht verkennen. Wie schön und bedeutungsvoll wäre es, man riefe diesen würdigen Vertreter eines grossen künstlerischen Vermächtnisses zu einer regelmässigen Wirksamkeit an die Stätte, an welcher Hans von Bülow so lange ruhmreich waltete!« Damit meinte Eva die Berliner Philharmoniker. Nein, bescheiden war man nicht. Der Brief endete mit dem »überzeugtesten Heil Hitler-Gruss«.[24] Die hochfliegenden Pläne zerschlugen sich indes, da die Berliner Philharmoniker von einem ständigen Gastdirigenten Gilbert Gravina nichts wissen wollten.

Am 12. März 1938 marschierte die deutsche Wehrmacht in Österreich ein, am folgenden Tag wurde ein Gesetz zur »Wiedervereinigung« des Deutschen Reiches mit Österreich besiegelt. Wiederum vier Tage später – am 17. März – meldete sich Eva erneut bei Goebbels. »Die Herzen schlagen hoch und höher angesichts der weltgeschichtlichen Begebenheiten, welche sich in diesen Tagen zu unserer staunenden Bewunderung wie eine Naturnotwendigkeit friedvoll – festlich vollzogen! Unser Dank an den weisen Führer kennt keine Grenzen; bewegten Gemütes falten wir die Hände, Gott bittend, diesen seinen Sendboten uns Deutschen lange, lange zu erhalten.« Nach diesem Präludium festivum kam sie erneut auf Gilbert zu sprechen: »Durch die Freiwerdung vom Judentum Salzburgs und Wiens eröffnen sich ja Möglichkeiten für dieses aussergewöhnlich grosse künstlerische Talent?«[25]

Der Propagandaminister hatte auffallend viel Geduld mit der energischen Parteigenossin. Vielleicht gründete seine Langmut in dem Respekt vor dem Hause Chamberlain? Man gewinnt den Eindruck, dass Goebbels das Thema hin und her schob, dass er sich vor einer klaren Stellungnahme zu drücken schien. Als Nächstes ergriff Gilbert persönlich das Wort und skizzierte Goebbels kurz und knapp, »was für mich etwa in Betracht käme: Eine wenn möglich geregelte alljährlich sich wiederholende Tätigkeit als Gast-Dirigent an den verschiedenen deutschen Kunstinstituten.« Abschließend betonte er seine »blutmässige Gebundenheit« und schloss »mit dem Heil-Gruss an den grossen Erwecker und Erneuerer der deutschen Kultur«.[26] In der Wagner-Dynastie lagen nicht nur Triumph und Tragödie nah beieinander, auch Mittelmaß und Größenwahn gingen gelegentlich bemerkenswerte Koalitionen ein. Gilberts »Wunsch« war natürlich völlig überzogen, entsprechend zurückhaltend lautete eine Aktennotiz auf dem Schriftstück: »Mal erst feststellen, was der Mann kann.« Das Reichspropagandaamt Österreich lieferte daraufhin einen als »vertraulich!« klassifizierten Bericht, in dem es um die Luzerner Festwochen ging. »Im Vordergrund dieser Veranstaltungen stehen Bruno Walter, Toscanini, der Wagner-Aufführungen leiten soll, ferner die beiden Busch und der bekannte Gilbert Gravina, der sich ebenfalls als Hetzer betätigt. Auch ein gewisser Beidler, ein Enkel Wagners, Sohn von dessen Tochter Isolde, soll dort an einer Biographie Cosima Wagners arbeiten, in der er die Legende von der deutschen Frau zu zerstören versucht.«[27]

Gilbert hatte in einer Auflistung dezidierter Nazigegner nichts zu suchen – das Gegenteil war vielmehr der Fall. Im Oktober musste Wien kleinlaut zugeben, dass der Spitzel Dr. Max Fehr, seines Zeichens Musikkritiker in Winterthur, einem Irrtum aufgesessen war. In einer Hausmitteilung für Minister Goebbels hieß es dann auch, »daß bei Gravina infolge eines Zerwürfnisses mit Bayreuth nur eine gewisse Verbitterung vorzuliegen scheine«, ein Hetzer sei er nicht. Zur Sicherheit befragten die Beamten noch Heinz Tietjen, der ihm – diplomatisch geschickt – politische Harmlosigkeit bescheinigte. »Als Dirigent sei er ziemlich unbedeutend, bestenfalls braver Durchschnitt«, so Tietjen. »Wenn auch das Haus Wahnfried es wohl mit Mißvergnügen sehen würde, so sollte man Gravinas Wunsch, im Reich Verwendung zu finden, nicht von vornherein unterbinden.« Man schlug dem Minister vor, »Gravina zunächst vor kleinere Aufgaben zu stellen«. Goebbels' Randnotiz: »ja!«[28] Anfang Dezember 1939 erklärte die Wiener Volksoper, man könne »einem Gastspiel Gravinas nur dann nähertreten, wenn dieses vom Reichspropagandaministerium finanziert würde.«[29] Dazu war Berlin offensichtlich nicht mehr bereit. Im September war der Zweite Weltkrieg ausgebrochen – Joseph Goebbels hatte nun andere Prioritäten. Doch das tat Gilberts politischer Harmlosigkeit keinen Abbruch. Hans von Hülsen will während des Krieges im Wiener Haus der Tänzerin Grete Wiesenthal folgende Szene mit Gilbert erlebt haben: »Als ich einiges aus meinem nachmals zu Ruf gelangten Zyklus ›Gerichtstag‹ vortrug, protestierte dieser Mann – der es als Sohn des eben zu Deutschlands Gegnern hinübergewechselten Italien gewiß nötig hatte! – energisch und bekannte sich unter dem jähen Verstummen, ja, dem tiefen Erschrecken aller Gäste als bedingungslosen Anhänger Adolf Hitlers, so daß ich die Vorlesung sofort abbrach, – und innerlich jede Beziehung zu ihm.«[30]

Beim Familienkrieg rund um *Parsifal* ging es nicht nur um Eitelkeiten und politische Scharmützel, sondern auch um Macht, Einfluss und viel Geld. Im August 1934 schrieb Daniela Thode an Richard Strauss: »Von Herzen gönnen wir Winifred und ihren Kindern alle Güter der Welt, aber ist es nicht eine schneidene Dissonanz (die selbst Ihre Instrumentierungskunst nicht auflösen könnte!), daß ein Teil der Enkel meiner Mutter in Wohlsein und Luxus lebt, der andere, wie Gill und seine Kinder und die kleine Wenden in Armut.«[31] Es sei einmal dahingestellt, ob die Mitglieder der Gravina-Sippe wirklich in Armut darbten. Auch der kleinen Blandine von Wenden ging es bei Ludwig von Hofmann, der kein mittelloser Mann war, sicherlich nicht schlecht. Diese Zeilen entsprachen wohl eher einer gewissen Kampfrhetorik. In den 1930er Jahren stritt man – wie so oft in der Geschichte der Wagner-Dynastie – um die Erbfolge, um das »dynastische Prinzip«. Daniela und Eva meldeten für das Oberhaupt der Gravinas Ansprüche an Cosima Wagners Erbe an. Daniela ging sogar so weit und stellte Siegfrieds Letzten Willen in Frage. An Blandine schrieb sie: »S's Testament kennen wir; er hat mit keinem Wort W. darin als Leiterin der Festspiele bestimmt, denn er kannte doch, trotz aller Klugheit u. Energie, ihre künstlerischen Grenzen [...], aber da sie Universalerbin ist und das Festspielhaus Privateigenthum, so ergriff sie mit Vehemenz auch die Leitung der Spiele, die allmählich zu Grunde gerichtet werden. Auch kannte er ihre an Wahnsinn grenzende Herrschsucht und Eifersucht, die ein Zusammenwirken unmöglich machen würden.«[32] Das konnte nicht gut gehen. Hatten Daniela und Eva etwa vergessen, was mit Isolde und Franz Beidler geschah, als diese die Machtfrage stellten?

Geschichte wiederholt sich. Bereits im Sommer 1914 erschien in der Zeitschrift »Die Musik« ein Leserbrief des Generaloberarztes Dr. Oskar Stobäus. Mit bemerkenswerter Präzision sagte der Doktor das Schicksal des damals erst 23-jährigen Gilbert voraus: »Über die Möglichkeit, dass das Haus Wahnfried jemals daran gedacht hätte, den edlen Conte Gil zur Leitung zu berufen, kann der Wissende nur lächeln. Das Haus Wahnfried hängt viel zu sehr an seinen Reichtümern, als dass es dem flötespielenden Dilettanten Gil oder einem andern Enkel aus dem alten Seeräubergeschlecht derer von Ramacca eine maßgebende Stellung gewährt hätte. Es ist ohnedies schon genug Geld, das der Meister erwarb, durch die stets weitgeöffneten Hände der Sippe Gravina gelaufen.«[33] Das war zwanzig Jahre später wohl auch Winifreds Meinung.

Im Asyl

Am 12. Oktober 1930 feierte Daniela ihren 70. Geburtstag, Blandine und Eva vollendeten im März 1933 beziehungsweise im Februar 1937 das siebte Lebensjahrzehnt. Das Alter war für die drei Schwestern mehr oder weniger beschwerlich. Blandine lebte in bescheidenen Verhältnissen in Florenz und nahm – wie die meiste Zeit ihres Lebens – nur aus der Ferne Anteil, Eva wohnte nach wie vor in der Villa Chamberlain, Daniela logierte in einer kleinen Mietwohnung in der benachbarten Lisztstraße. Daniela: »Ich lebe in Bayreuth in zwei Zimmern, die von lauter geschenkten Möbeln gefüllt sind, zahle Eva monatlich für Essen u. Thee 50 M., habe keine eigene persönliche Bedienung, sondern werde von meiner guten Hausfrau betreut, suche aber so gut es möglich ist Anderen, Kranken, Verarmten etc. zu helfen, wenn auch die horrenden Steuern bei uns Jeden auffressen.« Die Zeit der großen Haushaltungen in Heidelberg und Gardone war vorbei. Gelegentlich verdiente Daniela etwas Geld mit Vorträgen, die sie bei Wagner-Verbänden hielt, sonst lebte sie von geringen Rücklagen. »Talent zum Besitz haben wir entschieden Alle nicht«, schrieb sie an Blandine, »das hat W. [Winifred] sichtlich mehr, die uns selbst die Summe von 1000 M. aus den Festspielen die Fidi uns gewährte, gestrichen hat, und keinen helfenden Gedanken weder für Gill noch für die Kleine hat, die doch Mamas Enkel u. Urenkel sind. Basta!«[34]

Bis in ihre letzten Lebenstage hinein bemühte sie sich, Teile ihres einstigen italienischen Besitzes in Gardone zurückzuerhalten. Ihren Besitz? Die Sache war – wie sollte es bei den Familienverhältnissen auch anders sein – recht kompliziert. Die Geschichte der Villa Thode erinnert an einen veritablen Kunstkrimi um wertvolle Gemälde, Fälschungsvorwürfe und staatlichen Kunstraub. Doch der Reihe nach. Henry Thode hatte sein gesamtes Hab und Gut seiner zweiten Frau Hertha vererbt. Zwar hatte er sich bei der Scheidung von Daniela verpflichtet, die ihr gehörenden Gegenstände zurückzugeben, der Kriegsausbruch 1914 machte dieses Vorhaben jedoch unmöglich. Als Italien Deutschland im August 1916 den Krieg erklärte, galt die Villa Thode als »feindliches Eigentum«. Im Januar 1921 wurde das Anwesen von dem Schriftsteller Gabriele d'Annunzio in Besitz genommen, ein halbes Jahr später erhielt er es von der italienischen Regierung zum Geschenk. Hertha Thode protestierte damals gegen diese faktische Enteignung und intervenierte über die deutschen Botschafter in Rom und Kopenhagen. Frau Thode II. lief von Pontius zu Pilatus und bat sogar Walther Rathenau um Hilfe. Ohne Erfolg. Dabei ging es um sehr viel Geld. Die gut 50-seitige Inventarliste verzeichnet alleine zwei Dutzend Gemälde und Aquarelle, 62 Radierungen und 116 Steindrucke des Malers Hans Thoma. Thode besaß auch wertvolle Ölgemälde von Agnolo Bronzino, Paulus Moreelse und Heinrich Kolbe sowie – als Prunkstücke der Sammlung – Meisterwerke von Tizian und Rembrandt. Hinzu kamen zahlreiche Gemälde, Zeichnungen und Radierungen von Franz von Lenbach, Mario De Maria, Hans Reifferscheid, Ferdinand von Kobell und vielen anderen. In der Liste werden auch wertvolles Porzellan und Tafelsilber genannt, ein Steinway-Flügel aus dem Besitz von Danielas Großvater Franz Liszt, Thodes rund 5000 Bände umfassende Bibliothek sowie – ganz weltlich – 75 Flaschen Champagner. Gutachter und Kunstsachverständige schätzten den Wert der Villa, des Grundstücks sowie der Einrichtung samt allen Kunstwerken auf knapp zwei Millionen Lira. D'Annunzio dachte indes nicht im Traum daran, die beiden Thode-Witwen angemessen zu entschädigen. Plötzlich behauptete er, die Villa sei eine Bruchbude, der Rembrandt eine billige Fälschung und so weiter. Mit derartigen Schachzügen wollte er Zeit gewinnen. Hertha Thode mobilisierte mit Hilfe einer Freundin derweil die Presse. Die dänische Autorin Karin

Michaelis hielt Vorträge und veröffentlichte Artikel über »den Fall d'Annunzio«. Nach einigem Hin und Her lenkten die Behörden ein. Die italienische Regierung bot Hertha Thode eine Abfindung in Höhe von 100 000 Lira an, Daniela Thode erhielt von einer deutschen Kriegsentschädigungsstelle eine jährliche Rente von 2000 Mark.

Erst nach Gabriele d'Annunzios Tod am 1. März 1938 kam wieder Bewegung in jene leidige Angelegenheit. Bereits am 9. März schrieb Daniela an Goebbels und bat um dessen Hilfe. Sie bezeichnete sich als »treue Parteigenossin seit dem Jahre 1920«,[35] womit sie allerdings übertrieb, schließlich trat sie erst im Januar 1926 in die NSDAP ein. Wenige Wochen später – am 18. April – wandte sie sich auch an Hitler. Zwar habe Minister Goebbels das Auswärtige Amt um Klärung gebeten, »doch glaube ich, dass ein Wort von Ihnen, mein Führer, allein so zauberkräftig wirken könnte, mich wenigstens in den Besitz dessen wiederzubringen, an dem mir vor allem liegt: den Manuskripten und gewissen Familienandenken«.[36] Hitler übergab den Vorgang seinem Staatsminister Otto Meißner, der sich wiederum mit den Beamten des Auswärtigen Amtes beriet. »Rechtlich lassen sich die Ansprüche der Frau Daniela Thode geb. von Bülow nicht vertreten«, lautete die Einschätzung in der Berliner Wilhelmstraße. Soll heißen: Daniela sei im Sinne des Gesetzes gar nicht Henry Thodes Erbin. Man stellte jedoch den Kollegen in Rom anheim, »ob jetzt nach dem Tode d'Annuncios von dort den zuständigen Stellen nahegelegt werden könnte, aus Billigkeitsgründen Frau Daniela Thode von Bülow eine Reihe von Gegenständen, besonders denjenigen, die für sie von Affektionswert sind, zurückzugeben«.[37] Es verging ein weiteres Jahr. Nachdem auch Benito Mussolini seine Zustimmung für ein Zeichen der Versöhnung signalisierte, war Daniela endlich am Ziel.

Im September 1939 reiste sie persönlich an den Gardasee. Mit Schrecken musste sie feststellen, dass d'Annunzio das Anwesen zu einem ebenso gigantischen wie kitschigen »Vittoriale degli Italiani« samt Amphitheater, Mausoleum und künstlich gestrandetem Schiff umgebaut hatte. Sie fand sich in ihrem einstigen Landgut kaum mehr zurecht. Zu allem Übel waren einige Kunstschätze offensichtlich »verschwunden« – wahrscheinlich hatte d'Annunzio diese verkauft. Thodes wertvolle Bibliothek hatte man kurzerhand der Sammlung des

Daniela Thode, um 1930.

Italieners einverleibt, woran sich bis heute nichts geändert hat. Dennoch kehrte sie nicht mit leeren Händen zurück. Daniela erhielt neben einigen Gemälden (darunter zwei Lenbach-Porträts von Cosima und Hans von Bülow) auch ihre private Korrespondenz mit ihrem verstorbenen Mann Henry zurück. Artig bedankte sie sich bei Mussolini »für den starken und gütigen Schutz den Eure Exzellenz mir gewährt haben«.[38] Gabriele d'Annunzio blieb für sie aber zeitlebens ein Verbrecher und das Objekt einer ausgeprägten Verachtung.

Apropos Hass: Daniela Thode zeigte sich auch noch als alte Dame ausgesprochen entrüstungsfähig. Nach einem Besuch in Berlin schimpfte sie: »Das Thun und Treiben in direktester Nähe der Kaiser Wilhelm Gedächtniskirche bei Nacht, diese wahnsinnigen Lichter-Orgien, diese gemeinen Aufschriften, diese widerlichen Anpreisungen und Anlockungen, diese tobende Unruhe, – ich hatte das Gefühl eines Jahrmarktes des Satans und dass die Menschheit auf dem Rand eines Höllenabgrundes schamlos tanze.«[39] Sie haderte mit der neuen Zeit und fühlte sich auch in Bayreuth zunehmend unwohl. »Wahnfrieds Reichthum, Luxus und weltlicher Glanz (jetzt wohnte u. A. der Bruder des Kaisers von Japan dort) kann innerlich nicht glücklich machen, Unrast und Unbefriedigung nicht aufheben.«[40]

Zwischen 1934 und 1939 zogen sich Daniela und Eva jeden Sommer für mehrere Wochen in ihr »Altersasyl« nach Tribschen zurück. Zum Hintergrund: Richard Wagners einstiges Wohnhaus am Ufer des Vierwaldstättersees war 1931 von der Stadt Luzern übernommen worden, um es der Öffentlichkeit zugänglich zu machen. Zwei Jahre später fand im Erdgeschoss die feierliche Eröffnung eines Wagner-Museums statt. Die Räumlichkeiten des ersten Obergeschosses wurden mit schönen Stilmöbeln und Gemälden ausgestattet und dienten als Gästezimmer. Hier genossen die Nachkommen Richard Wagners Wohnrecht. Während Blandine dieses Privileg nicht nutzte, waren Daniela und Eva dankbar, Bayreuth für einige Zeit den Rücken kehren zu können.

Im Juni 1934 bezogen sie erstmals das Haus ihrer Kindheit. Museumsleiterin Ellen Beerli staunte nicht schlecht, als Daniela bereits am ersten Tag das Regiment übernahm. »Sie teilte die Zimmer auf: das Eckzimmer und den grossen Saal, einstiger Salon von Frau Cosima, belegte sie für sich. Eva bekam Richard Wagners Schlafzimmer. Ich fiel fast um, dass die Wagner-Tochter nicht im Vorrang sein sollte. Gute, edle Eva, sie fügte sich wortlos. Als ich den Damen bei der Übergabe die Schlüssel erklären wollte, erhielt ich die Belehrung: ›Frau Beerli, in Tribschen schliesst man sich nicht ein, da ist man eine Familie und vertraut sich gegenseitig.‹« Und weiter: »Frau Chamberlain, die zu Hause ihre zwei Hilfen hatte, war die Bescheidenheit selbst, wohingegen Frau Geheimrat sich gerne bedienen liess, was bereits am Morgen mit einer Massage begann. Oft hatte ich das Gefühl und den Verdacht, dass sie mich nur ans Bett fesselte, um mir in dieser Zeit den ganzen Groll und Hass gegen ihre Schwägerin Winifred vom Herzen zu reden.«

Ellen Beerli machte dann gute Miene zum bösen Getratsche und war heilfroh, wenn Frau Geheimrat Thode die Massage für beendet erklärte. Danielas Extrawünsche brachten die Hausherrin, die neben ihren täglichen Aufgaben im Museum auch für die Gästezimmer und die Küche zuständig war, nicht selten in arge zeitliche Bedrängnis. Denn auch hinsichtlich des Kochens hatte die resolute Daniela ihre ganz eigenen Vorstellungen: »Wehe, wenn irgendwo Zwiebeln, Knoblauch oder Kraftwürfel vorkamen! Sofort verbot mir Frau Geheimrat die zwei ersteren, da dies Speisen der Juden wären.« Daniela bevorzugte vegetarische Kost, was sie allerdings nicht davon abhielt, mit wahrem Heißhunger Fisch und insbesondere Geflügel zu verspeisen. Ellen Beerli: »Neckte sie mein Mann mit den vegetarischen Täubchen und Poulets, lachte sie herzlich, belehrte ihn aber, dass dies nur ›geflügelte Körner‹ seien.«[41] Darauf muss man erst einmal kommen! So ging es Sommer für Sommer. Daniela und Eva verbrachten meistens zwei Monate in Tribschen, 1937 blieb Daniela sogar drei Monate. An den Festspielen jenes Jahres nahm sie – zum ersten Mal seit 1876! – nicht teil; der Bruch mit Winifred war endgültig.

Zu den regelmäßigen Besuchern in Tribschen gehörte auch Arturo Toscanini, insbesondere Daniela konnte die Stippvisiten des Dirigenten kaum erwarten. An einem Junimorgen 1938 war es wieder einmal soweit. Daniela blickte aus dem Fenster, als ihr Idol vorfuhr, rief sie verzückt »Maestro!«, so Ellen Beerli: »Wie ein Backfisch flog die gute Daniela die Treppe hinunter und dem Teuren um den Hals.«[42] Die Gastgeber nahmen Danielas exzentrisches Auftreten mit Humor und gaben ihr meist um des lieben Friedens willen Recht, nur in politischen Fragen ließen sich die Eidgenossen auf keine Diskussion ein. Frau Geheimrat verkündete nämlich auch in der neutralen Schweiz ihre antisemitischen Erkenntnisse, was gelinde gesagt verwundert, da sie dort fast ausschließlich mit dezidierten Nazigegnern sowie aus Deutschland geflüchteten Juden verkehrte. Sie traf – wie gesagt – mit Toscanini zusammen, mit dessen Schwiegersohn Vladimir Horowitz, mit dem amerikanischen Geiger Nathan Milstein, mit den Brüdern Adolf und Fritz Busch oder mit dem aus Leipzig vertriebenen Gewandhauskapellmeister Bruno Walter. Horowitz hatte es ihr besonders angetan – sie schenkte ihm sogar einige Originalbriefe ihres Großvaters Franz Liszt.

Wie passte das zusammen? Danielas Judenfeindschaft hatte etwas Parolenhaftes: Sie wiederholte, was sie seit frühester Kindheit von ihrer Mutter Cosima oder ihrem Stiefvater Richard Wagner gehört hatte. Dabei benutzte sie das Judentum als Chiffre für alles, was ihr missfiel. So war es Daniela möglich, zwischen »guten« und »schlechten« Juden zu unterscheiden, was ihren Antisemitismus natürlich keinesfalls weniger schlimm machte. Dieses antisemitische Weltbild ge-

Adolf Hitler in Begleitung von Verena und Friedelind Wagner. »So spät es auch war, er versäumte nie, ins Kinderzimmer zu kommen und uns grausige Geschichten von seinen Abenteuern zu erzählen.« (Friedelind Wagner)

riet durch die Kontakte in der Schweiz aber offensichtlich ins Wanken. »Im Stillen zweifelte Frau Geheimrat an Vielem, was aus mancher Frage herauszusehen war«,[43] spürte Ellen Beerli. Daniela erfuhr Details über die brutale Verfolgung der Juden in Nazideutschland und musste im eigenen Bekanntenkreis beobachten, wozu das Terrorregime fähig war. Ihrem langjährigen Freund Max von Waldberg – sie hatte mit dem angesehenen Heidelberger Germanisten die Briefe Cosima Wagners herausgegeben – war wegen seiner jüdischen Abstammung Ende Dezember 1935 offiziell die Lehrerlaubnis entzogen worden. Der Professor starb tief deprimiert Anfang November 1938, seine Frau Violetta nahm sich im April 1942 das Leben, um der Deportation in das Konzentrationslager Theresienstadt zu entgehen. In einem Brief an Blandine beklagte Daniela das Schicksal ihrer »armen schwergeprüften Freundin Waldberg […], die aus ihrem schönen Haus ausziehen muss und in irgend einen kleinen Schlupfwinkel unterzukommen sucht! Seltsam: dem Juden u. Räuber d'Annunzio bauen sie Monumente, singen sie endlose Hymnen – und edle, gütige Israeliten haben schwer unter der Verfolgung zu leiden.«[44]

Im Juni 1939 reisten Daniela und Eva ein letztes Mal in die Schweiz. Wenige Wochen später – am 31. Juli – traf auch Friedelind Wagner aus England kommend in Tribschen ein. Friedelind hatte sich zu einer intelligenten und künstlerisch begabten Demoiselle entwickelt, der es insbesondere an Selbstbewusstsein nicht mangelte. Sie ließ sich kein X für ein U vormachen und verfügte über einen ausgeprägten Gerechtigkeitssinn. All das musste geradezu zwangsläufig zu Konflikten mit der Mutter führen. In Winifreds Augen war ihre älteste Tochter aufsässig und hochmütig und machte nur Ärger. Die Festspielleiterin löste das »Problem«, indem sie Friedelind abschob – zunächst in ein brandenburgisches Internat, 1936 schließlich zum Sprachstudium nach England. Auf der Insel präsentierte sie sich zunächst als treue Hitler-Anhängerin. »Es ist ganz gut, den Leuten die Wahrheit über Hitler und das neue Deutschland zu sagen«, schrieb sie im Juni 1937 an die Tanten, »obwohl es schwer ist, all die Hetzgerüchte aus den Gehirnen rauszukriegen. Solche Dinge sitzen ja immer fester!«[45] Im Laufe der Zeit machte die junge Wagner allerdings eine Wandlung durch. Sie traf dort mit jüdischen Künstlern zusammen, die aus Deutschland vertrieben worden waren; zeitweilig wohnte sie bei Wilhelm Furtwänglers ehemaliger Sekretärin Berta Geißmar, die ebenfalls ihre Heimat hatte verlassen müssen. Friedelinds Held hieß Arturo Toscanini, der nach Siegfried Wagners Tod 1930 so etwas wie ein Ziehvater für sie geworden war. Fräulein Wagner bezog nun Position – für die Verfolgten und gegen das Regime.

Zurück in den Sommer des Jahres 1939. Daniela, Eva und Friedelind verbrachten einige turbulente Wochen in Tribschen. In politischen Diskussionen ging es hoch her, da Friedelind ihren Tanten gegenüber – beide Damen waren Trägerinnen des »Ehrenzeichens der NSDAP« – keinen Hehl aus ihrer Meinung über Hitler machte. Doch Daniela und Eva liebten ihre Nichte, sie hatten sie von jeher verhätschelt und ihr alles durchgehen lassen, so dass sie – insgeheim begeistert von Friedelinds Courage – allenfalls milde lächelnd den Kopf schüttelten. Am politischen Horizont zogen derweil dunkle Wolken auf, Kriegsgerüchte machten die Runde. Winifred schickte im August ihre Tochter Verena nach Tribschen. Die 18-Jährige sollte ihre Schwester zur Rückkehr nach Bayreuth bewegen – vergeblich. Am 1. September 1939 griff die deutsche Wehrmacht Polen an, der Krieg begann. Sieben Tage später reiste Eva Chamberlain ab, Daniela folgte am 13. September.

Friedelind blieb vorerst in Tribschen. Winifred war über das Verhalten ihrer Tochter entsetzt: »Ich bedaure außerordentlich, daß Du in dieser schicksalhaft schweren Zeit es über Dich bringst, Dich außerhalb der Familie und außerhalb der Volksgemeinschaft zu stellen.«[46] Mit Appellen in der Diktion einer Parteitagsrede konnte sie Friedelind nicht erreichen. Einzig die Tanten hielten regelmäßig Kontakt mit der Exilantin, und offensichtlich fanden sie den richtigen Ton. Daniela und Eva machten ihrer Nichte nämlich keine Vorwürfe, ganz im Gegenteil, sie zeigten Verständnis für die junge Frau. Nur sehr behutsam versuchten die Damen, Friedelind einen Weg zu weisen. So schwärmte Eva zunächst »von unserer idealen Gemeinsamkeit auf Tribschen«, fügte aber dann hinzu: »Noch wollte ich Dir empfehlen doch ja aus Grossmamas Briefen an Tante Lulu die aus dem Jahre 81 zu beachten – sie enthalten goldene Worte mütterlicher Lebensweisheit.«[47] Die Erinnerung an Cosima war zwar liebenswürdig und charmant, konnte Friedelind aber natürlich nicht zur Heimkehr bewegen. Eva ließ nichts unversucht. Frau Chamberlain empfahl ihr allen Ernstes die rassistischen Schriften des Grafen von Gobineau und die hetzerischen *Kriegsaufsätze* ihres verstorbenen Ehemannes – »sie sind ja wie für unsere jetzige Lage wieder bestimmt«. Das sah Friedelind wohl anders. Als am 8. November 1939 ein Attentat auf Adolf Hitler im Münchner Bürgerbräukeller scheiterte, jubelte Eva: »Die Rettung des Führers empfindet man wie ein Wunder.«[48] Kaum zu glauben: Das schrieb sie einer Person, die sich im Exil befand, die sich von Hitlerdeutschland losgesagt hatte, für die der »Führer« ein Verbrecher war. Friedelind wird darüber gelächelt haben. Sie hielt den Tanten die Treue, weil sie die Schwestern ihres heißgeliebten Vaters waren. Das verband die Wagner-Frauen trotz aller Differenzen. Gegenüber Wahnfried nahmen Daniela und Eva ihre Nichte in Schutz. Als Wolfgang sich beispielsweise bei Eva über Friedelinds »Verweilen im neutralen Ausland« beschwerte, erwiderte sie ganz wagnerisch: »Du habest

Deine Zuflucht auf der ›Insel der Seligen‹ genommen und nicht im Ausland.«[49]

Friedelind blieb noch bis zum 1. März 1940 in Tribschen und zog dann weiter nach London, wo sie als »feindliche Ausländerin« auf die Isle of Man interniert wurde. In England schrieb sie Artikel über ihre persönlichen Erfahrungen mit Hitler. Joseph Goebbels erkannte die Gefahr: »Die kleine, dicke Wagner schreibt in London Enthüllungen gegen den Führer. So ein kleines Biest! Das kann evtl. etwas peinlich werden.«[50] Der Propagandaminister sollte Recht behalten. Friedelind gab zu Protokoll, was sie bei den zahlreichen Zusammenkünften mit Hitler – die Wagner-Kinder waren ja meistens dabei – aufgeschnappt und beobachtet hatte. Sie verhöhnte den »Führer«, ließ ihn als lächerliche Figur erscheinen und spitzte etwa dessen abfällige Äußerungen über Benito Mussolini effektvoll zu. Goebbels war außer sich: »Dieses dicke Biest betreibt da also kompletten Landesverrat. Ein Produkt schlechtester häuslicher Erziehung. Pfui Teufel!«[51]

Die Engländer waren für diese Propaganda dankbar. Ein Jahr später – im März 1941 – reiste Friedelind mit Winston Churchills Einwilligung nach Buenos Aires, von dort ging es in die USA. Friedelind Wagner stellte sich als Winifreds einziges Kind gegen das NS-Regime. Dafür musste sie sich noch lange nach 1945 als »Verräterin« und »schwarzes Schaf der Familie« beschimpfen lassen. Doch das ist eine andere Geschichte.

Abschied

»Tante Lulu's düstere Stimmung brauche ich Dir nicht zu schildern, ihr Antlitz hat den tragischsten Ausdruck angenommen«,[52] schrieb Eva Chamberlain im November 1939 an Friedelind. Die dunklen Schatten der Vergangenheit hatten die 79-jährige Daniela wieder eingeholt. Sie war schwermütig und melancholisch, zweifelte an sich und der Welt. Eine schwere Grippeerkrankung zu Weihnachten tat ein Übriges. Die seelische Verfassung der alten Dame verschlechterte sich so sehr, dass sie im Mai 1940 in ein Sanatorium eingeliefert werden musste. Daniela begab sich in die Obhut des berühmten Neurologen Hans Berger, der sich nach seiner Emeritierung von der Universität Jena im thüringischen Bad Blankenburg niedergelassen hatte. Der Professor kannte seine Patientin seit vielen Jahren, hatte er sie doch schon 1921/22 und im August/September 1930 – nach Siegfried Wagners Tod – vorübergehend wegen nervöser Erschöpfungszustände behandelt. Damals erholte sie sich wieder rasch, doch jetzt traten die Depressionen mit einer Schwere an den Tag, wie Daniela es zuletzt im Schicksalsjahr 1914 erlebt hatte. Hans Berger an Eva Chamberlain: »Ihre Stimmung ist eine tieftraurige, sie quält sich ständig mit Gedanken über all das, was sie in ihrem Leben anders hätte machen sollen. Dabei spielt wie bei der früheren Erkrankung ihre ganz Ehetragödie eine grosse Rolle, sie quält sich aber auch mit vielen ganz belanglosen u. wirklich harmlosen Dingen. So glaubt sie immer wieder, man könne sie wegen Diebstahl belangen, weil sie sich in Gardone Sachen habe zurückgeben lassen, die nicht ihr sondern der zweiten Frau von Herrn Geh[th] Thode gehörten.«[53] An anderer Stelle berichtete der Doktor: »Sie macht sich viele Sorgen wegen ihrer gemeinsamen Nichte, die sie in England vermutet; meint sie habe sich zu Unrecht als ›Frau Geheimrath‹ anreden lassen, da sie doch geschieden sei u.s.w. Es sind dies alles zweifellos krankhafte Gedankengänge, die der schweren Depression entsprechen. Dabei bestreitet sie tägl. überhaupt krank zu sein, sie sei eine schlechte Person über die jetzt ganz mit Recht ein Strafgericht hereinbreche!«[54]

Daniela lag tagelang im Bett und grübelte. Sie lehnte Besuche ab – auch Eva durfte sie nicht sehen –, sie schrieb und las keine Briefe mehr. Am 14. Juli 1940 erlitt die Kranke zudem schwere Magen- und Darmkoliken. Hans Berger: »Es besteht kein Fieber, sie ist aber sehr matt u. verweigert vor Allem jede Nahrung, so dass doch bei ihrem Alter der Zustand nicht unbedenklich ist.«[55] Das Ende war nahe. Daniela wurde schließlich in ein Krankenhaus nach Bayreuth verlegt. Sie wies weiterhin alles Essen von sich und sprach nicht mit den Ärzten. Verena Wagner, die damals als Krankenschwester im Spital arbeitete, hatte den Eindruck, dass Tante Daniela den Tod gewissermaßen »erzwingen« wollte. Als Eva sie dennoch aufsuchte, um sich von ihr zu verabschieden, bekam Daniela eine Art Anfall und warf sie aus dem Zimmer.

Daniela Thode starb am 28. Juli 1940 – sie wurde 79 Jahre alt. Ihr letztes Wort lautete angeblich »Parsifal«.

Die Kriegsfestspiele 1940 waren Ende Juli in vollem Gange. Wenige Tage zuvor hatte Adolf Hitler eine Aufführung der *Götterdämmerung* besucht; es sollte sein letzter Aufenthalt in Bayreuth sein. Er und Winifred sahen sich danach nie wieder. Am Vormittag des 30. Juli – einem Dienstag – fand Danielas Beerdigung auf dem Stadtfriedhof statt. Als Ehrenbürgerin Bayreuths und Altgardistin der NSDAP wurde ihr ein feierlicher Abschied zuteil. Oberbürgermeister Dr. Fritz Kempfler sprach als Vertreter der Stadt, Gauleiter Fritz Wächtler vertrat die Partei. Auch die Familie nahm Abschied, Blandine Gravina blieb allerdings in Italien. Sie konnte an der Trauerfeier nicht teilnehmen, da die weite Reise in die oberfränkische Provinz für die 77-Jährige in Kriegszeiten zu beschwerlich gewesen wäre.

Es war still um die Gräfin geworden. Zwar korrespondierte sie ab und zu mit der Familie, gelegentlich traf sie auch ihren Sohn Gilbert oder ihre Schwiegertochter Maria Sofia, sonst lebte sie aber weitgehend zurückgezogen in ihrer kleinen Florentiner Wohnung. Nach Bayreuth kam sie nicht mehr. Blandines letztes Lebensjahr war von einer schweren Brustkrebserkrankung überschattet. Als sie am 4. Dezember 1941 in Florenz starb, schien sie fast schon in Vergessenheit geraten. Gertrud Strobel, die sonst jede noch so banale Neuigkeit ihrem Tagebuch anvertraute, vermerkte Blandines Ende mit keinem Wort. An jenem Donnerstag erwähnte sie vielmehr »einen reizenden Bericht von Dr. Brand, dem Arzt des Führers« und fährt fort: »der Führer säße stundenlang in seinem Bunker mit seiner Katze auf dem Schoß, die er mit Konfekt füttere! Dabei fragte er jeden Soldaten, der zu ihm käme, genauestens nach seinem Ergehen, seiner Familie usw.; er hätte jetzt sehr viel Zeit!«[56] Mehr nicht.

Blandine Gravina wurde in ihrer Wahlheimatstadt Florenz beerdigt. Von Seiten der Bayreuther Familie nahm niemand an der Beisetzung teil. Eva Chamberlain konnte ihrer Schwester nicht Adieu sagen, denn auch sie war schwer krank. Die Hintergründe: Gut zehn Monate zuvor – im Februar 1941 – begab sich Eva zu einer Untersuchung in das Städtische Krankenhaus. Seit geraumer Zeit litt sie unter Rückenschmerzen, die ihr Krankengymnast als »Ischias« bezeichnete. Das war ein fataler Irrtum, wie sich nun herausstellte. Der leitende Arzt Dr. Wolfgang Deubzer erkannte vielmehr »ein bereits sehr weit fortgeschrittenes Krebs-Leiden an der Brust«, wie Gilbert Gravina an Ernst Fürst zu Hohenlohe-Langenburg schrieb. Metastasen hatten sich im gesamten Körper ausgebreitet und insbesondere die Knochen befallen und so die vermeintlichen »Ischiasschmerzen« hervorgerufen. Der Doktor ordnete eine Operation an, die am 5. März stattfand: »diese war schwer und lang, zwei Stunden, aber leider war das Übel zu weit fortgeschritten als dass er alle Herde hätte entfernen können«. Man müsse darauf gefasst sein, so Gilbert, »dass es für sie keine endgültige Heilung mehr gibt«.[57] Eva musste noch bis in den Mai hinein im Krankenhaus bleiben, wurde dann nach Hause entlassen, kam aber nicht mehr auf die Beine. Jeden Tag besuchte die 21-jährige Verena die Villa Chamberlain, wusch und versorgte ihre Tante, die an das Bett gefesselt war. Es begann ein einjähriges Martyrium, das durch unsägliche Schmerzen geprägt war. Am 14. Mai 1942 fiel Eva in eine Art Koma, sieben Tage später wusste Gertrud Strobel, »daß der Tod Frau Chamberlains heute erwartet wird«.[58] Doch der Todeskampf dauerte weitere fünf Tage. Am 26. Mai 1942, frühmorgens um 0.30 Uhr, wurde Eva Chamberlain von ihren Leiden erlöst.

Die Verstorbene war Bayreuther Ehrenbürgerin, Trägerin des »Ehrenzeichens der NSDAP« und gehörte nicht zuletzt als Ehefrau Houston Stewart Chamberlains zur braunen Parteiprominenz. Es war also zu erwarten, dass die Nationalsozialisten ihr langjähriges Mitglied entsprechend feierlich verabschieden würden. Am Tag nach ihrem Tod wurde Eva in das »Haus der deutschen Erziehung« (einem 1936 eingeweihten Monumentalbau) überführt. Dort fand wiederum einen Tag später die Trauerfeier statt, über deren Verlauf wir dank Gertrud Strobel gut informiert sind: »Parteileute mit blödesten Gesichtern. Um 9 Uhr führt Minister [Adolf] Wagner Frau W. [Winifred] herein, dahinter Wieland, Verena, der Oberb. usw. Zuerst Präludium von Bach, schlecht ausgewählt und gespielt. Darauf legt Min. Wagner den Kranz des Führers nieder, ohne ein Wort zu sagen! Dann redet der Oberb. belanglos und unangenehm. [...] Zu Schluß spielt die Orgel ›Wenn ich einmal soll scheiden‹ – viel zu langsam und sehr schlecht! Dann wird der Sarg hinausgetragen, voran die Fahne, darauf

Die Trauerfeier für Eva Chamberlain am 28. Mai 1942 geriet zum nationalsozialistischen Staatsbegräbnis. Der Bayreuther Oberbürgermeister Fritz Kempfler hält die Traueransprache: »Dann wird der Sarg hinausgetragen, voran die Fahne, darauf der Kranz des Führers.« (Gertrud Strobel)

der Kranz des Führers; hinter dem Sarg Min. Wagner mit Frau W. usw. usw.« Im Anschluss daran fand im Coburger Krematorium die Einäscherung statt.

Der 25-jährige Wieland wunderte sich etwas, dass sich die Strobels unter die Trauerlustigen mischten, war es doch einige Jahre zuvor zu einem Zerwürfnis zwischen dem Ehepaar und Eva gekommen. »Hoffentlich rotiert meine Tante nicht im Sarge, wenn ihr Mann daneben steht!«, raunte er Gertrud Strobel zu. »Der Blumenstrauß meiner Mutter ist gestern gleich wieder heruntergefallen! Konsequent bis zum Schluß!«[59]

EPILOG

"Hoffen wir, daß noch eine Wende kommt«, schrieb Winifred Wagner am 30. März 1945 einer Bekannten, »ich glaube ja immer noch fest daran, daß der Führer noch einen Trumpf in der Hand hat, den wir alle nicht ahnen!«[1] Winifred sollte sich irren. Sechs Tage später fielen die ersten Bomben auf Bayreuth. An jenem 5. April wurde auch die Villa Wahnfried getroffen, das Dach hing herunter, der Saal existierte nicht mehr. Am 11. April erfolgte ein weiterer Angriff – Bayreuth war danach zu 35 Prozent zerstört. Wiederum drei Tage später – am 14. April 1945 – erreichten amerikanische Truppen die Stadtgrenze. An jenem Samstag brachte Wolfgang Wagners Ehefrau Ellen (das Paar hatte 1943 geheiratet) eine Tochter zur Welt: Eva Wagner-Pasquier ist die heutige Festspielleiterin, gemeinsam mit ihrer 1978 geborenen Schwester Katharina. Am 30. April beging Adolf Hitler Selbstmord, am 8. Mai kapitulierte Deutschland. Der Krieg war nun endlich zu Ende. Millionen Menschen waren ermordet worden, Europa lag in Trümmern. Das war, was man später die Stunde Null nannte.

Richard Wagners Festspielhaus sowie die Reste der Villa Wahnfried wurden von den Amerikanern beschlagnahmt, im so genannten Siegfriedhaus residierte viele Jahre der Kommandeur der Besatzungstruppen. Die neuen Herren brachten ihre eigene Musik mit, und auf einmal erklangen auf dem Grünen Hügel Operettentöne, anspruchslose Varietéeinlagen sowie Jazz und amerikanische Revuenummern. »Was hätte Daniela gesagt«, orakelte die Schweizerin Ellen Beerli, »wenn sie den ganzen Krieg erlebt hätte und wenn sie die Rumba tanzenden Neger auf Wagners Grabplatte hätte sehen können und das bombardierte ›Wahnfried‹?«[2]

Die entscheidende Frage lautete: Konnte es für die Bayreuther Festspiele und das Haus Wagner überhaupt eine Zukunft geben?

»Manchmal mag man glauben«, so der britische Ökonom John Maynard Keynes, »daß kein einziger Mann so viel Verantwortung für den Krieg trägt wie Wagner. Offenbar war des Kaisers Vorstellung von sich selbst nach ihm geformt. Und war nicht eigentlich Hindenburg nur der Baß und Ludendorff der fette Tenor einer drittklassigen Wagner-Oper?«[3] Keynes schrieb jene Zeilen mit Blick auf Kaiser Wilhelm II. und den Ersten Weltkrieg. Was hätte der Professor wohl nach dem Untergang des so genannten »Dritten Reiches« konstatiert? Hatte eine Familie, die sich so sehr mit Adolf Hitler und den Nazis eingelassen hatte, nicht auf immer und ewig alle Rechte auf eine öffentliche Betätigung verwirkt?

Im Bayreuther Rathaus herrschte Einigkeit, dass die alte Festspielleitung – allen voran Winifred – untragbar sei, mit einer ausgewiesenen Hitler-Freundin könne man das Unternehmen nicht neu begründen. Und die vier Kinder? Siegfried Wagner hatte Wieland, Friedelind, Wolfgang und Verena zu gleichberechtigten Nacherben eingesetzt. Für Mutter Winifred stand gleichwohl seit Jahren fest, dass nur der älteste Sohn Wieland die Thronfolge antreten konnte. Nun galt aber ausgerechnet Wieland als Hitlers einstiger Liebling. Er war auch – im Gegensatz zu seinem jüngeren Bruder Wolfgang – in die NSDAP eingetreten und hatte zweifellos sehr von der Nähe zum »Führer« profitiert. Ein Günstling des NS-Regimes konnte kaum einen Neuanfang verkörpern. In dieser Situation kam Friedelind ins Spiel, die in New York lebte und aus Protest gegen Nazideutschland emigriert war. Die 27-Jährige wäre zweifellos in der Lage gewesen, die Leitung der Festspiele zu übernehmen. Als sie jedoch entsprechende Avancen des Bayreuther Oberbürgermeisters Oskar Meyer erreichten, ging sie darauf nicht ein. Friedelind hielt den Zeitpunkt für verfrüht. Bayreuth hatte keine intakte Infrastruktur, die Hotels waren geschlossen. Wie sollte man unter diesen Umständen ein Festival auf die Beine stellen? Vielleicht war es auch die Angst vor der Rückkehr, die Scheu vor der Familie, die sie vorerst in den Vereinigten Staaten zurückhielt? Möglicherweise fühlte sich Friedelind aber auch so sehr ihrer amerikanischen Heimat verbunden, dass sie zunächst gar nicht zurückwollte.

Auch Isoldes Sohn Franz Wilhelm Beidler geriet in den Fokus der Stadtväter. Im Auftrag der Amerikaner wandte sich Oberbürgermeis-

Wolfgang und Wieland Wagner vor der Ruine der Villa Wahnfried. Das Haus wurde später wiederaufgebaut und 1976 als Richard-Wagner-Museum eröffnet.

ter Meyer an den in Zürich lebenden Wagner-Enkel und lud ihn zu Gesprächen nach Bayreuth ein. Als Beidler Ende 1946 seine Geburtsstadt betrat, wurde er von Wolfgang Wagner in freundlich-eisiger Atmosphäre empfangen. Man hielt von dem Vetter nicht viel, von dessen ambitionierten Plänen noch viel weniger. Beidler schlug vor, eine Festspiel-Stiftung zu gründen, deren Geschäfte von einem Stiftungsrat geführt werden sollten. In ein zusätzliches Expertengremium müsste man so wichtige Persönlichkeiten wie Arnold Schönberg, Paul Hindemith und Leo Kestenberg berufen. Für das Amt des Ehrenpräsidenten war kein Geringerer als Thomas Mann im Gespräch; er, Beidler, würde die administrativen Aufgaben eines Ersten Sekretärs übernehmen. All das lief auf eine faktische Entmachtung des Clans hinaus. Diese hochfliegenden Vorhaben waren gegen Winifreds Willen aber nicht durchzusetzen, da Siegfrieds Testament sie als Vorerbin eingesetzt hatte und nach wie vor Rechtskraft besaß. Natürlich hätte man Winifred enteignen können, doch davon wollten die Amerikaner nichts wissen. Franz

Wilhelm Beidlers Pläne verschwanden in der Schublade. Wielands Chancen auf den Bayreuther Thron verbesserten sich durch die Absage der Schwester und den Ausfall des Vetters ganz erheblich. Repräsentabel wurde der Älteste aber erst, als im Dezember 1948 das Entnazifizierungsverfahren gegen Mutter Winifred abgeschlossen werden konnte. Frau Wagner wurde letztlich zwar nur als »minderbelastet« eingestuft, gleichwohl verbot man ihr in Zukunft jedwede öffentliche Betätigung. Eine Wiederaufnahme ihrer Tätigkeit als Festspielleiterin war dadurch ausgeschlossen. Wenige Wochen später wurde Wieland Wagner – von Amts wegen und ohne Verhandlung – als bloßer »Mitläufer« gewissermaßen von aller Verantwortung freigesprochen. Heinz Tietjen konnte es kaum fassen: »Der Erbe reißt das Werk an sich«, schimpfte er, »und die Bayerische Regierung fällt auf diesen übelsten aller Hitler-Günstlinge herein.«[4] Winifred verkörperte nun in der Öffentlichkeit die Schuld des Hauses Wagner, von Wielands Verstrickungen in das NS-System war keine Rede mehr. In ihren letzten Lebensjahren stellte sie verbittert fest: »Der Wieland hätte doch glatt als Schuldiger mit mir vor die Spruchkammer kommen müssen usw. Er war z.B. Gaukulturrat hier in Bayreuth und weiß ich was alles.« Hitler habe Wieland sogar das Leben gerettet, indem er ihn vom Frontdienst befreit hatte. »Ja, lieber Gott, ist das nicht Nutznießertum ... der hat nie eine Anklage gekriegt von der Spruchkammer ... Daß Wieland so glatt durchgekommen ist ... ich meine, das ist sehr erfreulich für Bayreuth ... aber im Grunde genommen unverständlich. Wenn wir es ganz klar und deutlich sagen wollen: ich habe alles auf meinen Buckel genommen ... ich war der Sündenbock ... Und ich habe also dadurch die beiden Jungens so quasi ... reingewaschen.«[5]

Am 21. Januar 1949 erklärte Winifred Wagner schriftlich ihren Verzicht auf eine Mitwirkung an den Bayreuther Festspielen. Damit war der Weg für ihre Söhne frei. Eine Alleinherrschaft des Älteren stand nicht mehr zur Diskussion, das ungleiche Brüderpaar sollte fortan gleichberechtigt die Geschicke des Unternehmens lenken. Wieland und Wolfgang schienen sich perfekt zu ergänzen: Wieland als genialer Regisseur und innovativer Bühnenbildner, Wolfgang als erfolgreicher Finanzchef und gewiefter Organisator. Die erste Saison

1951 brachte neben den *Meistersingern* auch die *Ring*-Tetralogie sowie das Spätwerk *Parsifal* in Inszenierungen Wieland Wagners auf die Bühne. Am Pult standen mit Hans Knappertsbusch und Herbert von Karajan zwei Bayreuth-Novizen. Darüber hinaus dirigierte Wilhelm Furtwängler als Reminiszenz an das Gründungsjahr 1876 Ludwig van Beethovens *Neunte Sinfonie* (damals hatte Richard Wagner jenes Opus Magnum geleitet).

Wielands Stil wurde als provokant und revolutionär empfunden. Die Bühne war von naturalistischem Kitsch entrümpelt; Tempel, Wälder, Schwäne, germanische Götter und dergleichen mehr waren verbannt. Altversessene Wagnerianer fanden sich in der kahlen Szenerie nicht mehr zurecht, andere betrachteten es als Durchbruch zu einer spannenden, zeitgemäßen und gewissermaßen demokratischen Wagner-Interpretation. »Neu-Bayreuth« war gegründet, die »Werkstatt Bayreuth« wurde zum musikalischen Aushängeschild. Hinter Wahnfrieds Mauern ging es derweil – wie immer – hoch her. So gut sich die Wagner-Brüder beruflich auch verständigen konnten, privat waren die Familien zerstritten. Das ging sogar so weit, dass Wielands und Wolfgangs Kinder nicht miteinander spielen durften. Überhaupt die Kinder: Winifred ärgerte sich über deren – wie sie es empfand – traditionslose Erziehung. »Sie kennen die Gedenktage nicht, wissen nicht, wann ihr berühmter Urgroßvater geboren ist usw.« Einmal waren sie bei der Großmutter, das Radio lief. Winifred: »›Seid doch mal still, es wird etwas von eurem Ururgroßvater gespielt.‹ ›Von wem?‹ ›Nun, von Liszt.‹ Die Kinder darauf: ›Was, mit dem sind wir auch verwandt?‹«[6]

Das Jahr 1966 brachte eine tragische Wende. Am 17. Oktober starb Wieland Wagner an den Folgen einer Tumorerkrankung. Er wurde nur 49 Jahre alt. Nach dem Tod des Bruders übernahm Wolfgang die alleinige Festspielleitung. Winifred Wagner ordnete die Strukturen neu. Im April 1973 gab sie das Festspielhaus, die Villa Wahnfried sowie das Wagner-Archiv an die Stadt Bayreuth ab, die ihrerseits alles auf eine neugegründete Richard-Wagner-Stiftung übertrug. Der Handel brachte den Erben die stattliche Summe von 12,4 Millionen DM ein. Auch in der Ära Wolfgang Wagner machten die Festspiele von sich reden. Der Chef setzte künstlerische Akzente, indem er sein Haus für Gäste öffnete. Er lockte so bedeutende Dirigenten wie Daniel Barenboim, James Levine, Carlos Kleiber oder Christian Thielemann auf den Grünen Hügel. In der Wahl der Regisseure bewies Wolfgang Wagner im Laufe der Jahre ebenfalls oft eine glückliche Hand: 1972 inszenierte Götz Friedrich den *Tannhäuser*, vier Jahre später brachte Patrice Chéreau den *Ring* auf die Bühne – als »Jahrhundertring« längst eine Legende –, 1993 polarisierte Heiner Müllers *Tristan*, und 2004 provozierte Christoph Schlingensief mit seiner Interpretation des *Parsifal*. Im Jubiläumsjahr 1976 sorgte Wolfgang Wagner für einen handfesten Skandal, als er sich nach über dreißigjähriger Ehe von seiner Frau Ellen trennte. Er hatte ein Verhältnis mit seiner fünfundzwanzig Jahre jüngeren Mitarbeiterin Gudrun Mack begonnen, die er im Juli 1976 heiratete. Es war ein Drama, sagte sich der 57-Jährige doch auch von seinen erwachsenen Kindern Eva und Gottfried los. Hatte Eva Wagner bislang als Assistentin ihres Vaters den Theaterbetrieb von der Pike auf kennen gelernt, musste sie ihren Platz von heute auf morgen für ihre Stiefmutter räumen. Die Klatschpresse nahm sich jener Querelen dankbar an. Zwei Jahre später – im Mai 1978 – kam Wolfgang und Gudrun Wagners Tochter Katharina zur Welt.

Der vorerst letzte Akt in der Bayreuther Familienoper begann um die Jahrtausendwende. Wolfgang Wagner wollte sich von der Leitung der Festspiele zurückziehen und seine zweite Frau Gudrun als Nachfolgerin installieren. Nicht wenige munkelten, dass Gudrun Wagner das Amt nur als Statthalterin für die noch zu junge Tochter Katharina führen sollte. Das war der letzte Versuch, das dynastische Prinzip nach gewohnter Manier durchzusetzen – und misslang. Der Stiftungsrat entschied sich nämlich mit großer Mehrheit für Eva Wagner-Pasquier, Wolfgangs Tochter aus erster Ehe. Doch der Patriarch akzeptierte das Votum nicht. Plötzlich berief er sich auf seinen Lebenszeitvertrag, der ihn gewissermaßen unkündbar machte. Es blieb alles beim Alten, der über 80-Jährige saß am längeren Hebel. Ende November 2007 starb Gudrun Wagner völlig überraschend. In den Wochen und Monaten danach kam es zwischen Wolfgang Wagner und Eva Wagner-Pasquier zu einer behutsamen Wiederannäherung. Der Rest ist bekannt. Der alte Herr erklärte im April 2008, zugunsten

Der Machtwechsel ist geglückt: Wolfgang Wagner trat im Sommer 2008 in den Ruhestand und übergab die Festspielleitung an seine Töchter. Von links: Karl Gerhard Schmidt, Thomas Goppel, Verena Lafferentz, Katharina Wagner, Wolfgang Wagner, Christian Thielemann und Eva Wagner-Pasquier.

seiner Töchter Katharina und Eva vom Amt des Festspielleiters zurücktreten zu wollen. Der Plan funktionierte.

Und wie geht es weiter? Die Neugierde auf das Kommende ist allenthalben groß. Welche Neuerungen wird das schwesterliche Führungsduo vornehmen? Wie wird sich Bayreuth unter Eva und Katharinas Leitung entwickeln? Wie werden die Halbschwestern, die sich vorher ja kaum kannten, miteinander auskommen? Schwer zu sagen. Es darf jedoch angenommen werden, dass die zu kurz gekommene Verwandtschaft besonders genau hinschauen wird.

Seit 1876 gibt es nun die Bayreuther Festspiele. Während auf dem

Grünen Hügel in den zurückliegenden 133 Jahren großartige Opern präsentiert wurden, inszenierten die Wagners ihre einzigartige Familiensaga. Auch das war oftmals ganz große Oper, manchmal aber auch nur eine beschwingte Operette, ein deftiges Boulevardstück, ein tieftrauriges Passionsspiel oder eine absurde Posse. »Ich habe zeitlebens Grund gehabt, mich der Familie meiner Mutter zu schämen«,[7] versicherte Isoldes Sohn Franz Wilhelm Beidler einer Bekannten. Mag sein. Aber eines würde wohl auch Beidler seiner Sippe zugute halten müssen: langweilig war es nie.

ANHANG

DANK

Bei meiner Arbeit habe ich manche Hilfe erfahren, für die ich herzlich Dank sagen möchte, insbesondere den Mitarbeiterinnen und Mitarbeitern der konsultierten Archive, Sammlungen und Bibliotheken. Ein besonderer Dank geht an Dr. Sven Friedrich, Dr. Gudrun Föttinger und Kristina Unger vom Nationalarchiv der Richard-Wagner-Stiftung Bayreuth sowie an Dr. Nino Nodia von der Bayerischen Staatsbibliothek München.

Siegfried und Winifred Wagners Tochter Verena Lafferentz erklärte mir bereitwillig Zusammenhänge, die bei der Rekonstruktion von Familieninterna wichtig waren. Neill Thornborrow war mir stets ein guter Gesprächspartner, dem ich sehr herzlich für unveröffentlichtes Archivmaterial aus Friedelind Wagners Besitz danke.

Ich bedanke mich bei Thomas Rathnow und bei Dr. Tobias Winstel vom Siedler Verlag (München), bei meinem Hamburger Lektor Hermann Gieselbusch und bei Ditta Ahmadi (Berlin), die Texten und Fotos ihr ästhetisches Format verlieh. Barbara Wenner stand mir als Agentin mit Rat und Tat zur Seite. Dorothee Hütte besorgte die Übersetzungen französischsprachiger Zitate. Dirk Mühlenhaus erwies sich nicht zum ersten Mal als wahrer Meister im Entziffern nahezu unleserlicher Handschriften; auch ihnen allen sei ausdrücklich gedankt.

Darüber hinaus möchte ich mich – aus ganz unterschiedlichen Gründen – bei Veronika Breiteneicher, Prof. Dr. Jens Malte Fischer, Prof. Dr. Manfred Görtemaker, Dr. Klára Hamburger, Ilona und Wilfried Hilmes, Thomas Karlauf, Dr. Marita Keilson-Lauritz, Karin Kerner, Clara Leybold-Speer, Dr. Eva Rieger, Holger R. Stunz und Prof. Dr. Alan Walker herzlich bedanken. Zuletzt gilt mein Dank den kritischen Lesern des werdenden Manuskripts, allen voran Peter Franzek, dessen konstruktive und aufbauende Anregungen mir stets ausgesprochen wichtig sind.

ANMERKUNGEN

Fünf Kinder, eine Mutter und zwei Väter

1 Cosima Wagner, *Die Tagebücher*, Band I, 19.10.1870, München 1977, S. 301.
2 Franz Liszt an Franziska von Bülow, in: Marie von Bülow, *Hans von Bülow in Leben und Wort*, Stuttgart 1925, S. 65.
3 Franz Liszt an Carolyne von Sayn-Wittgenstein, 23.7.1855, in: La Mara (Hrsg.), *Franz Liszt's Briefe. Briefe an die Fürstin Carolyne Sayn-Wittgenstein*, Band 4, Leipzig 1900, S. 233.
4 Winifred Wagner, Interview mit Hans Jürgen Syberberg, in: Hans Jürgen Syberberg, *Winifred Wagner und die Geschichte des Hauses Wahnfried 1914–1975*, Videofilm.
5 Hans von Bülow an Franz Liszt, 20.4.1856, in: Marie von Bülow, *Hans von Bülow in Leben und Wort*, S. 67f.
6 Hans von Bülow an Richard Pohl, 17.8.1857, in: Marie von Bülow (Hrsg.), *Hans von Bülow. Briefe*, Band 3, Leipzig 1898, S. 107.
7 Cosima Wagner, Tgb. I, 8.1.1869, S. 28.
8 Cosima von Bülow an Hans von Bülow, 15.6.1869, deutsche Übersetzung zit. nach: Geoffrey Skelton, *Richard und Cosima Wagner. Biographie einer Ehe*, München 1995, S. 187f.
9 Vgl.: Geburtenregister 741/1860, SHB.
10 Hans von Bülow an Joachim Raff, 15.10.1860, in: Marie von Bülow, *Hans von Bülow. Briefe*, Band 3, S. 339.
11 Blandine Liszt an Franz Liszt, 30.3.1861, in: Daniel Ollivier (Hrsg.), *Correspondance de Liszt et de sa fille Madame Émile Ollivier 1842–1862*, Paris 1936, S. 271.
12 Hans von Bülow an Isidore von Bülow, 14.6.1862, in: Marie von Bülow, *Hans von Bülows Leben dargestellt aus seinen Briefen*, Leipzig 1921, S. 172.
13 Cosima Wagner, Tgb. I, 19.3.1869, S. 73f.
14 Hans von Bülow an Joachim Raff, 7.4.1863, in: Marie von Bülow, *Hans von Bülow. Briefe*, Band 3, S. 522.
15 Richard Wagner, *Mein Leben*, Leipzig 1986, S. 745f.
16 Protokoll der Vernehmung der Zeugin Anna Mrazek, Landgericht München, 20.5.1914, NAB.
17 Ebd.
18 Taufbuch der Pfarrei St. Bonifaz München, AEM.
19 Hans von Bülow an Karl Gille, 14.4.1865, in: Marie von Bülow, *Hans von Bülow. Briefe*, Band 4, S. 24f.

20 Protokoll der Vernehmung der Zeugin Anna Mrazek, Landgericht München, 20.5.1914, NAB.
21 Cosima Wagner, Tgb. I, 11.7.1869, S. 126.
22 Peter Cornelius an Bertha Jung, 10.12.1865, in: Peter Cornelius, *Literarische Werke. Ausgewählte Briefe nebst Tagebuchblättern und Gelegenheitsgedichten*, Band 2, Leipzig 1905, S. 311f.
23 Hans von Bülow an Felix Draeseke, 4.3.1866, in: Marie von Bülow, *Hans von Bülow. Briefe*, Band 4, S. 100.
24 Peter Cornelius an Bertha Jung, undatiert [Juni 1866], in: Cornelius, *Literarische Werke*, Band 2, S. 382.
25 Cosima Wagner, Tgb. I, 6.6.1869, S. 104.
26 Cosima Wagner, Tgb. I, 8.6.1869, S. 106.
27 Cosima von Bülow an Hans von Bülow, 15.6.1869, deutsche Übersetzung zit. nach: Skelton, S. 185ff.
28 Cosima Wagner, Tgb. I, 13.6.1869, S. 108.
29 Cosima Wagner, Tgb. I, 1.1.1869, S. 21.
30 Cosima Wagner, Tgb. I, 16.10.1869, S. 160.
31 Cosima Wagner, Tgb. I, 16.1.1871, S. 342.
32 Cosima Wagner, Tgb. I, 11.12.1869, S. 177.
33 Cosima Wagner an Hans von Bülow, 29.10.1871, NAB.
34 Hans von Bülow an Daniela von Bülow, 19.04.1873, in: Richard Du Moulin Eckart (Hrsg.), *Hans von Bülow. Neue Briefe*, München 1927, S. 561f.
35 Vgl.: Zeugnis Daniela von Bülow, 23.12.1873, NAB.
36 Vgl.: Zeugnis Blandine von Bülow, 23.12.1873, NAB.
37 Vgl.: Luisenstift Radebeul, Erinnerungsblatt an das 50. Stiftungsfest Oktober 1907, Stadtarchiv Radebeul.
38 Cosima Wagner an Friedrich Nietzsche, 15.5.1875, in: Dieter Borchmeyer und Jörg Salaquarda (Hrsg.), *Nietzsche und Wagner. Stationen einer epochalen Begegnung*, Band 1, Frankfurt/Main 1994, S. 270.
39 Susanne Weinert, *Im Hause Richard Wagners. Ein Stück als Beitrag zu dem Familienleben des großen Meisters*, Typoskript, S. 61, NAB.
40 Cosima Wagner an Daniela von Bülow, 10./11.4.1883, in: Dietrich Mack (Hrsg.), *Cosima Wagner. Das zweite Leben, Briefe und Aufzeichnungen 1883–1930*, München 1980, S. 33.
41 Cosima Wagner, Tgb. I, 13.8.1870, S. 269f.
42 Cosima Wagner an Daniela von Bülow, 11.9.1876, in: Max Freiherr von Waldberg (Hrsg.), *Cosima Wagners Briefe an ihre Tochter Daniela von Bülow 1866–1885*, Stuttgart 1933, S. 39.
43 Cosima Wagner an Daniela von Bülow, 18.1.1881, in: ebd., S. 120.
44 Cosima Wagner an Daniela von Bülow, 7.10.1876, in: ebd., S. 44f.
45 Cosima Wagner an Daniela von Bülow, 9.8.1880, in: ebd., S. 91.
46 Cosima Wagner an Daniela von Bülow, 4.2.1881, in: ebd., S. 130f.
47 Weinert, *Im Hause Richard Wagners*, S. 42, NAB.
48 Lilli Lehmann, *Mein Weg*, Leipzig 1920, S. 228f.
49 Vgl.: Isolde Beidler an Eva Chamberlain, 22.6.1913, BSB, Nachl. Dispeker.
50 Daniela Thode an Isolde von Bülow, 10.1.1894, BSB, Nachl. Dispeker.

51 Adolf von Groß an Cosima Wagner, 6.9.1893, NAB.
52 Harry Graf Kessler, *Das Tagebuch. Dritter Band 1897–1905*, Stuttgart 2004, S. 71f., 21.7.1897.

»Es wäre besser, wenn sie nicht geboren wären!«

1 Cosima Wagner, Tgb. II, 5.11.1881, S. 821.
2 Cosima Wagner, Tgb. II, 9.11.1881, S. 822.
3 Cosima Wagner an Hans Richter, 7.1.1882, NAB.
4 Cosima Wagner, Tgb. II, 15.1.1882, S. 873.
5 Cosima Wagner, Tgb. II, 15.3.1882, S. 911.
6 Cosima Wagner, Tgb. II, 17.3.1882, S. 911.
7 Cosima Wagner, Tgb. II, 31.3.1882, S. 921.
8 Cosima Wagner, Tgb. II, 6.4.1882, S. 925.
9 Cosima Wagner an Hans von Bülow, 28.3.1882, NAB.
10 Cosima Wagner, Tgb. II, 2.4.1882, S. 921.
11 Hans von Bülow an Daniela von Bülow, 3.4.1882, NAB.
12 Cosima Wagner, Tgb. II, 7.4.1882, S. 926f.
13 Hans von Bülow an Daniela von Bülow, 14.4.1882, in: Du Moulin Eckart, *Hans von Bülow. Neue Briefe*, S. 583.
14 Hans von Bülow an Daniela von Bülow, 23.4.1882, in: ebd., S. 584.
15 Hans von Bülow an Daniela von Bülow, 12.5.1882, in: ebd., S. 587.
16 Hans von Bülow an Marie Schanzer, 25.5.1882, in: Marie von Bülow (Hrsg.), *Hans von Bülow. Briefe*, Band 6, Leipzig 1907, S. 177.
17 Daniela von Bülow an Hans von Bülow, 10.5.1882, NAB.
18 Hans von Bülow an Daniela von Bülow, 12.5.1882, in: Du Moulin Eckart, *Hans von Bülow. Neue Briefe*, S. 587f.
19 Cosima Wagner, Tgb. II, 13.3.1882, S. 909.
20 Hans von Bülow an Daniela von Bülow, 21.8.1882, in: Du Moulin Eckart, *Hans von Bülow. Neue Briefe*, S. 595.
21 Cosima Wagner, Tgb. II, 22.5.1882, S. 945.
22 Daniela von Bülow an Hans von Bülow, 7.7.1882, NAB.
23 Cosima Wagner, Tgb. II, 9.7.1882, S. 977.
24 Cosima Wagner, Tgb. II, 20.8.1882, S. 992.
25 Cosima Wagner, Tgb. II, 23.8.1882, S. 993.
26 Cosima Wagner, Tgb. II, 25.8.1882, S. 993.
27 Cosima Wagner, Tgb. II, 26.08.1882, S. 994.
28 Vgl.: Artikel Sizilien, in: *Meyers Großes Konversations-Lexikon*, Band 18, 6. Auflage, Leipzig 1908, S. 509.
29 Christoph Krafft von Crailsheim an Rudolf von Tautphoeus, 22.8.1882, BHA, Bayerische Gesandtschaft Turin-Rom-Neapel 418.
30 Rudolf von Tautphoeus an Christoph Krafft von Crailsheim, 15.9.1882, Ebd.
31 Blandine Gravina an Ernst Schweninger, 30.8.1892, BAB, Nachl. Schweninger.
32 Isolde von Bülow an Malwida von Meysenbug, 14.3.1887, NAB.

33 Malwida von Meysenbug an Blandine Gravina, 12.5.1887, in: Karl-Heinz Nickel (Hrsg.), *Malwida von Meysenbug. Durch lauter Zaubergärten der Armida*, Kassel 2005, S. 24f.
34 Cosima Wagner an Bodo von dem Knesebeck, 4.11.1892, in: *Das zweite Leben*, S. 309.
35 Cosima Wagner an Adolf von Groß, 3.10.1896, NAB.
36 Cosima Wagner an Adolf von Groß, 27.9.1896, NAB.
37 Adolf von Groß an Cosima Wagner, undatiert [September 1897], NAB.
38 Cosima Wagner an Ernst Fürst zu Hohenlohe-Langenburg, 17.10.1897, in: *Briefwechsel zwischen Cosima Wagner und Fürst Ernst zu Hohenlohe-Langenburg*, Stuttgart 1937, S. 155.
39 Blandine Gravina an Mary Levi, 8.11.1897, BSB, Leviana.
40 Blandine Gravina an Mary Levi, 26.2.1908, BSB, Leviana.
41 Blandine Gravina an Mary Levi, 29.12.1913, BSB, Leviana.
42 Blandine Gravina an Mary Levi, 04.2.1919, BSB, Leviana.
43 Malwida von Meysenbug an Blandine Gravina, 12.5.1887, in: Nickel, *Malwida von Meysenbug*, S. 24.
44 Vgl.: Anna Maria Szylin, *Henry Thode (1857–1920). Leben und Werk*, Frankfurt/Main 1993.
45 Henry Thode, Tagebuch Venedig 1882, NAB.
46 Adolf von Groß an Henry Thode, 4.3.1884, BSB, Cgm 8405.
47 Cosima Wagner an Ludwig II., 27.9.1885, in: Martha Schad (Hrsg.), *Cosima Wagner und Ludwig II. von Bayern. Briefe, Eine erstaunliche Korrespondenz*, München 2004, S. 543.
48 Fritz Brandt an Hans von Bülow, 21.2.1884, SBB, Nachl. Bülow.
49 Hans von Bülow an Marie von Bülow, 24.2.1884, SBB, Nachl. Bülow.
50 Daniela von Bülow an Marie von Bülow, 14.4.1884, SBB, Nachl. Bülow.
51 Hans von Bülow an Fritz Brandt, 3.8.1884, BSB, Fasc. germ. 158.
52 Hans von Bülow an Fritz Brandt, 11.8.1884, BSB, Fasc. germ. 158.
53 Daniela von Bülow an Blandine Gravina, 4.5.1885, BSB, Nachl. Gravina.
54 Cosima Wagner an Daniela von Bülow, 3.6.1885, in: Waldberg, S. 332.
55 Daniela von Bülow an Blandine Gravina, 7.7.1885, BSB, Nachl. Gravina.
56 Henry Thode an Daniela von Bülow, 8.7.1885, NAB.
57 Henry Thode an Daniela von Bülow, 26.7.1885, NAB.
58 Henry Thode an Daniela von Bülow, 25.10.1885, NAB.
59 Cosima Wagner an Daniela von Bülow, 16.3.1881, in: Waldberg, S. 171.
60 Cosima Wagner an Daniela von Bülow, 2.7.1881, in: ebd., S. 218.
61 Harry Graf Kessler, *Gesichter und Zeiten. Erinnerungen*, Frankfurt/Main 1988, S. 185.
62 Henry Thode an Daniela von Bülow, 11.4.1886, NAB.
63 Felix Weingartner, *Lebenserinnerungen*, Band 1, Zürich 1928, S. 264
64 Hans von Bülow an Eugen Spitzweg, 25.6.1886, in: Marie von Bülow. (Hrsg.), *Hans von Bülow. Briefe*, Band 8, Leipzig 1908, S. 42.
65 Felix Mottl, Tagebuch, 4.7.1886, BSB, Nachl. Mottl.
66 Henry Thode an Hans von Bülow, 21.7.1886, NAB.
67 Henry Thode an Max Lehrs, 18.8.1893, zit. nach: Szylin, *Henry Thode*, S. 77.

68 Henry Thode an Daniela Thode, 31.7.1894, NAB.
69 Max Liebermann, *Gesammelte Schriften*, Berlin 1922, S. 236.
70 Ebd., S. 129.
71 Adolf Grabowsky, *Der Kampf um Böcklin*, Berlin 1906, S. 13.
72 Kessler, *Das Tagebuch. Vierter Band 1906–1914*, S. 398f., 6.1.1908.
73 Berliner Börsen-Zeitung, 7.1.1908, zit. nach: Rolf Parr, *Interdiskursive As-Sociation. Studien zu literarisch-kulturellen Gruppierungen zwischen Vormärz und Weimarer Republik*, Tübingen 2000, S. 207.
74 Frankfurter Zeitung, 7.1.1908, zit. nach: ebd., S. 215.
75 Lustige Blätter, Nr. 7/1908, zit. nach: ebd., S. 225.
76 Henry Thode an Daniela Thode, 22.2.1913, NAB.
77 Cosima Wagner, Tgb. I, 13.8.1870, S. 269f.
78 Daniela Thode an Marie von Bülow, 18.10.1892, SBB, Nachl. Bülow.
79 Daniela Thode an Marie von Bülow, 10.4.1893, SBB, Nachl. Bülow.
80 Daniela von Bülow an Blandine Gravina, 30.11.1892, BSB, Nachl. Gravina.
81 Isadora Duncan, *Memoiren*, Zürich 1928, S. 147f.
82 Ebd., S. 158.
83 Henry Thode an Daniela Thode, 25.9.1894, NAB.
84 Henry Thode an Daniela Thode, 11.2.1910, NAB.
85 Henry Thode an Daniela Thode, 26.1.1910, NAB.
86 Henry Thode an Daniela Thode, 04.08.1910, NAB.
87 Henry Thode an Daniela Thode, 12.8.1910, NAB.
88 Daniela Thode an Ernst Schweninger, 27.11.1910, BAB, Nachl. Schweninger.
89 Henry Thode an Adolf von Groß, 19.9.1911, NAB.
90 Houston Stewart Chamberlain an Ernst Schweninger, 20.9.1911, NAB.
91 Henry Thode, Meine Beziehung zu Fräulein T., NAB.
92 Ebd.
93 Henry Thode an Daniela Thode, 31.10.1912, NAB.
94 Vgl.: Henry Thode an Daniela Thode, 26.1.1913, NAB.
95 Henry Thode, Meine Beziehung zu Fräulein T., NAB.
96 Henry Thode, Nur für mich geschrieben!, 27.1.1913, NAB.
97 Henry Thode an Daniela Thode, 22.2.1913, NAB.
98 Siegfried Wagner an Henry Thode, undatiert, NAB.
99 Eva Chamberlain an Henry Thode, 20.8.1913, zit. nach: Szylin, *Henry Thode*, S. 247.
100 Adolf von Groß an Houston Stewart Chamberlain, 18.9.1913, NAB.
101 Patientenaufnahmebuch, Hauptarchiv der von Bodelschwinghschen Anstalten Bethel.
102 Adolf von Groß an Houston Stewart Chamberlain, 7.10.1913, NAB.
103 Henry Thode an Justizrat Dr. Emil Koffka, 24.10.1913, NAB.
104 Houston Stewart Chamberlain an Henry Thode, 21.11.1913, NAB.
105 Mathilde Paulli an Daniela Thode, 14.3.1921, NAB.
106 Otto Binswanger an Daniela Thode, 16.08.1915, BSB, Ana 333.
107 Ernst Speer, *Autobiographie*, unveröffentlichtes Manuskript, Privatbesitz Familie Leybold-Speer.
108 Eva Chamberlain an Ernst Schweninger, 10.5.1916, BAB, Nachl. Schweninger.

109 Eva Chamberlain an Ernst Schweninger, 6.10.1916, BAB, Nachl. Schweninger.
110 Houston Stewart Chamberlain an Otto Binswanger, 22.8.1915, NAB.

Die Rivalen

1 Urteil des Landgerichts Bayreuth vom 19.6.1914, Kopie, NAB.
2 Maximilian Harden, *Tutte le Corde. Siegfried und Isolde*, in: Die Zukunft, 27.6.1914, S. 406.
3 Ebd., S. 424.
4 Ebd. S. 426f.
5 Cosima Wagner an Gustav Mahler, 19.11.1900, in: *Das zweite Leben*, S. 557.
6 Zeugnis Franz Beidler, 28.1.1893, HMT.
7 Friedelind Wagner, *Nacht über Bayreuth. Die Geschichte der Enkelin Richard Wagners*, München 2002, S. 53.
8 Cosima Wagner an Marie von Wolkenstein, 21.12.1900, NAB.
9 Cosima Wagner an Franz Beidler, 17.12.1900, BSB, Nachl. Dispeker.
10 Cosima Wagner an Isolde Beidler, 4.2.1902, BSB, Nachl. Dispeker.
11 Cosima Wagner an Isolde Beidler, 13.2.1902, BSB, Nachl. Dispeker.
12 Cosima Wagner an Marie von Wolkenstein, 18.10.1901, NAB.
13 Cosima Wagner an Henriette Beidler, 11.11.1901, NAB.
14 Cosima Wagner an Isolde Beidler, 5.8.1902, BSB, Nachl. Dispeker.
15 Cosima Wagner an Franz und Isolde Beidler, 9.6.1905, NAB.
16 Cosima Wagner an Isolde Beidler, 28.11.1905, NAB.
17 Cosima Wagner an Franz Beidler, 11.8.1906, in: *Das zweite Leben*, S. 685f.
18 Cosima Wagner an Adolf von Groß, 17.11.1906, NAB.
19 Eva Wagner an Mary Balling, 9.12.1906, BSB, Leviana.
20 Cosima Wagner an Isolde Beidler, 26.7.1907, NAB.
21 Daniela Thode an Adolf von Groß, 28.10.1908, NAB.
22 Eva Chamberlain an Mary Balling, 25.10.1908, BSB, Leviana.
23 Philipp zu Eulenburg an Kaiser Wilhelm II., 21.3.1892, in: John C. G. Röhl, *Philipp Eulenburgs politische Korrespondenz*, Band 2, Boppard 1979, S. 816ff.
24 Eva Wagner an Blandine Gravina, 22.6.1886, NAB.
25 Hermann Graf Keyserling, *Reise durch die Zeit. Ursprünge und Entfaltungen*, Vaduz 1948, S. 126.
26 Ebd., S. 134.
27 Ebd., S. 127.
28 Ebd., S. 142.
29 Ebd., S. 120.
30 Leo Spitzer, *Anti-Chamberlain. Betrachtungen eines Linguisten über Chamberlains »Kriegsaufsätze« und der Sprachbewertung im allgemeinen*, Leipzig 1918, S. 27.
31 Walter Büttner an Houston Stewart Chamberlain, 14.6.1914, NAB.
32 N.N. an Houston Stewart Chamberlain, Oktober 1926, NAB.
33 Keyserling, *Reise durch die Zeit*, S. 132.

34 Ebd., S. 142.
35 Houston Stewart Chamberlain, *Die Grundlagen des Neunzehnten Jahrhunderts*, I. Hälfte, München 1912, S. 278.
36 Adolf von Harnack an Houston Stewart Chamberlain, 24.11.1912, zit. nach: Wolfram Kinzig (Hrsg.), *Harnack, Marcion und das Judentum. Nebst einer kommentierten Edition des Briefwechsels Adolf von Harnacks mit Houston Stewart Chamberlain*, Leipzig 2004, S. 263.
37 Houston Stewart Chamberlain an Adolf von Harnack, 9.12.1912, zit. nach: ebd., S. 267f.
38 Houston Stewart Chamberlain an Major von Kotze, 3.4.1915, in: Houston Stewart Chamberlain, *Briefe 1882-1924 und Briefwechsel mit Kaiser Wilhelm II.*, Band 1, München 1928, S. 307f.
39 Gertrud Strobel, Tagebuch, 29.6.946, NAB.
40 Houston Stewart Chamberlain, Tagebuch, August-November 1908, NAB.
41 Keyserling, *Reise durch die Zeit*, S. 124.
42 Ebd., S. 123.
43 Vgl.: Scheidungsurteil Chamberlain, BSB, Nachl. Dispeker.
44 Mabel Bollinger an Houston Stewart Chamberlain, 31.10.1921, NAB.
45 Zur Familiengeschichte der Bollingers: Hubertus Bollinger, *Eine Kindheit in Blankenese*, Husum 2003.
46 Houston Stewart Chamberlain, Tagebuch, 26.12.1908, NAB.
47 Eva Chamberlain an Mary Balling, 25.10.1908, BSB, Leviana.
48 Eva Chamberlain an Ernst Schweninger, 4.9.1909, BAB, Nachl. Schweninger.
49 Houston Stewart Chamberlain an Kaiser Wilhelm II., 11.12.1908, in: Chamberlain, *Briefe*, Band II, S. 231.
50 Houston Stewart Chamberlain an Hermann Graf Keyserling, 28.3.1904, NAB.
51 Gertrud Strobel, Tagebuch, 29.6.1946, NAB.
52 Keyserling, *Reise durch die Zeit*, S. 129.
53 Ebd., S. 130.
54 Houston Stewart Chamberlain an Adolf von Groß, 26.10.1908, NAB.
55 Victor Klemperer, *LTI. Notizbuch eines Philologen*, Leipzig 1975, S. 18.
56 Keyserling, *Reise durch die Zeit*, S. 124.

Der Prozess

1 Houston Stewart Chamberlain an Ernst Schweninger, Telegramm, 21.3.1909, BAB, Nachl. Schweninger.
2 Ernst Schweninger an Eva und Houston Stewart Chamberlain, 26.3.1909, NAB.
3 Cosima Wagner an Isolde Beidler, 15.8.1909, BSB, Nachl. Dispeker.
4 Siegfried Wagner an Isolde Beidler, 21.8.1909, BSB, Nachl. Dispeker.
5 Houston Stewart Chamberlain an Adolf von Groß, Abschrift, 14.9.1909, NAB.
6 Henry Thode an Ernst Schweninger, 19.10.1909, BAB, Nachl. Schweninger.

7 Houston Stewart Chamberlain an Adolf von Groß, Abschrift, 24.9.1909, NAB.
8 Houston Stewart Chamberlain, Tagebuch, 16.9.1909, NAB.
9 Houston Stewart Chamberlain an Ernst Schweninger, 16.9.1909, BAB, Nachl. Schweninger.
10 Houston Stewart Chamberlain an Ernst Schweninger, 27.9.1909, BAB, Nachl. Schweninger.
11 Houston Stewart Chamberlain an Ernst Schweninger, 15.11.1909, BAB, Nachl. Schweninger.
12 Daniela Thode an Adolf von Groß, undatiert, NAB.
13 Isolde Beidler an Cosima Wagner, 5.11.1909, BSB, Nachl. Dispeker.
14 Franz Beidler an Cosima Wagner, 5.11.1909, BSB, Nachl. Dispeker.
15 Houston Stewart Chamberlain an Ernst Schweninger, 15.11.1909, BAB, Nachl. Schweninger.
16 Isolde Beidler an Siegfried Wagner, 14.11.1909, BSB, Nachl. Dispeker.
17 Siegfried Wagner an Isolde Beidler, 14.11.1909, BSB, Nachl. Dispeker.
18 Ebd.
19 Siegfried Wagner an Isolde Beidler, 18.11.1909, BSB, Nachl. Dispeker.
20 Isolde Beidler an Siegfried Wagner, 23.11.1909, BSB, Nachl. Dispeker.
21 Felix Mottl an Christiane Gräfin Thun-Salm, 13.2.1911, ÖNB.
22 Daniela Thode an Eva Chamberlain, 1.11.1910, NAB.
23 Ebd.
24 Isolde Beidler an Hans von Wolzogen, 6.10.1910, BSB, Nachl. Dispeker.
25 Hans von Wolzogen an Isolde Beidler, 6.10.1910, BSB, Nachl. Dispeker.
26 Houston Stewart Chamberlain an Ernst Schweninger, 8.9.1911, BAB, Nachl. Schweninger.
27 Houston Stewart Chamberlain an Ernst Schweninger, 6.11.1911, BAB, Nachl. Schweninger.
28 Cosimas Gespräche über Isolde, von Eva Chamberlain notiert, Februar 1911, NAB.
29 Christiane Gräfin Thun-Salm an Ernst Schweninger, 29.7.1909, BAB, Nachl. Schweninger.
30 Felix Mottl an Christiane Gräfin Thun-Salm, 13.02.1911, ÖNB.
31 Ärztlicher Bericht über Frau Hofkapellmeister Beidler, undatiert [Oktober 1912], NAB.
32 Isolde Beidler an Eva Chamberlain, 22.6.1913, BSB, Nachl. Dispeker.
33 Vgl.: *Adreßbuch deutscher Millionäre*, Leipzig 1909, S. 268.
34 Vgl.: Adolf von Groß an Houston Stewart Chamberlain, 25.1.1913, NAB.
35 Freundliche Mitteilung der Deutschen Bundesbank vom 18.11.2005.
36 Eva Chamberlain an Isolde Beidler, 29.6.1913, BSB, Nachl. Dispeker.
37 Franz Troll an Isolde Beidler, 30.6.1913, Abschrift in: SAB, Prozessunterlagen Isolde Beidler.
38 Blandine Gravina an Isolde Beidler, 16.7.1913, BSB, Nachl. Gravina.
39 Siegfried Dispeker, Erinnerungen eines Münchner Rechtsanwalts, S. 87, in: MSB, Nachl. Weil.

40 Isolde Beidler an Cosima Wagner, 2.9.1913, Abschrift in: SAB, Prozessunterlagen Isolde Beidler.
41 Cosima Wagner an Isolde Beidler, 13.9.1913, NAB.
42 Adolf von Groß an Houston Stewart Chamberlain, 4.2.1914, NAB.
43 Adolf von Groß an Houston Stewart Chamberlain, 26.2.1914, NAB.
44 Adolf von Groß an Eva Chamberlain, 20.2.1914, NAB.
45 Die Schaubühne, Wochenschrift für die gesamten Interessen des Theaters, 29.4.1914.
46 *Götterdämmerung*, in: Vorwärts (Berlin), 18.5.1914.
47 Die Muskete (Wien), 30.4.1914.
48 *Der Spuk von Wahnfried*, in: Der Roland von Berlin, 14.5.1914.
49 *Der Streit im Hause Wagner. Eine Unterredung mit Wagners alten Dienerin*, in: Neues Wiener Journal, 15.5.1914.
50 Houston Stewart Chamberlain an Josef Stolzing-Cerny, 15.5.1914, NAB.
51 Josef Stolzing-Cerny an Houston Stewart Chamberlain, 18.5.1914, NAB.
52 Josef M. Jurinek an Houston Stewart Chamberlain, 29.5.1914, NAB.
53 Josef M. Jurinek an Houston Stewart Chamberlain, 23.5.1914, NAB.
54 Josef M. Jurinek an Houston Stewart Chamberlain, 25.5.1914, NAB.
55 Wiener Caricaturen, 31.5.1914.
56 Heinrich Wadere an Siegfried Dispeker, 6.6.1914, BSB, Nachl. Dispeker.
57 Siegfried Dispeker, Erinnerungen eines Münchner Rechtsanwalts, S. 100, in: MSB, Nachl. Weil.
58 *Der Streit im Hause Wagner*, in: Münchner Neueste Nachrichten, 28.6.1914.
59 Franz Troll an Houston Stewart Chamberlain, 1.7.1914, NAB.
60 *Erlauschtes aus Wahnfried*, in: Die Muskete (Wien), 25.6.1914.
61 Berliner Volkszeitung, 27.6.1914.
62 *Isolde Beidler über Richard Wagner*, in: Tägliche Rundschau (Berlin), 11.7.1914.
63 Isolde Beidler an Siegfried Dispeker, 26.3.1915, BSB, Nachl. Dispeker.
64 Isolde Beidler an Siegfried Dispeker, 3.11.1915, BSB, Nachl. Dispeker.
65 Ärztliches Zeugnis, Sanatorium Schweizerhof Davos-Platz, 22.1.1915, NAB.
66 Isolde Beidler an Blandine Gravina, undatiert [Ostern 1916?], NAB.
67 Isolde Beidler an Blandine Gravina, 14.7.1916, NAB.
68 Isolde Beidler an Bella Dispeker, 3.9.1916, BSB, Nachl. Dispeker.
69 Isolde Beidler an Daniela Thode, 6.7.1918, NAB.
70 Eva Chamberlain an Ernst Schweninger, 8.7.1918, BAB, Nachl. Schweninger.
71 Gertrud Strobel, Tagebuch, 29.6.1946, NAB.
72 Daniela Thode an Eva Chamberlain, 8.2.1919, NAB.
73 Daniela Thode an Eva Chamberlain, 11.2.1919, NAB.
74 Exemplar in Privatbesitz.
75 Die Texte sind veröffentlicht in: Franz W. Beidler, *Cosima Wagner-Liszt. Der Weg zum Wagner-Mythos*, herausgegeben von Dieter Borchmeyer, Bielefeld 1997.
76 Franz W. Beidler, *Bedenken gegen Bayreuth*, in: ebd., S. 301.

Ehe wider Willen

1 Kurt Tucholsky, *Maximilian Harden*, in: Die Weltbühne, 8.11.1927, S. 704.
2 Ebd.
3 Vgl.: Peter Jungblut, *Famose Kerle. Eulenburg – eine wilhelminische Affäre*, Hamburg 2003.
4 Zu Leben und Werk Schweningers: Albert Espach, *Beiträge zur Biographie Ernst Schweningers*, München 1979.
5 Richard Linsert, *Kabale und Liebe. Über Politik und Geschlechtsleben*, Berlin 1931, S. 492.
6 Zit. nach: Hugo Friedländer, *Interessante Kriminal-Prozesse von kulturhistorischer Bedeutung. Darstellung merkwürdiger Strafrechtsfälle aus Gegenwart und Jüngstvergangenheit*, Band 11, Berlin 1920, S. 140.
7 Hedwig Pringsheim an Maximilian Harden, 10.5.1914, in: Hedwig Pringsheim, *Meine Manns. Briefe an Maximilian Harden 1900 – 1922*, Berlin 2006, S. 138.
8 Maximilian Harden, *Tutte le Corde. Siegfried und Isolde*, in: Die Zukunft, 27.6.1914, S. 406.
9 Ebd., S. 409.
10 Ebd. S. 426f.
11 *Unter der Guillotine. Siegfried Wagner*, in: Deutsche Montags-Zeitung, 2.6.1914.
12 Hedwig Pringsheim an Maximilian Harden, 11.7.1914, in: Hedwig Pringsheim, *Meine Manns*, S. 139.
13 Franz Beidler an Maximilian Harden, 1.7.1914, BAB, Nachl. Harden.
14 Houston Stewart Chamberlain an Siegfried Wagner, 18.3.1914, NAB.
15 Franz Troll an Houston Stewart Chamberlain, 4.8.1914, NAB.
16 Matrikel der Königlich Technischen Hochschule zu Berlin, Band 3, S. 384, TUB.
17 Testatbogen Siegfried Wagner, Wintersemester 1891/92, UKA.
18 Siegfried Wagner an Daniela Thode, zit. nach: Peter P. Pachl, *Siegfried Wagner. Genie im Schatten*, München 1988, S. 98f.
19 Felix Mottl, Tagebuch, 1.7.1896, BSB, Nachl. Mottl.
20 Felix Mottl, Tagebuch, 3.7.1896, BSB, Nachl. Mottl.
21 Alfred Beetschen, *Münchner Briefe XI.*, Zeitungsartikel unbekannter Herkunft, Privatarchiv des Autors.
22 Felix Weingartner, *Bayreuth 1876 – 1896*, Berlin 1904, S. 40f.
23 Claude Debussy, *Monsieur Croche. Sämtliche Schriften und Interviews*, Stuttgart 1974, S. 99.
24 Ebd., S. 144.
25 Kessler, *Das Tagebuch. Vierter Band 1906 – 1914*, S. 620, 16.2.1911.
26 Carl Futterer an Hans Wagner-Schönkirch, 30.5.1921, ÖNB.
27 Karl Kraus, *Momentaufnahmen*, in: Die Fackel, 5.10.1912, S. 33.
28 Cosima Wagner, Tgb. II, 1.12.1881, S. 837.
29 Sidney Whitman, *Deutsche Erinnerungen*, Berlin 1912, S. 190f.
30 Kessler, *Das Tagebuch. Dritter Band 1897 – 1905*, S. 808, 17.10.1905.

31 Kaspar Hauser [d.i. Kurt Tucholsky], *Die lieben Kinder*, in: Die Weltbühne, 19.2.1929, S. 304.
32 Kessler, *Das Tagebuch. Vierter Band 1906–1914*, S. 612, 7.2.1911.
33 Emil Szittya, *Das Kuriositäten-Kabinett*, Konstanz 1923, S. 60.
34 Max Hirschberg, *Jude und Demokrat. Erinnerungen eines Münchener Rechtsanwalts 1883 bis 1939*, München 1998, S. 142.
35 Vgl.: Hans von Tresckow, *Von Fürsten und anderen Sterblichen. Erinnerungen eines Kriminalkommissars*, Berlin 1922, S. 119.
36 Sigfrid Karg-Elert an Carl Simon, 26.10.1907, Staatsarchiv Leipzig, Bestand Carl Simon.
37 Adolf von Groß an Cosima Wagner, 12.9.1901, NAB.
38 Cosima Wagner an Marie von Wolkenstein, undatiert [Anfang 1905], NAB.
39 Houston Stewart Chamberlain an Siegfried Wagner, 8.12.1910, NAB.
40 Houston Stewart Chamberlain an Agnes Hanson, 8.8.1913, NAB.
41 Winifred Wagner, zit. nach: Brigitte Hamann, *Winifred Wagner oder Hitlers Bayreuth*, München 2002, S. 25.
42 Cosima Wagner an Christiane Thun-Salm, 24.5.1916, NAB.
43 Winifred Wagner, zit. nach: Hamann, *Winifred Wagner*, S. 29.
44 Eva Chamberlain an Siegfried Wagner, zit. nach: Zdenko von Kraft, *Der Sohn. Siegfried Wagners Leben und Umwelt*, Graz 1969, S. 192f.
45 Eva Chamberlain an Christiane Thun-Salm, 18.8.1915, NAB.
46 Winifred Wagner, Interview mit Hans Jürgen Syberberg, Videofilm.
47 Staatsministerium des Innern an Staatsministerium des Äußern, 12.8.1915, BHA, MA 92722.
48 Auswärtiges Amt an Staatsministerium des Äußern, 14.9.1915, BHA, MA 92722.
49 Franz Stassen, zit. nach: Hamann, *Winifred Wagner*, S. 36.
50 Eva Chamberlain an Blandine Gravina, 12.10.1915, NAB.
51 Cosima Wagner an Engelbert Humperdinck, 29.12.1915, zit. nach: Eva Humperdinck (Hrsg.), *Engelbert Humperdinck in seinen persönlichen Beziehungen zu Richard Wagner, Cosima Wagner, Siegfried Wagner*, Band 3, Koblenz 1999, S. 299.
52 Winifred Wagner an Helena Boy, 18.10.1915, zit. nach: Hamann, *Winifred Wagner*, S. 40.
53 Winifred Wagner, Interview mit Hans Jürgen Syberberg, Videofilm.
54 Friedelind Wagner, *Nacht über Bayreuth*, S. 17.
55 Winifred Wagner, Interview mit Hans Jürgen Syberberg, Videofilm.
56 Eva Chamberlain an Ernst Schweninger, 13.6.1916, BAB, Nachl. Schweninger.
57 Winifred Wagner an Ernst Schweninger, 17.7.1917, BAB, Nachl. Schweninger.
58 Winifred Wagner, zit. nach: Kraft, *Der Sohn*, S. 214.
59 Winifred Wagner an Ernst Schweninger, undatiert, BAB, Nachl. Schweninger.
60 Winifred Wagner, Interview mit Hans Jürgen Syberberg, Videofilm.
61 Friedelind Wagner, *Nacht über Bayreuth*, S. 15.
62 Winifred Wagner, Interview mit Hans Jürgen Syberberg, Videofilm.

63 Ebd.
64 Wolfgang Wagner, *Lebens-Akte*, München 1994, S. 61.
65 Ebd., S. 58.

Musik, Macht, Politik: Adolf Hitler und die Familie Wagner

1 Käthe Kollwitz, *Die Tagebücher*, Berlin 1989, S. 270, 27.8.1916.
2 Cosima Wagner an Houston Stewart Chamberlain, 4.9.1916, NAB.
3 Zit. nach: Dirk Stegmann, *Die Erben Bismarcks. Parteien und Verbände in der Spätphase des Wilhelminischen Deutschlands*, Köln 1970, S. 501.
4 Cosima Wagner an Ernst Fürst zu Hohenlohe-Langenburg, 21.10.1917, in: *Das zweite Leben*, S. 738.
5 Eva Chamberlain an Mary Balling, 14.11.1917, BSB, Leviana.
6 Houston Stewart Chamberlain, *Die Deutsche Vaterlandspartei*, in: Deutsche Zeitung, 09.11.1917.
7 Schriftsatz Frankfurter Zeitung gegen Houston Stewart Chamberlain, NAB.
8 Aufruf zu einem deutschen Chamberlain-Dank, NAB.
9 Houston Stewart Chamberlain an Ernst von Meyenburg, 20.1.1919, in: Houston Stewart Chamberlain, *Briefe 1882–1924 und Briefwechsel mit Kaiser Wilhelm II.*, Band 2, München 1928, S. 78.
10 Vgl.: Reichsgesetzblatt Nr. 153 vom 12.11.1918, S. 1303.
11 Landgericht Frankfurt/Main, Urteil vom 24.2.1919, NAB.
12 Alfred Jacobsen an Houston Stewart Chamberlain, 18.11.1918, NAB.
13 Cosima Wagner an Ernst Fürst zu Hohenlohe-Langenburg, 28.11.1918, in: *Das zweite Leben*, S. 742.
14 Cosima Wagner an Ernst Fürst zu Hohenlohe-Langenburg, 27.2.1919, in: ebd., S. 744.
15 Eva Chamberlain an Anna von Kekulé, 22.03.1919, NAB.
16 Houston Stewart Chamberlain an Wolfgang Kapp, 22.7.1919, NAB.
17 Josef Stolzing-Cerny an Houston Stewart Chamberlain, 1.1.1921, NAB.
18 Völkischer Beobachter, 28.9.1923, S. 1.
19 Vgl.: Martin Schramm, *Im Zeichen des Hakenkreuzes. Der Deutsche Tag in Bayreuth am 30. September 1923*, in: Jahrbuch für fränkische Landesforschung, Band 65, Stegaurach 2005, S. 253–275.
20 Houston Stewart Chamberlain, Tagebuch, 29.9.1923, NAB.
21 Houston Stewart Chamberlain, Tagebuch, 30.9.1923, NAB.
22 Zit. nach: Schramm, *Im Zeichen des Hakenkreuzes*, S. 261.
23 Houston Stewart Chamberlain, Tagebuch, 30.9.1923, NAB.
24 Winifred Wagner, Interview mit Hans Jürgen Syberberg, Videofilm.
25 Houston Stewart Chamberlain, Tagebuch, 1.10.1923, NAB.
26 Houston Stewart Chamberlain an Adolf Hitler, 7.10.1923, in: Chamberlain, *Briefe*, Band 2, S. 124f.
27 Josef Stolzing-Cerny an Eva Chamberlain, 19.10.1923, NAB.
28 Houston Stewart Chamberlain, Tagebuch, 9.11.1923, NAB.
29 Houston Stewart und Eva Chamberlain an Adolf Hitler, 1.12.1923, NAB.

30 Houston Stewart Chamberlain, Tagebuch, 1.12.1923, NAB.
31 Houston Stewart Chamberlain in: *Was denkt der deutsche Denker, der deutsche Soldat, der deutsche Arbeiter über Adolf Hitler, den Herold des völkischen Großdeutschland*, BAB, NS 26/1210.
32 Siegfried Wagner an Rosa Eidam, Weihnachten 1923, zit. nach: Hamann, *Winifred Wagner*, S. 94.
33 Ernst Hanfstaengl, *Zwischen Weißem und Braunem Haus. Memoiren eines politischen Außenseiters*, München 1970, S. 157.
34 Ebd., S. 49.
35 Adolf Hitler, *Monologe im Führerhauptquartier 1941–1944*, aufgezeichnet von Heinrich Heim, herausgegeben von Werner Jochmann, München 2000, S. 259, 3./4.2.1942.
36 Hanfstaengl, *Zwischen Weißem und Braunem Haus*, S. 48.
37 Winifred Wagner, Interview mit Hans Jürgen Syberberg, Videofilm.
38 Willy M. Schade, *Eine Lüge um Bayreuth? Selbsterlebnisse auf Wahnfried*, Dresden 1925, S. 31.
39 Elke Fröhlich (Hrsg.), *Die Tagebücher von Joseph Goebbels*, Teil 1, Band 1,2, München 2005, 8.5.1926.
40 Winifred Wagner, Interview mit Hans Jürgen Syberberg, Videofilm.
41 Vgl.: Fritz Blaich, *Der schwarze Freitag. Inflation und Wirtschaftskrise*, München 1990, S. 29ff.
42 Winifred Wagner, Interview mit Hans Jürgen Syberberg, Videofilm.
43 Winifred Wagner an Paul Pretzsch, 24.6.1923, SBB, Nachl. Paul Pretzsch.
44 Joseph Chapiro, *Zum »höheren Zwecke der Kunst«, Für Bayreuth – Gegen Siegfried Wagner. Siegfrieds Reden und Erlebnisse in Amerika*, in: Berliner Tageblatt, 29.3.1925.
45 Vgl.: Kurt Luedecke, *I knew Hitler. The story of a Nazi who escaped the blood purge*, London 1938 sowie Arthur L. Smith, *Kurt Luedecke. The man who knew Hitler*, in: German Studies Review, Oktober 2003, S. 597–606.
46 Kraft, *Der Sohn*, S. 247.
47 Lauritz Melchior, *Die drei Vaterländer*, in: Josef Müller-Marein und Hannes Reinhardt, *Das musikalische Selbstportrait von Komponisten, Dirigenten, Instrumentalisten, Sängerinnen und Sängern unserer Zeit*, Hamburg 1963, S. 150f.
48 Adolf Aber, *Um die Zukunft Bayreuths. Betrachtungen nach dem ersten Festspielzyklus 1924*, in: Berliner Tageblatt, 1.8.1924, zit. nach: Susanna Großmann-Vendrey, *Bayreuth in der deutschen Presse. Beiträge zur Rezeptionsgeschichte Richard Wagners und seiner Festspiele*, Dokumentenband 3,2, Regensburg 1983, S. 181.
49 Kurt Singer, *Bayreuther Blitzlichter*, in: Vorwärts, 17.8.1924, zit. nach: ebd., S. 180.
50 Karl Holl, *Bayreuth 1924*, in: Frankfurter Zeitung, 3.8.1924, zit. nach: ebd., S. 183.
51 Houston Stewart Chamberlain, Tagebuch, 3.1.1925, NAB.
52 Adolf Hitler, *Monologe im Führerhauptquartier*, S. 307, 28.2./1.3.1942.
53 Houston Stewart Chamberlain, Tagebuch, 25.7.1925, NAB.

54 Winifred Wagner, Interview mit Hans Jürgen Syberberg, Videofilm.
55 Adolf Hitler, *Monologe im Führerhauptquartier*, S. 308, 28. 2./1. 3.1942.
56 Friedelind Wagner, *Nacht über Bayreuth*, S. 52.
57 Houston Stewart Chamberlain, Tagebuch, 12.11.1925, NAB.
58 Adolf Hitler, *Monologe im Führerhauptquartier*, S. 308, 28. 2./1. 3. 1942.
59 Fröhlich, *Die Tagebücher von Joseph Goebbels*, Teil 1, Band 1,2, 8. 5.1926.
60 Houston Stewart Chamberlain, Tagebuch, 6. 5.1926, NAB.
61 Anna von Kekulé an Eva Chamberlain, 17.12.1926, NAB.
62 Daniela Thode an Christiane Thun-Salm, 27. 6. 1919, NAB.
63 Nachruf, in: Oberfränkische Zeitung und Bayreuther Anzeiger, 12. 1. 1927.
64 Christian Ebersberger an Familie Wagner, 15.1.1927, NAB.
65 *Chamberlains letzte Fahrt mit Hakenkreuzlerbegleitung*, in: Fränkische Volkstribüne, 12.01.1927.
66 *Die Einäscherung Chamberlains*, in: Coburger Volksblatt, 13. 1. 1927.
67 Wilhelm II. an Eva Chamberlain, 12.1.1927, NAB.
68 Adolf Hitler an Eva Chamberlain, 10.1.1927, NAB.
69 F. K. Koehlers Antiquarium an Eva Chamberlain, 20.1.1927, NAB.
70 Das geht aus einem Vermerk des Bayerischen Staatsministeriums für Unterricht und Kultus vom 21. 8.1929 hervor, BHA, Minist. Akten Nr. 10022.
71 Vgl.: Hamann, *Winifred Wagner*, S. 153.
72 Margarethe Strauß et. al. an Paul von Hindenburg, 27. 7.1926, Abschrift in: BHA, Minist. Akten Nr. 10022.
73 Bayerisches Staatsministerium für Unterricht und Kultus an Staatsministerium des Äußern, 3. 9.1926, Abschrift in: ebd.
74 Regierungspräsidium von Oberfranken an Staatsministerium des Äußern, 7. 9.1926, Abschrift in: ebd.
75 Vermerk Reichsministerium der Finanzen, 29. 9.1926, Abschrift in: ebd.
76 Siegfried Wagner an Julius Brauer, 26. 2. 1927, SBB, Mus. ep. S. Wagner.
77 Winifred Wagner an Elsa Bruckmann, 15.12.1928, BSB, Bruckmanniana I.
78 Alfred Rosenberg an Eva Chamberlain, 28. 9.1927, NAB.
79 Eva Chamberlain an Blandine Gravina, 19. 4.1928, BSB, Nachl. Gravina.
80 *Ein Kampfbund für deutsche Kultur*, in: Frankfurter Zeitung Nr. 138, Erstes Morgenblatt, 21. 2.1929, S. 1.
81 Poesiealbum Blandine Gravina, BSB, Nachl. Gravina.

Anni horribiles

1 Winifred Wagner, Interview mit Hans Jürgen Syberberg, Videofilm.
2 Eva Chamberlain an Blandine Gravina, 26.12.1928, BSB, Nachl. Gravina.
3 Vgl.: Ulrike Wolff-Thomsen (Hrsg.), *Ich muss ja sammeln! Die Kunstsammlung des Malerfreundes, Wagnerianers und Arztes Dr. Paul Wassily (1868 – 1951) in Kiel*, Kiel 2007.
4 Maria von Wenden an Alexandra Fürstin zu Hohenlohe-Langenburg, 28. 9.1925, HZA.
5 Maria Wassily an Marie von Bülow, 17.10.1920, SBB, Nachl. Bülow.

6 Maria von Wenden an Alexandra Fürstin zu Hohenlohe-Langenburg, 28.9.1925, HZA.
7 Maria von Wenden an Michael Georg Conrad, 20.10.1926, MSB, Nachl. Conrad.
8 Gerhart Hauptmann, *Sämtliche Werke*, Band 11, Frankfurt/Main 1974, S. 596.
9 Egas von Wenden an Gerhart Hauptmann, 4.2.1929, SBB, Nachl. Hauptmann.
10 Blandine Gravina an Manfred Gravina, 14.4.1929, BSB, Nachl. Gravina.
11 Hans von Hülsen, *Zwillings-Seele. Denkwürdigkeiten aus einem Leben zwischen Kunst und Politik*, Band 2, München 1947, S. 76.
12 Ludwig von Hofmann an Gerhart Hauptmann, 13.11.1943, in: Herta Hesse-Frielinghaus (Hrsg.), *Gerhart Hauptmann, Ludwig von Hofmann. Briefwechsel 1894–1944*, Bonn 1983, S. 240.
13 Gerhart Hauptmann, *Sämtliche Werke*, Band 11, S. 596.
14 Friedelind Wagner, *Nacht über Bayreuth*, S. 53.
15 Hermann Wilhelm Draber, *Der Weg einer deutschen Künstlerin. Erinnerungen an Emmy Krüger*, München 1940, S. 84.
16 Eva Chamberlain an Blandine Gravina, 6.5.1928, BSB, Nachl. Gravina.
17 Eva Chamberlain an Anna von Kekulé, 12.9.1927, NAB.
18 Blandine Gravina an Dora Glaser, 23.3.1930, NAB.
19 Interview des Autors mit Verena Lafferentz.
20 Hermann Koerber an Wilhelm Lubosch, 30.7.1930, NAB.
21 Winifred Wagner, Interview mit Hans Jürgen Syberberg, Videofilm.
22 Gertrud Strobel, Tagebuch, 17.6.1930, NAB.
23 Gertrud Strobel, Tagebuch, 28.6.1930, NAB.
24 Friedelind Wagner, *Nacht über Bayreuth*, S. 82f.
25 Vgl.: *Erschöpfungsanfall Siegfried Wagners*, in: Münchner Neueste Nachrichten, 18.7.1930.
26 Die Krankheit Siegfried Wagners, Ärztliches Bulletin, 5.8.1930, NAB.
27 Daniela Thode, Siegfried Wagners letzte Tage, Typoskript, NAB.
28 Die Krankheit Siegfried Wagners, Ärztliches Bulletin, 5.8.1930, NAB.
29 Gertrud Strobel an Otto Strobel, 31.7.1930, NAB.
30 Die Krankheit Siegfried Wagners, Ärztliches Bulletin, 5.8.1930, NAB.
31 Vgl.: Nachtrag zum Bericht von Oberarzt Körber über die Krankheit Siegfried Wagners, 16.8.1930, NAB.
32 Werner Kulz, Abschied von Siegfried Wagner. Die Trauerfeierlichkeiten in Bayreuth, in: Münchner Neueste Nachrichten, 9.8.1930.
33 Elke Fröhlich (Hrsg.), *Die Tagebücher von Joseph Goebbels*, Teil 1, Band 2/I, München 2005, 5.8.1930.
34 Michael Karbaum, *Studien zur Geschichte der Bayreuther Festspiele (1876 bis 1976)*, Teil II, Regensburg 1976, S. 59.
35 Zit. nach: Hamann, *Winifred Wagner*, S. 171.
36 Friedelind Wagner, *Nacht über Bayreuth*, S. 82.
37 Daniela Thode an Evelyn Faltis, 26.2.1931, BSB, Nachl. Faltis.
38 Elke Fröhlich (Hrsg.), *Die Tagebücher von Joseph Goebbels*, Teil 1, Band 2/I, 26.11.1930.

39 Winifred Wagner an Daniela Thode, 11.1.1931, NAB.
40 Daniela Thode an Eva Chamberlain, 23.1.1931, NAB.
41 Kurhaus Victoria an Manfred Gravina, 30.4.1931, NAB.
42 Daniela Thode an Eva Chamberlain, 2.12.1931, NAB.
43 Daniela Thode an Evelyn Faltis, 15.4.1932, BSB, Nachl. Faltis.
44 Maria Sofia Gravina an Daniela Thode, 12.12.1931, NAB.
45 Daniela Thode an Eva Chamberlain, 2.12.1931, NAB.
46 Christiane Thun-Salm an Blandine Gravina, 25.1.1932, NAB.
47 Friedelind Wagner, *Nacht über Bayreuth*, S. 86.
48 Daniela Thode an Eva Chamberlain, 2.12.1931, NAB.
49 Daniela Thode an Eva Chamberlain, 12.1.1932, NAB.
50 Daniela Thode an Heinz Tietjen, 07.3.1932, NAB.
51 Daniela Thode an Eva Chamberlain, 12.1.1932, NAB.
52 Daniela Thode an Eva Chamberlain, 6.1.1932, NAB.
53 Elke Fröhlich (Hrsg.), *Die Tagebücher von Joseph Goebbels*, Teil 1, Band 2/II, München 2004, 4.5.1932.
54 *Verhandlungen des Reichstages. Stenographische Berichte*, Band 454, Berlin 1932, Sitzungsprotokoll vom 30.8.1932, S. 7.
55 Freiherr von Thermann an das Auswärtige Amt, 5.8.1929, in: *Akten zur Deutschen Auswärtigen Politik 1918–1945, Serie B. 1925–1933, Band XII*, Göttingen 1978, S. 319.
56 Elke Fröhlich (Hrsg.), *Die Tagebücher von Joseph Goebbels*, Teil 1, Band 2/I, 16.11.1930.
57 Hülsen, *Zwillings-Seele*, S. 75.
58 Vgl.: Notatka z rozmowy z Wysokim Komisarzem, 24.11.1931, APG 259/161.
59 Manfred Gravina an Gabriele Bordonaro, 2.9.1932 [Abschrift], NAB.
60 Blandine Gravina an Eva Chamberlain, 4.9.1932, NAB.
61 Blandine Gravina an Eva Chamberlain, 7.9.1932, NAB.
62 Eva Chamberlain an Daniela Thode, 10.9.1932, NAB.
63 Blandine Gravina an Eva Chamberlain, 17.9.1932, BSB, Nachl. Gravina.
64 Ebd.
65 Blandine Gravina an Eva Chamberlain, 20.9.1932, BSB, Nachl. Gravina.
66 *Danziger Neueste Nachrichten*, 21.9.1932, S. 2.
67 Hans Severus Ziegler an Blandine Gravina, 20.9.1932, NAB.
68 Blandine Gravina an Eva Chamberlain, 8.10.1932, BSB, Nachl. Gravina.
69 Ebd.
70 Personal- und Vorlesungsverzeichnis der Königl. Sächs. Technischen Hochschule, Technische Universität Dresden, Universitätsarchiv.
71 Blandine Gravina an Eva Chamberlain, undatiert [Oktober 1932], BSB, Nachl. Gravina.
72 Igor Markevitch, *Être et avoir été*, Paris 1980, S. 294f.
73 Ebd., S. 299.

Die Tanten im Abseits

1. Eva Chamberlain an Blandine Gravina, 20.12.1932, BSB, Nachl. Gravina.
2. Eva Chamberlain an Paul und Toni Pretzsch, 30.1.1933, SBB, Nachl. Paul Pretzsch.
3. Vgl. hierzu: Holger R. Stunz, *Hitler und die »Gleichschaltung« der Bayreuther Festspiele*, in: Vierteljahreshefte für Zeitgeschichte, Heft 2/2007, S. 237-268.
4. Elke Fröhlich (Hrsg.), *Die Tagebücher von Joseph Goebbels*, Teil 1, Band 2/III, München 2006, 27.6.1933.
5. Stunz, *Hitler und die »Gleichschaltung« der Bayreuther Festspiele*, S. 253.
6. Friedelind Wagner, *Nacht über Bayreuth*, S. 290.
7. Karl Keller, zit. nach: Stunz, *Hitler und die »Gleichschaltung« der Bayreuther Festspiele*, S. 258.
8. Vgl.: Hamann, *Winifred Wagner*, S. 256.
9. Vgl.: Stunz, *Hitler und die »Gleichschaltung« der Bayreuther Festspiele*, S. 262f.
10. Daniela Thode an Blandine Gravina, 14.9.1937, BSB, Nachl. Gravina.
11. Ein Exemplar dieser »Eingabe« befindet sich im Nationalarchiv der Richard-Wagner-Stiftung, NAB.
12. Maria von Wenden (die Ältere) an Ludwig von Hofmann, 3.9.1934, DLA.
13. Daniela Thode an Heinz Tietjen, 18.1.1934, NAB.
14. Ebd.
15. Elke Fröhlich (Hrsg.), *Die Tagebücher von Joseph Goebbels*, Teil 1, Band 2/III, München 2006, 24.7.1933.
16. Winifred Wagner an Lene Roesener, 5.12.1933, zit. nach: Hamann, *Winifred Wagner*, S. 262.
17. Friedelind Wagner, *Nacht über Bayreuth*, S. 128f.
18. Elke Fröhlich (Hrsg.), *Die Tagebücher von Joseph Goebbels*, Teil 1, Band 4, München 2000, 23.11.1937.
19. Winifred Wagner an Gilbert Gravina, 16.1.1934 [Abschrift], NAB.
20. Gilbert Gravina an Winifred Wagner, 19.1.1934 [Abschrift], NAB.
21. Blandine Gravina an Hermann Carl Vering, Januar 1934, NAB.
22. Daniela Thode an Blandine Gravina, 21.10.1934, NAB.
23. Markevitch, *Être et avoir été*, S. 295.
24. Eva Chamberlain an Joseph Goebbels, 30.04.1937, BAB, R55/20503, S. 391f.
25. Eva Chamberlain an Joseph Goebbels, 17.03.1938, Ebd., S. 399.
26. Gilbert Gravina an Joseph Goebbels, 8.8.1938, Ebd., S. 407.
27. Reichspropagandaamt Österreich an Joseph Goebbels, 4.8.1938, ebd., S. 408.
28. Reichspropagandaministerium Abteilung X an Joseph Goebbels, 17.10.1938, ebd., S. 419.
29. Reichspropagandaamt Österreich an Joseph Goebbels, 1.12.1939, ebd., S. 437.
30. Hülsen, *Zwillings-Seele*, S. 218.

31 Daniela Thode an Richard Strauss, 4.8.1934, in: Franz Trenner (Hrsg.), *Cosima Wagner - Richard Strauss. Ein Briefwechsel*, Tutzing 1978, S. 300f.
32 Daniela Thode an Blandine Gravina, 20.9.1935, BSB, Nachl. Gravina.
33 *Die Familie Gravina*, in: Die Musik, Heft 19, 1. Juli-Heft 1914/15.
34 Daniela Thode an Blandine Gravina, 19.7.1939, BSB, Nachl. Gravina.
35 Daniela Thode an Joseph Goebbels, 9.3.1938, PAA.
36 Daniela Thode an Adolf Hitler, 18.4.1938, PAA.
37 Auswärtiges Amt an Deutsche Botschaft in Rom, 13.5.1938, PAA.
38 Daniela Thode an Benito Mussolini, 29.9.1939, Abschrift, NAB.
39 Daniela Thode an Ernst Fürst zu Hohenlohe-Langenburg, 2.2.1930, HZA.
40 Daniela Thode an Blandine Gravina, 14.9.1937, BSB, Nachl. Gravina.
41 *Richard Wagners Nachfahren auf Tribschen oder der ergötzliche Rückblick der ersten Museumsleiterin Ellen Beerli-Hottinger auf die Jahre 1933–1960*, Privatdruck, Luzern 2008, S. 9.
42 Ebd., S. 15.
43 Ebd., S. 22.
44 Daniela Thode an Blandine Gravina, 14.3.1939, BSB, Nachl. Gravina.
45 Friedelind Wagner an die Tanten, 6.6.1937, zit. nach: Hamann, *Winifred Wagner*, S. 395.
46 Winifred Wagner an Friedelind Wagner, 10.9.1939, zit. nach: ebd., S. 400.
47 Eva Chamberlain an Friedelind Wagner, 17.9.1939, NTH.
48 Eva Chamberlain an Friedelind Wagner, 10.11.1939, NTH.
49 Eva Chamberlain an Friedelind Wagner, 31.12.1939, NTH.
50 Elke Fröhlich (Hrsg.), *Die Tagebücher von Joseph Goebbels*, Teil 1, Band 8, München 1998, 4.5.1940.
51 Ebd., 10.5.1940.
52 Eva Chamberlain an Friedelind Wagner, 10.11.1939, NTH.
53 Hans Berger an Eva Chamberlain, 23.6.1940, NAB.
54 Hans Berger an Eva Chamberlain, 8.7.1940, NAB.
55 Hans Berger an Eva Chamberlain, 15.7.1940, NAB.
56 Gertrud Strobel, Tagebuch, 4.12.1941, NAB.
57 Gilbert Gravina an Ernst Fürst zu Hohenlohe-Langenburg, 24.4.1941, HZA.
58 Gertrud Strobel, Tagebuch, 21.5.1942, NAB.
59 Gertrud Strobel, Tagebuch, 28.5.1942, NAB.

Epilog

1 Winifred Wagner an Unbekannt, 30.3.1945, zit. nach: Hamann, *Winifred Wagner*, S. 499.
2 *Richard Wagners Nachfahren auf Tribschen*, S. 51.
3 John Maynard Keynes, *Politik und Wirtschaft. Männer und Probleme*, Tübingen 1956, S. 112.

4 Heinz Tietjen an Emil Preetorius, zit. nach: Hamann, *Winifred Wagner*, S. 566.
5 Winifred Wagner zit. nach: ebd., S. 566f.
6 Winifred Wagner zit. nach: ebd., S. 570.
7 Franz Wilhelm Beidler an Freifrau von Bissing, 21.6.1955, zit. nach: Franz W. Beidler, *Cosima Wagner-Liszt*, S. 414.

QUELLEN

Archive und Sammlungen

Archiv des Erzbistums München und Freising (AEM)
    Taufbuch der Pfarrei St. Bonifaz München, MM 227.
Archiwum Państwowe w Gdańsku (APG)
    Freie Stadt Danzig: 259/161
Bayerisches Hauptstaatsarchiv (BHA)
    Bayerische Gesandtschaft Turin-Rom-Neapel 418.
    Generalintendanz Bayerisches Staatstheater 1427.
    MA 92722
Bayrische Staatsbibliothek München (BSB)
    Ana 333: Otto Binswanger
    Ana 452: Nachlass Felix Mottl
    Ana 471: Nachlass Blandine Gravina
    Ana 526: Nachlass Evelyn Faltis
    Bruckmanniana I
    Cgm 8405: Bestand Siegfried Dispeker
    Fasc. germ. 158: Hans von Bülow an Fritz Brandt
    Leviana
Bundesarchiv Berlin/Koblenz (BAB)
    Nachlass Maximilian Harden
    Nachlass Ernst Schweninger
    NS 26/1210: *Was denkt der deutsche Denker, der deutsche Soldat, der deutsche Arbeiter über Adolf Hitler, den Herold des völkischen Großdeutschland.*
    R55/20503
Deutsches Literaturarchiv Marbach (DLA)
    Nachlass Ludwig von Hofmann
Hauptarchiv der von Bodelschwinghschen Anstalten Bethel
    Patientenaufnahmebuch
Hochschule für Musik und Theater Leipzig, Archiv (HMT)
    Zeugnisse Franz Beidler
Hohenlohe-Zentralarchiv (HZA)
    Nachlass Fürst Ernst und Fürstin Alexandra zu Hohenlohe-Langenburg
Katholisches Dompfarramt St. Hedwig Berlin (SHB)
    Trauungsregister
    Geburtenregister

Münchner Stadtbibliothek (MSB)
    Nachlass Grete Weil
    Nachlass Michael Georg Conrad
Nationalarchiv der Richard-Wagner-Stiftung, Bayreuth (NAB)
Österreichische Nationalbibliothek Wien, Handschriftenabteilung (ÖNB)
    Felix Mottl an Christiane Gräfin Thun-Salm
    Carl Futterer an Hans Wagner-Schönkirch
Politisches Archiv des Auswärtigen Amtes Berlin (PAA)
    Botschaft Rom Quirinal Nr. 1255C: Villa Thode
Privatarchiv Neill Thornborrow (NTH)
    Houston Stewart Chamberlain an Blandine Gravina
    Eva Chamberlain an Friedelind Wagner
Privatarchiv Familie Leybold-Speer
    Ernst Speer, *Autobiographie*, unveröffentlichtes Manuskript.
Staatsarchiv Bamberg (SAB)
    K3 Präs.Reg. Nr. 2160: Trauerfeierlichkeiten für Frau Dr. Cosima Wagner
    K106/VII Nr. 55a: Prozessunterlagen Isolde Beidler
Staatsarchiv Leipzig
    Bestand Carl Simon
Staatsbibliothek zu Berlin, Preußischer Kulturbesitz (SBB)
    Nachlass Hans von Bülow
    Nachlass Lilli Lehmann
    Nachlass Paul Pretzsch
    Nachlass Gerhart Hauptmann
    Sammlung Alfred Holzblock
    Sammlung Richard Sternfeld
    Mus. ep. S. Wagner
Stadtarchiv Radebeul
    Luisenstift Radebeul, Erinnerungsblatt an das 50. Stiftungsfest, Oktober 1907
Technische Universität Berlin, Universitätsarchiv (TUB)
    Matrikel der Königlich Technischen Hochschule zu Berlin, Band 3.
Technische Universität Dresden, Universitätsarchiv (TUD)
    Personal- und Vorlesungsverzeichnisse der Königl. Sächs. Technischen Hochschule
Universität Karlsruhe, Universitätsarchiv (UKA)
    Bestand 10001, Signatur 1514: Testatbogen Siegfried Wagner, Wintersemester 1891/92.

Interview

Interview des Autors mit Verena Lafferentz

Filmdokumente

Syberberg, Hans Jürgen: *Winifred Wagner und die Geschichte des Hauses Wahnfried 1914-1975*, Videofilm.

LITERATUR

Adreßbuch deutscher Millionäre, Leipzig 1909.
Akten zur Deutschen Auswärtigen Politik 1918-1945, Serie B. 1925-1933, Band XII, Göttingen 1978.
Auerbach, Hellmuth: *Hitlers politische Lehrjahre und die Münchener Gesellschaft 1919-1923. Versuch einer Bilanz anhand der neueren Forschung,* in: Vierteljahrshefte für Zeitgeschichte, Heft 1/1977, S. 1-45.
Beidler, Franz Wilhelm: *Cosima Wagner-Liszt. Der Weg zum Wagner-Mythos,* Herausgegeben und mit einem Nachwort versehen von Dieter Borchmeyer, Bielefeld 1997.
Beringer, Josef August: *Hans Thoma. Briefwechsel mit Henry Thode,* Leipzig 1928.
Blaich, Fritz: *Der schwarze Freitag. Inflation und Wirtschaftskrise,* München 1990.
Bollinger, Hubertus: *Eine Kindheit in Blankenese,* Husum 2003.
Borchmeyer, Dieter, und Jörg Salaquarda (Hrsg.): *Nietzsche und Wagner. Stationen einer epochalen Begegnung,* 2 Bände, Frankfurt/Main 1994.
Briefwechsel zwischen Cosima Wagner und Fürst Ernst zu Hohenlohe-Langenburg, Stuttgart 1937.
Bülow, Marie von (Hrsg.): *Hans von Bülow. Briefe und Schriften,* 8 Bände, Leipzig 1895-1908.
Bülow, Marie von: *Hans von Bülow in Leben und Wort,* Stuttgart 1925.
Bülow, Marie von: *Hans von Bülows Leben dargestellt aus seinen Briefen,* Leipzig 1921.
Chamberlain, Houston Stewart: *Briefe 1882-1924 und Briefwechsel mit Kaiser Wilhelm II.,* 2 Bände, München 1928.
Chamberlain, Houston Stewart: *Der Wille zum Sieg und andere Aufsätze,* München 1918.
Chamberlain, Houston Stewart: *Die Grundlagen des Neunzehnten Jahrhunderts,* I. Hälfte, München 1912.
Chamberlain, Houston Stewart: *Die Deutsche Vaterlandspartei,* in: Deutsche Zeitung, 09.11.1917.
Chamberlain, Houston Stewart: *Kriegsaufsätze,* München 1914.
Chamberlain, Houston Stewart: *Richard Wagner,* München 1919.
Chamberlains letzte Fahrt mit Hakenkreuzlerbegleitung, in: Fränkische Volkstribüne, 12.1.1927.
Chapiro, Joseph: *Zum »höheren Zwecke der Kunst«, Für Bayreuth – Gegen Siegfried Wagner. Siegfrieds Reden und Erlebnisse in Amerika,* in: Berliner Tageblatt, 29.3.1925.
Cornelius, Peter: *Literarische Werke. Ausgewählte Briefe nebst Tagebuchblättern und Gelegenheitsgedichten,* 2 Bände, Leipzig 1904/05.

Debussy, Claude: *Monsieur Croche. Sämtliche Schriften und Interviews*, Stuttgart 1974.
Der Spuk von Wahnfried, in: Der Roland von Berlin, 14.5.1914.
Der Streit im Hause Wagner, in: Münchner Neueste Nachrichten, 28.6.1914.
Der Streit im Hause Wagner. Eine Unterredung mit Wagners alten Dienerin, in: Neues Wiener Journal, 15.5.1914.
Die Einäscherung Chamberlains, in: Coburger Volksblatt, 13.1.1927.
Die Familie Gravina, in: Die Musik, Heft 19, 1. Juli-Heft 1914/15.
Draber, Hermann Wilhelm: *Der Weg einer deutschen Künstlerin. Erinnerungen an Emmy Krüger*, München 1940.
Du Moulin Eckart, Richard: *Cosima Wagner. Ein Lebens- und Charakterbild*, 2 Bände, München 1929 bis 1931.
Du Moulin Eckart, Richard (Hrsg.): *Hans von Bülow. Neue Briefe*, München 1927.
Duncan, Isadora: *Memoiren*, Zürich 1928.
Ein Kampfbund für deutsche Kultur, in: Frankfurter Zeitung Nr. 138, Erstes Morgenblatt, 21.2.1929, S. 1.
Erlauschtes aus Wahnfried, in: Die Muskete (Wien), 25.6.1914.
Erschöpfungsanfall Siegfried Wagners, in: Münchner Neueste Nachrichten, 18.7.1930.
Espach, Albert: *Beiträge zur Biographie Ernst Schweningers*, München 1979.
Fischer, Jens Malte: *Richard Wagners »Das Judentum in der Musik«*, Frankfurt 2000.
Friedländer, Hugo: *Interessante Kriminal-Prozesse von kulturhistorischer Bedeutung. Darstellung merkwürdiger Strafrechtsfälle aus Gegenwart und Jüngstvergangenheit*, Band 11, Berlin 1920.
Friedrich, Sven: *Die »hohe Frau«. Eine Würdigung zum 75. Todestag Cosima Wagners*, Manuskript, Richard-Wagner-Museum/Nationalarchiv Bayreuth.
Friedrich, Sven: *Richard Wagner. Deutung und Wirkung*. Würzburg 2004.
Friedrich, Sven: *Siegfried Wagner zum 75. Todestag*, Manuskript, Richard-Wagner-Museum/Nationalarchiv Bayreuth.
Fröhlich, Elke (Hrsg.): *Die Tagebücher von Joseph Goebbels*, 3 Teile, München 1993–2008.
Gewande, Wolf-Dieter: *Hans von Bülow. Eine biographisch-dokumentarische Würdigung aus Anlass seines 175. Geburtstages*, Lilienthal 2004.
Götterdämmerung, in: Vorwärts (Berlin), 18.5.1914.
Grabowsky, Adolf: *Der Kampf um Böcklin*, Berlin 1906.
Gregor-Dellin, Martin: *Richard Wagner. Sein Leben, sein Werk, sein Jahrhundert*, München 1980.
Großmann-Vendrey, Susanna: *Bayreuth in der deutschen Presse. Beiträge zur Rezeptionsgeschichte Richard Wagners und seiner Festspiele*, Dokumentenband 3,2, Regensburg 1983.
Haas, Frithjof: *Hans von Bülow, Leben und Wirken. Wegbereiter für Wagner, Liszt und Brahms*, Wilhelmshaven 2002.
Hagenlücke, Heinz: *Deutsche Vaterlandspartei. Die nationale Rechte am Ende des Kaiserreiches*, Düsseldorf 1997.
Hamann, Brigitte: *Winifred Wagner oder Hitlers Bayreuth*, München 2002.

Hanfstaengl, Ernst: *Zwischen Weißem und Braunem Haus. Memoiren eines politischen Außenseiters*, München 1970.
Harden, Maximilian: *Köpfe*, Vierter Band, Berlin 1924.
Harden, Maximilian: *Tutte le Corde. Siegfried und Isolde*, in: Die Zukunft, 27. 6. 1914, S. 405 – 431.
Hauptmann, Gerhart: *Sämtliche Werke*, Band 11, Frankfurt/Main 1974.
Hauser, Kaspar [d.i. Kurt Tucholsky]: *Die lieben Kinder*, in: Die Weltbühne, 19. 2. 1929, S. 304.
Hesse-Frielinghaus, Herta (Hrsg.): *Gerhart Hauptmann, Ludwig von Hofmann. Briefwechsel 1894 – 1944*, Bonn 1983.
Hirschberg, Max: *Jude und Demokrat. Erinnerungen eines Münchener Rechtsanwalts 1883 bis 1939*, München 1998.
Hitler, Adolf: *Monologe im Führerhauptquartier 1941 – 1944*, aufgezeichnet von Heinrich Heim, herausgegeben von Werner Jochmann, München 2000.
Hülsen, Hans von: *Zwillings-Seele. Denkwürdigkeiten aus einem Leben zwischen Kunst und Politik*, Band 2, München 1947.
Humperdinck, Eva (Hrsg.): *Engelbert Humperdinck in seinen persönlichen Beziehungen zu Richard Wagner, Cosima Wagner, Siegfried Wagner*, Band 3, Koblenz 1999.
Isolde Beidler über Richard Wagner, in: Tägliche Rundschau (Berlin), 11. 7. 1914.
Jungblut, Peter: *Famose Kerle. Eulenburg – eine wilhelminische Affäre*, Hamburg 2003.
Karbaum, Michael: *Studien zur Geschichte der Bayreuther Festspiele (1876 – 1976)*, Regensburg 1976.
Kessler, Harry Graf: *Das Tagebuch. Dritter Band 1897 – 1905*, Stuttgart 2004.
Kessler, Harry Graf: *Das Tagebuch. Vierter Band 1906 – 1914*, Stuttgart 2005.
Kessler, Harry Graf: *Gesichter und Zeiten. Erinnerungen*, Frankfurt/Main 1988.
Keynes, John Maynard: *Politik und Wirtschaft. Männer und Probleme*, Tübingen 1956.
Keyserling, Hermann Graf: *Reise durch die Zeit. Ursprünge und Entfaltungen*, Vaduz 1948.
Kinzig, Wolfram (Hrsg.): *Harnack, Marcion und das Judentum. Nebst einer kommentierten Edition des Briefwechsels Adolf von Harnacks mit Houston Stewart Chamberlain*, Leipzig 2004.
Klemperer, Victor: *LTI. Notizbuch eines Philologen*, Leipzig 1975.
Kollwitz, Käthe: *Die Tagebücher*, Berlin 1989.
Kraft, Zdenko von: *Der Sohn. Siegfried Wagners Leben und Umwelt*, Graz 1969.
Kraus, Karl: *Momentaufnahmen*, in: Die Fackel, 5. 10. 1912.
Kulz, Werner: *Abschied von Siegfried Wagner. Die Trauerfeierlichkeiten in Bayreuth*, in: Münchner Neueste Nachrichten, 9. 8. 1930.
La Mara (Hrsg.): *Briefwechsel zwischen Franz Liszt und Hans von Bülow*, Leipzig 1898.
La Mara (Hrsg.): *Franz Liszt's Briefe. Briefe an die Fürstin Carolyne Sayn-Wittgenstein*, 4 Bände, Leipzig 1899 – 1902.
Lehmann, Lilli: *Mein Weg*, Leipzig 1920.
Liebermann, Max: *Gesammelte Schriften*, Berlin 1922.

Linsert, Richard: *Kabale und Liebe. Über Politik und Geschlechtsleben*, Berlin 1931.
Luedecke, Kurt: *I knew Hitler. The story of a Nazi who escaped the blood purge*, London 1938.
Mack, Dietrich (Hrsg.): *Cosima Wagner. Das zweite Leben, Briefe und Aufzeichnungen 1883–1930*, München 1980.
Markevitch, Igor: *Être et avoir été*, Paris 1980.
Müller-Marein, Josef, und Hannes Reinhardt: *Das musikalische Selbstportrait von Komponisten, Dirigenten, Instrumentalisten, Sängerinnen und Sängern unserer Zeit*, Hamburg 1963.
Nickel, Karl-Heinz (Hrsg.): *Malwida von Meysenbug. Durch lauter Zaubergärten der Armida*, Kassel 2005.
Nieden, Susanne zur (Hrsg.): *Homosexualität und Staatsräson. Männlichkeit, Homophobie und Politik in Deutschland 1900–1945*, Frankfurt/Main 2005.
Ollivier, Daniel (Hrsg.): *Correspondance de Liszt et de sa fille Madame Émile Ollivier 1842–1862*, Paris 1936.
Pachl, Peter P.: *Siegfried Wagner. Genie im Schatten*, München 1988.
Parr, Rolf: *Interdiskursive As-Sociation. Studien zu literarisch-kulturellen Gruppierungen zwischen Vormärz und Weimarer Republik*, Tübingen 2000.
Pretzsch, Paul (Hrsg.): *Cosima Wagner und Houston Stewart Chamberlain im Briefwechsel 1888–1908*, Leipzig 1934.
Pringsheim, Hedwig: *Meine Manns. Briefe an Maximilian Harden 1900–1922*, Berlin 2006.
Reichsgesetzblatt Nr. 153 vom 12.11.1918.
Richard Wagners Nachfahren auf Tribschen oder der ergötzliche Rückblick der ersten Museumsleiterin Ellen Beerli-Hottinger auf die Jahre 1933–1960, Privatdruck, Luzern 2008.
Röhl, John C. G.: *Philipp Eulenburgs politische Korrespondenz*, Band 2, Boppard 1979.
Schad, Martha (Hrsg.): *Cosima Wagner und Ludwig II. von Bayern. Briefe, Eine erstaunliche Korrespondenz*, München 2004.
Schade, Willy M.: *Eine Lüge um Bayreuth? Selbsterlebnisse auf Wahnfried*, Dresden 1925.
Scholz, Dieter David: *Richard Wagners Antisemitismus. Jahrhundertgenie im Zwielicht, eine Korrektur*, Berlin 2000.
Schramm, Martin: *Im Zeichen des Hakenkreuzes. Der Deutsche Tag in Bayreuth am 30. September 1923*, in: Jahrbuch für fränkische Landesforschung, Band 65, Stegaurach 2005, S. 253–275.
Schüler, Winfried: *Der Bayreuther Kreis, Von seiner Entstehung bis zum Ausgang der wilhelminischen Ära. Wagnerkult und Kulturreform im Geiste völkischer Weltanschauung*, Münster 1971.
Skelton, Geoffrey: *Richard und Cosima Wagner. Biographie einer Ehe*, München 1995.
Smith, Arthur L.: *Kurt Luedecke. The man who knew Hitler*, in: German Studies Review, Oktober 2003, S. 597–606.
Sommer, Kai: *Die Strafbarkeit der Homosexualität von der Kaiserzeit bis zum Nationalsozialismus. Eine Analyse der Straftatbestände im Strafgesetzbuch und in den Reformentwürfen (1871–1945)*, Frankfurt/Main 1998.

Spitzer, Leo: *Anti-Chamberlain. Betrachtungen eines Linguisten über Chamberlains »Kriegsaufsätze« und der Sprachbewertung im allgemeinen*, Leipzig 1918.

Stegmann, Dirk: *Die Erben Bismarcks. Parteien und Verbände in der Spätphase des Wilhelminischen Deutschlands*, Köln 1970.

Stunz, Holger R.: *Hitler und die »Gleichschaltung« der Bayreuther Festspiele*, in: Vierteljahreshefte für Zeitgeschichte, Heft 2/2007, S. 237–268.

Szittya, Emil: *Das Kuriositäten-Kabinett*, Konstanz 1923.

Szylin, Anna Maria: *Henry Thode (1857–1920). Leben und Werk*, Frankfurt/Main 1993.

Trenner, Franz (Hrsg.): *Cosima Wagner – Richard Strauss. Ein Briefwechsel*, Tutzing 1978.

Tresckow, Hans von: *Von Fürsten und anderen Sterblichen. Erinnerungen eines Kriminalkommissars*, Berlin 1922.

Tucholsky, Kurt: *Maximilian Harden*, in: Die Weltbühne, 8.11.1927.

Unter der Guillotine. Siegfried Wagner, in: Deutsche Montags-Zeitung, 2.6.1914.

Verhandlungen des Reichstages. Stenographische Berichte, Band 454, Berlin 1932.

Wagner, Cosima: *Die Tagebücher*, 2 Bände, ediert und kommentiert von Martin Gregor-Dellin und Dietrich Mack, München 1976/77.

Wagner, Friedelind: *Nacht über Bayreuth. Die Geschichte der Enkelin Richard Wagners*, München 2002.

Wagner, Richard: *Bayreuther Briefe*, Berlin 1907.

Wagner, Richard: *Briefe an Hans von Bülow*, Jena 1916.

Wagner, Richard: *Das braune Buch. Tagebuchaufzeichnungen 1865 bis 1882*, Zürich 1975.

Wagner, Richard: *Entwürfe, Gedanken, Fragmente. Aus nachgelassenen Papieren zusammengestellt*, Leipzig 1885.

Wagner, Richard: *Mein Leben*, Leipzig 1986.

Wagner, Richard: *Sämtliche Schriften und Dichtungen*, 16 Bände, Leipzig 1911 bis 1914.

Wagner, Siegfried: *Erinnerungen*, Frankfurt/Main 2005.

Wagner, Wolfgang: *Lebens-Akte*, München 1994.

Waldberg, Max Freiherr von (Hrsg.): *Cosima Wagners Briefe an ihre Tochter Daniela von Bülow 1866–1885*, Stuttgart 1933.

Weingartner, Felix: *Bayreuth 1876–1896*, Berlin 1904.

Weingartner, Felix: *Lebenserinnerungen*, 2 Bände, Zürich 1928/29.

Whitman, Sidney: *Deutsche Erinnerungen*, Berlin 1912.

Wolff-Thomsen, Ulrike (Hrsg.): *Ich muss ja sammeln! Die Kunstsammlung des Malerfreundes, Wagnerianers und Arztes Dr. Paul Wassily (1868–1951) in Kiel*, Kiel 2007.

BILDNACHWEIS

akg-images, Berlin
    22,
Archivo Fotografico della Fondazione Il Vittorial degli Italiani, Gardone
    Riviera, Brescia
    71
Bayerische Staatsbibliothek, München, Archiv Hoffmann
    185, 246, 250, 251
Bayreuther Festspiele GmbH, Bayreuth
    279
Bildarchiv Preußischer Kulturbesitz, Berlin
    23 re., 93, 102, 107, 171
Nationalarchiv der Richard-Wagner-Stiftung, Bayreuth
    29, 31, 34, 35, 37, 48, 53, 55, 61, 65, 69, 73, 81, 91, 97, 104, 113, 123, 164, 178, 197,
    214, 219, 223, 224, 227, 233, 236, 241, 253, 260, 270, 275
ullstein bild, Berlin
    23 li. (© ullstein bild – imagno), 153 (© ullstein bild – Zander & Labisch),
    263 (© ullstein bild – SV-Bilderdienst)

Die Abbildungen auf den Seiten 87, 118 und 120 stammen aus Privatbesitz.
Das Bild auf Seite 136 wurde dem Buch: Eva Busch, *Und trotzdem. Eine Autobiographie*, München 1991, entnommen.

ZEITTAFEL

ALLGEMEIN	DANIELA THODE	BLANDINE GRAVINA
1863 28.11. Richard Wagner und Cosima von Bülow bekennen, sich »einzig gegenseitig anzugehören«	**1860** 12.10. Geburt in Berlin **bis 1873/74** Besuch der Höheren Töchter Schule in Bayreuth	**1863** 20.3. Geburt in Berlin **bis 1873/74** Besuch der Höheren Töchter Schule in Bayreuth
1864 4.5. Richard Wagner trifft König Ludwig II. von Bayern Sommer Richard Wagner und Cosima von Bülow werden ein heimliches Paar	**1875/76** Besuch des Luisenstifts in Radebeul **1884** Verlobung mit Fritz Brandt August Auflösung der Verlobung mit Fritz Brandt	**1875/76** Besuch des Luisenstifts in Radebeul **1881/82** Winter Familienurlaub auf Sizilien; Kennen lernen mit Biagio Gravina; Verlobung
1865 10.6. Uraufführung *Tristan und Isolde* 10.12. Richard Wagner geht ins Exil in die Schweiz	**1885** Juni Verlobung mit Henry Thode in Berlin	**1882** 25.8. Hochzeit mit Biagio Gravina in Bayreuth; Umzug nach Palermo
1868 Oktober Cosima von Bülow entscheidet sich endgültig für Richard Wagner	**1886** 3.7. Hochzeit mit Henry Thode in Bayreuth, Niederlassung in Bonn	**1883** 14.6. Geburt des Sohnes Manfredi
1870 18.7. Scheidung von Hans und Cosima von Bülow 25.8. Hochzeit von Richard Wagner und Cosima	**1889** Umzug nach Frankfurt/M. **1893** Umzug nach Heidelberg März Bezug der Urlaubsresidenz Villa Cargnacco in Gardone am Gardasee	**1886** 19.9. Geburt der Tochter Maria **1890** 17.10. Geburt des Sohnes Gilberto
1872 22.5. Grundsteinlegung des Bayreuther Festspielhauses	**1909** Frühjahr Beginn von Henry Thodes Affäre mit Hertha Tegner	**1892** Umzug nach Ramacca
1874 28.4. Einzug der Familie Wagner in die Villa Wahnfried	**1912** Weihnachten Henry Thode gesteht Daniela seine Liebe für Hertha Tegner	**1896** 1.2. Geburt des Sohnes Guido Sommer Ehekrise; Schulden; schwere depressive Erkrankung Biagio Gravinas
1876 erste Bayreuther Festspiele **1882** Uraufführung *Parsifal*	**1913** Mai letztes Treffen mit Henry Thode	

ISOLDE BEIDLER	EVA CHAMBERLAIN	SIEGFRIED WAGNER
1865	**1867**	**1869**
10.4. Geburt in München; Erziehung durch Privatlehrer und Gouvernanten	17.2. Geburt in Tribschen; Erziehung durch Privatlehrer und Gouvernanten;	6.6. Geburt in Tribschen; Erziehung durch Privatlehrer und Gouvernanten
1900	**nach 1883**	**1889**
20.12. Hochzeit mit Franz Beidler in Bayreuth; Umzug nach Colmdorf	ständige Begleiterin Cosima Wagners	Abitur; privates Musikstudium bei Engelbert Humperdinck
1901	**1908**	**1890**
16.10. Geburt des Sohnes Franz Wilhelm	Sommer Wiederbegegnung mit Houston Stewart Chamberlain	Oktober Architekturstudium in Berlin
1902 bis 1905	26.12. Hochzeit mit Houston Stewart Chamberlain in Bayreuth; die Eheleute wohnen in Wahnfried	**1891**
Aufenthalte in St. Petersburg und Moskau		Oktober Fortsetzung des Studiums in Karlsruhe
1906		**1892**
8.8. Franz Beidler weigert sich, eine Aufführung des *Parsifal* zu dirigieren; Beginn der so genannten Beidler-Affäre	**1915** Ausbruch einer Nervenkrankheit bei Houston Stewart Chamberlain	Januar bis Juli Weltreise mit Clement Harris; Entscheidung für die Musikerlaufbahn
	1916 Mai Bezug der Villa Chamberlain in Bayreuth	Sommer Musikalischer Assistent der Festspiele
1909		**1896**
August Isolde wird nicht mehr zu ihrer Mutter gelassen	August Houston Stewart Chamberlain erhält die deutsche Staatsbürgerschaft	Siegfried dirigiert erstmals den Ring
September Houston Stewart Chamberlain fordert totale Ausgrenzung der Beidlers		**1898** Vollendung der Oper *Der Bärenhäuter* op. 1
	1923 30.9. erste Begegnung mit Adolf Hitler	
5.11. Reuebriefe von Isolde und Franz Beidler an Cosima Wagner; von Siegfried Wagner abgefangen	**1926** 26.1. Eintritt in die NSDAP	**1906** Beginn der »Beidler-Affäre«; Zerwürfnis mit Isolde und Franz Beidler
14.11. Isolde und Franz drohen Siegfried Wagner	**1927** 9.1. Tod Houston Stewart Chamberlains	**1908** erste Saison als Festspielleiter
1910	**1928**	**1913**
Franz Beidler beginnt Affäre mit Emmy Zimmermann	Gründungsmitglied des »Kampfbunds für deutsche Kultur«	Bayreuther Ehrenbürger

1883
13.2. Tod Richard Wagners in Venedig; Cosima Wagner übernimmt die Festspielleitung
1886
31.7. Tod Franz Liszts in Bayreuth
1894
12.2. Tod Hans von Bülows in Kairo
1906
8.12. Zusammenbruch Cosima Wagners
1908
Siegfried Wagner übernimmt die Festspielleitung
1914
1.8. Abbruch der Bayreuther Festspiele infolge des Krieges
1923
September/Oktober erster Besuch Adolf Hitlers in Bayreuth
1924
22.7. Wiederaufnahme der Festspiele
1925
Adolf Hitler besucht zum ersten Mal die Festspiele
1930
1.4. Tod Cosima Wagners in Bayreuth
August Winifred Wagner übernimmt nach dem Tod ihres Mannes die Festspielleitung
1933
Adolf Hitler besucht als Reichskanzler die Festspiele
1940
23.6. letzter Besuch Hitlers in Bayreuth
1944
9.8. letzte Opernaufführung in Bayreuth vor Kriegsende

Herbst/Winter schwere Depressionen; Klinikaufenthalte in Zehlendorf und Bethel
1914
27.6. Scheidung von Henry Thode in Heidelberg
1915
bis Mai 1920 Hilfsschwester in der Lazarettabteilung der Nervenklinik in Jena
1918
Mai Verleihung des »Ehrenzeichens für Frauenverdienst im Kriege«
1920
Niederlassung in Bayreuth
1926
26.1. Eintritt in die NSDAP
1928
Gründungsmitglied des »Kampfbunds für deutsche Kultur«
1933
Februar Bayreuther Ehrenbürgerin
September Protestnote gegen eine Neuinszenierung des *Parsifal*
Zerwürfnis mit Schwägerin Winifred Wagner
1934
bis 1939 Sommeraufenthalte in Tribschen
1936
Verleihung des »Ehrenzeichens der NSDAP«
1939
September letzte Reise nach Gardone
November Ausbruch einer schweren Depression
1940
Mai bis Juli Krankenhausaufenthalte in Bad Blankenburg und Bayreuth
28.7. Tod in Bayreuth

1897
14.9. Selbstmord Biagio Gravinas; Umzug nach Florenz; regelmäßige Besuche in Bayreuth
1926
19.4. Geburt der Enkelin Blandine Thereza Marie Cosima
1929
7.4. Tod der Tochter Maria in Dresden
1931
14.12. Tod des Sohnes Guido in Orselina
1932
19.9. Tod des Sohnes Manfredi in Danzig
1933
Februar Bayreuther Ehrenbürgerin
September ablehnende Haltung gegen *Parsifal*-Protest
1941
4.12. Tod in Florenz

Herbst Umzug nach
  München
1911
Cosima Wagner fordert
  Trennung von Isolde und
  Franz Beidler
1912
Isolde erkrankt an Tuber‑
  kulose; Kuraufenthalt in
  Garmisch-Partenkirchen
22.5. Geburt von Franz
  Beidlers unehelicher
  Tochter Eva Senta
  Elisabeth Zimmermann
1913
2.9. letzter Brief Isoldes an
  Cosima Wagner; Drohung
  mit juristischer Auseinan‑
  dersetzung
13.9. letzter Brief Cosima
  Wagners an Isolde
1914
Februar Isoldes Anwalt reicht
  Klage ein
6.3. Beginn des Verfahrens
  vor dem Landgericht
  Bayreuth
19.6. Urteilsverkündung;
  Isoldes Klage wird abge‑
  wiesen
1914 bis 1918
Kuraufenthalte in Davos
1914/15
Franz Beidler beginnt
  Affäre mit Walburga Rass
1915
5.9. Geburt des unehelichen
  Sohnes Franz Walther
1917
17.5. Geburt der unehelichen
  Tochter Elsa Hildegard
1918
hoffnungslose Verschlim‑
  merung der Tuberkulose‑
  erkrankung
1919
7.2. Tod in München

1933
Februar Bayreuther
  Ehrenbürgerin
September Protestnote
  gegen eine Neuinszenie‑
  rung des *Parsifal;* Zer‑
  würfnis mit Schwägerin
  Winifred Wagner
1934 bis 1939
Sommeraufenthalte in
  Tribschen
1936
Verleihung des »Ehren‑
  zeichens der NSDAP«
1941
Februar Diagnose einer
  unheilbaren Krebserkran‑
  kung
1942
26.5. Tod in Bayreuth

1914
27.6. Maximilian Hardens
  Artikel »Tutte le Corde«
  erscheint
Juli erstes Treffen mit
  Winifred Williams in
  Bayreuth
Oktober Treffen mit
  Winifred in Berlin
1915
Juni erneute Reise nach
  Berlin; Verlobung mit
  Winifred
22.9. Hochzeit in Bayreuth
1917
5.1. Geburt des Sohnes
  Wieland
1918
29.3. Geburt der Tochter
  Friedelind
1919
30.8. Geburt des Sohnes
  Wolfgang
1920
2.12. Geburt der Tochter
  Verena
1923
1.10. erstes Treffen mit Adolf
  Hitler in Bayreuth
8./9.11. Putschversuch Hitlers
  in München; Siegfried und
  Winifred zugegen
1924
Januar bis März Konzert‑
  tournee durch die USA
Sommer Wiederaufnahme
  der Festspieltätigkeit;
  Affäre mit Willy M. Schade
1930
März Gastspiel in Mailand
16.7. Siegfried Wagner bricht
  während einer Probe der
  Götterdämmerung auf
  offener Bühne zusammen;
  Herzinfarkt
4.8. Tod in Bayreuth

PERSONENREGISTER

Die *kursiven* Zahlen beziehen sich auf Bildlegenden.

Agoult, Marie (Catherine Sophie) Comtesse d', geb. de Flavigny (Pseudonym Daniel Stern) 9, 15, 213

Ahna, Pauline de 97

Alexandra, Großherzogin von Sachsen-Weimar-Eisenach 94

Arco-Valley, Anton Graf von 182

Arnim, Margarete von 210

August Wilhelm, Prinz von Preußen 200, 206, 223

Auguste Viktoria, dt. Kaiserin 158

Bach, Johann Sebastian 20, 88, 222, 269

Ballin, Albert 148

Balling, Mary 176

Balling, Michael 92f.

Barenboim, Daniel 278

Bechstein, Edwin 186, 191, 202

Bechstein, Helene 186, 190–195, 202

Bechstein, Lotte 191

Beerli, Ellen 261ff., 273

Beethoven, Ludwig van 88, 277

Beidler, Ellen 140, *224*

Beidler, Elsa Hildegard 11ff., 136, 139

Beidler, Franz 87, 138

Beidler, Franz Philipp 8, 11f., 86–95, *87, 91,* 112–119, *118, 120,* 121f., 133, 135–140, *136,* 150, 157, 194, 256

Beidler, Franz Walther 11f., 136, 139

Beidler, Franz Wilhelm 90, *91,* 93, 121, 124, 126ff., 134, 136–141, 151, *224,* 255, 274ff., 280

Beidler, Henriette 87, 90

Beidler, Isolde, s. Isolde von Bülow

Beidler, Walburga, siehe Walburga Rass

Berger, Hans 267

Binswanger, Otto 80, 82

Bismarck, Otto von 146f., 178. 183

Böcklin, Arnold 67

Bode, Wilhelm 159

Bollinger, Mabel 104

Brahms, Johannes 62, 82

Brandt, Fritz 57ff.

Brandt, Karl 268

Braun, Otto 140

Bronzino, Agnolo 258

Bruckmann, Elsa 190ff., 195, 208

Bruckmann, Hugo 177, 191

Bülow, Blandine (Elisabeth Veronica Theresia, »Boni«, »Ponsch«) von (verheiratet mit Graf Biagio Gravina di Ramacca) 8f., 13, 19, 21, 26f., *29, 31,* 32ff., *34,* 37f., 42–48, 50–60, *53, 55,* 62f., *65,* 88, 93, 97, 102, 111, 127, 135, 140, 148, 163, 166, 209f., 211f., 215ff., 228, 230f., 235, 237–244, *241,* 251f., *253,* 256f., 261, 263, 268

Bülow, Cosima von, s. Cosima Liszt

Bülow, Daniela (Senta, »Lulu«, »Lusch«) von (verheiratet mit Henry Thode) 8f., 18f., 21, 25ff., *29, 31,* 32ff., *34,* 36ff., 43–48, *49,* 56–65, *61, 65,* 69, 70ff., *71, 73,*

314

75–83, *81*, 88, *93*, 96, 113, 115, 118–121, 124, 137f., 140, 148, 152, 168ff., 172f., *178*, 189, 203, 212, 218, 221f., 225–233, 243ff., 247–253, 256–260, *260*, 262–268, 273

Bülow, (Elisabeth) Franziska von, geb. Stoll 15f.

Bülow, Hans (Guido) von 8f., 13, 15–27, 23, 30, 32, 37, 42–46, 51, 58f., 62–65, 70, 79f., 88, 124f., 127, 130f., 134, 151, 253f., 260

Bülow, Isolde (Josepha Ludovika »Loldi«) von (verheiratet mit Franz Beidler) 8f., 11, 13, 23ff., 29, *31*, 32ff., *35*, 38f., 51, 54, 63, *65*, 85–90, *91*, 92ff., *93*, 95f., 102f., 107, 111ff., 115–122, *123*, 124–141, 151, 157, 165, 167, 194, 228, 255f., 274, 280

Bülow, Marie von, geb. Schanzer 13, 46, 58, 212f.

Busch, Adolf 255, 262

Busch, Ernst 11, 118

Busch, Fritz 255, 262

Busoni, Ferruccio 140

Büttner, Walter 100

Caillaux, Henriette 150

Cerrini (Baronin) 137

Chamberlain, Anna 98, 103, 133

Chamberlain, Eva, s. Eva Wagner

Chamberlain, Houston Stewart 11, 13f., 75, 78ff., 82f., 97–106, *104*, 108, 111–117, 120ff., 126, 128, 132ff., 148, 150f., 159, 161–165, 168, 175–181, *178*, 183f., 186–190, 195, 201–206, 211, 265, 269

Chapiro, Joseph 196f.

Chéreau, Patrice 278

Churchill, Winston 266

Claß, Heinrich 179f.

Cornelius, Peter und Berta 24

Curtius, Ernst 67

D'Annunzio, Gabriele 258ff., 263

Debussy, Claude 153

De Maria, Mario 258

Deubzer, Wolfgang 269

Diehl (SS-Mann) 248

Dispeker, Siegfried 127ff., 131, 133–136

Drake (Ehepaar) *197*

Du Moulin Eckart, Richard Graf 139, 216

Duncan, Isadora 72

Dürer, Albrecht 67

Ebersberger, Christian 188f., 205

Ebert, Friedrich 181, 197

Eisner, Kurt 182

Emma (Kindermädchen) 217

Eulenburg-Hertefeld, Philipp Graf 96, *97*, 145–148, 150, 157

Falkenhayn, Erich von 175

Fehr, Max 255

Ferdinand I., Zar von Bulgarien 206, 223

Ferrari, Paolo 44

Foeckersperger (Landgerichtsdirektor) 85

Ford, Henry 198

Förster-Nietzsche, Elisabeth 207

Franz Ferdinand, Erzherzog von Österreich 150

Fredrich, Herbart 248

Friedrich II., der Große, König von Preußen 116

Friedrich, Götz 278

Furtwängler, Wilhelm 225f., 232, 264, 277

Futterer, Carl 154

Geißmar, Berta 264

Gilio (Advokat) 42

Glasenapp, Carl Friedrich 108

Glaser, Dora 172, 212, 217

Gobineau, Joseph Arthur Graf von 265

Goebbels, Joseph 194, 204, 224, 227, 234, 236f., 244f., 249ff., 252–255, 259, 266

Goethe, August von 156

Golther, Wolfgang 250

Goppel, Thomas 279

Göring, Hermann 234f.

Grabowsky, Adolf 67

Gravina di Ramacca, Fürst (Vater von Biagio) 43

Gravina, Biagio Graf 42f., 48, *49*, 50–54, 57f., *65*, 148, 239

Gravina, Blandine Gräfin, s. Blandine von Bülow

Gravina, Francesco Graf 50, 52

Gravina, Gilberto 8, 52ff., 163, *224*, 240f., *241*, 243, 251–257, 268

Gravina, Guido 52ff., *55*, 163, 211, 217, 228–231, 238ff.

Gravina, Manfredi 52ff., *53*, 93, 163, 211, 215, *224*, 228ff., 235–241, *236*, 243, 252

Gravina, Maria (verheiratet mit 1. Paul Wassily, 2. Egas von Wenden) 52ff., *93*, 211–214, *214*, 238f., 241

Gravina, Maria Sofia, geb. Giustiniani-Bandinia 229f., *236*, *236*, 238, 240, 252, 268

Groß, Adolf von 38, 51, 53f., *57*, 75, 78, 89, 94ff., 109, 112ff., 119, 125f., 128f., 137, 148, 159, 182, 225

Grundsky, Karl 201

Hagman, Larry 14

Hamel, Joost Adriaan van 236

Hanfstaengl, Ernst (»Putzi«) 190ff., 195

Hanson, Agnes 160ff.

Harden, Maximilian 9, 85f., 143–150, 165, 194

Harnack, Adolf von 101

Harrach, Hans Graf 38

Harris, Clement Hugh Gilbert (Pseudonym R. Gilbert) 151f., 157

Hauptmann, Benvenuto 155f.

Hauptmann, Gerhart *102*, 155, 206, 213–216

Hauptmann, Margarete *102*

Hausegger, Siegmund von 248

Haußmann, Conrad 180

Helbing, Hugo 138

Henauer, Walter 228

Heß, Rudolf 190

Hertz, Moritz Philipp 179

Hilpert, Heinz 155

Hindemith, Paul 140, 275

Hindenburg, Paul von 175, 182, 207f., 235, 249, 274

Hitler, Adolf 10f., 119, 131, 139, 184–191, *185*, 194f., 197ff., 202f., 206, 208ff., 224, 231, 234f., 237, 244–247, 246, 250, *251*, 253, 256, 259, *263*, 264ff., 268, 273f., 276

Hofmann, Eleonore von 215

Hofmann, Ludwig von *214*, 215, 256

Hohenlohe-Langenburg, Ernst Erbprinz zu 176, 269

Holl, Karl 201

Holstein, Friedrich August von 146

Horowitz, Vladimir 262

Hülsen, Hans von 215, 237, 255

Humperdinck, Engelbert 149, 151

Jacobsen, Alfred 180f.

Jadasohn, Salomon 86

Joukowsky, Paul von *31*

Jurinek, Josef M. 132

Kahr, Gustav Ritter von 188

Kapp, Wolfgang 176, 183

Karajan, Herbert von 277

Karg-Elert, Sigfrid 158

Kaulbach, Josephine von 24

Kekulé von Stradonitz, Anna 204

Keller, Karl 246

Kempfler, Fritz 268, *270*

Kessler, Harry Graf 38f., 63, 67, 154f., 157

Kestenberg, Leo 140, 275

Keynes, John Maynard 274

Keyserling, Hermann Graf 99ff., 106–109

Kienzl, Wilhelm 206

Kleiber, Carlos 278

Klemperer, Otto 140

Klemperer, Victor 109

Klindworth, Henriette 165

Klindworth, Karl 162, 165

Klose, Friedrich 248
Klose, Heinrich 237
Knappertsbusch, Hans 277
Knesebeck, Bodo von dem 158
Kniese, Julius 90f.
Knittel, Albert 227, 232f.
Kobell, Ferdinand von 258
Koch, Max 200
Koerber, Hermann 217, 222
Koffka, Emil 79
Kohler, Josef 129
Kolbe, Heinrich 258
Kollwitz, Käthe 175
Krafft von Crailsheim, Christoph 50f.
Kraus, Karl 154
Krüger, Emmy 216
Küchler (Frau) *102*
Landsberg, Otto 181
Laube, Lucy 159f.
Lecomte, Raymond 145
Lehmann, Julius Friedrich 210
Lehmann, Lilli 37
Lenard, Philipp 209f.
Lenbach, Franz von 138f., 258, 260
Levi, Hermann 149, 225
Levine, James 278
Liebermann, Max 67
Liebknecht, Karl 182
Liszt, Anna 15

Liszt, Blandine-Rachel (verheiratet mit Émile Ollivier) 15f., 18f.
Liszt, (Francesca Gaetana) Cosima (verheiratet mit 1. Hans von Bülow, 2. Richard Wagner) 7–11, 13–27, 23, 29, 30, *31*, 32–36, *35*, 38f., 41–48, *49*, 50–54, 57, 59f., 62–66, *65*, 70, *71*, 78ff., 82, 85–98, *93*, *97*, 102f., 105–108, *107*, 111f., *113*, 114–117, 120ff., 125–131, 134f., 137f., 140, 149, 151f., 154, 158–163, 165–170, 172, 175f., 182, 186, 199, 207f., 211ff., *214*, 216–219, 223, 225, 228, 240, 247, 249, 255f., 260–263, 265, 277
Liszt, Daniel 15, 18
Liszt, Franz 9, 15–18, 64, 82, 86, 253, 258, 262, 277
Ludendorff, Erich 175, 182, 188f., 199f., 206, 274
Ludwig II., König von Bayern 10, 21, 25f., 38, 48, 50, 57
Lüdecke, Kurt 198
Lüttwitz, Walter Freiherr von 183
Luxemburg, Rosa 182
Mack, Gudrun (verheiratet mit Wolfgang Wagner) 278
Magliano (ital. Minister) 51
Mahler-(Werfel), Alma 11
Mahler, Gustav 86, 149, 153
Mann, Erika 9, 155

Mann, Golo 79
Mann, Heinrich 7
Mann, Klaus 9, 155
Mann, Thomas 7, 9, 122, 148, 275
Marie-Laure (Geliebte von Igor Markevitch) 242
Markevitch, Igor *241*, 242, 253
Marteau, Henri 248
Max, Prinz von Baden 75
Maximilian II., König von Bayern 105f., 108
Meißner, Otto 259
Melchior, Lauritz 199
Meyer, Friederike 209
Meyer, Oskar 274
Meysenbug, Malwida von 51f., 55
Michaelis, Karin 258f.
Millenkovich-Morold, Max von 250
Milstein, Nathan 262
Moltke, Kuno Graf 145ff.
Moltke, Lily Gräfin 145, 147
Moreelse, Paulus 258
Mottl, Felix 64, 87, 92, 117, 122, 149, 152, 225
Mozart, Wolfgang Amadeus 82
Mrazek, Anna 21–24, 130f.
Mrazek, Franz 21f.
Muck, Karl 92, 220
Müller, Heiner 278
Mussolini, Benito 199, 237, 239, 259f., 266

Mutschmann, Martin 248
Napoleon I., Kaiser der Franzosen 183, 199
Naumann, Emil 20
Nietzsche, Friedrich 33, 39, 191, 207
Nikolaus II., Zar von Russland 90
Nobile, Umberto 156
Papen, Franz von 140, 235
Pembaur, Josef 252
Petri, Lili 103
Placci, Carlo 242
Planer, Minna (verheiratet mit Richard Wagner) 20
Pourtalès, Gisela Gräfin 71
Preetorius, Emil 225
Pretzsch, Paul 248, 250
Pretzsch, Toni 248
Preu, Albert 185, 205, 248
Pringsheim, Hedwig 148f.
Prüfer, Arthur 248
Raabe, Peter 248
Rass, Walburga 11, 136, 139
Rathenau, Walther 148, 210, 258
Raubal, Angelika 208
Reifferscheid, Hans 258
Reisenauer, Alfred 158
Rembrandt vanRijn 258
Richter, Hans 41, 92, 95, 152
Rieder, Hermann 122

Rilke, Rainer Maria 191
Ritter von Epp, Franz 210
Roller, Alfred 250
Rosenberg, Alfred 209
Roßmann, Maximilian 139
Samazeuilh, Gustave 248
Schade, Willy M. 193
Scheidemann, Philipp 181
Schemm, Hans 205f., 248
Schinner, Josefine 103f.
Schleinitz, Alexander Graf von 48
Schleinitz, Marie Gräfin von 59f.
Schleyer (Lehrer) 53
Schlingensief, Christoph 278
Schlumprecht, Karl 248
Schmidt, Karl Gerhard 279
Schönberg, Arnold 140, 153, 275
Schott, Erich 82
Schreker, Franz 140
Schultze-Naumburg, Paul 209
Schweitzer, Albert 206
Schweninger, Ernst 13, 51, 74, 78, 105, 111, 113ff., 121, 137, 146ff., 170
Schweninger, Magdalena Maria 147
Shakespeare, William 41
Siemens, Ellen 252
Simon, Heinrich 179
Singer, Kurt 200

Speer, Ernst 82
Spitzer, Leo 100
Sophie, Erzherzogin von Österreich 150
Standthartner, Henriette 87
Stassen, Franz 166
Stein, Heinrich von 31
Sternfeld, Richard 200
Sternheim, Mopsa 155f.
Sternheim, Thea 155
Stobäus, Oskar 256
Stolzing-Cerny, Josef 131, 183, 185ff., 195, 202
Strasburger, Henryk Leon 237
Strauß, Margarete 207
Strauss, Richard 97, 153, 156f., 248, 257
Streicher, Julius 186, 234
Strobel, Gertrud 103, 106, 218ff., 222, 268f., 270, 271
Strobel, Otto 218, 222
Stunz, Holger R. 245
Szittya, Emil 157
Tagore, Rabindranath 156
Tegner, Hertha (verheiratet mit Henry Thode) 73–79, 259
Thibaud, Jacques 73
Thielemann, Christian 278, 279
Tietjen, Heinz 225, 231, 233, 233, 249, 255, 276
Thode, Adolphine 64

Thode, Daniela, s. Daniela von Bülow

Thode, Henry (»Heinz«) 13, 56–78, *61*, 69, *73*, 80, *81*, 83, 88, *93*, 113, 115, 121, 131, 148, 205, 208, 232, 258ff., 267

Thode, Hertha, s. Hertha Tegner

Thode, Robert 56, 64, 66

Thoma, Hans 67, 208, 258

Thun-Salm, Christiane Gräfin 121f., 230

Tirpitz, Alfred von 176f., 206

Tizian 258

Toscanini, Arturo 218–221, *219*, 231ff., 248, 255, 262, 264

Toscanini, Carla 231

Tresckow, Hans von 158

Troll, Franz 126ff., 132f., 150

Tucholsky, Kurt 143f., 155

Verdi, Giuseppe 167

Vischer, August 151

Wächtler, Fritz 268

Wadere, Heinrich 133

Wagner, Adolf 269

Wagner, Cosima, s. Cosima Liszt

Wagner, Ellen 273, 278

Wagner, Eva (Maria, verheiratet mit Houston Stewart Chamberlain) 8f., 26, 28, *29*, *31*, 32ff., *35*, 38, 63, *65*, 79f., 82, 88, *93*, *93*, 94–*97*, *97*, *102*, 102f., *104*, 105–109, *107*, 111f., 115, 121, 125f., 128, 137f., 140, 148, 151, 160, 163–166, 168ff., 172f., 177, *178*, 182, 185, 189f., 204–209, 211f., 215ff., 222, 225ff., 229–232, 237f., 240, 243f., 247–254, 256f., 262, 264–269, *270*, 271

Wagner-Pasquier, Eva 8, 14, 273, 276, 278f., 279

Wagner, Friedelind 8, 88, 137, 169f., *171*, 172, 187, 203, 211f., 220f., 225, 231, *233*, 243, 246, 250, 263, 264ff., 274

Wagner, Gottfried 278

Wagner, Gudrun, siehe Gudrun Mack

Wagner, Isolde, s. Isolde von Bülow

Wagner, Katharina 8, 14, 278f., 279

Wagner, Minna, siehe Minna Planer

Wagner, Nike 8, 14

Wagner, Richard 7–10, 14ff., 18, 20–28, *23*, 30, *31*, 32, 34, 36–39, *37*, 41f., 44, 46ff., 50, 56f., 62f., 66ff., 85, 87f., 90, 96, 98, 106, 115, 117, 119, 124f., 127f., 130, 133f., 138ff., 149, 151–154, 162, 166, 173, 200, 207, 221, 243, 245–248, 255, 261f., 273f., 277

Wagner, Siegfried (Helferich Richard, »Fidi«) 8f., 26ff., *29*, 30, *31*, 32ff., 36, *37*, 38, 58, 60, 63, *65*, 74f., 77, 85f., 88ff., 92f., *93*, 95, 102, *102*, *104*, 105, 108, 112ff., *113*, 116f., 121f., 125–128, 131–134, 137, 139, 149–157, *153*, 159–165, *164*, 167–170, 171, 172, 177, 186ff., 190, 192–203, *197*, 202f., 207f., 211f., 217–224, *219*, 223, 224, 226, 227ff., 231f., 241, 244, 247, 249, 252, 256, 264f., 267, 274f.

Wagner, Verena 169, *171*, 172, 187, 212, 217, 223, *233*, 263, 265, 267, 269, 274, 279

Wagner, Wieland (Adolf Gottfried) 8, 137, 169, *171*, 172, 187, 223, *233*, 269, 271, 274ff., *275*

Wagner, Winifred (verheiratet mit Siegfried Wagner) 8, 17, 162–170, *171*, 172, 177, 186–189, 192–196, 198f., 202, 208f., 211f., 217–221, 223–229, 226, 231ff., *233*, 241, 243ff., 247–252, *251*, 256f., 261f., 264, 266, 268f., 271, 273–277

Wagner, Wolfgang (Manfred Martin) 8, 14, 169, *171*, 172f., 187, 211, *233*, 265, 273–278, *275*, 279

Waldberg, Max von 263

Walter, Bruno 255, 262

Wassily, Paul 212

Wedekind, Pamela 155f.

Weinert, Susanne 33, 36

Weingartner, Felix 64, 96, 153, 248
Wenden, Blandine (Thereza Marie Cosima) von 213ff., *214*, 256
Wenden, Egas von 213f., 243
Whitman, Sidney 154
Wiesenthal, Grete 255
Wigger, Florenz 122, *123*, 124
Wilhelm II., dt. Kaiser 106, 145f., 175, 181, 206
Wilhelm Ernst, Großherzog von Sachsen-Weimar-Eisenach 82, 94
Williams, Winifred, s. Winifred Wagner
Witkowski, Felix Ernst 143
Witschi, Ernst 228
Wolzogen, Hans von 89, 108, 120, 201, 212
Zetkin, Clara 234
Zichy, Marie Gräfin 103
Ziegler, Hans Severus 239
Zimmermann, Emmy 118, *136*
Zimmermann, Senta Eva Elisabeth 11, 118, *118*, 136, *136*
Zinßtag, Adolf 248, 250
Zinßtag, Trudi 248
Zwintschler, Bruno 86